国家社科基金重点项目结题成果（项目批准号：17ATY008）
浙江师范大学出版基金资助

中国近现代体育教育家学校体育观及其启示研究

李启迪 等◎著

人民体育出版社

图书在版编目（CIP）数据

中国近现代体育教育家学校体育观及其启示研究 / 李启迪等著. -- 北京：人民体育出版社，2024.
ISBN 978-7-5009-6548-0

Ⅰ. G812.9

中国国家版本馆CIP数据核字第2024HF3508号

中国近现代体育教育家学校体育观及其启示研究

李启迪等　著
出版发行：人民体育出版社
印　　装：北京建宏印刷有限公司

开　本：710×1000　16开本　　印　张：18.75　　字　数：370千字
版　次：2024年12月第1版　　印　次：2024年12月第1次印刷
书　号：ISBN 978-7-5009-6548-0
定　价：88.00元

版权所有·侵权必究

购买本社图书，如遇有缺损页可与发行与市场营销部联系
联系电话：（010）67151482
社　　址：北京市东城区体育馆路8号（100061）
网　　址：https://books.sports.cn/

前 言
PREFACE

体育是近代的舶来品，受到外国文化的影响，同时也经历了中国文化的本土化过程。其中中国近现代体育教育家的思想对中国学校体育的发展起到了重要作用，他们中的很多人身处一个战争不断、社会动荡、矛盾重重、激烈变革、交流频繁、观念开放、思想活跃、百家争鸣的时代，他们是新思想、新文化、新理论的启蒙者与拓荒者，全身心地投入体育教育事业中，对西方学校体育观的引进和中国学校体育的实践起到了重要作用。中国近现代体育教育家学校体育观是在其不断认识体育与教育、参与学校体育实践的反复过程中形成的，是自身持之以恒的体育实践智慧的结晶，是留给后人的宝贵文化遗产。虽然其学校体育观有一定的历史局限性，但其精华至今仍闪烁着理性的光辉，具有十分重要的借鉴与启示价值。重温中国近现代有代表性的体育家的体育教育历程、系统梳理与深入阐释他们的学校体育观，总结与提炼其对于当代中国学校体育的思想启迪和历史镜鉴，无疑将为我国未来学校体育的深化改革与发展注入新的活力与动力。

本书选取21位影响力较大的中国近现代体育教育家作为研究对象，在前人研究基础上，对他们的学校体育观进行了系统梳理，并结合我国当下体育与学校体育发展的现状与困境，提出了建议与方向，为中国体育与学校体育改革和发展提供理论参考与实践路径。

本书内容主要按21位体育教育家出生时间进行编排，主要内容涉及他们的生平简历、学校体育观的形成背景、学校体育观的核心内涵、学校体育观的当代启示等方面。参加本书撰写的人员有李启迪、邵伟德、俞富根、齐静、周妍、邵天逸、朱丹阳、沈亚飞、周晓刚、樊甜、倪亚芳、李方方、李晓爽、陈永倩、沈栋灿、陆琪、李晓彤等，在此一并表示感谢！书中有不当与不妥之处，敬请读者斧正。

李启迪

浙江师范大学

目 录

第一章　绪论 ··· 1

第二章　文献综述 ··· 7
 第一节　概念界定 ··· 7
 第二节　文献简述 ··· 8
 第三节　文献述评 ·· 12

第三章　体育是健全人格的基础：许民辉学校体育观及其启示 ············· 14
 第一节　许民辉学校体育观的形成背景 ·· 14
 第二节　许民辉学校体育观的核心内涵 ·· 17
 第三节　许民辉学校体育观的当代启示 ·· 22

第四章　体卫融合：章辑五学校体育观及其启示 ································ 27
 第一节　章辑五学校体育观的形成背景 ·· 27
 第二节　章辑五学校体育观的核心内涵 ·· 28
 第三节　章辑五学校体育观的当代启示 ·· 34

第五章　教育化体育：方万邦学校体育观及其启示 ······························ 43
 第一节　方万邦学校体育观的形成背景 ·· 43
 第二节　方万邦学校体育观的核心内涵 ·· 44
 第三节　方万邦学校体育观的当代启示 ·· 49

第六章　以学生需求为中心：董守义学校体育观及其启示 ···················· 54
 第一节　董守义学校体育观的形成背景 ·· 54
 第二节　董守义学校体育观的核心内涵 ·· 55
 第三节　董守义学校体育观的当代启示 ·· 64

第七章　体育不达标者不可毕业：舒鸿学校体育观及其启示……69

  第一节　舒鸿学校体育观的形成背景……69
  第二节　舒鸿学校体育观的核心内涵……70
  第三节　舒鸿学校体育观的当代启示……74

第八章　体育教育是健康的基础：袁敦礼学校体育观及其启示……79

  第一节　袁敦礼学校体育观的形成背景……79
  第二节　袁敦礼学校体育观的核心内涵……80
  第三节　袁敦礼学校体育观的当代启示……87

第九章　体育为百事力行之基：沈嗣良学校体育观及其启示……92

  第一节　沈嗣良学校体育观的形成背景……92
  第二节　沈嗣良学校体育观的核心内涵……93
  第三节　沈嗣良学校体育观的当代启示……97

第十章　中学教育、体育为亟：王健吾学校体育观及其启示……102

  第一节　王健吾学校体育观的形成背景……102
  第二节　王健吾学校体育观的核心内涵……103
  第三节　王健吾学校体育观的当代启示……110

第十一章　以体育人：宋君复学校体育观及其启示……114

  第一节　宋君复学校体育观的形成背景……114
  第二节　宋君复学校体育观的核心内涵……115
  第三节　宋君复学校体育观的当代启示……122

第十二章　注重体育，首在普及：张汇兰学校体育观及其启示……129

  第一节　张汇兰学校体育观的形成背景……129
  第二节　张汇兰学校体育观的核心内涵……130
  第三节　张汇兰学校体育观的当代启示……137

第十三章　体育为三育之基础：蒋湘青学校体育观及其启示……143

  第一节　蒋湘青学校体育观的形成背景……143

第二节　蒋湘青学校体育观的核心内涵……144
　　第三节　蒋湘青学校体育观的当代启示……150

第十四章　体育教育化：郝更生学校体育观及其启示……154
　　第一节　郝更生学校体育观的形成背景……154
　　第二节　郝更生学校体育观的核心内涵……157
　　第三节　郝更生学校体育观的当代启示……159

第十五章　倡导女子体育：陈咏声学校体育观及其启示……162
　　第一节　陈咏声学校体育观的形成背景……162
　　第二节　陈咏声学校体育观的核心内涵……164
　　第三节　陈咏声学校体育观的当代启示……173

第十六章　身体健康是人才培养的基础：吴邦伟学校体育观及其启示……177
　　第一节　吴邦伟学校体育观的形成背景……177
　　第二节　吴邦伟学校体育观的核心内涵……179
　　第三节　吴邦伟学校体育观的当代启示……185

第十七章　体育是生活礼仪教育：高梓学校体育观及其启示……190
　　第一节　高梓学校体育观的形成背景……190
　　第二节　高梓学校体育观的核心内涵……191
　　第三节　高梓学校体育观的当代启示……195

第十八章　康健之心意寓乎康健之身体：王怀琪学校体育观及其启示……200
　　第一节　王怀琪学校体育观的形成背景……200
　　第二节　王怀琪学校体育观的核心内涵……201
　　第三节　王怀琪学校体育观的当代启示……207

第十九章　体育具有高于教育的特殊价值：尚树梅学校体育观及其启示……211
　　第一节　尚树梅学校体育观的形成背景……211
　　第二节　尚树梅学校体育观的核心内涵……212
　　第三节　尚树梅学校体育观的当代启示……219

第二十章　体育即教育：俞子箴学校体育观及其启示 ········· 225
第一节　俞子箴学校体育观的形成背景 ········· 225
第二节　俞子箴学校体育观的核心内涵 ········· 227
第三节　俞子箴学校体育观的当代启示 ········· 233

第二十一章　体育教学生活化：王学政学校体育观及其启示 ········· 239
第一节　王学政学校体育观的形成背景 ········· 239
第二节　王学政学校体育观的核心内涵 ········· 240
第三节　王学政学校体育观的当代启示 ········· 247

第二十二章　体育具有极高教商价值：马启伟学校体育观及其启示 ········· 253
第一节　马启伟学校体育观的形成背景 ········· 253
第二节　马启伟学校体育观的核心内涵 ········· 254
第三节　马启伟学校体育观的当代启示 ········· 260

第二十三章　真义体育：林笑峰学校体育观及其启示 ········· 266
第一节　林笑峰学校体育观的形成背景 ········· 266
第二节　林笑峰学校体育观的核心内涵 ········· 267
第三节　林笑峰学校体育观的当代启示 ········· 273

第二十四章　近现代我国体育教育家学校体育观的总体审视 ········· 277
第一节　近现代我国体育教育家群体学校体育观要点阐析 ········· 277
第二节　近现代我国体育教育家学校体育观的特征述论 ········· 284
第三节　我国体育教育家学校体育观研究的未来展望 ········· 286

参考文献 ········· 288

第一章
绪　论

一、选题依据

第一，近代以来，中国学校体育的发展在很大程度上受到了国内著名体育教育家的影响，如张伯苓、马约翰、吴蕴瑞、苏鸿、袁敦礼、张汇兰、宋君复、夏翔等，他们中有很多人是新时代、新思想、新文化的启蒙者与拓荒者，是中国最早系统接受和介绍西方近代体育教育观和教育思想的人物，对近现代体育教育在中国的发展起到倡言、倡行的推动作用，并为中国学校体育观的形成与发展提供了宝贵的理论源泉。尽管他们的学校体育观存在一定的时代局限性，但其中所蕴含的真知灼见对当前与未来中国学校体育发展仍具有重要的借鉴价值和现实意义。

第二，中国近现代体育教育家的学校体育观主要来源于他们的哲学思想、社会学思想、教育思想等，既蕴涵了时代主流文化，也凸显了其独具的思想特质。因此，在总结与提炼他们的学校体育观时，应采取实事求是的态度，尽量阅读其原著、手稿、讲稿等一手资料，并采用整体观、系统观、辩证观等方法论总结相应的体育教育观。此外，需要结合当前学校体育深化改革的背景与形势，深入探究近现代体育教育家学校体育观对中国学校体育发展的指导与启示。

第三，中国近现代体育教育家学校体育观是在他们不断认识教育、认识体育、参与体育的反复实践过程中形成的。由于他们看待体育教育的立场、角度、方法等存在差异，且每一阶段他们所处的社会环境不同，其对自身及体育教育的认识也不尽相同，必然会形成各种各样的学校体育观，并呈现出百家争鸣的状态。总结他们的学校体育观，有助于以崭新的视角推动我国学校体育的发展。

二、研究价值

本书的学术价值和应用价值具体体现在以下三个方面:

(1) 从整体研究的视角,系统研究中国近现代体育教育家学校体育观的核心内容与深刻内涵,丰富中国学校体育学科理论。

(2) 从实践研究的视角,探究中国近现代体育教育家学校体育观对于中国学校体育的可借鉴之处,为中国学校体育实践提供指导。

(3) 从比较研究的视角,横向比较同时代中国近现代体育教育家学校体育观,探究体育教育家学校体育观之间的共性与区别,为学校体育深化研究提供参考。

三、研究内容

本书以21位中国近现代体育教育家为研究对象,研究内容主要体现在三个方面:①每位体育教育家学校体育观的形成背景;②每位体育教育家学校体育观的核心观点与深刻意涵;③每位体育教育家学校体育观对学校体育当前及未来发展的指导与启示。

按21位中国近现代体育教育家出生时间排列,分别阐述以上内容:第三章为许民辉学校体育观及其启示;第四章为章辑五学校体育观及其启示;第五章为方万邦学校体育观及其启示;第六章为董守义学校体育观及其启示;第七章为舒鸿学校体育观及其启示;第八章为袁敦礼学校体育观及其启示;第九章为沈嗣良学校体育观及其启示;第十章为王健吾学校体育观及启示;第十一章为宋君复学校体育观及其启示;第十二章为张汇兰学校体育观及其启示;第十三章为蒋湘青学校体育观及其启示;第十四章为郝更生学校体育观及其启示;第十五章为陈咏声学校体育观及其启示;第十六章为吴邦伟学校体育观及其启示;第十七章为高梓学校体育观及其启示;第十八章为王怀琪学校体育观及其启示;第十九章为尚树梅学校体育观及其启示;第二十章为俞子箴学校体育观及其启示;第二十一章为王学政学校体育观及其启示;第二十二章为马启伟学校体育观及其启示;第二十三章为林笑峰学校体育观及其启示。本书在研究以上内容的基础上,对上述21位体育家的学校体育观进行了整体研究。

四、研究对象与方法

(一)研究对象

根据研究需要,从两个方面确立中国近现代体育教育家研究对象的遴选标准。

(1)长期从事体育教育工作或在体育教育领域担任重要职位。首先,从马卫平等的研究文献中可知,民国时期共有 60 位体育家(表 1-1)[①]。

表 1-1　民国时期共有 60 位体育家

编号	姓名	性别	籍贯	编号	姓名	性别	籍贯	编号	姓名	性别	籍贯
1	王正廷	男	浙江	11	陈奎生	男	湖南	21	徐镰	男	江苏
	褚民谊	男	浙江		蒋湘青	男	江西		尚树梅	男	山东
2	张伯苓	男	河北	12	刘慎旃	男	四川	22	金一明	男	江苏
	张之江	男	河北		金兆均	男	浙江		王建吾	男	河北
3	郝更生	男	江苏	13	陈咏声	女	湖南	23	江良规	男	浙江
	沈嗣良	男	浙江		黄丽明	女	广东		孙淑铨	女	江苏
4	袁敦礼	男	河北	14	刘雪松	男	四川	24	张捷春	男	福建
	吴蕴瑞	男	江苏		陈柏青	男	浙江		黄美顺	男	广东
5	马约翰	男	福建	15	邓堪舜	男	江西	25	俞子箴	男	安徽
	许霞厚	男	北平		刘昌和	男	湖北		杜宇飞	女	浙江
6	许民辉	男	广东	16	朱晓初	男	浙江	26	龚以恂	男	江苏
	高梓	女	安徽		赵秉衡	男	江苏		吴寿祺	男	江苏
7	张汇兰	女	江苏	17	夏翔	男	江苏	27	傅蕴珧	男	山东
	薛汇东	男	江苏		赵文藻	男	河北		钱一勤	男	江苏
8	董守义	男	河北	18	胡安善	男	辽宁	28	余永祚	男	江西
	宋君复	男	浙江		吴德懋	男	福建		祝家声	男	江苏
9	程登科	男	四川	19	王復旦	男	江苏	29	俞晋详	男	辽宁
	吴澈(澄)	男	江苏		李继元	男	河北		丁嘉福	男	江苏
10	吴邦伟	男	江苏	20	史霞云	男	江苏	30	傅镜如	男	东北
	章辑五	男	天津		舒鸿	男	浙江		严华棠	男	河北

注:1. 此编号以《勤奋体育月报》刊登的排列顺序为准。

2. 也许是编辑失误,经查阅《勤奋体育月报》在体育家与运动家中有两个 29 期,本研究将后面一个 29 期列为 30。

[①] 马卫平,周成,龙博,等. 民国时期体育家群体研究[J]. 中国体育科技,2015,51(2):114-125.

本书根据他们长期从事体育教育工作或在体育教育领域担任重要职位的前提条件，从 60 位体育家中遴选出以下 29 位体育教育家，其主要贡献与影响一览表如表 1-2 所示。

表 1-2 29 位体育教育家的主要贡献与影响一览表

体育教育家	主要贡献与影响
张伯苓	"中国奥运第一人"，曾任南开大学校长 30 年，中华全国体育协进会理事长、全国运动会总裁判长，在倡导与传播奥运方面发挥了重要作用
马约翰	曾任清华大学体育部主任，中华全国体育总会主席，创新性提出了"体育运动具有迁移价值"的观点
张之江	著名武术家，曾任全国武术表演比赛总裁判长，创办中央国术馆，撰写多部中国武术论著
许民辉	曾任民国时期广东省立体育场场长、广东省立体育专科学校校长，撰写多篇民众体育方面的论文
章辑五	曾任民国时期教育部国民体育委员会委员、国立体育师范专科学校校长，对国民体育、世界体育史有一定的研究
吴蕴瑞	中国现代体育教育开拓者，曾任南京大学（中央大学）体育系主任，为上海体育学院（华东体育学院）（现为上海体育大学）创始人，与袁敦礼合著《体育原理》
方万邦	中国著名体育理论家，曾任四川江津国立师范专科学校校长，曾任国内多所大学体育系教授，著有《体育原理》，对"自然体育"有深入的研究
董守义	国际奥委会委员，曾任中华全国体育总会副主席、中国篮球协会主席，对奥林匹克运动有独到见解，曾培养出闻名全国的"南开五虎"篮球队
舒鸿	中国第一批国际级裁判之一，曾任浙江体育学院院长、浙江师范学院副院长，执法奥史上首场篮球决赛，首次提出"体育不达标不让毕业"观点
袁敦礼	曾任北京师范大学体育系主任、文学院体育主任，中华体育学会常务理事，与吴蕴瑞合著《体育原理》，提出"体育培养人的独特功能"的观点
沈嗣良	近代体育活动家，曾任上海圣约翰大学体育部主任、校长，中华全国体育协进会总干事，对体育史有一定的研究
王健吾	著名田径和篮球运动员，曾任辅仁大学等多所高校的体育系主任，兼任天津体育促进会主席，对体育史与国术救国等颇有研究
宋君复	中国首批国际篮球裁判之一，中国奥运教练第一人，曾在东北大学等多所高校担任体育系主任，中华全国体育总会委员，对体育原理与运动训练有独特见解
张汇兰	曾任南京金陵女子文理学院体育系主任、中华全国体育总会副主席、中国奥林匹克委员会副主席，是中国体育运动解剖学创始人之一

续表

体育教育家	主要贡献与影响
蒋湘青	曾任中华全国体育协进会干事、复旦大学体育主任、中央大学商学院体育主任，著有《体育概论》《田径赛 ABC》《人体测量学》等
金兆钧	曾任上海市立体育专科学校校长、上海体育学院副院长，中国田径协会主席，对体育史、学校体育有一定的研究
郝更生	曾任国内多所大学体育系主任，是第 11 届柏林奥运会的中国政府代表兼体育考察团总领队、第 14 届伦敦奥运会中国代表团的顾问兼总教练，亚洲运动会的发起人之一，对体育概论有较深入的研究
陈咏声	中国妇女体育运动先驱，曾任山东省立第一女子师范学校校长，在上海中西女中等多所学校任教，著有《体育概论》《欧洲体育考察日记》等
吴邦伟	曾任东吴大学、暨南大学等多所学校体育系主任，中华全国体育协进会干事，对体育理论与运动训练方法有一定研究
徐英超	曾任北京师范大学体育系主任，北京体育学院副院长，中华全国体育总会副主席，首次提出"体质教育"的概念
高梓	中国女子体育教育家，曾任北平女子大学体育系主任、私立文德女子中学校长，最先在国内创设运动生理学、运动心理学等课程
程登科	中国体育军事化创始者，曾任中华体育协进会南京市总干事、南京中央大学体育系主任、首次提出了"体育军事化"概念
王怀琪	曾任上海、江浙及山西一带的中小学国术教练，参加了第 11 届奥林匹克运动会，对体育教学中的"三段教法"颇有研究
尚树梅	近代民众体育倡导者，曾任民国时期山东省民众体育场场长、教育部国民体育委员会学校体育组主任，对体育原理、民众体育理论有较深入的研究
俞子箴	小学体育专家，曾在安庆市第二模范小学等多所小学担任体育教师，对中小学体育教学有深入的研究
刘慎旃	曾任《国术、体育与军事周刊》主编、中华国术馆长、曾任教于四川省立商中等多所中小学，是"体育救国"和"民族体育"等思想的主要倡导者
王学政	曾任《健与力》主编，四川国立体育师范专科学校、广东中山大学体育系教授，对体育概论与体育原理有较深入的研究
马启伟	曾任中国女子排球队主教练、北京体育学院院长、国际排球联合会规委会主席、中国排球协会副主席，对运动心理学与排球教学有深入研究
林笑峰	曾任《体育学通讯》主编，华南师范大学教授，国务院学位委员会评议组成员，中国体质教育学派带头人，倡导"真义体育"

（2）以曾对我国体育教育事业作出重要贡献、具有较高知名度为条件，且出于避免与作者前期课题研究（已出版）重复的考量，进一步从 29 位中国近现

代体育教育家中遴选出 21 位贡献与影响较大的体育家。具体包括：许民辉、章辑五、方万邦、董守义、舒鸿、袁敦礼、沈嗣良、王健吾、宋君复、张汇兰、蒋湘青、郝更生、陈咏声、吴邦伟、高梓、王怀琪、尚树梅、俞子箴、王学政、马启伟、林笑峰。

本书以 21 位中国近现代体育教育家学校体育观及其启示为研究对象进行系统研究，主要研究中国近现代体育教育家学校体育观的形成背景、核心内涵及其对学校体育发展的借鉴与启示等，为中国学校体育发展提供理论参考与历史镜鉴。

尽管本书涉及的 21 位中国近现代体育教育家并不存在必然关联性，他们所提出的学校体育观也各不相同，但其存在一定的共性，此特点为总结中国近现代体育教育家学校体育观的共性要点与基本特征提供了可能。

（二）研究方法

本书拟合理运用历史学、教育学、体育学等多学科理论，通过文献梳理、专家访谈，在综合借鉴以往研究成果的基础上，结合中国学校体育历史背景与现实状况，主要从中国近现代体育教育家学校体育观的核心内容与深刻意涵及其对中国学校体育理论与实践的指导与启示等方面来进行研究，以此全面了解中国近现代著名体育教育家学校体育观的思想渊源，丰富相关学科理论，为促进中国学校体育的良性运行与健康发展提供历史镜鉴与理论参考。

基于以上研究思路，本书采用的具体方法如下：

（1）文献资料法：广泛收集相关的著作、论文、报刊文章与报道、文集、校史资料、档案、回忆录等资料并对其进行整理与分析。

（2）历史分析法：通过对相关史料的收集、梳理与考证，探究中国近现代体育教育家学校体育观的形成背景、核心内涵及其启示。

（3）专家访谈法：确定 15 位中国学校体育研究领域知名专家，采用电话访谈方式了解体育教育家思想的现实启示。

第二章

文 献 综 述

第一节 概 念 界 定

一、体育观

关于体育观（Physical Education Conception）的内涵，于文谦和戴红磊[①]提出体育观属于意识形态范畴，是人对体育现象的反映，是人对体育的看法和态度，是人们从事体育运动的源泉。韩丹[②]根据当时国际上对体育观的界定，提出体育观的核心是体育概念。孙柱兵和贺昭泽[③]提出体育观是体育价值观，他们认为体育是一种社会现象，体育价值观是人根据自己的人生价值需要而产生的一种价值取向，是人和社会对体育的观点、态度等。

在体育观的特征、影响因素等方面，有学者提出体育观始终伴随着体育的发展而变化，在不同时代有不同的含义，每次嬗变的背后，都与社会政治、经济环境等因素有着千丝万缕的联系。郭敏和笪丰[④]提出体育观有四大特性：一是思想性；二是政治性，其主要原因是体育事业要受政府的行政管理；三是时代性，即体育观是在一定的时空条件下产生和发展的；四是国际性，体育一词是从国际上引进的，因此其本身就带有国际性。

基于以上观点，作者认为体育观是人们对于体育各方面概括性的认知和信念，主要包含体育价值观、体育功能观等。体育观还是一个动态、发展的理论体系，受时代背景、社会政治、经济环境等方面的影响。

[①] 于文谦，戴红磊. 体育广告视野下体育观的嬗变[J]. 浙江体育科学，2011, 33（3）：15-18.
[②] 韩丹. 论体育概念之研究[J]. 体育与科学，2012, 33（6）：1-11.
[③] 孙柱兵，贺昭泽. 论我国当代体育价值观的内涵[J]. 首都体育学院学报，2010, 22（5）：33-36.
[④] 郭敏，笪丰. 观——综观各种体育观[J]. 体育文化导刊，2004（11）：13-16.

二、体育思想

目前，我国学者对体育思想的概念界定尚未形成统一的认识，有关体育思想的概念界定主要有以下几种。何叙[1]在《中国近现代体育思想的传承与演变》一书中指出体育思想定义为"人对体育这一现象或这一事物的认识"。金光辉[2]认为，体育思想是对体育本身思考的内容与结果。李征[3]认为，狭义的体育思想是对特定社会环境下人们对以增强体质为目的运动教育过程的总认识。综上，本书中的体育思想是指对体育现象思考和认知的总和。

三、学校体育观

李征[4]认为，学校体育观与狭义的体育思想含义一致。高鹏等[5]认为，学校体育观是指研究者在一定的社会和历史背景下形成的对学校体育的基本认识。金光辉[6]指出，学校体育思想是人们在一定社会和时代的体育活动中，直接或间接形成的对体育的认识或看法。作者认为，学校体育观是人们对体育教育本质及其规律认识的基本认知与观点。

第二节 文献简述

一、文献检索策略

由于文献综述的主题是体育教育家学校体育观的相关研究，所以确定检索的主题词为"中国""体育家""体育思想""学校体育观"。

二、文献选择标准

纳入文献检索对象范畴的主要是中国近现代著名体育教育家的学校体育观（体育教育思想），按照近代以来的历史发展顺序，分别筛选出蔡元培、张謇、

---

[1] 何叙. 中国近现代体育思想的传承与演变[M]. 北京：人民出版社，2013：2.
[2] 金光辉. 思考体育关于百多年来中国体育思想演化的梳理和反思[M]. 上海：上海世界图书出版公司，2013：21.
[3] 李征. 略论体育思想的内涵[J]. 成都体育学院学报，1995（S1）：10-12.
[4] 同③.
[5] 高鹏，王华倬，刘昕. 新中国学校体育思想研究综述[J]. 体育学刊，2019，26（1）：83-88.
[6] 同②.

梁启超、方万邦、王学政、袁敦礼、章辑五、张伯苓、杨贤江、郝更生、董守义、恽代英、蔡锷、林笑峰等几十位体育教育家学校体育观的文献作为文献梳理对象。

三、中国体育教育家学校体育观研究状况

王玉立[①]，罗时铭和苏肖晴[②]，律海涛和何叙[③]对蔡元培体育思想产生的渊源、主要内容和价值进行了探讨，肯定了其重要价值。

张謇是我国近代史上著名的民族实业家，也是杰出的教育家。黄贵和常生[④]、韩燕[⑤]、陶涛和常生[⑥]、龚腾云和汪君民[⑦]、何叙[⑧]等学者对张謇体育教育观的理论渊源、核心观点与启示进行了探讨。

钟文正[⑨]对陶行知体育思想的基本内容进行了分析，明确了其重要作用，分析了陶行知的体育思想对高校教学评价体系的启示。律海涛[⑩]将陶行知和杨贤江的体育思想进行了对比分析，提出了两者存在的异同，并就其原因展开了分析，肯定了两者体育思想的重要价值。

当前学者对王学政相关著作的研究主要集中于《体育概论》《体育与教育》《体育之基本原理与实际》。

针对吴蕴瑞的体育思想，我国学者从不同的视角对其进行了研究。

袁敦礼是我国著名的教育家、体育家和社会活动家，是我国现代体育事业的奠基人。常毅臣和魏争光[⑪]对袁敦礼的体育思想进行了梳理，提出其体育教育观的当代价值主要在于提出素质培养与能力提高不可偏颇、继承传统与创新发展要与时俱进、理论研究与实践操作要言行有据。

研究章辑五体育思想的文献很少，作者首先通过中国知网输入"章辑五"关

---

① 王玉立. 蔡元培的妇女体育思想[J]. 中国体育科技, 2002（3）：30-32, 38.
② 罗时铭, 苏肖晴. 蔡元培体育思想研究[J]. 体育学刊, 2008（7）：28-32.
③ 律海涛, 何叙. 蔡元培体育教育思想与当代体育教育[J]. 广州体育学院学报, 2009, 29（5）：1-4.
④ 黄贵, 常生. 试论张謇的体育思想[J]. 体育文化导刊, 2005（6）：60-62.
⑤ 韩燕. 张謇体育思想研究[D]. 苏州：苏州大学, 2007.
⑥ 陶涛, 常生. 张謇的体育思想及其时代价值[J]. 南通大学学报（社会科学版）, 2014, 30（5）：145-149.
⑦ 龚腾云, 汪君民. 张謇的大众体育思想研究[J]. 南通大学学报（社会科学版）, 2017, 33（6）：138-143.
⑧ 何叙. 张謇体育观的理论渊源[J]. 南通大学学报（社会科学版）, 2018, 34（1）：155-160.
⑨ 钟文正. 陶行知体育思想对高校体育教学评价体系改革的启示[J]. 体育与科学, 2008（5）：90-92.
⑩ 律海涛. 陶行知与杨贤江体育思想之异同[J]. 湖南社会科学, 2010（5）：203-205.
⑪ 常毅臣, 魏争光. 袁敦礼体育教育思想及体育观的当代价值[J]. 体育学刊, 2008（4）：48-52.

键词进行检索，查找到有关章辑五与体育相关的文献仅有 3 篇（截至 2024 年 10 月），相关研究者主要研究了章辑五在社会体育、学校体育、国外体育引介等领域上的成果与贡献，对章辑五体育思想进行了初步的探讨，揭示了其思想对当代的启示和价值。

张伯苓是我国近代著名的爱国教育家，他倡导对学生德、智、体、美四育并进，注重科学和能力训练，尤其重视体育。在以往研究中，学者们对张伯苓体育思想的研究较多，早在 1995 年，邢纯贵[1]便将张伯苓的体育思想概括为以下几个方面：将体育视为强国强民的大事；倡导体育与爱国主义密切联系；体育是教育的重要组成部分；通过运动竞赛培养人、教育人；"体"与"育"并重；重视体育人才。李世宏[2]、周志刚[3]研究认为，张伯苓体育思想的主要内容有：强体强种强国之本位体育教育观、无体育不教育之办学体育教育观、体育道德与体育精神并存之全面发展体育教育观、体育社会化生活化之全民体育教育观、"公""能"教育理念之服务社会的学校体育观。

杨贤江是中国优秀的马克思主义教育理论家，杰出的青年运动领导人之一。他写过许多教育著作，在这些著作中他对体育有多方面的论述。我国以往研究中也出现过一些关于杨贤江体育思想的研究。徐家杰[4]对杨贤江体育思想的具体内容进行了分析，得出以下结论：杨贤江主张全面教育，倡导三育并重；杨贤江认为体育包括体格、体质、体力和气力四个必要因素；杨贤江主张采取多种途径和措施，丰富体育生活。

尚树梅是中国近代民众体育的主要倡导者，但在以往研究中只出现过 1 篇关于尚树梅体育思想的研究。赵凤霞[5]对尚树梅民众体育思想的来源、特征、践行与社会影响等方面进行了梳理与研究。

张之江是原西北军将领、中央国术馆创办人、爱国将领和民国时期陆军上将。马文飞和白彩梅[6]在《张之江体育思想分析》中以《张之江国术言论集》为基础，对张之江的体育理念进行了分析，指出其体育思想主要包括：武化思想、救国思想、国术思想与国术建设。

---

[1] 邢纯贵. 张伯苓体育思想研究[J]. 体育学刊, 1995（1）：50-55.
[2] 李世宏. 张伯苓学校体育思想研究[J]. 体育文化导刊, 2010（7）：128-131.
[3] 周志刚. 张伯苓体育价值观研究[J]. 体育文化导刊, 2013（9）：127-130.
[4] 徐家杰. 杨贤江体育思想研究[J]. 武汉体育学院学报, 1998（2）：1-5.
[5] 赵凤霞. 尚树梅民众体育思想研究[J]. 山东体育学院学报, 2017, 33（1）：68-73.
[6] 马文飞, 白彩梅. 张之江体育思想分析[J]. 体育文化导刊, 2010（5）：146-149.

恽代英是中国杰出的无产阶级革命家、理论家和教育家。早在1995年，曾宪刚和杨跃青[1]就开始了对恽代英体育思想的研究，他们对恽代英体育思想产生的时代背景和主要内容进行了探讨，提出其体育思想的主要内容包括：用近代科学的观点抨击了旧的教育制度，提出新型的学校体育；强调教育要为社会培养德、智、体全面发展的人才。张文鹏[2]指出恽代英非常关注幼儿体育教育，其幼儿体育思想主要有：提倡从幼儿开始运动，并选择合理的运动方式；提倡家庭体育教育；提倡户外体育活动。

梁启超是中国近代著名的启蒙思想家。张爱红等[3]、李启迪等[4]对《饮冰室合集》中梁启超体育思想的产生背景、思想内容与时代局限性进行了分析，并重点解读了其"尚武"思想的内涵。刘晖[5]将梁启超和孙中山两者的体育思想进行了对比分析，发现两者体育思想都包括"强种""保国""摄生"三个方面，并指出了这三个方面的体育思想对现今社会的启示。

蔡锷是清末民初杰出的爱国将领。李远乐等[6]指出，蔡锷的体育思想以救国为根本目标、以尚武为内在精神、以军事为教育内容、以强民为基本途径。

林笑峰是中国著名的体育学家，在我国体育学界具有重要的影响力。在以往研究中，也不乏对其体育思想的研究和探讨。陈琦[7]、关丽静和李宁[8]、邵天逸和齐静[9]对林笑峰体育思想的内在逻辑及其现代价值与局限性进行了深入探讨与分析。

郝更生从事体育事业长达50年之久，对于体育形成了自己独有的想法，但其体育思想并未受到中国学者的关注，在中国以往的相关研究中，对于郝更生体育思想的研究极少。张学海和刘红建[10]对郝更生体育思想的产生渊源、基本内容、对学校体育的影响及对体育发展的启示进行了分析，认为他的体育思想具有明显

---

[1] 曾宪刚，杨跃青. 恽代英的体育思想初探[J]. 体育学刊，1995（3）：38-41.
[2] 张文鹏. 恽代英幼儿体育思想探骊[J]. 体育文化导刊，2014（1）：168-171.
[3] 张爱红，黄亚玲，徐翔鸿. 梁启超"新民"体育思想之研究[J]. 北京体育大学学报，2015，38（10）：23-29.
[4] 李启迪，姜小平，黄婷，等.《饮冰室合集》中梁启超"尚武"思想及其当代启示[J]. 体育与科学，2015，36（2）：63-67.
[5] 刘晖. 梁启超与孙中山的体育思想研究[J]. 首都体育学院学报，2015，27（5）：411-413.
[6] 李远乐，张子沙，喻丹. 蔡锷的军国民体育思想初探[J]. 北京体育大学学报，2009，32（11）：45-47.
[7] 陈琦. 林笑峰体育思想评述[J]. 体育学刊，2011，18（6）：1-5.
[8] 关丽静，李宁. 林笑峰体育思想的特征及时代价值[J]. 体育学刊，2015，22（1）：9-13.
[9] 邵天逸，齐静. 林笑峰体育思想再审视[J]. 体育学刊，2019，26（5）：9-14.
[10] 张学海，刘红建. 郝更生体育思想研究[J]. 体育文化导刊，2014（11）：176-179.

的教育化、政治化的实用主义色彩，对于体育及学校体育的发展具有一定的指导意义。

第三节 文献述评

上述文献主要的价值在于：一是对部分体育教育家的生平简介、核心观点、思想内涵、相关实践进行整理与论述；二是对部分体育教育家学校体育观的时代背景、产生、演变与传播过程、影响因素等进行梳理与回顾；三是对部分体育教育家的相关著述及其核心内容进行引介和评价；四是对包括体育教育家、体育外交家等在内的整个近现代体育家群体的形成背景、成长规律、整体贡献等共性特征进行统计与分析；五是侧重对具有师承或同门渊源关系的体育教育家学校体育观进行阐释和比较；六是分析和阐释了部分体育家对学校体育发展影响的规模、程度、机制等；七是整理和提炼了部分体育教育家学校体育观对学校体育未来发展的指导与启示。

以上研究成果具有一定的深度和价值，为本书提供了丰富的研究资料和有益视角，奠定了坚实的研究基础。但纵观已有研究成果，还存在以下几个方面的不足：一是简单介绍性、重复性、描述性的研究偏多。较多研究停留在对张伯苓、吴蕴瑞、马约翰、袁敦礼等少数近现代体育教育家学校体育观的简单介绍上，未能生动地、立体地勾勒出体育教育家学校体育观的总体面貌，而涉及体育教育家学校体育观对中国学校体育发展的机制、路径、范围、程度等深层次影响的研究则更为缺乏。二是研究成果较为分散，研究视角较为单一。缺乏对中国近现代体育家学校体育观的时代背景、产生、演变与传播过程、影响因素的深入、客观、系统、全面地研究，未能概括出其对学校体育发展贡献与局限的特点和规律，其成果说服力相对不强。三是研究主要以文献资料法为主，研究方法较为单一。较为缺乏系统研究、综合研究、比较研究，且研究深度相对不够，未能对学校体育深化改革与发展提出有益指导与启示。

因此，迫切需要从背景解读、观点阐释、启示探究等多方面对中国近现代体育教育家学校体育观进行研究，以此再现其深邃意蕴，深度挖掘其对中国学校体育的指导与启示，为中国学校体育发展提供理论参考和现实指导。

相关体育教育家简介

许民辉（1890—1961年）

广东开平人，1890年出生于广州市海珠区，童年在私塾读书，14岁进入南武学堂学习，期间接受了体育启蒙教育。许民辉从小酷爱体育，擅长田径、足球运动，为南武学堂两次夺取省运会团体冠军立下汗马功劳。1910年他被选为华南区田径选手，参加第1届全国运动会的220码跑和一英里接力跑，崭露头角。1913年他入选国家队，以田径和足球运动员身份参加了在菲律宾马尼拉举行的第1届远东运动会，并获得440码跑第三名和一英里接力跑第二名；同时参加足球赛和排球表演，成为中国足球和排球运动元老。1916—1919年他在上海基督教青年会的体育专门学校学习，毕业后兼任广东高等师范学校（中山大学前身）教师，后赴美留学，先后取得美国芝加哥大学体育学士和春田学院体育硕士学位。1925年他任东吴大学体育主任，随后又任职于北京师范大学、清华大学和东南大学。1933年他任广东省教育厅体育督学，并创办了广东省立体育专科学校，担任校长职务。1944年他任教育部国民体育委员会委员，兼任体育行政人员讲习所教导主任。1947年他任中华全国体育协会常务理事。1948年他以中国体育代表团游泳队教练身份参加第14届伦敦奥运会。其后，许民辉赴中国香港、新加坡工作，直至1961年10月在中国香港病逝。

第三章

体育是健全人格的基础：许民辉学校体育观及其启示

第一节 许民辉学校体育观的形成背景

首先，许民辉学校体育观的形成与其教育经历密切相关。1904年，许民辉到南武学堂上学，在学堂学习9年；1919—1921年，他在基督教会创办的体育学校进修；1923年他赴美国留学，先后就读于芝加哥大学和春田学院，具体教育经历如表3-1所示。在基督教会创办的体育学校中，美国体育专家麦克乐和蔡乐尔等为任课教师，设有体育史、解剖学、体操项目教授法等体育理论知识课程和足球、排球、网球等各种球类的实践技能课程[1]。他们非常重视体育教育，注重学生的身心健康发展和健全人格的培养。因此，他们培育的学生大多拥有健康的身心和积极的精神[2]。在许民辉在美留学期间，美国体育学科体系已经较为完备，受当时实用主义思想的影响，体育课程由"体操""兵操"向田径、球类、游戏等实用课程转变。许民辉师从威廉姆斯，受到杜威"教育即生长""教育即生活"等实用主义观点的影响。威廉姆斯提出一套以教育实用性和教育生活性为主要特征的教学与课程理论[3]。许民辉在求学过程中对美国体育教育的思想已经了解透彻，掌握了体育学科教学的教学组织、教学方法、教材编制等知识。这为他体育教育观的形成奠定了理论基础。

---

[1] 王华倬. 中国近现代体育课程史论[M]. 北京：高等教育出版社，2004：37-41.
[2] 陈晴. 清末民初新式体育的传入与嬗变[M]. 武汉：华中师范大学出版社，2007：74-81.
[3] 同[2].

第三章 体育是健全人格的基础：许民辉学校体育观及其启示

表 3-1 许民辉的教育经历一览表

时间	学校	地点
1904—1913 年	南武学堂（后改为南武中学校）	广东
1919—1921 年	基督教会创办的体育学校	上海
1923 年	芝加哥大学	美国
1924 年	春田学院	美国

其次，许民辉的工作经历（表 3-2）和体育实践经历（表 3-3）为其学校体育观的形成奠定了实践基础。许民辉 1913 年开始在广州基督教青年会担任干事，主要承担宣传和开展广州各类体育赛事和短期培训班的工作，随后赴上海全国青年协会进修，在体育宣传和体育教学方法等方面得到进一步的提升。后来，他先后任职于广东高等师范学校、东吴大学、北京师范大学、清华大学、东南大学等，进而创办广东省立体育专科学校并担任校长，继而任民国时期教育部体育行政人员讲习所教导主任、中华全国体育协会常务理事。由此可见，许民辉的工作对象接触面不断扩大，任职范围也逐渐扩大。

表 3-2 许民辉的工作经历一览表

时间	单位	职务	地点
1913—1916 年	广州基督教青年会	青年会干事	广州
1916—1919 年	上海全国青年协会（中华基督教青年会）	干事	上海（培训）
1918 年	广东高等师范学校（中山大学前身）	任教	广东
1919—1922 年	广州基督教青年会	干事	广州
1922 年	广东高等师范学校	教师	广东
1925 年	广东省第 9 届运动会筹备组	青年会干事	广东
1925 年 5 月	广东省第九届运动会	评判长	广东
1925 年秋至 1930 年	东吴大学	体育主任	江苏
1931 年	北京师范大学	体育教授	北京
1932 年	清华大学	体育教授	北京
1933 年	南京东南大学	体育教授	江苏
1933 年秋	广东省教育厅	体育督学	广东
1935 年	广东省立体育专科学校	校长	广东
1936 年	柏林奥运会中国代表团	教练员	德国

续表

时间	单位	职务	地点
1940 年	教育部	体育督学 体育行政人员讲习所教导主任	重庆
1946 年	广东省立体育场	场长	广东
1947 年	中华全国体育协会	常务理事	
1948 年	伦敦奥运会中国代表团	游泳教练	英国

表 3-3　许民辉的实践经历一览表

时间	实践经历	备注
1910 年	作为华南区田径运动员，参加第 1 届全国运动会，获 220 码走第 3 名，一英里接力赛第 1 名	"南武三杰"之一
1913 年	作为国家队田径、足球运动员，参加第 1 届远东运动会，获男子 440 码第 3 名，一英里持续跑获第 2 名，首次介入排球赛并开始推广	排球开拓者
1913—1916 年	在广州基督教青年会工作，主持举办各种体育活动	广东
1914 年	举办"广州秋季华利波联赛"，组织"广州排球联会"	广东
1915 年	组织广州排球联会；参加第 2 届远东运动会男排项目并夺冠	广东
1925 年	举办广州各项体育竞赛和短期训练班；任教于广东高等师范学校体育专修班，教授球类、体操课程；负责筹备广东省第 9 届运动会工作，并担任评判长；担任第七届远东运动会中国女排教练	广东、菲律宾
1925—1932 年	任东吴大学体育系主任，历任北京师范大学、清华大学、东南大学教授	江苏、北京、江苏
1927 年	组织广东体育协进会	广东
1933 年	任广东省教育厅体育督学，负责体育教学工作；创办民众体育试验区	广东
1933—1937 年	开展广东中小学体育教员暑期训练班	广东
1935 年	创办广东省立体育专科学校，兼任校长	广东
1936 年	参加第十一届奥林匹克运动会，会后赴欧洲丹麦、瑞典、意大利等国考察	欧洲各国
1938 年	主持恢复省立体专；修复东较场体育场	广东
1948 年	参加第十四届奥运会担任中国体育代表团游泳教练	英国

广州基督教青年会建有体育行政组织,专门负责体育工作,实行干事聘任制。许民辉作为干事负责体育竞赛的举办和短期训练班的培训工作。该机构设有群众体育社团和业余训练组织,其中最有名的是许民辉组建的排球训练队;举办各类运动会和比赛活动,使广大民众积极参与;还创建学校专门培育体育人才,和当时的东吴大学联合创办了体育专修科,学制2年,由许民辉担任体育专修科主任[①]。许民辉在工作中传播体育救国的思想。许民辉在基督教青年会工作多年,宣扬德育、智育、体育和群育全面发展的理念[②]。同时,他还通过创办体育书刊来宣传体育,创办了《青年进步》《同工》等刊物并设有体育专栏;创办了《体育与卫生》《体育周报》等专业杂志来研讨体育问题;出版了《柔软体操》《篮球规则》等图书来普及体育知识;还通过举办讲座来传播体育救国的思想。

另外,许民辉还在广州开展短期体育培训班,培训体育基本理论和技能等内容。许民辉提出,在学校教育的所有学科中,体育学科的教育价值具有其他任何学科所没有的优势,如果学校中的体育认真办好了,那么其教育效果就实现了一半[③]。许民辉注重学校体育和国民体育的发展,认为培育学生先要关注其人格的健全,然后要适应国家需要,促进学生身心和谐发展,强健体魄、振奋精神,最终达到强国救国的目的[④]。

许民辉在多年的工作经历中累积了大量体育教育经验,他从实践中发现问题,积极思考,发表了《体育教授法大纲》《军队体育》《体育的目的》《排球讲义》《远东运动会中华篮球队失败之研究》《参加全国运动会报告书》《广东省中小学校体育实施方案》等一系列文章。以上文章体现了他的学校体育观,表明了他对我国体育事业发展的不断探索。

第二节 许民辉学校体育观的核心内涵

一、强调体育是健全人格的重要基石

当时人们对体育的价值存在误解,许民辉提出首先要弄清体育是什么。他表示,有很多人忽视体育、轻视体育,把体育作为一种娱乐方式,这种观念完全是

---

① 张喜燕. 蔡锷尚武思想新论[J]. 人民论坛,2012(20):184-185.
② 同①.
③ 同①.
④ 同①.

错误的，体育不仅是人们健身的工具，而且是国家复兴、民族兴旺的关键因素。放眼望去，世界各国都把体育作为教育的基础，作为培养青年人才的关键环节[①]。由此看出他对体育重要地位的重视，他认为体育是教育的基础，是振兴民族的核心因素。许民辉[②]认为体育之所以不能发展的原因是：误认为体育的真实价值只是锻炼身体，而没有意识到体育对德育和智育的作用，如果一个学校把体育认真办好了，那么这个学校的教育就成功了一半。也就是说，教育的根本是体育，体育是健全人格的基础。许民辉[③]提出，在国家危难时刻，作为国民，我们应该健全自己的人格、承担救国的使命，这才是国家之需。因此，人要想成就伟业，必先使身体健康，有渊博的学识和高尚的道德而没有健康的体魄，则难以担当大任。真正的健康，不仅要身体结构没有残缺、身体器官生理功能正常，还要有充沛的精神、良好的道德品质和渊博的智识，并且能够为社会服务，保卫国家，保护国民[④]。因此，体育在国民教育中处于举足轻重的地位。

　　许民辉提出，学校教育要培养学生"修己善群"的能力，使学生的个体性、群体性能够和谐发展。因为人是生存在特定的社会生活条件下的，要处理各种社会关系，脱离社会而孤立生存是不可能的。因此，学校教育不只是要把学生培养成有知识、有道德和身心健康的人，更要培养学生与社会发展相适应的能力，使个人发展与社会发展相统一，从而实现自我价值。另外，许民辉制订的《广东省中小学校体育实施方案》中，明确了中小学生的体育课程，设有早操、体育正课、课外运动、健康比赛等科目，充分体现了培养学生健全人格的体育教育目标。从侧面可以看出，他利用体育运动把个体的社会生活机能和生理器官联系起来，使人体各生理器官之间和谐运转，这样个体才会具有健全的人格。他在体育教学中经常采用游戏、舞蹈、远足、登山等课外活动来丰富体育课，激发学生对体育的兴趣，进而促进学生全面发展。由此可见，许民辉主张通过体育活动使人达到身心之和谐、人格之健全。

二、注重德育、智育、体育全面发展

　　许民辉曾说"不培植高尚之道德，以为基础，否则一切优良之技能，学识，

---

① 许民辉. 体育的目的[J]. 勤奋体育月报，1937，4（6）：15-17.
② 同①。
③ 同①。
④ 同①。

经验，品性，皆无所附丽也""盖人苟无道德，则放辟邪耻，无不为矣。虽其才学如何优良，亦奚足论？"[1]。可以看出，许民辉认为体育具有其他学科替代不了的作用，可以塑造学生健全的品格和高尚的道德。他提出学校教育要注重学生的德育、智育和体育的全面协调发展，体育的真义是使人们获得健康的体质、奋发的精神、团结的品质、互助的品德和爱国的情操。因此，体育是实现学生德育、智育、体育全面协调发展的重要途径，学校体育教育应遵循科学合理的教育方法和技术手段。需要注意的是，许民辉把道德的培养放在首位，他认为体育运动不仅是身体的活动，还可以促进人的道德发展。例如，某些运动可以培育学生顽强勇敢、迎难而上、坚持不懈、永不放弃的精神；团体运动项目可以培育学生团结互助的品质；运动竞赛可以培养学生明辨是非、公平公正的道德荣誉感。体育具有培育学生爱国主义情操的效能。他在《第一次中菲男排球赛》中谈到：第一届远东运动会结束后，我国男排快速发展，夺得冠军的荣誉，名声传遍全世界，后来在第六届远东运动会上，虽然失败了，但是男排的勇往直前、永不言败、拼搏进取的精神永远存在。因此参赛是否获奖并不是最重要的。"[2]这正表现出许民辉强调体育运动背后的对个体道德品质的培育。

许民辉提出体育还具有促进人智力发展的效用。他认为："一个身体不强壮的人，精神常常萎靡不振，时时不快乐，因此，虽然有山珍海味到他的口也没有味道了，人家认为快乐的事，在他那是毫无兴趣了，这样虽有良好的环境，富裕的经济，也无法享受。"[3]强健的体魄是一个人学习的重要基础。研究表明，人的智慧与大脑活动显著相关，因此适度的体育活动有助于大脑智慧的增长。他认为，如果学生没有合适的消遣娱乐的方式，那么他们就会寻找其他途径消耗过剩的精力，可能会误入歧途[4]。因此，他主张学校体育教育要加强对各种新教学手段和方法的尝试，如益智的课外运动、体育游戏等，激发学生的学习兴趣和学习动机，引导他们在增长知识上下功夫，向求知问学、丰富学识的方向努力，消耗学生过剩的精力。同时，许民辉提出，体育教师需要拥有丰富的常识，能够融会贯通各种知识[5]。然而，教师不能因只注重对学生智识的培养而忽视对学生身体和品德的培养，要培养德育、智育、体育全面发展的学生。

---

[1] 许民辉. 筹委会提中小学体育实施方案[J]. 广东教育厅旬刊，1936（2）：13-17.
[2] 许民辉. 第一次中菲男排球赛[J]. 第九届远东运动会特刊，1930：28-29.
[3] 许民辉. 体育的目的[J]. 勤奋体育月报，1937，4（6）：15-17.
[4] 同[3].
[5] 同[3].

三、提出阶段化体育发展目标

1937年，许民辉在发表的《体育的目的》中提出"一个国家的体育不只是学生健身的工具，而且是拯救国家、复兴民族的唯一要素""康健之精神必寓于康健之身体"[①]。体育是培养青年学生的关键，是教育的基础。体育的发展是有顺序性和阶段性的，每个阶段都有其特征。具体而言，许民辉总结出以下四个目标阶段。

第一个体育发展阶段是以生存为目标的。在远古时代，人类食草木之食，鸟兽之肉，凭借一身力气生存，与恶劣的环境和野兽抗争，获取食物。在那个时代，假如人类身体羸弱，气力虚弱，跑不快、跳不高、游不远，那么就难以生存下去，随时都会灭亡。因此，他们虽然没有所谓的体育，但能够随时随地熟练地使用体育的一切技能，拥有强健的身体，吃苦耐劳、坚忍不拔的精神。这是因当时恶劣的环境而形成的以生存为目的的体育[②]。

第二个体育发展阶段是以保护健康和增进健康为目标的。随着人类社会的发展、生存经验的累积，人们开始用米麦来做食物，建造房屋来遮风避雨，制造车船来代步，铸造刀枪来保卫身体，于是人们就不需要花费很多力气求生存。因此，人类越来越有智慧，科学也日益进步，人们使用的生活工具也越来越多，机器的应用也越来越广泛。但是科学技术的广泛应用，使得人类的身体素质逐渐下降。于是，人类的体格远远不如之前，寿命也缩短了，出现了身体异样的情况。基于此，教育家们绞尽脑汁来改善这种情况，于是体育训练的方法便应运而生，通过运动训练人体的各个器官，矫正身体的缺陷，使人们获得健康的身体、活泼的精神、团体的力量、互助的美德，激发人们爱国的思想和行为，达到保护和增进健康的目的[③]。

第三个体育发展阶段是以军事体育为目标的。体育可以增进国际友谊，体育竞技运动有利于减少参赛者自私欺骗行为，体育活动能够替代某些不恰当的娱乐活动来塑造个体健全的人格和良好的道德品质[④]。首先，各国之间往往因历史和国情的原因而存在矛盾，但是运动员在运动赛场上全凭真正的能力、正当的手段、公正的评判来竞争，比拼时毫不松懈，但比拼结束后仍相互握手，败方还要向胜

---

① 许民辉. 体育的目的[J]. 勤奋体育月报，1937，4（6）：15-17.
② 同①。
③ 许民辉. 体育的目的[J]. 勤奋体育月报，1937，4（6）：10-11.
④ 同③。

方道贺，这种精神是神圣的，因此体育无疑可以增进国际友谊。其次，体育竞技运动都有具体严格的行为规则，不允许有任何出格行为，如因欺诈自私的行为而伤害他人，则裁判员可以根据比赛规则对犯规者进行处罚，因此竞技运动无疑能够极大减少参赛选手的自私欺骗行为。最后，体育活动容易激发青年人的学习兴趣，使其利用闲暇时间开展训练，从而大大减少不正当的娱乐活动[1]。因此，许民辉认为，该阶段的体育发展是以化干戈为玉帛的军事体育为目标的。

第四个体育发展阶段是以体育军事化为目标的。许民辉曾到欧洲国家考察，他发现军事体育弥漫着整个欧洲。由于在战争时期，欧洲有33%的人民体格达不到军人的标准，所以每个国家都注重国民体格训练，如意大利的狼子团幼童训练、巴里拉的少年训练、捷克的索科尔社会体育组织。这些训练都是以体育军事化为目标的[2]。

综合来看，许民辉认为，体育发展目标是顺应社会的发展而变化的，其中体现出的目的绝不仅仅是保持个人身体健康，而是要练就强壮的体魄，随时准备拿起武器，挺身而出，保卫国家[3]。

四、反对少数学生运动员参与的选手制体育

许民辉认为当时我国各级学校的体育教育都是有名无实的，运动员的培养都朝向职业化、商业化，目的是获得荣誉和为学校争光。这种选手制是畸形的，只有选手有机会参加运动，而其他人几乎没有运动机会，也没有运动兴趣。由此，许民辉发问：这种形式的体育究竟有多大的意义和价值？符合体育的本旨与目的吗？[4]因此，当时学校体育教育中的重大问题就是：学校为了名誉和利益，只培养少数运动员选手，而忽视对其他大部分青年学生的体育训练。同时，如果学校只注重选手制运动员的训练，不考虑普及教育，就容易忽视学生运动员的基本功课，不注意学生运动员的身心协调发展，甚至因过度训练而损伤他们的身心健康。

《中国全运会述评（1910~2001）》中提到："有不少学校和运动团体把运动会当成沽名钓誉、角逐竞争的场所，经常用一些不正当的手段去鼓动选手去争胜卖力，比如主办方不惜巨额资金，购置采办贵重的物品作为奖励，引诱青年拼命争

---

[1] 许民辉. 体育的目的[J]. 勤奋体育月报，1937，4（6）：12-13.
[2] 许民辉. 体育的目的[J]. 勤奋体育月报，1937，4（6）：13-14.
[3] 许民辉. 体育的目的[J]. 勤奋体育月报，1937，4（6）：14.
[4] 许民辉. 本区的使命[J]. 民众体育季刊，1933，1（2）：1-3.

夺，还有的学校竟然拿金钱去找校外运动好手当枪手，代替参加比赛。"[①]因此，办好体育才是学校教育成功的关键。教育工作者如果想要把学校体育办好，就必须依据体育教育的基本原理方法对学生进行科学的训练。许民辉提倡学校教育要面向全体学生，开展普及教育，不能走竞技化、职业化的道路。在体育开展形式上，他利用广州秋季排球联合会和广州中学生排球联赛组织来开展面向所有学生的体育运动，倡导学生积极参加。他还起草颁布了《广东省中小学校体育实施方案》，该方案中明确规定了学校体育课程的目标、课程设置、教学大纲和课程安排等，规定要因材施教，根据学生的学级、年龄、体高、体重、体能等指标来编配，并制定了编算的公式及考核的办法，从而使全体学生都可以参加体育锻炼。此外，该方案还提出体育的课程属性为必修，体育科目考核不及格的学生不允许毕业或升学。为了督促方案的实施，许民辉经常去各个学校检查各项措施的落实情况，使广东学校体育逐渐走上正轨。许民辉实施该方案的目的是"以救畸形的体育之弊，而发挥体育之精神"[②]，使每个学生都能获得适当的体育训练，成为具有健康的体魄、活泼的精神、耐劳的习惯、合作的精神，且人格健全的人。

第三节　许民辉学校体育观的当代启示

一、有助于凸显体育健全学生人格的独特作用

许民辉认为，在学校教育的所有学科中，体育学科具有其他任何学科都没有的优势。许民辉把体育放在教育中举足轻重的位置，强调其对整体教育的作用和价值。但是，当前我国还普遍存在对体育不重视的现象，忽视了体育的作用和价值，即使体育被纳入中考，但大多是为了应付考试，学生体验不到一点快乐。同时，学生的体质健康水平一直呈下降状态，身体形态异常发展，特别是近视率和肥胖率上升。然而，基于学生体质下降的事实，一些学校仍不尽快采取应对措施，竟以安全为由，削减长跑、篮球等运动课程。虽然国家已经制定了相关政策，明确了要保证学生每天的锻炼时间，开展大课间运动和早操等，但是部分学校仍以缩减体育学时来提高学生学业成绩，甚至挤占体育课。这进一步造成了学生不能吃苦、意志薄弱、抗挫能力差等问题。以上种种现象体现出人们对体育教育价值

---

① 开云. 中国全运会述评（1910～2001）[D]. 南京：南京师范大学，2005.
② 许民辉. 筹委会提中小学体育实施方案[J]. 广东教育厅旬刊，1936（2）：13-17.

的忽略，没有领悟到体育健全学生人格的独特作用。

许民辉认为，体育的根本目的是培养人的健全人格，使其能够适应社会生活，恰当的体育运动可以使人获得健康的身体、活泼的精神、团体的力量、互助的美德并激发爱国的思想和行为；体育可以增进各个国家之间的友谊；竞技运动能够减少个体不良道德行为；体育还能够减少人们参加不正当娱乐活动的次数。因此，体育具有培养学生健全人格的独特作用，具有促进学生身心全面发展的育人功能。同时，在体育教学中要注重学生道德的培养，把道德放在首位，教育的本质是立德树人。在体育教学中，要让尽可能多的学生参与体育运动，切实体会体育锻炼提升身体素质和增强心理素质的作用。当前，我国已经进入中国特色社会主义建设的新时代，建设教育强国是中华民族伟大复兴的基础工程，要优先发展教育，加快教育现代化建设，而学生是实现中国梦的主力，是国家发展的基石，我们要让每名学生都能受到优质的、适性的教育，让每名学生至少学会一项运动，培养学生健康的生活方式，使学生身心全面发展，为实现中华民族伟大复兴贡献力量。

二、为学生体育品德的培养提供理论依据

文化是一个国家软实力的重要体现。在我国社会主义建设的新时代，要建设体育强国，首先要加强体育文化建设，而体育品德是体育文化的重要方面。我国《普通高中体育与健康课程标准（2017年版2020年修订）》中明确指出，体育品德是指在体育运动中应当遵循的行为规范及形成的价值追求和精神风貌，对维护社会规范、树立良好的社会风尚具有积极作用。体育品德包括体育精神、体育道德和体育品格三个方面。近年来，少数青少年学生出现不道德的行为，如欺骗、撒谎、行为不检点等，因此学校教育的首要任务是培养学生的道德行为规范。体育运动不仅能提升学生身体素质，还能磨炼学生的意志品格。如果当前学校体育教育只是为了提高学生的体质健康水平和提升学生的运动技能水平，那么就会忽视体育对人全面发展的作用。许民辉主张，学校体育要满足青少年的身体需求和社会需求，注重"德智体群"四育的全面发展，并将体育道德放在教育的首位。体育运动拥有培养学生诚实不欺、服从命令、运动热心、忠心服务、富有公德心、谦让有礼、礼貌、勇谋兼备、能守时刻、遵守秩序等优良品质的作用。因此，学校体育教育的德育中要注重对青少年如何做人的培养，塑造学生正确的人生观、价值观及道德观，提升他们体育学科的核心素养。

培养学生良好的体育品德不是一蹴而就的，需要潜移默化地慢慢渗透。首

先，要注重对学生积极进取品质和遵守规则意识的培养。身体活动能培养学生健全的人格，磨炼他们坚强的意志，增强他们的合作意识和规则意识，培养他们努力拼搏、勇往直前的品质等。另外，那些能够使学生对自己产生更深层的认知、能够调动学生更多心理因素的体育竞技运动，是培养学生良好体育品德最有效的运动类型。其次，在中学时期，个体的自我意识发展出现质的飞跃，具有表现自我和需要他人认可的心理特征。在体育教育过程中，体育教师要摒弃单调的教学方法、单一的操练方式和单一的讲授内容，尝试多种教学方法和手段，设计丰富的体育学习场景，以使学生获得更多的体育学习机会、掌握更多的体育基本理论知识和基本技能，并不断给予学生鼓励和表扬，进而调动学生的体育学习兴趣和学习动机，在潜移默化中培育学生吃苦耐劳、积极进取、勇敢顽强、挑战自己的运动精神和品质。最后，抓住时机渗透人格教育。体育教师在教学过程中要时时关注学生的一言一行，以及其在情绪情感上的波动，看准时机，引导学生发挥体能优势，激发学生好胜心理，鼓励学生勇敢进取。应明晰学生的公私、优劣品德，好的方面让其继续保持，不好的方面让其及时纠正规避。

三、有助于进一步扭转学校体育只重视金牌的观念

很多人对学校体育存在误解，认为学校体育只针对身体素质好、运动能力好的学生开展运动，培养这些学生是为了学校获得荣誉和利益，而对于其他的普通学生，体育是可有可无的。部分学校只关注学生运动员的训练，而忽略大部分学生的体育教育；只抓学校运动队的训练，而忽视体育课和课外活动的开展。学校为了追求升学率，考什么就上什么，不考的就不学不练。这种精英体育违背了教育面向全体学生的原则，忽视了以人为本的教育价值观。

许民辉提到："我们须知道体育，不是徒以技术见长，而注意到身体一切的教育。"[①]学校体育的特点在于其教育性，其教育目的是面向全体学生开展教育活动，不是为了比赛、获得荣誉，这种精英体育把学校的有限的资源全部用于学生运动员的训练和培养上，而忽视大部分青少年的身心健康发展，从源头上与体育教育的目的背道而驰。学校体育教育的主体是全体学生，要让全体学生参与到体育运动中，学校不能因为几个奖项而剥夺学生的运动机会和权利，不能无视学生的身心发展。因此，学校体育要秉持"以人为本"的教育理念，既要重视尖子学生运动员的训练，又要重视大多数普通学生的全面发展与成长。

---

① 许民辉. 本区的使命[J]. 民众体育季刊，1933，1（2）：1-3.

四、有助于加强体育名师的榜样与引领作用

许民辉提到:"事业之兴废何自乎?自乎领导者之得人而已耳。人非不学而能也,必有人焉扶而掖之,而后者有所阶而进,筹谋措置,而后者得所遵循。"[①]他强调了体育领袖的带动引领作用,进而重视培养体育领袖,即加强对体育师资力量的培养。他开设冬夏体育领袖培训班,大力邀请各位体育专家为培训班授课,并且设立培训指导团,以保障培训质量,还筹设体育学校专门培养体育人才,等等。他知道榜样的作用是巨大的,榜样的示范引领会带动多数人,强调充分发挥体育名师的榜样引领作用。当前我国体育的发展存在一些问题。例如,体育课为文化课让路,体育课被挤占现象严重;体育师资力量薄弱,专业体育教师配置不够,普遍存在缺编、转岗、兼职的现象;学生喜欢体育但是不喜欢上体育课,家长也不喜欢体育等。因此,要让学生和家长意识到体育运动的价值和效用。

新时代,在建设体育强国过程中,国家越来越重视体育的发展,并制定了一系列的政策法规,学校体育的发展要靠体育教师来主导。当前体育教师一直被忽视,甚至有些人对他们还存在某些误会。我们要关注体育教师,尤其是体育名师,走进他们的课堂和生活,使学生、家长等充分了解体育教师这一职业群体,纠正人们对体育教师的误解,同时增强体育教师对自己职业的认同感,激励体育教师做好学生的四个引路人——做好磨炼学生品格的引路人、做好学生学习和掌握知识的引路人、做好学生创新思维的引路人、做好学生奉献祖国的引路人,促使体育教师以坚忍不拔的毅力、顽强的拼搏精神和开拓创新的行为为实现自己的职业理想而奋斗。同时,应吸引更多优秀人才加入体育教师行业,让每名教师都能尽展其才,形成好教师不断涌现的良好局面。

---

① 许民辉. 理想的体育领袖[J]. 勤奋体育月报, 1935, 2 (5): 24-25.

相关体育教育家简介

章辑五（1889—1978年）

字济武，生于天津。幼时，家境贫寒的章辑五没有条件走上科举求仕的道路，私塾还没有念完，他就考进了盐官厂创办的免费新式学堂，除传统课程外，学堂还新设了史地、体操、算术等课程。章辑五学有所成，15岁的他被天津直隶高等工业学校录取，攻读机械科，毕业后留校任教。1913年，章辑五到美孚石油商行任副工程师，在全国各地辗转工作。

1915年，张伯苓邀请章辑五入南开大学任教，起初担任物理、英文的学科教师，兼任课外体育活动与童子军训练的教导员，后张伯苓胞弟张彭春建议章辑五向体育工作转移，推荐他担任南开大学体育科主任一职。1923年，章辑五赴东南大学，向麦克乐学习如何普及体育，与其共同研究普及中国体育的策略。1927年，章辑五担任天津体育协进会主席，多次率队征战远东运动会。1933年，章辑五出访西方国家并考察体育发展状况，在20个月内考查了19个国家，后因妻子重病，他于1935年7月回到上海。

抗战期间，章辑五先后任教育部国民体育委员会专任委员兼设计组长、云南大学统计学教授、体育主任、训导长等职。1946年起，章辑五任国立体育师范专科学校校长。后去中国香港定居。章辑五是近代体育教育家，他将自己的一切献给了近代中国的体育事业。在《体育周刊》"名人传"中曾对他有如下评价："章辑五任事热心，不畏艰难，天津体育发达之有今日，君奔跑之功实不可抹煞也。"[1]

---

[1] 国家体委体育文史工作委员会，全国体总文史资料编审委员会. 中国近代体育文选[M]. 北京：人民体育出版社，1992：499.

第四章

体卫融合：章辑五学校体育观及其启示

第一节 章辑五学校体育观的形成背景

首先，西方文化对章辑五学校体育观产生了一定的影响。章辑五从小在新式学堂中接受教育，后来考入天津直隶高等工业学校，学校里有许多来自德国、英国、美国、日本等国的外教。因此，西方文化教育对章辑五的影响较大，他对现代化教育有全新的认识，认为中国在教育上与西方先进国家有较大的差距，一个国家的强大离不开教育的进步，不能固化传统教育思维，应吸收、学习西方的先进教育理念。他意识到体育教育对于国民的重要价值，认为尚文轻武的时代终将过去。1933年，为增长自身见识、更深入学习西方体育，章辑五出国访学考察欧美体育。在访学的日子里，他将每个国家体育的发展历史、状况和特点，以考察日记的形式记录下来，并将一些先进的体育理论原理与技术带回中国，让更多的本土体育学者对中西方体育差距有了更为理性的认识，开始探寻中国体育未来的发展道路。

其次，章辑五学校体育观的形成与其个人的经历相关。章辑五在天津直隶高等工业学校留校任教后，除教授物理外，还负责学校课外体育活动的管理工作，也就是在这时，章辑五第一次接触了体育工作，虽然在两年后离开了学校，但他与体育却结下了不解之缘。之后在南开大学工作的20年中，他一直秉持着普及的体育教育观念，让体育教育惠及每名学生。在他任教期间，南开体育盛况空前，在篮球、足球、棒球、田径等项目上闻名遐迩，培养出许多优秀的运动员[1]。1927年，章辑五任天津体育协进会主席，并在天津学校体育和社会体育领域担任重要的角色，在他任职期间，天津体育得到了井然有序的发展，体育普及程度也大大提高，竞技运动取得了优异的成绩。

---

[1] 梁吉生，张兰普. 章辑五体育文集[M]. 天津：南开大学出版社，2016：1-13.

最后，章辑五学校体育观的形成受到了诸多学者的影响。章辑五对体育事业的热爱与赏识章辑五的伯乐是分不开的，其中一位伯乐就是张伯苓，是他将章辑五领入了体育的大门。晚年章辑五还经常回忆起这位德才兼备的南开大学校长，感念他的知遇之恩。张伯苓是近代史上有名的教育家，也是一位出色的校长，他对于学校体育非常重视，聘请章辑五来南开大学工作后，就让其掌管南开大学课外体育活动，这足以看出他对章辑五的赏识。而后他提携章辑五为南开大学四部（大学、高中、初中、小学部）体育科主任，把所有的体育事务都交给了章辑五，而章辑五也通过这次经历拓宽了对体育的认识视角。1923年，章辑五经张伯苓推荐前往东南大学研学，与当时在东南大学任教的麦克乐一起探讨如何普及中国体育的问题，向麦克乐学习现代体育理念，学习自然主义体育的真谛。

第二节 章辑五学校体育观的核心内涵

一、注重体育教育与卫生健康教育相结合

章辑五在其学校体育规划中，将卫生健康教育融合到体育教育中，认为只有两者紧密联系、相互依照，才能更好地增进青少年儿童的体质健康。他认为体育运动与人体健康是有联系的，在体育运动中促进健康会起到"不期然而然"的效果，但这不是目的，因为健康是全方位的，光靠体育运动是不够的，还要注意生活上的方方面面[1]。卫生健康教育就是让学生在生活中养成好的习惯，教会学生健康生活。因此，章辑五提出体育与卫生教育相互合作、相互联系，共同促进青少年儿童体质健康的观点，他认为在学校工作中，体育课教师、负责卫生工作的庶务科、校医务科的工作人员要相互合作，保障学生的整体健康。例如，在每年学生体检之后，要统计学生的体质健康数据，以实际情况作为学校体育、卫生检查、医务室的工作根据[2]，同时鼓励学生在学习体育之余阅读一些与卫生教育相关的书籍，学习卫生知识[3]。

在健康教育上，章辑五意识到人们对健康的理解还不够准确。普通人认为健康就是没有疾病，字典里也是这么释义的，而章辑五认为将健康定义为身体无疾病、无痛苦、肢体健全是有局限性的，并表达了"健康受遗传、活动和环境所限

---

[1] 梁吉生，张兰普. 章辑五体育文集[M]. 天津：南开大学出版社，2016：358.
[2] 章辑五. 学校对于"卫生"与"医药"两方面的责任[J]. 南中周刊，1927，1（2）：27-32.
[3] 梁吉生，张兰普. 章辑五体育文集[M]. 天津：南开大学出版社，2016：8.

制""健康是相对的，而不是绝对的""只有引动，如从事体育活动，是真正健康的测量"[①]等对健康定位更为精确的认知观点。综上可知，章辑五认为人体健康的影响因素是多方面的，而体育锻炼的重要价值之一就是促进人体健康。

学校体育对学生身体健康有着重要价值，但同时章辑五也指出，不能光靠体育锻炼来促进人体健康，保持人体健康不是每个星期两个小时的体育锻炼就能达到的效果，如果学生的健康状况本身就不好，那么这两个小时的体育锻炼也是无效的，因此对于提高个人卫生素养来说，学校卫生健康教育也非常重要。在南开大学，章辑五把卫生健康教育融入学校体育中，以体卫融合的教学模式培养学生，提倡教师们要在体育教学中分享健康习惯，适当进行卫生教育，这样学生在学习运动技能的过程中能形成良好的卫生习惯，如游泳之前先淋浴、踢球后要洗澡等。除此之外，他每年都会给学生发放《学生卫生习惯自省表》，其中的内容包括饮食情况、运动量、饮水量、早晚及饭后刷牙情况、睡眠时间、是否沐浴等。章辑五重视学生卫生习惯的养成，他认为体育与卫生是息息相关的，如果一个运动员在条件艰苦的环境中训练，却没有良好的卫生习惯，那么要想有一个健康的身体并取得好的体育成绩是不可能的[②]。体卫融合、相辅相成，可以促进学生的身体健康。章辑五强调，在促进健康的同时，也需要以结果来反馈实施过程，以每年学生体质健康检测的结果作为体育教育和健康教育实施的依据，相互反馈，最终目标是促进学生身体健康。章辑五对于学生健康目标的追求是十分明确的，他曾提到，首先要"设法使全体的学生，明了健康的要义"，然后"规定些鼓励健康的方法"，希望全体学生都能远离疾病，享受健康的快乐，并且经过中小学6年的体育教育与卫生教育之后，能获得没有疾病，活泼耐劳的好身体[③]。这再次表明章辑五注重体育与卫生健康教育相结合的体育教育观，以及努力达到学生整体健康的目标。

二、注重体育教学的情感目标与过程目标

章辑五在体育教学中注重教学质量的提升，在他看来，教学只有贴近学生不同阶段的身心发展，并以学生身心健康发展作为教学目标，才能使教学内容为学生所接受、吸收，因此教学方法是非常重要的。章辑五曾对体育教学方法进行研

---

① 梁吉生，张兰普. 章辑五体育文集[M]. 天津：南开大学出版社，2016：358.
② 章辑五. 学校对于"卫生"与"医药"两方面的责任[J]. 南中周刊，1927，1（2）：27-32.
③ 同②。

究，认识到体育教育如果没有良好的教学方法，则难以实现体育的教学理想和目的，体育既然革新了，就要吸收新的教学方法，不能一味地采用传统的教学模式，体育教师对教学方法的运用要特别注意这点[①]。

体育教学方法分为广义的教学方法和狭义的教学方法。狭义的教学方法是指只教会学生运动技能的方法，章辑五认为，仅教会学生运动技能是不能达到教育目的的，教师也要在体育教学中设定过程与情感目标，采用广义的教学方法，即在教育青少年儿童时，结合学生的身心发展阶段来设置教学情境，让教育与生活相融合[②]。也就是说，教师只有了解学生的性格特征、身心发展情况、兴趣爱好、行为习惯等，并以此为基础进行学情分析，才能在教学过程中做到因材施教，同时也要关注学生的学习心理、学习态度、学习任务的完成情况等，只有把教育心理学运用到教学中，才能有效提高教学质量。因此，过程与情感目标的设定对于体育教学来讲是不能忽视的，只有有了目标，才能关注学生的学习表现，包括态度、情感表现及道德品质与精神的养成。南开大学在学校体育改制发展初期出现了极重技能而疏忽运动道德与精神的现象，针对这一情况，章辑五表示采用广义的教学法能关注学生学习的全方面，这对学生今后的生活是有帮助的，从效果来看这样才能满足教育美满的目标，因此在体育教学中要多运用此类教学方法。

章辑五对广义的体育教学中需要教授的三个方面的内容进行了讲解：一是技术学习，也就是运动技能的学习；二是副学习，学习与生活相关的日常事物，如怎样发展体质，怎样选择营养食品，怎样改正习惯、去除陋习，如何遵守日常行为规范、卫生生活习惯等；三是附学习，注重运动习惯和道德品质的培养，如运动兴趣、团结合作精神、竞技精神、文明礼仪等。这充分体现了章辑五对学生全方面发展的要求，重视培养学生的社会适应能力。他将学生情感与价值观的形成性表现纳入教学目标的范畴中，引领了当时南开大学学校体育教育新的方向。

同时，章辑五在教育实践中运用广义的体育教学方法，提出需要掌握学生的学习心理，适当进行过程性评价，要给不同个体的学生设定阶段性目标。章辑五指出学习的动机是需要，而学习的目的则是满足需要。学习是刺激和反应的方式，教学实际上就是帮助学生满足认知与实践的需要，因此教师要先了解学生的心理需要，以此来确定学习程序。章辑五将美国著名心理学家桑戴克的"学习三

---

① 梁吉生，张兰普. 章辑五体育文集[M]. 天津：南开大学出版社，2016：353-357.
② 同①.

定律"运用于实践教学中。"学习三定律"是从学生学习过程中的心理变化与技能形成阶段总结而来的规律。章辑五认为若体育教师能根据"准备律""练习律""效果律"这三个阶段循序渐进地进行教学活动，就可以让学生收获较好的学习成果，同时教师也要根据这三个阶段来设定过程性目标，并对学生每个阶段的学习进行效果评价，先把每名学生的学习情况量化为数据，并做好记录，再用学习曲线表现出来。当学生在学习中遇上了"高平原"（出现学习停滞、不进步的现象）时，章辑五认为如果用上广义的教学法，找到影响学生学习的消极因素，就可以解决这种问题。

在章辑五的体育教育观念里，对于学生社会适应能力和道德精神的培养是非常重视的，而他倡导的广义教学法能更有效率地帮助学生形成运动技能，融合了对学生学习过程与情感表现的诊断，更重视对学生思想品德、个人习惯、社会适应能力的培养。

三、反对学校体育选手制

实际上，南开大学的体育发展并不是一帆风顺的，也会出现问题，当选手制体育与普及体育在某些方面存在矛盾与冲突时，章辑五能及时权衡其中利弊，敢于进行变革。章辑五认为如果发现学校体育中出现"流弊"，就要想方设法地解决，但不能一票否决学校体育的发展。章辑五指出，"我们都知道应该提倡体育，体育的教育价值是非常重要的，我们也追求实现这种价值，那我们就应该想办法把一些不利因素解决，与阻碍体育发展的消极因素做斗争，这样才能顺利发展体育，不然就会因噎废食了"[①]。20世纪初期，西方体育思潮涌入近代中国，在带给中国体育发展契机的同时，也把体育商业化、职业化等不符合当时国情的不利因素带到了学校体育中，给尚处于雏形阶段的中国学校体育发展带来了障碍。

当时的选手制，侧重培养学校体育运动员，以代表学校参加体育竞赛，这种培养方式最主要的弊端在于会导致体育特长生与普通学生在体育锻炼上的不均衡，不利于普及学校体育。选手制是一种优待体育运动员的制度。当南开大学因过于重视选手制而出现一些负面现象时，章辑五毅然决然地提出要矫正选手制的不良风气，净化学校体育环境，而当时最有效的措施就是废除选手制。1932年，南开大学在章辑五等人的建议下决定取消选手制。章辑五表示，取消选手制是综合考虑学校自身与选手制的负面影响后决定的，并列举了废除选手制的五点主要

---

① 章辑五. 为提倡学校体育事忠告各校校长[J]. 体育杂志, 1927（1）: 15-78.

原因：一是学校经费有限，由于过于推崇选手制，一心想成为体育选手的学生越来越多，培养经费投入过多，这样不能落实普及体育与选手制并重的方针；二是体育选手优越感较强，容易养成骄傲、自大的负面性格，可能忘记运动为己的最初目的，习惯依赖学校，无法养成独立人格；三是体育部工作过于繁重，过多投入在选手制上，学校体育的整体发展受到阻碍；四是有欧美体育先进国家推崇选手制的前车之鉴，选手制容易走向体育商业化、体育职业化，而这对于学校体育发展来说是错误的；五是南开大学学校体育竞赛的竞争力太强，其他学校参与的积极性不高，南开大学在天津长期"一枝独秀"，不利于提高其他学校发展体育的积极性[①]。

后来，章辑五意识到虽然选手制有缺点，但是它对南开大学在国内学校体育竞赛中取得瞩目的成绩作出了重要贡献，取消选手制无疑使体育人才的挖掘更为困难了，为了延续南开大学在国内体育竞赛的竞争力，章辑五设立了体育高能班，将运动成绩好、品行端正的学生编入班级中，如果有校际比赛，就由体育高能班的学生代表学校参加[②]。实行半年后，章辑五指出新措施实施以来选手养成了不依赖、不受人津贴的好习惯，同时精神面貌、团队氛围也有了改善。章辑五指出，"现在在学生自己组织的运动团体里，队员兴趣浓厚、感情融洽、责任心恳切，是比以前胜强多倍了"[③]。

选手制在学校体育中是把双刃剑，章辑五认为选手制是有利有弊的，与其废除，不如对选手制进行改造。他只是想通过取消选手制来消除学校体育的不良风气，并不是一票否决选手制。章辑五后来指出："大凡一件事物的好歹，是相对的，不是绝对的。有选手与无选手互有利弊的，顾此失彼，是当然的现象。南开学校造成今日全校好习体育的校风，爱护学校、尽忠母校的精神，青年群众感情的宣泄，对于各项运动热烈的兴趣，未始不是运动选手的功劳"[④]。后来章辑五也提到选手制的积极影响，认为选手制是有存在的必要的：①选手可以作为普通学生的榜样，吸引学生参与体育运动，提高普及运动的效果。②学校体育发展不能退出世界潮流，要积极鼓励学生对竞技运动的追求。但是要把选手制的弊端当作是前车之鉴，不能因噎废食，要设法去除这些弊端[⑤]。章辑五的改革精神把南开大学体育的发展引回正确的轨道，他承担起了为学校净化体育文化、维护体育生态的责任。

---

① 章辑五. 南开学校半年来取消选手制后的新试验[J]. 天津体育周报（周年纪念特刊），1933，1（21）：8-10.
② 同①.
③ 同①.
④ 同①.
⑤ 章辑五. 读了方万邦、程登科两先生的大著之后[J]. 体育季刊，1936，2（3）：40-51.

四、倡导寓学于做，培养学生社会生存能力

贝登·鲍尔曾提到，一些受过学校教育的青少年，只知道书本上的知识，如果遇到的环境比较恶劣，就不知道如何去生存，意志品格也不够坚定，这些都是教育中容易忽视的部分[①]。因此他以促进青少年人格发展与身体强健、培养青少年动手能力与服务他人为目的创立童子军运动，教育青少年儿童生存之道。章辑五的童子军教育理念受到了贝登·鲍尔的极大启发。同时期其他学校创立的童子军运动有着强烈的军国民意识，而章辑五认为童子军运动是不同于军训的，明确提出"培养学生成为一个符合资格的国民"，使每名学生都能成为忠义、博爱、有社会责任感的人，教会他们实用的生活技能，提高他们的独立生活能力。章辑五认为，童子军教育对于青少年儿童来说是非常有意义的品格教育，与军国民性质的童子军运动要区分开来。

章辑五将童子军运动纳入南开大学学校体育的范畴，在实行童子军教育时，不断灌输品格教育的理念，教育学生由做而学，即看到什么就去做什么、想学什么就去做什么。章辑五希望教导员在教育童子军时，能将学生品格养成和日常习惯联系一起，让学生自己实践，加强自身动手能力，独立自主地做一些生活上的劳动，以及对社会有益的事，并养成良好的生活习惯，从而形成优秀的品格。品格教育对学生社会适应能力的培养起到了关键作用，当从学校走向社会时，受过品格教育的学生会比其他学生社会适应性更强。章辑五把这种教育理念充分融入童子军运动中，以便让学生提前适应社会生存环境。章辑五深刻地认识到，学校不应该只偏重于知识的获取，知识是人类生活的重要部分，但并不是生活的全部，而生活需要我们去实践，这不是在教室里、在书上就能学会的，因此要多让学生参加一些团体实践活动，如游艺会、远足队、定向越野队、旅行团等，让学生在参与这些活动的过程中养成待人接物的良好态度，激发其对外界环境的探索兴趣，更重要的是使其养成良好的个人习惯与解决问题、战胜困难的能力，以及对社会的奉献精神等，而组织童子军的目的就是如此[②]。他强调要让学生学会生活，懂得生存的必要性。

在实践教育中，每周六、日章辑五都会带领童子军小分队进行远足、登山、勘探地形等拓展运动，他认为通过户外身体锻炼、团队协作，能让学生之间交流

---

① 贝登·鲍尔. 童子军与青年运动[M]. 赵邦荣, 译. 上海：商务印书馆, 1939：10-61.
② 章辑五. 现今推行童子军教育的几个问题[J]. 体育与卫生, 1924, 3（2）：14-16.

情感，能培养学生良好的意志品质，从而让青少年增强社会适应能力。在章辑五的带领下，童子军训练课程不断改进完善，相继制定了关于童子军的组织规程、行政管理制度，南开童子军运动逐渐规范化。在《童子军教育原理及方法》中，章辑五指出，"青少年儿童的教育应该着重于体质健康的发展，培养他们的劳动能力，实践'人生以服务为目的'及'日行一善'的铭言，矫正自私自利的不良习惯，同时让青少年儿童多与自然界、社会接触，通过实际的观察和体验，以培养其对人对事的各种生活技能和正确的态度，也是锻炼国民体魄，培养团队精神，养成科学头脑的唯一捷径"[①]。因此，在章辑五看来，学生的社会适应能力是非常重要的，在体育和童子军运动中要将培养学生社会劳动能力与生存能力作为目标。

章辑五倡导要贯彻好寓学于做的教育原则，始终要将品格教育与童子军运动联系一起，以"培养能对社会有用，能在社会上生存的人"为目标，而不是带有政治目的地让学生接受军事训练。寓学于做表明章辑五体育教育观走在了近代中国教育的前沿，也符合当下提倡的立德树人教育要求。

综上所述，章辑五学校体育包含了各个方面，他为了学校体育尽早实现现代化革新、尽快赶上其他体育强国而奋斗。尽管在当时国情下要实现变革并不容易，但他始终牢记作为一名体育工作者的职责，砥砺前行，这表明了他为南开大学、全天津乃至全国学校体育贡献一分力量的决心。章辑五以其对现代体育的理解，以及执着的精神和育人风范，加强对学生体育意识、体育情感、体育道德和体育习惯的培养。在他的领导下，形成了近代中国南开大学学校体育繁荣的盛况。

第三节 章辑五学校体育观的当代启示

一、有助于融合体育教育与卫生健康教育

章辑五注重体育教育与卫生健康教育相结合。他认为学校体育不仅仅是体育教学、课外体育运动、体育训练，还应该包含健康卫生教育。正如章辑五所说，人体是一个整体，人体健康与体育锻炼、卫生习惯、医药等方面有着直接、密切的关系。首先，章辑五表达了对体育健身功能的阐述——"只有引动，如从事体

---

① 章辑五，吴耀麟. 童子军教育原理及方法[M]. 南京：正中书局，1942：3-4.

育活动,是真正健康的测量",他认为体育运动对健康有着重要价值,而对于体育与学生健康教育的关联,他提出"体育之意义甚广,非每星期二小时之体操即能得体育之精蕴。苟身体无相当之保护,虽于此二小时内努力为之,亦何补益?故卫生实为重要"[1]。他认为体育与卫生教育是相辅相成的,这两者的目标就是促进学生的健康。在章辑五的提议下,南开大学体育组明确了工作目标,提出了"要让学生了解健康,拥有健康,免除疾病的痛苦,享受健康的快乐"这一宗旨,这与当下体育教育的"健康第一"指导思想不谋而合。

坚持健康第一、促进学生健康成长是当前学校体育教育的基本理念。最新颁布的各阶段体育课程标准都把健康行为纳入重要目标中,不仅仅指向运动技能的形成,更注重学生健康习惯、社会适应能力与良好品德的培养,在《普通高中体育与健康课程标准(2017年版 2020年修订)》中,课程目标指出:"运动能力、健康行为和体育品德三个方面学科核心素养协调和全面发展,培养学生在未来发展中应具备的体育与健康的正确价值观、必备品格与关键能力,形成乐观开朗、积极进取、充满活力的人生态度,身心健康、体魄强健,为新时代健康文明生活做好准备。"[2]培养学生的健全人格、强健体魄,让学生未来能过上健康文明的生活,这是体育教育的最终目标。《"健康中国2030"规划纲要》中也提到:"将健康教育纳入国民教育体系,把健康教育作为所有教育阶段素质教育的重要内容。以中小学为重点,建立学校健康教育推进机制……培养健康教育师资,将健康教育纳入体育教师职前教育和职后培训内容。"这一纲要明确健康教育能力成为体育教师基本业务素质,在一定程度上已经将体育教育与健康教育融为一体。可见,在我国全力追求实现中国梦的时代背景下,国家对于健康生活的要求也相应提高,体育教育与健康教育相互融合为一个共同体,这对于引导群众健康生活有着重要价值。

然而,我国大多数学校的体育教育观念还是比较传统的,没有将健康第一作为开展体育工作的指导思想,唯分数论的教育观念根深蒂固,一时难以改变。目前,教育部门逐渐增加体育中考成绩占比,中考体育项目也逐渐多样化,可供学生按照自己擅长的项目来选择,这不管是对学校体育还是对学生个人健康来说,都是大有益处的事情,但假如没有深刻认识到体育与健康的联系,不理解体育的价值所在,就不能改变考什么学什么、考什么教什么的应试教育模式。没

---

[1] 梁吉生,张兰普. 章辑五体育文集[M]. 天津:南开大学出版社,2015:24.
[2] 中华人民共和国教育部. 普通高中体育与健康课程标准(2017年版 2020年修订)[M]. 北京:人民教育出版社,2017:6.

有以学生的兴趣为出发点进行体育锻炼，即使学生可能在运动成绩上取得较为满意的结果，对于学生运动技能动作的理解、规范及终身体育意识的养成也是十分不利的，不符合终身体育的目标，而健康是永恒的主题，如果没有好的运动习惯，就难以将体育与健康联系起来。随着信息时代的到来，现在几乎人手一部手机，工作也经常面对着计算机，越来越多被称为"低头族""沙发族"的人群出现，近年来，学生的近视率更是居高不下，肥胖问题也越来越突出，应试教育模式带来的消极影响已经显现，更与为新时代健康文明生活做好准备这一期盼相差甚远。

综上，章辑五注重体育教育与卫生健康教育相结合的观点，对当前构建学校"体、卫"教育融合有以下启示：①体育课要担起健康教育的职责，增强体育教师自身健康素养，给学生传授健康知识，包括健康行为与生活方式、生长发育与青春期保健、心理健康、预防疾病与公共卫生事件应对、安全应急与避险五个方面的内容，这样可以促进学生健康意识的形成，同时对学生不良习惯要及时指出并责令改正；②学校应贯彻每学期一次的学生健康体检制度，班主任要把体检数据共享给体育专职教师，这样可以根据不同学生的具体情况，在体育教学中因材施教；③关注学生终身体育意识的培养，以兴趣为导向进行多样化的走班教学，同时增强课堂的丰富性、趣味性，引导、鼓励学生形成运动习惯，做到体育与健康的永恒联动；④结合学生身心健康特点创设轻松愉快的课堂氛围，追求从运动中获得快乐、在快乐中促进健康的效果，循序渐进，避免急于求成。

二、有助于重视中小学体育过程评价与情感评价

章辑五强调体育教师要在教学过程中设立过程与情感目标，认为体育教育如果因极注重技能而疏忽运动道德与精神是不对的。他提倡运用广义教学法，关注课堂上学生学习态度、精神面貌、纪律性、价值观等多方面的表现，强调体育教师应该多多观察学生的阶段性表现，对于学习进度较慢的学生给予鼓励，把每名学生运动技能的阶段学习成果用学习曲线表现出来。这也启示当代体育教学不应仅传授运动技能，更应该注重对学生心理、思想道德层面的积极影响，包括精神、情感、价值观、学习态度等。因此要对学生课堂表现进行过程与情感方面的评价，这有助于学生的全方面发展。

目前我国正步入体育发展的黄金时期和筑造体育强国的关键时期，《"健康中国2030"规划纲要》的颁布，预示着国家对学校体育提出了更高的要求。特别

是在中考政策上，教育部逐渐将体育推上了主科的位置，2016年教育部发文，提出了体育成为中考必考项目的要求，中考录取计分科目为语文、数学、外语、体育四个主科目，其他科目均成为选考科目。全国各省市体育中考的计分比重也呈现上升的趋势[①]。2019年云南省教育厅发布了《云南省教育厅关于进一步深化高中阶段学校考试招生制度改革的实施意见》，提出体育与语文、数学、英语一样为100分，规定了自选体育考试的具体项目，搭建了三大球、三小球、田径、游泳、武术、健美操等多个项目平台[②]，这些转变给学校体育发展带来了新的机遇。就目前来看，"放羊"式教学现象已经越来越少，各地市县对体育教师的工作素养、能力要求越来越高，这给体育课程改革带来了新的活力，体育教育水平逐渐提升，体育地位也越来越高。但这也给学校造成了一定的工作压力。与其他学科不同，体育要求的身体活动量要远远高于其他学科，势必对均衡各学科的学习有所影响，而体育分数的调高，对于体育教师来说无疑增加了挑战，并且经过绝对评价得到成绩的方式，让一些体育特弱生取得较好的成绩更困难，这会大大增加他们学业考试的负担。

实际上，前面提到的相关政策的出台对体育课程改革收效甚微，并没有改变"一块秒表一把尺，五根手指全拉直""考什么就教什么"的考核模式，这种终结性的、绝对的评价方式会让学生出现断层式的成绩差异，对于一些课堂表现良好的学生，他们能说出运动技能的动作要领，也知道技术动作该如何规范，最终体育成绩却连及格都很困难，而有的学生态度散漫，课堂表现很差，在考核时却凭借身体素质上的优势轻松取得好成绩。采用这样的考核方式来评价学生一学期的体育学习，显然是不合理的，忽略了学生的个体差异，会使体育课变为"体能训练课"或者"体育达标课"。这种考核方式不利于体育学习要素的优化，更不利于发挥体育学习的正面促动效应。

当然，体育测试在学业考试中是必不可少的，不仅能检验学生的体质健康水平、运动能力、意志品质等，也能反映一个学校体育教学的水平。然而若采取以往的成绩评价方式，那么对于一些体育特弱生来说是不公平的，因此我们要思考体育成绩是否能反映学生学习体育的过程？评价体育表现只能通过运动成绩吗？在章辑五的体育教育观念里，体育不仅要教会学生运动技能，而且要教会

---

① 中华人民共和国教育部. 教育部关于进一步推进高中阶段学校考试招生制度改革的指导意见[EB/OL].（2016-09-19）[2022-09-11]. http://www.moe.gov.cn/srcsite/A06/s3732/201609/t20160920_281610.html.
② 云南省教育厅. 云南省教育厅关于进一步深化高中阶段学校考试招生制度改革的实施意见[EB/OL].（2019-12-31）[2024-09-12]. https://www.sohu.com/a/363861515_528965.

学生如何去学习，即对学习过程的优化，更要教会学生体育精神。他认为体育教师应根据学生的学习心理合理安排教学任务，并且在学习过程中关注学生的进步情况，以及情感表现，要提醒学生在学习过程中养成良好的习惯，如尊敬师长、关爱同学、遵守纪律、安全意识等，注重在体育教学中达成过程与情感的目标。

因此，章辑五重视体育教学中的过程目标与情感目标的观点，给出了关于学生体育考核评价方式改革的相关启示：①对学生进行综合评价，打破以往只对运动技术、体质健康等方面进行评价的局面。学校可以建立学生体育课堂学习档案，在期末考核时进行健康知识评价和形成性评价，健康知识评价以试卷笔试或口头表达测试的形式进行，占总成绩的10%；形成性评价也就是学生的行为评价，占总成绩的20%，包括健康行为和良好品德。健康行为可以根据学生的体育家庭作业的完成情况、平时课间体育锻炼的行为和习惯、积极参加班际或校际比赛的情况等来评价，而良好品德可以根据学生的课堂表现，如团结协作、勇于拼搏、不怕困难等精神进行评价。②体育考核要关注运动技能的规范性，而不是只关注结果，将运动成绩与技术动作评价两项内容进行综合计算，将技评分纳入其中，在对运动表现进行评价的同时，对运动技能的动作标准进行评价，从而让体育特弱生缩小与其他学生的差距，提高这部分学生体育学习的积极性。

三、有助于强化学校体育业余运动队思想教育

章辑五重视学校体育运动员的思想教育，不认同当时南开大学运动队急功近利的培养模式，这种模式导致学校有了"重业务技术培训，轻思想道德教育"的风气。即便南开大学在大大小小的竞赛中收获了很好的成绩，但在虚荣心的驱使下，部分运动员忘记了运动为己的初心，对学校的依赖成了习惯，同时学校违背了培养学生独立人格的教育本质。章辑五认为优秀的运动员要具备"仁侠精神"与"君子风度"，并强调"锻炼强健的体魄，养成良好的习惯，在社会道德价值上讲都是次焉者"[①]，他认为成为一名合格的运动员，首要条件是拥有良好的思想道德和文化素质，其次要懂得如何为人处世。因此章辑五强调在建设高水平运动队时，要注重运动员的思想道德与政治教育培养。

1986年，我国高校开始组建高水平运动队，经过了30余载，现如今已形成了较完善的体系，在大、中、小学校都创设了运动队培养模式，近几年更是在探

---

① 梁吉生，张兰普. 章辑五体育文集[M]. 天津：南开大学出版社，2016：376.

索体教结合,培养高素质、高水平运动员方向上取得了显著的成果,大大推动了各阶段学校体育竞赛工作的阶段性发展。但是,"两轻两重"是目前我国运动员培养模式的最大弊端,即"重业务技术培训,轻思想道德教育""重物质刺激,轻精神鼓励"[1]。章辑五早就认识到学校运动员培养模式的弊端,认为选手制存在不合理、不恰当的优待制度,这样运动员会慢慢滋生傲慢、自大等不良习性。如今高校高水平运动员大多是通过体育特招录取而来的,他们的文化成绩要求比普通学生低得多,一部分学生可以代表学校参加体育竞赛,在训练与竞赛过程中一些运动员会有以自我为中心的优越感,而部分学校存在急功近利、狭隘主义的发展问题,这助长了一些学生消极想法的滋生。这与注重学生全面发展的目标是相悖的。由此来看,学校高水平运动员的思想品德与价值观都有待提高。

章辑五重视运动员的思想道德教育,他认为教育首先要关注学生个体,不能只关注学校的名头,首先要培养学生良好的思想品德,使学生了解为人处世的原则,为学生的将来谋幸福,这才是最关键的,而利用学生为学校争取荣誉的做法,是违背学校教育、体育价值的。对于运动员思想教育的责任,章辑五认为一方面在于运动员本身,另一方面在于学校和体育教师,首先,运动员要摆正心态,要有善得善失的精神,胜不骄、败不馁;服从教练和队长的指令,不可逃避职责,同时赛场上要尊重裁判员,不得辱骂裁判,要服从判罚;在文化课学习上要努力跟进,不能因噎废食;与队友之间要有团结合作精神,也要有礼貌地对待对手[2]。此外,学校和体育教师制定比赛计划和目标时,不要以"夺锦标"为竞赛的最终目标,应取消选手制的优待政策,对学生一视同仁。体育教师作为"引导青年的领袖",更要肩负起培养学生良好思想道德品质的重要责任[3]。即使在体育高度发展的大环境中,体育新闻中还是会偶尔出现运动员服用兴奋剂、涉黑、涉赌等丑闻,在一定程度上暴露出部分职业运动员个人约束性差、思想道德素养不足的问题。

因此,在运动员的培养上,思想道德教育不可或缺,特别是在当下鼓励体教结合的教育背景下,我们追求的培养目标更应该是培养高水平、高素质的运动员,包括运动水平,也包括文明与文化素养,这样才能真正在学校体育发展中起到牵引作用。章辑五重视运动员思想教育的相关观点,为今后对高水平运动员的思想教育提供了以下启示:①学校应对运动员文化课成绩严格把关,若不合格,则

---

[1] 张旭. 新形势下提升运动员思想道德素质的途径探讨[J]. 吉林农业科技学院学报, 2018, 27 (3): 71-73, 121.
[2] 梁吉生, 张兰普. 章辑五体育文集[M]. 天津: 南开大学出版社, 2016: 376.
[3] 章辑五. 为提倡学校体育事忠告各校校长[J]. 体育杂志, 1927 (1): 15-78.

取消比赛资格或限制比赛时间；②定期开展反兴奋剂、反赌思政教育等主题会议，严格把控运动员的日常行为规范，树立运动为己的观念；③教练员在日常训练中要加强赛场礼仪与纪律性的教育，并在训练赛中随时考核，若运动员出现不尊重裁判、教练员、对手、观众等行为，则应在一定时间内禁止该运动员参加训练，并进行相应处罚。

四、有助于拓展儿童校外体育活动

章辑五是童子军教育理论的研究者，他曾和吴耀麟一起编著了《童子军教育原理及方法》《童子军行政管理与活动教材》，也发表了多篇关于童子军教育的文章，其中的教育观点对青少年儿童的生活、教育、学习有着重要价值。随着时代发展，传统的童子军运动在我国已经越来越少，如今只有中国港澳台地区还设立着专门的童子军协会，但童子军运动的教育价值却值得教育工作者借鉴学习，它可以为促进青少年儿童的个体发展提供思路。从章辑五的童子军教育观中，可以挖掘出社会生活的教育价值，为青少年儿童体育活动的多样性发展提供了思路。首先，章辑五在童子军运动中注重儿童体力的发展，注重培养学生的劳动能力，倡导"由做而学""寓学于做"的教育理念，以学生的兴趣为出发点，根据他们的认知水平及生活经验来制定社会性的训练活动，希望青少年儿童能独立自主地进行一些社会性体育活动，如攀岩、划船、勘测地形、定向越野等，让学生学会各种生活技能，使学生牢记"人生以服务为目的"，增强教育生活化的属性。其次，章辑五重视青少年儿童的思政训练，在童子军运动中培养青少年儿童忠义、博爱、谨慎等美德，使青少年儿童在社会体育活动过程中发展个性，磨炼品格，培养爱国、爱乡的情怀，同时形成良好的道德观与价值观。社会性的体育活动，无论是在教育理念还是在思政训练上，都对青少年儿童学习和成长有着重要价值。

少年强，则国强，现如今，青少年儿童群体作为我国的新生代，在未来中华民族伟大复兴的征途中将肩负起关键的职责。联合国教科文组织针对21世纪提出的教育口号是"学会生存"，即把生活教育融入日常教育活动中，让青少年儿童掌握基本的劳动能力与生活技能。在我国，中小学生生活教育是比较欠缺的，缺乏与其他学科的联系。在体育课上，教师侧重教授学生运动技能，没有关注体育与生活的联系，没有挖掘出体育的生活价值，因此在组织形式上还需多样化，应创新体育活动开展形式，可适当组织拓展训练活动，如开展夏令营、公路自行车、攀岩等活动，以增强青少年儿童与自然界的联系，在开拓学生眼界的同时，教会他们应对困难的一些生存技能。目前教育界越来越重视青少年儿童的生存教育与思政教育，这与章辑五的品格教育理念是一致的，因而基于章辑五的童子军教育思想思考如何开展社会性的青少年儿童体育活动是非常有意义的。章辑五强调的青少年儿童生存教育及其在品格教育上的经验对当下的启示如下：①在组织形式上，首先要掌握青少年儿童群体的兴趣点，进而设计趣味性、社会化比较强的体育活动，如户外定向越野、攀岩、自行车、丛林探险、防溺水自救技能等体育拓展活动；其次要多设计团体体育活动，集体活动的经历和感受一方面能让学生形成团结友爱、互帮互助的优良品质与集体荣誉感，使学生通过集体生活获取生活经验，另一方面能让学生学会适应集体生活，找到自己在团队中的角色和位置，明确分工，提高日常生活的效率，同时让学生个性化发展。②在活动理念上，要充分贯彻寓学于做的教学原则，鼓励学生学以致用，在遇到难题时多思考所学知识是否能用上，如一些地理、数学、物理等学科知识，用理论知识结合实践，培养学生的思维能力与动手能力，使学生学会生活技能，如钻木取火、搬运重物等。③在体育管理上，组织者在组织团体活动时首先要明确参与者要遵守的规章制度，保证一个集体的纪律性，并将思政教育渗透到组织活动中；其次要加强对青少年儿童的引导，在活动中多给青少年儿童鼓励与关心，让青少年儿童在社会性活动中逐渐形成自信、勇敢、坚强等优良品格。

相关体育教育家简介

方万邦（1893—1969年）

福建闽侯人，原名方中。方万邦1917年毕业于福建省立第一师范学校体育科，同年进入北京高等师范学校体育专修科学习，并于1919年毕业。方万邦在毕业后的7年中，先后担任多所中小学校的体育教员，从事基层体育教学与管理工作，曾任太原第一师范学校体育教员兼童子军教练，以及沈阳国立高等师范学校、长沙兑泽中学及楚怡中学、福建协和大学、厦门集美学校体育教师。1926年，方万邦考入美国哥伦比亚大学教育学院，自费赴美留学，师从当时美国著名体育家威廉姆斯教授。

回国后，方万邦以亲身实践推动中国体育的发展，他曾在国内多所知名高校担任体育系主任和教授，先后创办了大夏大学体育专修科、上海市立体育专科学校和国立体育师范专科学校并担任学校领导。抗战后期，方万邦被派定为教育部国民体育委员会专任委员，督导全国体育工作。20世纪50年代中期，方万邦任华南师范学院体育系教授，在此期间创立了体育人文社会学学科。

方万邦是中国近代著名体育教育家，他一生著述颇丰，学术造诣深厚，出版专著8部，发表文献80余篇，其中《体育原理》《新体育教学法》等被认为是体育理论界的学术权威著作。他在20世纪30年代提出了民族体育问题，坚决反对体育军事化，其理由是：①现代战争非如古代战争所用之弓马刀枪等可比，现代所用的专门战术皆为体育课程所未备，因此体育军事化在实际上是没有什么用处的。②如果因为体育与军事教育有密切关系而实行军事化，那么，其他与军事教育密切相关的学科岂不是也要实行军事化？③既然教育宗旨首重民族复兴，那么，与其体育以军事化为目的，不如以复兴民族为目的。因为复兴民族需要国民有健全的身体、健全的精神和健全的人格，而体育就是造就这种国民的良好工具。

第五章
教育化体育：方万邦学校体育观及其启示

第一节 方万邦学校体育观的形成背景

首先，方万邦学校体育观受到了实用主义教育理论的影响。20世纪初，美国教育界掀起了一场"进步主义教育运动"[1]，这场运动的焦点是反对欧洲传统教育模式，提倡教育要适应儿童的身心发展和个性发展特点。方万邦早期在国内学习体育专业时，正值杜威访华期间，其实用主义教育理论席卷中国大地。方万邦在此时开始逐渐接触到实用主义教育理论，后在哥伦比亚大学留学期间又进一步深入了解和学习了进步主义教育思潮。方万邦回国后撰写了一系列经典著作，其在著作中多次引用杜威、桑代克等人的教育学、心理学理论，足见美国实用主义教育理论对其影响之深。杜威是美国著名教育家、哲学家，是实用主义教育思想的创始人。他是对近代中国教育发展影响最大的西方教育家，其弟子蒋梦麟、陶行知、郭秉文、陈鹤琴等近代中国著名的教育家都曾受到其教育理论的影响。虽然方万邦并未直接师承于杜威，但是从当时中国的客观大环境来看，方万邦体育教育观的形成受杜威实用主义教育理论的影响是必然的。方万邦在国内求学期间，杜威的中国弟子们在国内开始大力宣传实用主义教育思想。1919年5月杜威受众弟子邀请来华访学，宣传实用主义哲学和教育思想。杜威、孟禄与胡适、郭秉文、陶行知等人还直接参与了1922年的"壬戌学制"改革。杜威的实用主义在国内掀起了一股新的教育思潮，对中国教育界产生了深刻影响。浸染在如此社会环境之中，方万邦势必会吸收并汲取杜威教育思想的养分。在方万邦的著作中，我们能够发现他对体育与教育的关系、游戏化的体育及生活化体育的理解都与实用主义教育理论相关。例如，根据杜威以儿童为中心的教育法则，方万邦指出在体

---

[1] 燕凌,李京诚,韩桂凤.进步主义教育运动对美国学校体育的影响[J].首都体育学院学报,2017,29(1):36-38.

育教学内容的确定、方法的选择及体育课程的设置等方面要以儿童为中心,并依据人体、家长、社会等各方面需求来制定体育教育的目标。

其次,方万邦的学校体育观深受美国著名教育心理学家桑代克行为主义心理学理论的影响。桑代克是美国教育心理学体系的创始人,他在《教育心理学》中提出了三大学习定律,即准备律、练习律和效果律。方万邦在《体育原理》一书中对学习律的论述就源于桑代克的行为主义心理学理论。另外,行为主义心理学强调:"本能是身体各种活动的原动力"。基于此,方万邦提出,"教育者必须了解儿童的本性,而体育的教育者尤需重视儿童游戏的本性,因为采用了这种本性,才能发展身心,使之健全"[1]。这些思想理论是方万邦体育教育观体系的重要理论基础。

最后,方万邦所著的《体育原理》是受威廉姆斯同名作的启发写成的宏观巨著。方万邦在书中大胆批判了中国体育教育中存在的问题,倡导了威廉姆斯体育学说的基本理念,他对体育概念、体育目的及体操的认识与威廉姆斯的体育教育观极为相似,可见方万邦受威廉姆斯体育学说的影响之深。20世纪初,新体育(New Physical Education)思想理论在美国体育界迅猛发展并逐渐占据主流。在这一时期,涌现了许多对近代美国体育发展影响深远的人物,其中古立克和伍德首先倡导了新体育的理念,而威廉姆斯是新体育思想的集大成者。他以伍德的"通过身体的教育"理论为核心,将古立克的游戏理论、伍德的体育目的及赫塞林顿的体育目标有机结合,逐渐形成了具有美国特色、适应美国社会的体育理论[2]。威廉姆斯在其代表著作《体育原理》中提出了关于"自然体育"的概念、理论和方法,并制定了具体程序来指导体育实践,他的自然主义体育教育观也成为20世纪20—40年代美国体育界的主流思想。作为威廉姆斯教授的得意门生,方万邦继承和发展了威廉姆斯的观点。

第二节 方万邦学校体育观的核心内涵

一、主张"教育化"的体育

方万邦指出,体育教育化是通过身体的活动来达到教育的目的。方万邦的体育教育观是围绕体育的教育属性及工具意义展开的,并涉及体育教学、体育方法、

---

[1] 方万邦. 体育原理[M]. 上海:商务印书馆,1933:30.
[2] 吕红芳,边宇. 美国"新体育"思想的历史解析与启示[J]. 广州体育学院学报,2013,33(2):12-16.

体育行政（管理）等方面。他认为，体育与教育的目的是一致的，体育教育化是将体育作为教育的一种手段，通过对体育目标的实现来达到教育目的。

为了进一步揭示体育教育化的正确性，方万邦对当时盛行的体育军事化和体育医学化进行批判。在方万邦看来，体育军事化"不宜有相当之理由"。体育不宜与政治挂钩，他认为体育军事化会被军事家和政治家所利用，从而忽视人类的本性和生活的基础。

方万邦更是极力否定体育医学化。他认为体育医学化是体育开倒车的陈腐思想。体育与医学的目的和方法是截然不同的，体育不能作为达到健康目的的手段。健康只是体育的副产品，而不是体育的根本目的。

方万邦在其整个体育教育观中，都是将体育置于教育领域中进行讨论的，其拓展了体育的教育意义，推动了学校体育的发展，使学校体育更为关注对儿童身心发展规律及体育教育过程的研究。但是，其消极的一面也是显而易见的。方万邦完全将体育视为教育的工具，将体育的本质功能完全等同于教育，忽视了体育增强体质的效用，存在一定的局限性。

二、秉持"身心一元"论的体育

在方万邦看来，社会需要的是身心康健的人。他重视儿童身心的协调发展，认为体育要谋求儿童身心的全面发展。体育教育需发现儿童的天赋和本性，并加以辅导和启发，让他们的身体和精神都能健康地发展。

20世纪初，人们已经树立起"身心一元"的基本认知。方万邦认为，人们对于身心关系的理解影响着体育教育的发展。希腊时代的教育观深信身心发展是相互影响的，柏拉图更是将体育视为灵魂训练的重要方式，因此这一时期的体育教育得到高度重视；欧洲中世纪，人们的身体遭到严重压抑，身心关系扭曲，体育教育也随之衰落；而生理学、心理学等近代科学则打破了"身心二元"论，使人们逐渐建立了"身心一元"的观念，体育教学的价值与意义被重新挖掘。因此，方万邦关注的是"身心关系与体育"这一问题。

方万邦认为我国现行的体育课程或掺杂着失却时代性的理论基础，或遗留着"军国民体育"的残骸，在课程目的、内容、方法等方面存在一系列的问题，亟须进行改革。

在课程目的方面，他认为将身体改造视为体育的根本目的是十分偏狭的，体育应该同时谋求"心"的改造与训练。而过去的体育目的完全疏忽了"心"的重要性。

在课程内容方面，有形式的体操仍居于主要地位，体育局限于身体和体力的锻炼。此外，刻板的课程内容压制了学生的个性发展，将其铸成千篇一律的学习模型。

在课程方法方面，他将体育教育中的谬误归纳为以下 10 点：伦理的、静止的、一致的、主观的、注重体格训练、缺乏民治精神、疏忽人类本性、仅重视身体的训练、注重被动的训练、仅重视运动技能的养成[①]。

针对中国体育课程中存在的弊害，方万邦提出了课程改革的几点原则：①注重儿童身心全面发展；②尊重人类的本性；③适应时代社会需要；④发展儿童能力；⑤契合儿童的生活。在体育目的方面，他认为体育旨在谋求"整个"儿童的发展。在制定体育内容时，要符合儿童的身心发展规律，尊重个体差异。在体育方法的选择上，他认为应准确把握儿童的心理，注重培养儿童良好的习惯和态度。在体育管理方面，他认为有效的管理并非一味地严厉督责，而应是科学、客观且合于民治精神的。

方万邦批判了中国传统的"身心二元"论，从哲学原理的高度来思考身心关系与体育的联系。他针对学校体育的教学目的、教学内容、教学方法等方面提出了切实可行的改革举措，促进了体育教育的发展。方万邦对于身心关系与学校体育课程改革的见解具有前瞻性，为后人提供了新的研究视角。

三、反对选手制体育，提倡普及体育

方万邦认为普及体育在生理、教育、民族、生活、经济等方面都有充分的理由。在生理方面，体育对人体健康有促进作用。在教育方面，他严厉批评选手制体育，认为其剥夺了大众身体训练的机会。在民族方面，他为当时国民体质羸弱、精神状态萎靡的状况而忧虑。使国民拥有健全的身体、精神和人格是复兴中华民族的前提，他由此提出普及体育之于复兴民族的重要性。在生活方面，他认为体育不仅能够消除身心疲劳，更能使人们获得美满丰富的生活。在经济方面，他坚决反对将经费过多地投入在选手身上，认为将经费用于普及体育较用于选手制体育更为明智。

方万邦一方面积极宣传普及体育，另一方面从实际情况出发，指出制约学校体育普及的现实因素。首先，学校体育教师大多缺乏教育心理学知识，采用的教学方法机械呆板，无法激发学生对体育运动的兴趣，也就无从培养学生自主运动的习惯。其次，体育界盛行的选手制体育和双轨制体育严重阻碍了学校体育的普

---

① 方万邦.体育原理[M].上海：商务印书馆，1933：102-104.

及与发展。选手制体育弊害严重，导致经费、资源等被选手把持，而学校则利用选手争取荣誉，导致学校整体的体育水平下滑。双轨制体育在课内和课外设置完全不同的教学内容，导致学生课内所学无法适用于课外，分散了学生的学习精力。最后，学校缺乏有能力的体育领袖。普及体育的工作并非是一人之力能够完成的，只有协同学生领袖，人尽其才、才尽其用，才能成功。

鉴于以上认识，他有针对性地提出了一系列建议。例如，教学方法的运用要唤起学生浓厚的兴趣；采用单轨制体育方式，课内外内容要密切联系；教学中要注重培养学生爱好运动的习惯，以及学生参与运动的自主意识，鼓励其投身体育事业；加强对体育领袖的培养，发挥其在普及体育过程中的模范带头作用。

方万邦不仅致力于思想之宣传，更身体力行地投身实践。他在担任大夏大学体育专修科主任时，就根据学校实情详细制订了普及学校体育的计划。他规定一二年级学生每天早晨要进行早操，全体学生必须参加课外体育活动，学生可以自主选择体育项目。在班级的组织与管理方面，他提出根据性别、能力和兴趣等将学生分为若干组，每组设组长，协助体育教员进行管理与教学[①]。体育教员先将各组的运动方法教授给组长，再由组长教授组员，有效提高了教学效率。他还提出组建体育领袖班，体育领袖班应定期聚会，讨论教材的选择、体育活动的管理、指导、训练方法等问题。为了唤起学生运动的兴趣，他制定了勤惰、运动精神态度及技能进度三个方面的考察标准。还鼓励学校多举行班内、班外的比赛[②]。方万邦采取多方面的措施来激发学生参与体育运动的兴趣，提高学生运动的积极性，以此来普及学校体育，在一定程度上解决了学校体育商业化带来的弊端。

综上所述，方万邦从强国保种、民族复兴的高度上，积极宣扬体育普及的思想并付诸实践。提倡国民体育、学校体育，遏制锦标主义、选手制体育。

四、推崇以儿童为本位的体育教育

方万邦指出，当时"军队式"的体育教育忽视了儿童的生理、心理发展需求，儿童的身心长期处于被压抑的状态。受杜威"儿童中心论"启发，方万邦提出了"游戏化""生活化""自然化"的体育，提出"游戏"是儿童的本性、体育是生活的一部分，以及强调教材教法的自然化等观点，这是针对当时中国体育教育发展的有益思考。

---

① 方万邦. 今后之体育[J]. 大夏周报，1934，11（8-9）：254-257.
② 方万邦. 中学体育教学实际问题（二）[J]. 江苏教育（苏州1932），1937，6（1-2）：241-247.

方万邦倡导以儿童为本位的体育教育，即充分尊重儿童在体育教学中的主体地位，以儿童的本性为体育教学出发点，使其符合儿童的身心发展特点。他的观点具体表现在以下几个方面。

首先，他提倡延长儿童参与体育活动的时间。根据美国体育家赫斯林顿的研究，儿童每天至少需要四五个小时的运动时间，这样才能满足身体生长发育的需要[1]。在具体的体育教学中，他主张儿童每天上一节体育课，课间活动至少十分钟，课外活动时间为两小时，并且所有儿童都应该参加课外活动[2]。

其次，他重视游戏对儿童的教育意义。玩游戏是儿童的本性，教育者应起到启发和引导的作用，使儿童的本性得到充分发展。在具体的体育教学中，方万邦强调，学校应该教给学生游戏的方法、材料和标准等，并且培养他们良好的态度。由此可见，方万邦主张尊重儿童游戏的本性，并以适当的方法引导其养成良好的游戏习惯。

再次，他提出儿童体育教育应与社会需求与生活实用挂钩。在实际的体育教学中，要选择对日常生活有帮助的体育技能，使其不仅具有教育上的意义，也可应用于生活。"体育和生活本没有严格的区别，体育就是儿童生活的一部分"，生活化的体育不仅仅局限于技能训练，而是将体育转化为一种习惯、态度甚至是理想[3]。

最后，方万邦以儿童为本位的体育教育观还体现在教材和教法两个方面。他反对呆板机械的教学内容和教学方法，主张教材和教法的自然化。自然化的体育关注儿童的个体差异，根据性别、年龄、能力、发育程度等制定不同的教学内容与教学难度，使得一切教学符合儿童的本性，与儿童的身心发展规律相适应，以此来激发儿童的学习兴趣，发展儿童的个性特点。

五、注重体育师资的培养

方万邦指出，体育要迈上正轨，根本办法是解决体育师资问题。他对国内学校的体育师资情况进行深入调查后，指出以下诸多弊端：①中国的体育师资培养院校匮乏。正如方万邦所说，"我国师资训练的机关，寥寥无几。除二三大学所设体育科可以差强人意者外，其余体育专科或体育师范学校对于学生训练与修养方面均有不足之感"。②体育教师的专业能力欠缺。"现今学校与社会体育

---

[1] 方万邦. 体育原理[M]. 上海：商务印书馆，1933：241.
[2] 方万邦. 小学体育[J]. 新体育，1930，1（1）：22-25.
[3] 方万邦. 体育原理[M]. 上海：商务印书馆，1933：230-231.

的领袖人才曾受体育专业训练者已属难能可贵；其实只长一技一能的运动员，竟充作体育教师与领袖者比比皆是"。究其原因，是体育院校并未严格遵守关于体育师资培养的规定[①]。③培养和训练体育人才的课程设置不够全面、科学。体育师资训练的课程，多偏重于教材与方法而疏忽原理与科学。为了有效提高体育师资的数量和质量，方万邦建议政府与高校合力扩充师资训练的机关，保证体育师资的数量不断增加，以及师资质量的有效提高。④体育人才缺乏健全的修养。如果体育教师自身缺乏健全的修养，就不能肩负起培养学生人格的重任。

那么如何培养理想的体育教师呢？方万邦主张从技术、学识、能力、精神、人格、生活等方面进行培养。例如，在技术方面，他指出教师的教学能力相对于运动技能更为重要，因此教师要对学习程序、指导方法等进行深入研究。在学识方面，他主张体育教师不仅要具备体育领域的知识，还要掌握教育、科学（生物学、生理学、解剖学、心理学、社会学等学科）方面的知识。在能力方面，他主张在提高教师教学技能的同时，注重培养教师的领导、管理等行政能力。在精神方面，他认为优秀的体育教师必须具备教育家的风度、积极乐观的心态，以及敢于试验、善于钻研的精神[②]。

方万邦还曾筹建过多所体育专业院校，并担任主任、校长等职务。抗战时期，在国家教育事业落后、教学经费严重不足、教学条件恶劣的重重困难下，方万邦受教育部委托在四川江津筹备组建国立体育专科学校，并担任首任校长。由于经费不足，学校仅能勉强维持教学。尽管如此，方万邦还是积极邀请国内体育界的知名专家前来任教，为国家培养了大批优秀人才。在方万邦执掌校园期间，国立体育师范专科学校成为当时唯一由国家设立的体育高等学校，方万邦在建校和教学管理上作出了突出贡献。

第三节 方万邦学校体育观的当代启示

一、有助于重视学生体育品德的培养

学校体育的"育人价值"主要体现为"育体""育德"。"育体"即促进青少年学生身体的发展，"育德"即培育学生的健全人格。

[①] 方万邦. 体育师资的训练与修养[J]. 教育杂志，1936，26（2）：9-14.
[②] 同[①].

方万邦认为"育德"体现了体育更深层次的意义,据此他将体育的目标定为:培养国民合作团结之精神,养成侠气勇敢之风尚。方万邦主张的"教育化"体育扩大了体育的社会价值和文化影响,在当时看来是一种巨大的进步,对今天落实学校体育的德育价值也有一定的启示。

2012年,党的十八大在教育改革中明确提出"立德树人"的根本任务,即学校教育必须坚持"德育为先",培养学生的健全人格。"体育品德"也是《普通高中体育与健康课程标准(2017年版)》中体育与健康学科核心素养的重要组成部分。然而,在当下的学校体育教育中,"育德"教育仍然没有引起充分重视,应试体育现象依旧严重。体育课变成了纯粹的体能课,这种"唯体质论""唯技术论"的体育教育观完全忽视了对学生的规则意识、挑战精神、合作能力等体育品德的培养。

学校体育的核心在于"育",学校体育不仅要实现其"育体"功能,更要达到"育德"的目标。为此,教师必须深入研究体育课程,在教学设计中渗透体育品德教育,制定合理的体育品德评价体系,从而切实有效地做好体育的"育德"工作。

二、有助于学校体育的普及与提高工作

方万邦反对学校利用选手制体育沽名钓誉的做法,反对将选手作为学校宣传的噱头,而不注重提高学校整体的体育水平。他认为选手制体育弊端丛生,其不仅损害了全体学生的受教育权益,而且有悖于体育"教育化"的原则。

方万邦指出复兴民族的根本前提是强种,强种的先决条件在普及体育。为此,他推行了一些改革措施:推行早操制度;根据学生的体质差异开设不同的体育课程;改革学校的体育比赛;规定体育教材要同时适用于课外运动;体育教师的教学方法要灵活生动,能够引起学生的兴趣;在教学中要注重培养学生参与体育运动的良好习惯;提倡培养学生体育领袖;等等。他对于普及体育的观点,在今天仍然具有参考价值。

纵观我国的体育发展,始终存在如何协调学校体育的重点培养与全面普及的关系问题。尽管我国的教育、体育行政部门多年来都在反复强调学校体育要面向全体学生,但是在落实体育普及的工作中,学校往往会偏重竞技体育的发展,这是由于竞技体育难免被视为评价学校的工作业绩和整体实力的指标。学校的经费主要投向有运动天赋的少数人,这导致部分竞技运动员的成绩一路飙升,而学生整体的身体素质却不断下滑。那么,如何有效地普及和促进体育的发展呢?方万

邦的观点可作为参考：①校长要摒弃传统的竞技体育观。校长作为学校体育的掌舵者，是学校体育发展方向的主导者。因此校长要确立体育面向全体学生的观念，确保体育普及工作的顺利展开。②体育教师要不断改进教材和教法。例如，根据学生的主体需求和个性特点，将游戏元素融入教学内容和教学方法中，以此来调动学生参与体育运动的积极性。③大力普及全员运动会。在以往的学校运动会中，绝大多数学生只是作为观众参与其中。可采用"不计最好成绩、只记优胜成绩"的方法，鼓励全员参与体育运动。

三、有助于体育教学内容的趣味性和生活化

方万邦提出的"游戏化"体育强调体育教学要重视儿童的游戏天性。然而在当前的体育教学中，部分教师仍然坚持"唯教师论""唯技术论"的观点，进行"填鸭式"教学，导致体育课枯燥乏味，无法引起学生的兴趣。因此，体育教师应该将游戏元素融入教学中，打造趣味性体育课堂。另外，教师要注意合理安排和灵活运用游戏教学。以小学体育教学为例，需对成人化的体育游戏进行改造，如选择合适的场地和器材、简化游戏规则等，使其符合儿童的身心特点；采用多样化的教学方式，以故事化、情景化的教法吸引学生的注意力。教师还可以因地制宜地开发具有地域特色的游戏，让学生在游戏中体验传统文化。

方万邦还力主张体育生活化。一方面，虽然一些体育运动项目最初来源于生活，但经过改造和发展，大多数体育项目已基本脱离人们的日常生活，这在一定程度上增加了学生理解和学习体育项目的难度。另一方面，我国青少年普遍缺乏生活经验，因此学校体育可作为对学生进行生活化教育的重要渠道。

所谓体育生活化，是指在日常活动中运用体育教学，同时发挥体育活动的实际作用。那么，如何实现体育生活化？①选择适龄的教学对象。由于幼儿学生和小学低年级学生的认知、思维和身体都处于未发展成熟的阶段，所以这些学生是最适合实施体育教学生活化的群体。对于大龄儿童即12周岁以上的初中生，应以规范的运动技术教学为主。②寻找体育教材内容与生活之间的联系。体育教师要将教学内容与日常生活紧密结合起来。勤于观察并挖掘儿童的日常生活细节，将一些喜闻乐见的动作元素吸收到体育教学中。③采用"情境化""故事化"等教学方式。教师在教学过程中应多以活动单元为主题，以情境教学为核心，唤起学生的生活体验，激发学生的学习兴趣，从而使其更好地理解教学内容。④带领学生走向生活课堂。体育教学不应局限于学校和课堂，还应内化于生活和实践中，即

在生活中感受、在实践中反思。例如，农村学校可在小山坡等户外场地开展体育教学，通过爬山比赛等方式锻炼学生的下肢力量[①]。

四、有助于深度融合学校体育、卫生教育与健康教育

方万邦认为，欲振兴中华民族，必先改善国民体质，而提倡健康教育是必要途径。他的这一观点是极具战略意义的，与现阶段我国倡导的"健康中国"思想遥相呼应。

随着中国社会经济的发展，国民生活质量日益提高，我国居民体质较过去有了极大改善。但需要注意的是，健康应该涵盖德智体群美各个方面，既指向身体的强健，也指向精神的健全。当代社会的生活节奏快，人们的工作压力大，精神长期处于紧张和焦虑的状态下。总的来说，我国国民的健康状况仍不容乐观。青少年是国家、民族的未来，青少年的体质健康关乎国家未来的发展。为确保青少年的健康成长，国务院、教育部、国家体育总局相继出台了一系列政策。在学校体育领域，《普通高中体育与健康课程标准（2017年版2020年修订）》将"健康行为"规定为体育与健康学科核心素养的重要内容，要求学生通过学习体育与健康课程，培养良好的锻炼意识和运动习惯，学会健康知识的运用方法，能自如地调控情绪和适应多种环境，最终形成健康文明的生活方式。

但是，仅仅依靠体育来培养学生的健康行为是远远不够的，还应不断加强学校体育与卫生、健康教育的深度融合[②]。方万邦尤其重视学校的卫生、健康教育，他规定学校要定期对学生进行体格检查和心理测验；将生理学、卫生学列为学生的必修课程；不断完善学校的卫生与医药设备；注重培养卫生师资。我国的体育课程主要以运动技能的习得为主，并不注重传授健康知识。此外，很多教师本身缺乏健康理论知识，至于教授学生健康理论知识更是无从谈起了。体育教育旨在增强学生体质，培养体育锻炼的习惯。健康教育则是为了保证学生的健康成长，养成良好的卫生习惯。两者相互促进，不可分割，共同促进学生的全面健康发展。面对"健康中国"的时代新要求，学校应高度重视学生的健康教育。

[①] 邵伟德，邵天逸，李启迪."体育教材生活化"问题思考[J]. 体育教学，2015，35（9）：15-16.
[②] 季浏. 我国《普通高中体育与健康课程标准（2017年版）》解读[J]. 体育科学，2018，38（2）：3-20.

相关体育教育家简介

董守义（1895—1978年）

河北蠡县人，早年毕业于河北通州协和书院。他学生时代就爱好体育，尤其酷爱篮球运动。1916年，董守义从协和书院毕业；1923年董守义到美国的春田学院留学，期间他师从篮球运动的发明者詹姆斯·奈史密斯。回国后的董守义曾在国内数十所大学任教，为我国培养了一大批体育人才。1947年，董守义被推荐为国际奥委会委员，成为继王正廷、孔祥熙之后我国第三位国际奥委会委员。中华人民共和国成立后，董守义先后任第15届奥运会中国代表团总教练、政协委员、全国体总副主席、篮球运动协会主席、国家体委运动技术委员会主任、第1届全运会筹备委员、国家体委运动司副司长、全国武术协会主席、第2届全运会筹备委员等。2022年12月2日，他入选2022年中国篮球名人堂入堂人物名单。董守义是中国近代体育的奠基人之一、中国"篮球运动之父"，与马约翰、袁敦礼共同被誉为"华北体育界三杰"。

董守义的主要著作有《篮球术》《田径赛术》《足球术》《最新篮球术》《篮球训练法》《国际奥林匹克》《欧洲考察日记》等。这些著作反映了他对体育、奥林匹克运动的一些理解和认识。在学校体育方面，他认为体育教学目标应以学生的身心健康为优先目标，而不是竞技运动的技能或锦标；体育资源的投入应以大多数学生的需求为优先考虑，传授给学生的应是运动的兴趣、正确的体育价值观念。他认为学校体育也应有明确的课程、纲目、进度和考核标准，不能让体育课变成无目的、无目标、无结果的运动游戏。

第六章
以学生需求为中心：董守义学校体育观及其启示

第一节　董守义学校体育观的形成背景

首先，董守义学校体育观与其求学期间丰富的体育运动经历密切相关。董守义出生于河北的一个农村家庭，自幼便开始学习国学知识，学堂之风兴起之际，他进入郑村初等小学堂接受西式教育，1907年转入由教会建立的同仁学堂。在这里他第一次见到了篮球，他被篮球的多变、灵活、有趣深深吸引。董守义之前虽未接触过篮球，但因为自幼在农村长大，他体格健硕，灵活好动，加之对篮球有浓厚兴趣，他的球技很快在学堂出了名。1909年，董守义被保送到由教会创办的协和书院学习，于次年正式入学，并在这里完成了中学和大学的学业，于1916年正式毕业，自此董守义结束了近十年的教会求学生涯。受西式教育的影响，董守义有更多机会接触各式各样的体育运动，这加深了体育在他心中的印记。在协和书院求学的六年里，董守义学会了篮球、棒球、足球、排球、网球等多项体育运动技能，还代表学校参加了多次比赛，如华北运动会、全国运动会、三校对抗赛等，都取得了优异的成绩。1916年从协和书院毕业后，董守义以体育工作者的身份正式踏入体育领域，他在基督教青年会的体育部当练习生，负责体育项目的培训和赛事组织工作。董守义能任职于基督教青年会得益于他在拥有办学自主权的协和书院接受了六年体育教育，协和书院开设的体育课程均为当时西方热门的体育项目。在协和书院求学时，董守义因球技而出名，还未毕业就被天津基督教青年会主任蔡乐尔看中，邀请他毕业后入会工作。董守义留美归国之后，先后任职于数所大学，从教期间董守义十分注重体育教学过程中对学生身心健康的培养。此外，他曾作为教练员带队参加了全国运动会、远东运动会、奥运会等大型比赛，执裁国内外许多重要的体育赛事。中华人民共和国成立后，董守义在体育领域担任要职，他频繁出现在国际体育舞台上，努力争取恢复中华人民共和国在国际体育中的合法地位。

其次，董守义的留美经历对其学校体育观的形成产生了较大影响。董守义自1916年毕业进入基督教青年会工作时起，就开始接触自然主义体育的相关理论，赴美留学深入自然主义理论的发源地，从根源和本质上对自然体育理论有了更加深刻的理解。1923年董守义被保送到美国的春田学院学习，留学期间他一直跟随篮球运动的创始人奈史密斯学习，这使他对篮球有了更深刻的认识和了解。此外，他还积极参与棒球和网球运动，并将它们作为主攻方向，他的出色表现多次为春田学院赢得荣誉。1925年留学期满，董守义收到春田学院领导发出的留校任教盛邀，但董守义一心要将所学用于中国体育的发展，他果断放弃这一机会并回到国内发展。董守义留美期间正值自然体育盛行期，自然主义体育教育观认为体育本身就是教育，是通过身体运动完成的全人教育，经过体育教育的人具有全面社会化的特征，在体育育人过程中应该利用自然环境以人的兴趣和天性为导向，实施以人为本的教育[①]。

第二节　董守义学校体育观的核心内涵

董守义一生体育实践经历丰富，体育成绩显著，经过一次次的体育竞赛活动，董守义认识到选手制体育存在诸多弊端，如果继续推崇下去会阻碍竞技体育的发展，阻碍学校体育的发展。运动员的精神面貌事关一个国家的整体形象，然而民国时期的运动员普遍存在运动素养较低、无视集体利益和国家利益的问题，因此董守义认为及时矫正运动员的不良品德、提高运动员的思想认识至关重要。学校是对学生进行德智体美教育的场所，学校体育是学校教育的一部分，是完成学校教育对学生"体"育教育的唯一方式，因此董守义认为无论是社会还是学校，都应该注重学校体育的教育价值，摒弃对学校体育的偏见，认真对待学校体育在培育学生身心健康方面的重要价值和作用……针对董守义关于体育的实践活动和言论，作者将董守义体育教育观核心观点概括为以下几个方面。

---

① 马廉祯. 耶西·F·威廉姆斯研究[J]. 体育文化导刊, 2007（1）: 75-79.

一、强调体育的真义在于教育

体育是学校教育中不可或缺的一部分，发挥着非常重要的作用。体育既可以增强学生体质，又可以养成学生齐心协力、团结一心的精神等。根据现有资料可知，中国的体育课程最早出现在山东登州文会馆的教会学校中，是1864年由狄考文引入中国的。此后随着教会学校数量的增多，越来越多的西方体育项目传入中国，对中国教育造成了一定的影响，改变了中国传统社会重文轻武的现象。1904年颁布的《奏定学堂章程》则彻底改变了中国学校教育模式，自此体育课程在中国逐渐普及[1]。

关于体育的功能，董守义强调首先要明确体育的教育功能。他认为体育真正的意义和价值并不在于运动、竞赛等体育技术方面，而在于对人的教育。他提出体育与其他教育手段有着不同之处，体育更容易陶冶人们的情操，培养人们坚强、团结、不怕困难等优良品质，可以锻炼官能，影响人格的培养，从而间接影响社会教育，提高国民教育水平等[2][3]。同时期的体育工作者高度认可董守义的观点，其中尚树梅认为运动不仅可以强壮身体，还可以发掘人们的真性情和品格，见微知著，由此可以明晰体育的功能及体育教育功能的特殊性[4]。

董守义曾在多所高校执教，1930年他离开基督教青年会，选择在北京师范大学任教，他认为教师是最理想的职业，既有空闲时间，生活又有规律[5]，可以有更多时间来思考、总结中国体育的过去和未来。但董守义不满足于仅在高校执教，他认为高校体育的发展对于中国体育来说是远远不够的。他充分认识到中小学体育教师的重要作用，认为体育教师决定着体育教育功能的发挥，因此每逢假期他都会奔走于各地进行体育教师培训。在其高校执教的20年间，他没有一个暑假是在家中度过的，始终在天南海北的培训班中忙碌[6]。当时国内的中小学体育教师大多数都是他的学生[7]。董守义在进行体育教师培训时，始终强调体育工作者的功能不仅是培养运动选手，更是尽教导之能事，即发挥自己的教导职能

---

[1] 刘斌. 从体操到体育——清末民国中小学体育教科书研究[D]. 长沙：湖南师范大学，2011.
[2] 董守义. 对于今后改进体育之观察[J]. 时代教育，1933，1（1）：49-51.
[3] 董守义. 体育与我国之抗建前途[J]. 大公报，1941，1（6）：3.
[4] 尚树梅. 对于体育上的认识[J]. 勤奋体育月报，1933，1（1）：15-16.
[5] 华智. 凤愿——董守义传[M]. 北京：人民体育出版社，1993：51.
[6] 龚克. 南开大学史话[M]. 北京：北京时代华文书局，2016：124.
[7] 华智. 凤愿——董守义传[M]. 北京：人民体育出版社，1993：57.

去教育学生[①]。这不仅表明董守义十分注重体育教育功能，也体现了他对体育工作的热情。

不仅如此，董守义对体育教育功能的重视还体现在很多方面。他将体育作为教育手段来培养学生的体育精神、优良品质等，他在南开大学任教时的同事祝步唐曾提到，董守义为人亲切友善、谦虚有礼，精通各种球类运动，在体育方面的造诣很深。在他任教期间，除学生的体能、运动技术水平都取得了长足的进步外，学生的运动精神方面也有了焕然一新的变化[②]。董守义不仅在教学中十分注重发挥体育的教育价值，而且在日常生活中以身作则，通过言传身教影响学生，他强调要将体育中的优秀品质转化为个人品质，在生活中不断规范自己的行为。董守义曾参加过一场墙球比赛，在比赛过程中对方将球打到了墙的右下方，当时所有人都认为这是一个对手得分球，没想到董守义毫不在意地上的碎石，一下子扑向墙角，扭转了结局。那时的他很是狼狈，大汗淋漓，衣服变得破破烂烂，还沾满泥土。但他却始终没有放弃，直到比赛胜利。他勇往直前、顽强拼搏、不怕困难的精神，使在场的所有人为之感动[③]。董守义的精神和行为值得所有人学习，特别是作为肩负体育教育使命的体育教师，不仅要学习他的精神和行为，还要学习其言传身教的教学方法。董守义认为，体育占据了教育中最重要的位置，承担了重大的责任，体育教师亦然[④]。他受此观点的影响颇深，深感自己责任重大，同时被体育的教育功能所激励，正因如此他始终在体育道路上艰难前进、负重致远。他呼吁政府要将体育视为教育的根本、建国的基础，要正视体育的教育意义，为体育的发展保驾护航[⑤]。

二、提倡非选手制体育

体育竞赛具有独特的魅力，因其不确定性深深吸引着观众，比赛过程既充满趣味，又使人紧张。虽然比赛过程瞬息万变，但体育竞赛的主要目标不变，始终是创造优异运动成绩、夺取比赛优胜。

董守义认为，真正的体育竞赛是具有无尽乐趣的，对手之间知己知彼、百战不殆。他还提到体育竞赛的真正意义之所在就是"比"，双方在比赛过程中拼尽全

---

① 天健. 董守义先生[J]. 中国青年体育季刊，1945，1（1）：228.
② 华智. 夙愿——董守义传[M]. 北京：人民体育出版社，1993：59.
③ 董守义. 我对于中国体育的几个问题[J]. 体育，1927，1（1）：27-28.
④ 肖景龄. 怀念老师董守义[J]. 西安体育学院，1984，4（1）：20-22.
⑤ 董守义. 我底第八届远东运动会观[J]. 体育，1927，1（3）：50-57.

力去迎战、回敬对方。在董守义看来，竞技比赛不仅可以激发参赛队员不怕困难、坚持勇敢的精神，也会时刻影响观众们的心情。竞赛过程不仅是运动员之间的交流，也是运动员与观众互相交流、勉励的过程。运动员会因观众的鼓励而变得更加勇敢，也会因观众的嘘声而丧失自信等。与此同时，观众也会受到运动员的影响，他们被运动员不服输的精神震撼，也会因运动员赛场失利而感到失落。在此交流过程中，运动员与观众之间的距离被无形拉近，观众对体育运动、体育竞赛的兴趣程度上升，同时也增加了体育竞赛的乐趣。

然而，如此有趣的体育竞赛本应得到良好、快速的发展，却在发展中遇到了一些问题。董守义指出学校以培养竞技运动员为时尚，在学校体育中只关注少数运动员，甚至采用奖励的手段吸引学生，其目的是宣传学校，并且得到社会的好评。在人们称赞学校取得优异比赛成绩的同时，学校体育的根本目的逐渐模糊[1]。董守义认为以上方法是错误的、不可取的，会使人们混淆学校体育的目的，进而影响学校体育的发展。他还提出过度重视运动员的发展，不仅会限制学校体育的发展，也会对我国体育造成一定的负面影响[2]。同时期的体育家袁敦礼也针对此现象发表了自己的观点，他提到当时的体育设施都在学校里，在生活中基本见不到体育设施。学校体育本就承担了相当大的责任，然而学校和教师却没有认识到自己的责任，一心只重视运动选手的训练，毫不在意体育的普及，以上行为使得学校体育、体育竞赛、体育等失去了本来的意义[3]。由此可见，选手制体育不仅会导致学校体育目的的混淆，也会阻碍运动竞赛、学校体育等的发展进程与速度。

董守义指出不能只关注少数运动员的体育发展，他以古代奥运会为切入点对此观点进行了解释。他提到选手制体育的出现是受到古代奥运会目的的影响，古代奥运会的目的是为运动而运动。受此影响，观众过度崇拜运动员，导致运动员职业化出现。当运动员职业化逐渐形成趋势后，运动员参与比赛的目的变得不再纯粹，从最初的享受过程、获得快乐，变为只为获得胜利、荣誉、追捧等。但想要获得比赛的胜利，就需要接受特殊训练，特殊训练耗时又耗钱，由此体育商业化出现[4]。董守义提出过度吹捧运动员与运动精神相悖，使运动员逐渐迷失本心，最终导致竞技体育发展异化。他认为在竞技体育发展中应该杜绝以上现象的出

---

[1] 董守义. 对于今后改进体育之观察[J]. 时代教育，1933，1（1）：49-51.
[2] 董守义. 提倡学校体育方案[J]. 体育周报，1932，1（1）：1-3.
[3] 王世杰. 中国体育之前途[J]. 时事月报，1933，9（4）：5-7.
[4] 袁敦礼. 近代奥林匹克理想与组织及其与我国体育之关系[M]//董守义. 国际奥林匹克. 上海：世界书局，1947：7.

现，呼吁大家不能只着眼于少数运动员的体育发展。

不仅如此，董守义还提出中国国土辽阔，很多人不知体育是何物，为了中国的将来，首先要做的就是普及体育①，在学校中对选手制体育进行改革，注重学校体育全校化，把培养学生的个人能力、发展学生兴趣作为主要目标②。对于选手制体育改革，董守义也提出了自己的看法。他认为校队是有存在的必要的，不应完全否定选手制体育，只是要改变校队的侧重点。首先不应只注重选手的训练，而完全忽视落选者。对于落选者也要进行相应的训练，保持他们的运动兴趣，以此来建立体育后备人才库。这不仅是为了维护学校的竞赛后备人才，也是为了保障学生的运动兴趣，以及学生对运动乐趣的追求③。

此外，董守义在多年带队工作中蕴蓄了丰富的经验，他在谈到运动员选材时指出，一个好的运动员离不开他的天赋，更离不开严格的训练和丰富的经验。他认为教练员要始终明确这一点，在训练中不能只训练成绩好的运动员，而忽略其他人，而是应该注重全体运动员，并且经常进行选拔，选拔一些虽然现在技术较差，但具有一定潜力的运动员作为后备力量④。他认为只有这样才符合"普及"和"培养"的原则⑤。从董守义的观点中可以看出，他强调教练员要有长远的眼光和大局观念，评判标准不能只着眼于运动员的现有技术。在培养运动员时，要把普及和培养作为培养原则，这样不仅可以促进落选选手的体育发展，还可以促进体育、学校体育的普及，推动体育竞赛活动的发展，避免因选手制体育而引发的学校体育发展矛盾。

三、倡导以学生身心健康发展为中心的学校体育

在学校教育中，体育是重要的组成部分，它不仅可以锻炼学生体魄、磨练其意志，还可以促进学生全面的发展。学校体育工作的主体是学生，学校一直追求的是学生身心的健康发展。如今，社会并未重视体育这一重要的学科分支。在这样的大环境下，体育及相关从业人员都处在非常尴尬的地位，体育的功能尚不能完全展现。学校体育的开展更是难上加难，更别说在学校体育中完成促进学生身心健康发展这一目标。董守义在《最新篮球术》一书中曾写到这一情况，大家将

---

① 董守义. 我底第八届远东运动会观[J]. 体育，1927，1（3）：50-57.
② 董守义. 对于今后改进体育之观察[J]. 时代教育，1933，1（1）：49-51.
③ 董守义. 提倡学校体育方案[J]. 体育周报，1932，1（1）：1-3.
④ 董守义. 最新篮球术[M]. 上海：商务印书馆，1947：15.
⑤ 董守义. 最新篮球术[M]. 上海：商务印书馆，1947：16.

体育视为儿戏，不管不问，认为体育如草芥毫无价值，并且将相关从业人员视为走卒、艺人，随意笑斥并加；每逢比赛开始时，时常会发生让人反感的事情，如此争彼门、满口秽言；如不能合作，就会阻挠比赛开展和进行，毫无体育精神和体育乐趣[①]。由此可以看出，各位参赛选手的所作所为已经完全丧失了运动精神，他们既没有展现出体育应有的精神面貌，也没有展现出体育这一学科的魅力。与此同时，在社会上体育事业的发展不仅无人关心，还出现了排斥现象。以上种种给了体育工作者当头一棒，严重打击了体育工作者的工作热情，同时也阻碍了体育的正常发展。董守义违背了家里的意愿，来到天津基督教青年会工作，在三年时光中，他不敢对家里提起自己所从事的是体育[②]。尽管社会一直提倡体育，但是中国社会传统观念之中的重武轻文思想并不容易抹去。当时存在体育不被社会重视、体育精神被亵渎、恶性体育事件频发、体育从业者得不到尊重等问题，在这样的社会风气之下，该如何推广体育？只能循序渐进，逐渐消除在中国社会长期发展之中形成的戾气，尽可能地降低危害。

董守义根据当时的社会状况，指出了学校体育发展中存在的问题：一方面是社会对待体育不公正，另一方面是学校体育本身的问题，体育没有明确的规定和考核标准[③]。例如，数学等科目，在规定的时间内学完规定的科目后，在学期中段和学期末段可采用考试的形式，对学生所学知识进行考核，从而了解学生的掌握情况，明晰其是否达到了标准；但是在体育这门课中，只有类别，本身并无渐进的程度。又如，在小学、中学、大学之中都教授足球，只有盲目机械的学习，教师不知道是否达到了教学目标，学生对授课的目标和结果也模糊不清，没有设置考核，只是被视为无目的、无目标的游戏。由此可见，阻碍学校体育发展的重要因素是课程目标设置的模糊性。

董守义为了解决这一问题，也为了促进学校体育的发展，提出应该从幼儿园到大学都应设置明确的体育课程目标和考核标准，教学内容应脱离教材，以学生的身心发展和需求为中心，并且在实施过程中要始终注意学生养生态度和习惯的养成、基本运动能力的培养等方面。由以上观点可知，董守义认为学校的体育课程是随着学生的在校学习来开展的，教师应该认真地上好每堂课，始终明确学生的身心健康发展这一中心，学校领导亦然。要根据学生的身心发展来开发和设定

---

① 董守义. 我对于中国体育的几个问题[J]. 体育，1927，1（1）：27-28.
② 华智. 凤愿——董守义传[M]. 北京：人民体育出版社，1993：30.
③ 董守义. 我国体育的初步改进——为胜利年"体育节"而作[J]. 中华全国体育协进会体育通讯，1945，3（2）：1-2.

教材，设置课程考核标准。课程考核标准要符合实际，并且能够为体育课程实施提供参考意见。体育课程的考核标准与其他学科不同：首先，体育课程的考核标准偏向于学生的身心健康；其次，体育课程的考核中心不是学生对体育教材的掌握情况。为了使体育工作者了解何为正确的课程实施和考核标准，董守义对其进行了详细的解释，对于要去服兵役的学生来说，他们不需要具备高超的球类技术，但必须要具备符合入伍规定的体格和体力，这就取决于学校体育。体育是一门兼具双重任务的学科，它不仅要促进学生"身"的健康发展，还要促进学生"心"的全面发展。体育课程的中心任务决定了其独特性，它始终围绕着"学生身心健康"这一中心进行。

四、重视运动员的品德修养

运动员与国家和集体的利益密切相关，他们不仅可以为国家和集体赢得荣誉，还代表着国家的整体面貌。若运动员在竞赛场上举止不当，则受到伤害的不只是运动员自己，还有他所代表的国家和集体。董守义对运动员有着独特的见解，他的体育生涯与运动员息息相关，无论是运动员经历，还是教练员、管理者经历，都增加了他的体育阅历。

董守义认为体育要想有好的发展，首先运动员要进行改变。当运动员参加运动竞赛时，应该抱着"观摩技术""联络感情"的宗旨参加比赛，不能一心只想获取胜利。然而，从当时比赛来看，很少有运动员能做到以上两点。大家为了获取比赛的胜利，彼此争斗、猜忌、嫉恨，根本做不到联络感情，反而感情上出现了裂痕，失去了友谊[1]。究其原因，还是因为运动员品德修养不够。运动员本身应该不断地努力，以精进自己的运动技术，而且运动员彼此之间的情感交流应是纯粹的，那些负面的情绪本不应该出现在运动员的身上。负面情绪对运动员的影响很大，可能会导致一场比赛的失利。因此，董守义强调一名合格的运动员应拥有良好品德修养，并且能够控制自己的情绪。

从董守义对第8届远东运动会的总结中可以看出他对于运动员品德修养的重视。他指出中国运动员在参加第8届远东运动会时，存在以下问题：

（1）中国可以取得第二名的好成绩，并不是因为自身的出色，而是因为外来少数人的力量。本次比赛的得分选手除队球项目来自广州外，其他项目的得分选手都来自外国。

---

[1] 董守义."竞赛"与"友谊"[J]. 体育周报，1932，1（10）：1-2.

（2）参赛队员与工作人员经常因为小事情发生争吵，缺乏大局观念和团结精神，只在意自己的蝇头小利，对于比赛造成了一定的影响。

（3）从多数选手对待比赛的态度中，可以看出他们对比赛存在误解。某些运动员只是为了得到比赛机会，获得机会后不肯认真训练，敷衍了事，到真正比赛时因怕输而弃权。这不仅侮辱了其他参赛选手，还表明其毫不在意国家的荣辱。

（4）国内的运动员不仅技术差，而且运动精神欠缺。在当时的田径赛事中，运动员只顾自己出风头，却忘记了团队合作和自己的责任[1]。董守义提出比赛比的就是选手是否拼搏、有多拼搏，选手一旦站上竞技场，就要做好迎接对方挑战的准备，同时，也要机敏地寻找对手的漏洞，从而激发双方甚至观众的激情，这样才能彰显运动精神。比赛有输有赢，真正的运动员是不允许别人轻视比赛规则和运动精神的。在真正的运动员看来，运动场是一个神圣的地方，一朝踏入，必会全神贯注。他们在坚守比赛规则、维护运动精神的前提下，会使出浑身解数来获胜。反观当时的国内运动员，只关注自己，对于运动精神的重视程度低，国家荣誉感差。董守义强调不仅要培养运动员的运动品德，还要加强其运动修养。

运动员优秀品德的养成是一个长期的过程，不仅可以在日常生活、训练中以语言的方式去教育运动员，还可以采用具体事件具体分析的方法，去引导运动员自主思考、自我反思，这样会获得更好的教育效果。董守义将重视运动员品德的养成，渗透到每件事、每次比赛之中，当他在天津竞进篮球队执教时，他对于运动员的技术、品德两手抓。当时校队有部分队员认为自己是骨干队员、明星选手，球队应该更加珍惜他们，并且给予他们更好的照顾和待遇。他们以此为由无视交会费的规定。当董守义知道后，耐心地劝说他们，告诉他们真正的爱护运动员是使他们有高尚的品格，老队员已经是老大哥了，要起到榜样带头的作用，更应该补齐会费，这样球队才能有良好的精神、更好地发展。队员们听后，有些补交了会费，还有一些毫不在意。董守义将执意不交会费的队员开除，从而警示其他队员[2]。除此之外，董守义对运动员品德修养的重视体现在方方面面。有次他带领队员外出比赛时，由于裁判的不公平，导致场上一半队员被罚下，这使得队员们强烈不满，要求上场理论。董守义适时拦下他们，并教育他们虽然要争取胜利，但最重要的是在比赛过程中提高自己的运动技术，而且一名优秀的运动员要绝对遵守运动规则，还要控制自己的情绪，不能口出恶言，待人要更加谦虚有礼。虽

---

[1] 董守义. 我底第八届远东运动会观[J]. 体育，1927，1（3）：50-57.
[2] 华智. 夙愿——董守义传[M]. 北京：人民体育出版社，1993：34.

然他们输了比赛,但事后队员们没有不满,甚至感谢董守义阻止他们做出冲动行为①。正是因为董守义平日里对于队员的严格要求,队员们都养成了谦逊有礼、尊重裁判、遵守规则的良好品行。

董守义对体育各类项目及体育各行人员有着充分的了解,为了使中国运动员养成良好的品德修养、改掉身上的陋习,他在认真思考后提出了运动员应遵守的三个信条,希望运动员以此来约束自己。一是绝对遵守运动规则,在董守义看来遵守规则是底线。他认为规则存在的意义不是观赏,而是对运动项目的尊重和对运动员行为的约束。不同的体育项目都有其特定的规则,运动员踏上竞技之路后,首先要将规则烂熟于心,其次要始终严格要求自己,时刻坚守规则,不做任何违背规则的举动。二是在赛场上控制自己的脾气,待人谦逊有礼。董守义曾多次强调此观点,他认为首先运动员要"做好人",即做人要谦虚、友善,运动员只有虚心接受别人的意见和建议,才能在运动这条路上走得更远;其次运动员要学会控制自己的情绪,运动员的情绪对比赛的影响很大,只有学会控制自己的情绪,才能保证运动水平的正常发挥。即使输了比赛,这类运动员也会获得对手和观众的尊重。三是在比赛过程中拼尽全力,以求健全身心、精进技术,不以胜败为荣辱,成为一名有作为的运动员。运动员应该把第三条信条当作终身努力和奋斗的目标,它诠释了运动的真理。比赛的输赢仅代表运动员技术水平的强弱,并不代表运动员的全部价值。一名真正的运动员不应只着眼于比赛胜负,更不应该只注视着优胜带来的名誉和物质,而是应该努力追求运动带来的身心发展、技术进步,这才是运动的真谛②。曾经有学者评价董守义提出的三个信条是非常全面的,分别从法律、心理内控、运动伦理三个层面出发③。董守义提出的三个信条适用于所有项目的运动员,具有相当的可行性。细细品味可以看出,董守义对于我国运动员的期待及良苦用心。

此外,当董守义谈到篮球运动员选材时,强调重视运动员的品德修养。他认为放在第一位的不是能力技术,而是运动员的品行。他提出如果一支球队中的每个运动员都品行端正,并且具有良好的生活习惯、积极向上的精神面貌,以及高尚的品德,那么这支球队的技术和名誉都会不错。球员亦然,如果运动员待在上述球队中,那么他的品格和技术都会得到很大的进步④。"立人先立德,树人先树

---

① 华智. 凤愿——董守义传[M]. 北京:人民体育出版社,1993:36.
② 董守义. 运动员应守的三个信条[J]. 体育周报,1932,1(1):2.
③ 徐元民. 中国近代知识份子对体育思想之传播[M]. 台北:师大书院有限公司,1999:487.
④ 同③.

品"，董守义将此理念融入运动员这一职业之中，对于运动员本身和运动员培养都提出了新的要求。董守义认为不管是运动能力的强弱，还是竞赛的输赢，都必须建立在运动员良好品行的基础上。这不仅是运动员赢得尊重的保障，还关系到整个队伍的发展。

第三节 董守义学校体育观的当代启示

一、有助于进一步提升学校体育在学校教育中的地位

中华人民共和国成立以来，我国学校体育在理论和教学实践层面都有了很大进步，但当前的学校体育教学中仍有许多需要解决的问题，如多数学校以升学为首要任务，体育课是为学生文化课成绩让步的"小三门"，仍处于边缘化的地位。当前国家相关部门虽已颁布相关文件来保障学校体育的实施，但就现实情况来看学校体育仍处于"说起来重要，做起来次要，忙起来不要"的尴尬地位，这与当前学校以分数为指挥棒的应试教育和教学评价机制不无关系。分数是学校教育成果的体现，高分是家校共同追求的目标，在分数这个量化指标的指引下，凡是与之无关、甚至妨碍分数取得的因素都会不同程度地被削减甚至替代。显然迫于体育考试的压力，体育课只有在有体育测试的年级段才能得到重视，但这种特别的"关注"却与体育本身在学生体质培养和心理健康教育方面发挥的重要作用无关。

当前唯分数论的应试教育在学生的学习和生活中已经产生了重要影响，虽然国家相关部门已经制订并颁布了诸多相关政策来降低应试教育的影响，但就目前学校、家长及社会各界对成绩、升学率、"状元"的追捧来看，应试教育的影响不但没有削减，而且愈演愈烈。毋庸置疑，应试教育作为快速有效的人才选拔标准，为我国挑选并培养出了一大批成绩优异、严格自律的高素质人才，尤其是在人才强国战略背景下，更是满足了国家对于高质量人才的需求，填补了人才缺口。但我们也应看到，当前的应试教育存在许多亟待改进之处，举例如下：①应试教育缺乏对学生德智体美劳的全面培养，更多的是对学生考试能力的关注，"填鸭式"的教学方式损害了学生的自主意识，被动接受削弱了学生自主发现、探究、解决问题的能力，学生完全沦为收割分数的工具。②长期的室内课占据了学生太多的运动时间。③现代社会信息化程度的加快和生活水平的提高，导致学生近视率、肥胖病等居高不下，学生速度、耐力、柔韧、灵敏、肺活量等身体指标降幅巨大。面对学生身体素质水平出现不同程度降低的状况，作为学校工作者应该正视

并尽一己之力改善这种局面,降低应试教育对学生健康的影响。

然而,体育运动作为有益于学生身心发展的有利方式,却遭到许多家长和校方的轻视,这对学生的全面成长是不利的,也有悖于董守义强调的体育的真义和价值。作为教育从业者,我们应该对当前学校缺乏对学生身体健康发展的关注给予重视,认识到体育在培养学生乐观、不惧困难、顽强坚毅的品行,提高学生体质方面发挥的重要作用,认识到体育独特的教育价值,积极有效开展学校体育教学。尤其是在当下物欲横流的时代,更要引导学生走出网络世界,参与体育运动,拥抱良好的生活方式,拥抱健康的生活习惯,为国家培养一批身体素质过硬、会学习、会合作、会奉献的强国精英。

那么,如何在体育课堂上收获良好效果呢?董守义认为应该充分尊重学生的个人兴趣,将学生的可持续发展作为目标,尊重每名学生自主选择的权力。从董守义的早期论述中不难看出,国人对于体育的态度令人心痛,这种漠视与董守义提倡的终身体育及可持续发展形成了鲜明对比,这或许是董守义强调要采用关注学生运动兴趣的体育课堂教学方式的关键原因。因此,要实现体育教育价值的最大化,就要发挥体育以健康促进为基础的,对人生活习惯、品行养成等全方位的催化作用,这不仅是学校体育要实现的目标,也是体育自身要实现的目标。

二、有助于做好面向全体学生的学校体育普及工作

董守义反对选手制体育,他认为这是"畸形形象","奖励少数运动员,培养竞技选手,以为传宣广告者"[①],这种把学生当作提升学校声誉的工具的做法会扭曲学生的价值观,长期发展下去会使学校体育朝着错误的方向发展,大大降低学校体育的教学效果。因此,董守义指出发展学校体育应"改革选手之流弊,发展个人之能力与兴趣……使个人能于此获得体育之真实价值后而可"[②],可见董守义很重视对学生运动兴趣和能力的培养,重视学校体育的普及化和全员化发展。

对于学校体育的普及,董守义有着独特的见解,他的观点不仅全面,而且实操性较强。要普及学校体育,就要吸引家长的参与,要根据学生的不同情况开设不同标准的赛事,给予每名学生参与体育运动的机会。同时,要合理化运动经费,在确保学校体育工作正常运转的前提下,尽可能地向全员体育偏移。

---

① 董守义. 提倡学校体育方案[J]. 体育周报,1932,1(7):1-3.
② 同①。

反观我国学校体育工作现状，需要平衡多方面的关系，即学校体育的全员化和面向少数体育特长学生的锦标主义体育间关系的权衡；学校运动队、学生社团、课外活动之间的关系权衡。归根结底，就是如何协调学校体育竞赛与学生体育权益最大化之间的关系。同前人办教育的观念一样，当前许多学校认为运动队可以为学校赢得荣誉，提高学校的社会知名度。在激烈的社会竞争中，学校需要用优异的体育竞赛荣誉傍身，以提高自身竞争力，因而现在的学校普遍推崇"金牌挂帅"的锦标体育；而常规的学校体育，在这方面的功用较锦标体育逊色许多，这使得不少学校通过牺牲学生的体育运动机会来换取学校的荣誉。有学者认为，对锦标体育的偏重使学生成为学校利益的牺牲者，成为为学校赢取金牌的工具[①]。受金牌第一思想的驱动，学生会降低对运动幸福感的感知，逐渐丧失主体意识；另外，长期大负荷的运动训练会对学生身体发育造成一定的影响。

董守义把学校体育当作"锻炼青年之根据地"，试想学校体育如果仅仅为少数的竞技运动选手服务，则大多数学生的体育锻炼权益将受到影响，那"根据地"一词便毫无指代意义。因此，从董守义的观点出发，参与学校体育运动是每名学生都应该享有的权利，学校不能因为要在运动比赛中取得好成绩，就剥夺学生体育运动的乐趣和权益。结合董守义对普及学校体育的认知，作者认为在当前的学校体育实操中，学校体育要无差别地面向全体学生，追求体育的全员化发展，实现体育的育人功能，发挥体育的教育价值，真正把体育视为促进学生身心发展的学科，努力追求学生的身心健康发展，关注学校体育运动开展的多样性及参与者的全体性。当然，这并不代表要全盘否定锦标体育，相反，在日常的教学中要善于挖掘锦标体育的激励和引导作用，尽可能鼓励全体学生参与体育，避免为取得好成绩而过度使用锦标体育。

三、强化学生身体健康在学生身心全面发展中的价值

青少年是国家的主人翁，是社会持续稳固前进的后备力量，因此学生的体质健康与国家未来息息相关。董守义认为青少年作为"国家未来的主人翁，民族崛起的新生命"，担负着"国防科学建设"的重要使命。可是青少年应如何担负起这一重大使命？董守义指出"把握教育青年和训练青年是最要紧的工作"，他认为青少年的体育运动不仅与国家发展有关，而且与个人的成长成才息息相关。董守义

---

① 蒋菠，唐炎，孙晋海，等. 近代中国大学校长学校体育思想之启示——走出"锦标主义"困境[J]. 北京体育大学学报，2014，31（7）：109-112，118.

指出，"正常的体育能够促进个体发展，实际上，不仅运动无害于读书、无损于工作，而且是没有运动，就读不好书做不好事"[①]。由此可知，为了追求学生的全面发展，学校教育应该重视学生的体育运动，正确认识体育运动在促进学生学习、生活、工作等方面的正向激励和促进作用，发挥体育对学生身体健康的促进作用，维系学生健康的身心。

近年来，我国的学生体质出现了直线下滑。在体质测试中，肥胖率、近视率常年居高不下；部分学生常规的体育测试项目不及格，如800米跑、立定跳远、引体向上、1000米跑等。学生的体质下降不仅影响个人的健康，也影响社会的发展。因此，增强学生体质是学校体育当前乃至未来一段时间内要认真对待的工作。对于学生体质的健康发展，董守义认为需要学校、社会和政府多方的协同工作。学校层面，要秉持"以学生身心健康和需要为中心"的理念开展教学活动，要严把体育课程的设计、教材的选择、考核标准的设置等关卡，围绕学生身心发展开展一切教学工作；社会层面，要正确合理认识学校体育的价值，摒弃"以为体育只是一种浪费，而不是建设"的偏见，大力发展学校体育，发挥学校体育对于个人及社会的健康促进作用，鼓励学生尽可能多地参与体育运动[②]；政府层面，"应当不惜巨资，把青年体育的最低限度的设备建设起来，把行政系统建立起来，把实施制度确定起来，使每个青年不能不参加"[③]，发动政府的保障及后援力量，为学校社会解决发展的后顾之忧，让每个学生都能积极参与其中。

从董守义的观点出发，当前我国学生体质的发展工作应该以学校、社会、政府为着力点进行加强。学校层面，要正视体育课的教育价值，重视其在学生健康促进方面发挥的积极作用，不可随意压制学校体育课的地位，要真正地发挥体育课的教育促进功能。社会层面，要改变唯分数论的固有观念，认识到一直以来被忽视的身体健康对于学生学习、生活的积极作用，充分重视体育运动对于学生发展的重要意义。政府层面，政府作为政策的制定者，要制定切实可行的相关政策，以保证学校体育的有序开展、学生体质的普遍加强，建立完善的行政监督和问责系统，确保政策的有效落地，为学生的身心健康发展保驾护航。

---

① 董守义. 体育与青年训练[J]. 中国青年, 1944, 11（1）：51-54.
② 同①.
③ 同①.

相关体育教育家简介

舒鸿（1894—1964年）

祖籍浙江省慈溪市，出生于上海。舒鸿从小聪颖好学，表现出极佳的运动天赋和体育学习兴趣，他与体育结下了终生不解之缘。1809年他毕业于上海圣约翰大学，随后又远赴美国深造学习，毕业于春田学院体育系，成为我国早期为数不多的体育硕士研究生之一。

回国后，他曾先后在国内的多所大学执教，首先就职于杭州之江文理学院，期间担任同济大学、上海交通大学篮球队教练，1930—1934年被聘为持志大学体育部主任，同时担任两江女子体育专科学校教授，1934年担任浙江大学体育部主任、教授。中华人民共和国成立以后，他先后任浙江师范学院体育科主任、杭州体育专业学校校长、浙江体育学院副院长、浙江师范学院副院长。

舒鸿是国际著名的篮球裁判，也是首位担任奥林匹克运动会比赛主裁的中国人，浙江大学还为舒鸿做了雕像。他通晓国际裁判规则，有着丰富的执裁经验，终其一生致力于我国篮球裁判事业的发展，为我国20世纪四五十年代篮球事业的发展作出了重要贡献。在体育界，舒鸿令人敬佩；在赛场外，舒鸿是维护正义、追求光明的斗士。2022年2月，他入选2022年中国篮球名人堂"特别致敬人物"名单。

第七章
体育不达标者不可毕业：舒鸿学校体育观及其启示

第一节 舒鸿学校体育观的形成背景

首先，舒鸿学校体育观受到了自然主义教育思想的影响。舒鸿很小就开始接触英语，打下了扎实的英语基础。经过不懈努力，1917年他顺利进入全国知名的上海圣约翰大学学习，1909年顺利毕业。1919年，舒鸿获得出国留学的机会，成为中国首批赴美的中国留学生之一。他就读的学校是美国颇负盛名的体育院校、篮球的发源地——春田学院。他的导师正是篮球发明人奈史密斯。由于导师的直接指导，他很快掌握了篮球运动的技巧和竞赛规则，所以深受奈史密斯的器重和赏识。舒鸿在美国春田学院和克拉克大学留学期间，美国体育处于迅速发展阶段，各种新的观念与思想相互交融。其中自然主义体育教育观发展迅猛，并很快成为美国学校体育中最有影响力的体育教育观。在捷克夸美纽斯的泛智教育、英国卢梭的绅士教育及法国启蒙思想家卢梭自然主义教育的影响下，1901年，美国哥伦比亚大学师范学院的伍德和赫塞林顿等提出了名为"新体育"的自然主义体育教育观。自然主义体育教育观的基本主张是：锻炼应遵循人的自然生长基本规律，在自然条件下发展人的身心健康。自然主义体育教育观为中国体育的迅速发展提供了良好的发展契机，并奠定了坚实的理论基础[1]。因此，舒鸿体育教育观的形成受到了自然主义教育观的影响。

其次，篮球裁判的经历对舒鸿学校体育观的形成产生了一定的作用。在1936年柏林第10届奥运会上，中国男子篮球队成绩不佳，而美国队和加拿大队经过激烈争夺，最后进入篮球决赛。由谁来担任决赛裁判员？这成了一个难题。美

---

[1] 崔乐泉，杨向东. 中国体育思想史 近代卷[M]. 北京：首都师范大学出版社，2008：199.

国和加拿大是本场的参赛队,因此不可能让这两个国家的裁判员来执裁,此时舒鸿自告奋勇申请担任主裁,然而这一申请引来了无数外国人的质疑,他们认为中国人根本没有能力来担任主裁。关键之际,篮球发明人奈史密斯教授鼎力支持舒鸿,这一做法使得质疑人缄口不言。事实证明,舒鸿在决赛中完全胜任裁判员一职。他干脆的哨声和准确的判罚最终博得众人的一致认可,由此他也获得了"中国第一哨"的美誉。舒鸿归国之后,对裁判员事业的发展作出了重要贡献,1925 年,他创建中华运动裁判会,1927—1928 年他担任中华运动裁判会会长。1930 年他在杭州举办的第 4 届全运会上担任大会竞赛委员,并在第 5、6 届全运会上担任裁判员和篮球教练员。他在 1942 年举办的首届国民体育运动会中担任总策划和总裁判长,并且在接下来的两届国民体育运动会中继续连任。此外,舒鸿在远东运动会,万国足球赛、万国田径赛、全国运动会等体育赛事中负责体育裁判工作,自始至终都极力强调公正执裁的重要性,反对任何不道德的判罚行为。他对学生要求严格,特意叮嘱球员在球场上要团结协作,发扬奋力拼搏的精神,还要尊重裁判和对手,在球场决不可故意伤人。

第二节 舒鸿学校体育观的核心内涵

一、体育不达标者不可毕业

舒鸿在体育教育观方面,倡导"以生为本、通才教育"[①]。他认为学生位于体育教学的中心位置,因此体育教育的出发点与归宿点都应放在学生上。同时,他认为体育教学中学生的身体素质、运动技能、意志品质、人格教育皆是通才教育的目标,以生为本就是要把学生培养成通才。因此,他在具体的教学过程中,始终把学生的发展作为第一要务,从学生的身心需求出发进行全面的教育。

在此理念的引领下,舒鸿一直十分注重学生体育方面的成绩。即使 20 世纪 50 年代浙江大学被迫西迁途中,体育课堂教学也没有终止。为了改善学生的身体状况、引导学生重视体育、提高学生的运动成绩,舒鸿可谓费尽心思。一方面,他向学生广泛普及体育锻炼的益处,在言语上鼓励学生加强体育锻炼,另一方面他制定了严格的体育学习计划和考核制度,强力督促学生勤奋练习。他向当时的校长竺可桢提议,若学生体育未能达标,则不能毕业,没完成的项目必须补了才

[①] 毛庆根. 舒鸿体育思想研究[M]. 杭州:浙江大学出版社,2017:89.

可毕业[①]。1940年，有一名学生因体育课不及格而无法顺利毕业。按照舒鸿对校方的建议，该学生必须再补修一年方能毕业。最终在舒鸿的指导下，该学生经过长期艰苦训练，最终通过体育课的考核，顺利毕业。

浙江大学定下的体育不及格者不可毕业的校规成为全国高校之首创。正是由于舒鸿这种严谨治学的教学理念，浙江大学至今依旧保持良好的体育传统。

二、勤学苦练是强健体魄的不二途径

舒鸿从西方科学主义出发，认为要提高体育水平，首先，要提高训练的科学性，如果没有科学作为支撑，那么收效是不足的；其次，要端正训练态度，提高训练的积极性，这样才能产生好的效果，优秀的身体素质和高超的运动技能需要大量的汗水来浇灌，需要吃苦耐劳来获取；最后，提倡刻苦训练，突出在训练与教学中的意志品质与品德培养，强调公平竞争的精神。

在舒鸿执教期间，游泳是十分受重视的课程，定为当时浙江大学的夏季必修课。他规定每个学生必须锻炼活动三十次，每次不少于一小时，学生游完50米方可及格，进出游泳场都要签到。当时有的学生害怕游泳，不敢下水，于是他就将办公桌放在深水区，这样一来学生每次都必须游到水中央签到，否则以旷课处理。长期下来，那些害怕水的学生慢慢克服了自己心中的胆怯，最终学会了游泳。这样既锻炼了学生的身体，也使学生掌握了基本的游泳技术。

他认为，好身体是锻炼出来的，出色的运动成绩是流汗苦练出来的；在比赛中就是要争冠军、不甘落后，搞体育如果怕吃苦、怕累、怕流汗，就是没有出息的[②]。

三、主张以生为本的差异性教学评价

舒鸿在浙江大学执教过程中，对学生体育课中的表现进行打分时没有一味地按照一个绝对统一的考核评价体系，而是根据学生的个体差异和努力程度采用了相对灵活且人性化的评价手段。他在学生游泳成绩的考核与评价过程中，充分考虑学生的原有基础和后期进步程度。有的学生在学习过程中刻苦训练，但是由于基础较差，虽然付出极大的努力，但仍远远落后于那些有天赋的学生。而另一部分学生则相反，他们基础很好，上课表现一般，通过游泳课程的学习略有进步。最终舒鸿评分时，前者比后者分数还高。

---

① 政协遵义市红花岗区委员会. 遵义：浙大西迁大本营[M]. 杭州：浙江大学出版社，2012：58.
② 政协遵义市红花岗区委员会. 遵义：浙大西迁大本营[M]. 杭州：浙江大学出版社，2012：60-61.

浙江大学电机系学生、旅美学者虞承藻有这样一段回忆：舒师对学生体育成绩的评定，并不按统一的标准，而是按每个学生原来的体力和水平，看进步大小和是否认真努力而定，第一学期期末考试中有一项俯卧撑，有的体力差的学生原来只能撑三五下，经过努力锻炼，考试时已能撑十几下，他的成绩不比原来就能撑二十几下、最后能撑三十几下的学生差①。

在教学实施过程中，不同学生的基础不一样，学习的进度、效率也会有所差异，这是学生的个体差异性。作为教师，在实施教学之前有必要充分了解这一点。有的学生先天条件比较差，即便付出了极大的努力，也很难达到那些天赋较好的学生的水平。遇到这种情况，如果还是按部就班的以一个绝对固定的标准来衡量学生的分数，就极有可能导致基础较差的学生丧失学习动力，而那些天赋较高的学生也会滋生骄傲自满的心理，缺乏不断进步、超越自我的信念。这对于这两类学生学习成绩的进步十分不利。

舒鸿在体育成绩考核过程中，充分关注并尊重学生之间的差异性，灵活地根据学生在学习过程中的表现进行评价考核，这对当代体育课成绩考核具有相当大的启示意义和借鉴价值。

四、倡导中西结合体育内容

在 20 世纪 20—30 年代，我国兴起了著名的"土洋体育"论战。关于"中国土体育"和"西方洋体育"的争论就此展开。国人主要表现出两种态度：第一种，闭关锁国，强烈抵制文化入侵；第二种，全盘西化，盲目效仿，照搬照抄。土体育派认为体育无健身价值，费钱费力，费场馆设备，中国没有条件开展体育。洋体育派的支持者大部分是从欧美回国的留学生，他们则认为"土体育"不科学，与世界潮流不合，没有必要倡导。

舒鸿作为中国第一批留美学生，深受西方体育文化的熏陶，然而他并不像其他洋体育派的支持者一样盲目推崇西方体育。他既不主张完全抵制，也不主张全盘西化，而是主张"中西融合共存，协调发展"。针对国外优秀的体育理念和项目，他认为应该加以借鉴并结合中国的体育状况，使之中国化，以适合中国国情，而对于那些不适合中国当时体育状况的应果断摈弃。针对球类、田径、体操这些世界普遍流行的现代体育运动，他认为毫无疑问应该积极提倡、奋力发展，赶超国际先进水平，力争在国际体坛上提高中国的名誉和地位。针对传统体育，舒

---

① 谢鲁渤. 浙江大学前传——烛照的光焰（百年江南名校丛书）[M]. 杭州：浙江人民出版社，2011：168.

鸿认为，传统体育是中华民族独立创造、历史悠久并有独立价值的体育，不能轻视、排斥或取消它在我国体育发展中的地位与作用，应该吸取其精华，加强科学研究，充分发挥它在健身、教育中的积极作用。

五、注重学术交流与体育场地建设

舒鸿在执教期间，经常邀请国内外有名望的专家来校做学术报告，这种形式在当时十分新颖。他邀请的对象包含国际奥委会中国委员、中国篮球协会主席董守义教授，上海体育学院田径专家刘天锡教授，苏联体育理论专家格拉明尼茨基教授。

舒鸿教授认为通过这些讲座，学生不仅开阔了视野，了解了当时先进的体育理论、教学和训练理论，还进一步巩固了专业思想，增强了钻研业务、梳理体育事业的决心。

在浙江大学西迁过程中，教师与学生在艰苦的条件下一边行军，一边展开正常教学。舒鸿每当进入一个新的环境后，都会先带领师生一起开发运动场，采购或自制运动器材，纵使条件再艰难也从不停课。

在江西泰和执教期间，舒鸿与竺可桢校长一起在赣江边勘察，观察地形寻找合适地段，制作一个简易的室外游泳场。在杭州之江文理学院任教时，为了培养学生们的游泳技能，他将自己在美国留学时学习的体育建构知识学以致用，精心设计了杭州城乃至全浙江第一座游泳池。抗战胜利后，舒鸿返回杭州，第一件事就是开辟室外场地，保证浙江大学的体育课和课外体育活动正常进行。

六、主张大力培养体育专业师资

舒鸿在出任浙江师范学院体育科主任期间，除了做好自己的教学工作，还十分注重学校师资力量的培养，选拔并培养出一大批具有高素质的青年体育教师。舒鸿认为，要培养出高质量的学生，关键在于有一支高质量的教师队伍[①]。体育教师在体育教学过程中发挥着重要的作用，是体育课堂教学的主导者，其质量的优劣直接关系到学生的学习效果。因此，舒鸿认为优秀师资队伍的打造是体育教学的关键环节。舒鸿在处理好自己的教学本职工作的同时，还额外指导新进的体育教师。经过他的培养，一些新的体育教师很快就能胜任岗位工作。此外，他还

---

① 宁波市江北区政协教文卫体和文史资料委员会，江北区庄桥街道办事处，江北区教育局（体育局）. 奥运篮球第一哨：舒鸿教授纪念文集[M]. 杭州：西泠印社出版社，2008：98.

鼓励教师之间相互交流教学经验，通过相互学习，不断地巩固和完善自己的教学知识。通过舒鸿教授的倡导和努力，浙江大学涌现出一大批优秀的青年骨干体育教师。

第三节　舒鸿学校体育观的当代启示

一、有助于实践"体育不达标者不可毕业"的底层逻辑

舒鸿制定了严格的体育学习计划和考核制度，强力督促学生勤奋练习，并制定了学生体育未能达标不能毕业的规定。这在舒鸿生活的年代具有一定的先进性与前瞻性。

长期以来，学生体质下降问题受到学校、家庭、社会与国家的关注，国家在不同的历史阶段也分别出台了很多相关的文件与举措，这说明国家对学生体质健康问题的重视。然而，学生体质下降问题并未得到根本解决，其原因是多方面的。首先，现代社会的生活方式是重要的成因。科技的发展，网络的普及，导致人类身体活动大量减少，营养过剩又导致人体储蓄的能量过剩；其次，应试教育使学生从小就背上了"不能输在起跑线上"的包袱，学生在小学、初中、高中阶段皆被应试教育捆绑，题海战术使学生疲惫不堪，除了限制性体育课程，学生几乎没有业余时间参加必要的身体活动，回家之后还有大量的家庭作业要完成。这种应试教育压力阻碍了学生体质的改善。

舒鸿提出的"体育不达标者不可毕业"这一理念有助于在学校体育最终环节上下功夫。尽管学校体育各个过程都很重要，但学校体育成效的评价起到了指挥棒的作用。体育是学校教育的重要学科，但并未得到应有的重视，因此，流于形式的学校体育较为常见。毕业是学生学业评价最重要的环节，学校、家庭都非常关注，因此从学业评价入手是一个撒手锏，其成效显著。在舒鸿的倡导下，浙江大学首开此校规，目前在大学层面已有很多高校效仿。目前教育部出台的《国家学生体质健康标准》也明确规定，体育不合格者不能毕业、升学。这一理念有助于改变学校体育的传统观念。从最后评价环节入手的最大益处在于，让学校各群体都关注学生的体育考试合格情况，特别是改变学校校长、其他学科教师的传统观念，因为体育不合格，即使其他学科的成绩再好也无法毕业。

二、有助于落实"强健体魄需要勤学苦练"的基本要求

少年强则国强,青少年学生的健康影响着祖国的未来,但为什么多年来青少年学生体质不升反降?其原因之一是人性所致。人的天性就是喜静厌动,因为动需要消耗体力,特别是体育活动,需要消耗大量的体力,完成一些具有较高难度的动作。这就是学生不喜欢长跑的原因,因为长跑需要学生克服生理极点。

舒鸿提出的"强健体魄需要勤学苦练"体育教育观的启示在于:①唤醒学生克服困难的意志品质。发展身体、强健体魄,最需要付出的是体力而不是脑力,理论上,这是一件轻松的事,因为应试教育消耗脑力过大,参加一些身体活动可以缓解大脑压力,但实际上,体育活动需要较多的体力付出,会让身体产生一些疲惫感,身心的双重压力可能使学生放弃体育。因此,参与体育活动需要顽强的意志品质,只有勤学苦练,才能有所成绩。②使学生了解体育增强体质的本质。增强体质需要一个过程,并不是一蹴而就的,长期坚持必有收获,增强体质的过程就是克服困难的过程。因此,在设计健身计划时,应根据自己的特点选择合适的健身内容、方法、运动负荷、运动量、健身环境、健身时间、健身频率等,只有科学安排以上要素,才能起到强健体魄之效。

三、有助于实施"差异性体育教学评价"

第八次体育课程改革以来,多元化的体育教学评价层出不穷,提倡教师评价、家庭评价、自我评价与他人评价相结合、终结评价与过程评价相结合等。这是新课改的主要贡献之一,但在落实层面却困难重重,因为这些复杂的评价不仅大量增加了体育教师的工作量,还占用了学生不少的时间,同时体育教师的待遇也没有增加多少。因此,过程评价虽在理论上得到重视,但往往流于形式,其结果是结果性评价依然是时下应用最为普遍的评价手段,很多教师只看中结果而忽略过程,这种考核方式必然导致部分成绩不理想的学生丧失奋斗的动力,同时助长了部分成绩优秀学生的功利性心理。

舒鸿坚持以生为本,他所推崇的课堂考核模式没有仅仅拘泥于传统的"一刀切式"的课堂评价模式,而是结合每个学生的实际情况进行评价,这有利于促进学生形成明确的学习目标和奋斗动力,进而脚踏实地、稳步前进。他认为在体育教学中,要以学生的身心特点为基础,以满足学生个体发展为目标,在教学内容、教学方法、教学用具等选择上,要以有利于学生的身心发展为标准,这样才能在实际教学中帮助学生身心平衡发展。因此,舒鸿提出的"差异性体育教学评

价"体育教育观的启示在于：①避免传统模式下的评价"一刀切"。长期以来，我国传统班级授课制度存在大班化教学现象，这体现了我国的教育特色，而大班化教学最容易出现的问题就是评价的"一刀切"，不管学生基础如何、如何努力，都是根据学生的最终成绩来考量学生，这是绝对化终结评价的最大弊端。尽管第八次课改以来，国家提出了相对评价的理念，但还是无法准确落实到位，要改变这种现象，必然要从基层体育教师着手，让一线教师认真贯彻执行新评价方式。②提高学生参与身体锻炼的积极性。采用个性化评价方式，依据用学生的进步度进行考评，从而极大地激发后进学生的积极性，调动学生身体锻炼的热情，让更多的学生参与体育活动，这是面向全体学生的最佳举措。

四、加强体育场地建设，助力学生积极参与体育锻炼

随着我国综合国力的日益提升，国家对于体育事业的重视程度也日益提升。近年来，随着我国综合实力的不断提升，我国的体育事业也在飞速发展。我国成功举办了各种大型国际赛事，在竞技体育中，很多新兴的科技和材料应用其中，在比赛场地和设施方面有了很大的改善。然而，针对学校体育而言，我国面向学校的体育设施和场地建设依旧存在各种问题，如场地资源匮乏、管理不当、利用率不高等。

舒鸿所倡导的体育场地研发观对于当今学校体育具有一定的启示意义：①大力提倡国家与社会运用各种资源着力解决体育活动的硬件问题。尽管一些经济发达省市的学校，体育场馆与设施条件较好，但还有更多的偏远地区、农村学校依然存在学校体育场地设备短缺的问题，很多一线城市的学校也存在相应的场地不足现象，这是影响学校体育广泛开展最重要的硬件问题，也是国家急需解决的问题。②充分利用现有的资源改造体育硬件设施。很多学校对运动器材进行了不少的投资，但因为没有很好的管理机制，导致很多运动硬件设备破损严重，有些器材没有使用就已经损坏。因此，体育教师应充分利用所学的专业知识，根据实际情况因地制宜地做好开发运动场地、修补运动器材、利用破旧运动器材的工作，解决体育教学燃眉之急，保证教学工作的正常进行。

五、强化体育专业师资培养，提高职前体育教师质量

学校体育教育的内容是什么？有学者认为是教会学生运动技能，教会之后，还要让学生勤练、常赛，让每名学生都参加比赛，调动学生的兴趣。但要想让学生学会、勤练和常赛，必须有教师。没有教师，就无法教会学生运动技能，无

法组织经常性的课余训练和竞赛活动。因此，对师资队伍要有刚性要求，而配齐配足体育教师是学校体育的基本要求。

体育师资历来都是国家非常重视的资源，但目前很多学校师资力量良莠不齐，这是导致学校教育与学校体育停滞不前的根源所在。教师是教育事业迅速发展的直接推动者，是教书育人的直接行动者。从舒鸿一生的经历来看，他认为培养高质量学生的关键在于有一支高质量的队伍。基于以上认识，他在高校体育专业任职期间，十分重视职前体育教师的培养，因为高校体育专业培养的人才基本上是中小学体育教师的骨干。因此，舒鸿"大力培养体育专业师资"体育教育观对当下的启示在于：①职前体育教师的培养应结合中小学体育教学状况。目前高校体育专业职前体育教师的培养存在与中小学体育状况脱节的问题，如果高校教师不了解基层状况，那么培养出来的体育师资在初期就很难适应中小学体育教学要求，这对学生的身心发展是不利的。②做好师徒对接工作。新教师的培养需要一个过程，无论是高校还是中小学，都应做好师傅带徒弟的工作，鼓励有经验的教师与新进的教师对接，传授体育教学经验，尽量提升青年体育教师的教学水平，完成体育教师的传帮带任务，促进年轻体育教师的快速成长，构建一支高质量、高水平的体育教师队伍。

相关体育教育家简介

袁敦礼（1895—1968年）

河北徐水人。1917年毕业于北京高等师范学校英语科，留校任体育教员兼翻译。1919年被聘为体育专修科主任，1923年赴美国留学，曾获得芝加哥大学生理学学士、哥伦比亚大学师范学院体育系教育学硕士，还获得霍普金斯大学公共卫生学证书。

1927年，袁敦礼回国，然后全身心投入我国体育教育事业。参与北京师范大学体育系的创建，并长期在该校任教，先后任系主任、校教务长，使该系声名鹊起，享誉国内外。抗战内迁时，他任西北联合大学体育系主任，后任北京师范大学校长。1948年，袁敦礼与董守义首次提出中国举办奥运会的设想。中华人民共和国成立后，袁敦礼筹建兰州体育学院，任副院长，该院撤销后，历任甘肃师范大学副校长兼体育系主任、中华全国体育总会副主席、全国政协委员、甘肃省政协常委。

袁敦礼是我国著名体育教育家，是我国近现代体育教育事业的重要奠基者。参与起草了《国民体育实施方案》，参与修改了《国民体育法》，并多次主办华北运动会，参与筹办全国运动会，以及中国代表团参加远东运动会、奥运会的组织工作。他的代表作是《体育原理》（与吴蕴瑞合著）[1]，他认为体育和教育是不可分割的，体育对于人的培养有着独特的功能：体育可以有效地培养人的"诚实守规则之态度；不惧艰难努力之态度；合作之态度；自信之态度；自制之态度；公正之态度"，这些态度正是整个人格所必需的。因此，他认为体育在这方面可以说是最良之学科。他同时指出体育虽与他种学科同为学校之学科，但体育绝不似他种学科之有逻辑式的教材，乃纯为一种生活方式，此与新教育以教育为生活之旨甚相符合，体育代表了新教育的新精神。

---

[1] 实用百科全书编委会. 实用百科全书[M]. 北京：开明出版社，1993：831.

第八章

体育教育是健康的基础：袁敦礼学校体育观及其启示

第一节 袁敦礼学校体育观的形成背景

首先，袁敦礼学校体育观受到实用主义教育理论的影响。1923—1927年，袁敦礼在国外接受了体育教育，他曾在国外多所大学进修，杜威的实用主义教育理论对袁敦礼产生了较大的影响，如他与吴蕴瑞合著的《体育原理》中包含的体育即生活和体育即教育的思想。在他看来，体育不但能够使得人们的身心实现协调发展，还能让人和人之间展开密切的交往，使人们能够积极地融入社会交往活动中，进而产生更大的社会价值。

其次，袁敦礼学校体育观的形成与新旧教育改革思潮有关。随着当时西方新式教育思想逐渐被引入国内，人们开始慢慢接受西方新式教育思想。同时在教育领域不断涌现出新的制度和新的模式，但"八股做官""尊孔读经"的旧教育模式依然有一定的市场，因此，新旧教育之间存在相互对立的思想格局。受到新旧教育思想改革的影响，袁敦礼认为教育应是人的全面发展的教育，体育这一学科更应为人的全面发展作出贡献。袁敦礼这一观点的产生与他赞同西方自然科学与人文社会科学相融合的教育思潮密切相关。

最后，体育教研经历为袁敦礼学校体育观的产生提供了支撑。1917年，北京高等师范学校（现北京师范大学）首次开设了体育专修科，考虑到袁敦礼有英文专业基础，最终让其留校任美籍医学博士舒美柯的翻译，兼任该校的体育教员，这是袁敦礼正式体育从业生涯的开端。期间他担任体育理论、体育史、健康理论等多门体育课的授课教师，他不断地总结教学经验，发表诸多论著，其中最受体育学界关注的是与吴蕴瑞合著的《体育原理》一书。1946年，袁敦礼被任命为北平师范学院院长，尽管工作比较繁重，但他仍不断研习最新知识，并将其应用于体育教学实践之中。此外，袁敦礼长期扎根于一线体育教研，深刻认识到体育对教育尤为重要，这为其提出教育化体育和体育教育化提供了实践依据。

第二节 袁敦礼学校体育观的核心内涵

一、提出"身心一元"论体育哲学观

事实上，从很早以前开始，身与心的关系问题就受到了来自国内外专家学者的关注。关于这个问题的研究，袁敦礼认为："心身问题的重要性可以说是始终位于各种问题的第一位，至今尚未发现某一科学和哲学上的问题比其更重要。之所以如此，源于人类的本性偏爱讨论该方面的问题，此外，心身问题本身涵盖的意义十分广泛。"[①]从整体上而言，来自西方的灵魂论，以及古老东方所推崇的天人合一，它们虽然很明显地存在部分不同之处，但是可以肯定的是，"身心二元"是二者共同强调的部分。

根据相关研究结论显示，"身心二元"论对体育的影响作用主要是负面的。①它导致大部分人误解了体育概念。体育二字按照字面所理解的意思属于身体教育。追根溯源可以发现，教育分离形成于智德体三育。由此可见，体育最关键的部分体现为教育。然而，假设把智德体视为教育的全部内容，则会和当下教育所一直倡导的以个人整体为中心的理念不相符。事实上，体育教育仅仅是教育的一个方面。②它集中体现为身体方面的教育。然而，关于这一点袁敦礼持反对态度[②]。还可以发现，该学说对大众的体育行为也有非常明显的影响。在当时，大众高度关心的是体育的方法和一系列具体的实施方式，且常常会忽视体育理论方面的发展情况。总的来看，对身的训练高度关注，对心的体悟则十分不足。在这种氛围的影响下，出现了大部分从事体育事业的人基础理论欠缺的问题[③]。当了解到自然主义体育教育观后，袁敦礼所持有的观点集中体现为"身心一元"论。具体而言，人的精神与身体并非独立存在，而是始终处于彼此依赖的关系之中。大众开展不同的体育运动，目的除了锻炼身体，还包括充实业余的休闲时间，从而使自身的身心得到放松。"如果只是通过表面分析的话，不难发现，体育活动绝对属于身

---

① 袁敦礼. 心身关系与体育[J]. 体育季刊，1933，1（1）：1.
② 袁敦礼，吴蕴瑞. 体育原理[M]. 上海：勤奋书局，1933：9-10.
③ 袁敦礼，吴蕴瑞. 体育原理[M]. 上海：勤奋书局，1933：4.

体的活动；然而，如果从意义方面进行分析，就能够发现，体育活动属于一种全部机体的行为。"[1]袁敦礼认为身体和精神始终处于整体的状态，不可分割，能够对彼此造成广泛的影响。因此，他旗帜鲜明地反对"身心二元"论[2]。他认为在进行一系列体育锻炼的过程中，只有让身心同步地得到完善，体育的作用才能体现为推动人的全面发展。

袁敦礼在进行个人观点阐释的过程中，选择了多样的分析角度，经过严格的科学推理断定："站在生物学角度进行分析的基础上，生命原本就属于整体，如此一来，身心势必也属于一体；与此同时，站在心理学角度进行分析的基础上，但凡是有活动的机体自然属于一体，基于此，心和身无法不属于一体，因此，一元学说应该获得肯定和推广。"[3]

经过不懈地研究，袁敦礼从宏观的角度客观地阐述了体育与身心发展的辩证关系。他认为必须致力于推动人的身心和谐发展，应该高度关注实现健全平衡，在此基础上传播和弘扬积极向上的体育精神。这一思想使得人们的身心能够实现健康发展，对于国家的发展也产生了重要作用。

二、倡导先知后行的体育原理

纵观近代的教育家可知，他们普遍赞成的是知难行易的观点。事实上，袁敦礼也十分认可这个观点。他在《体育原理》的序言里详细阐述了自己的观点："假设缺乏必要的理论知识就去行动，毫不迟疑地行动；这种行动所带来的结果如果和当初的目的不一致，就会产生非常大的危害，索性不如不行动。无论做任何事情，先理论后实践都是颠扑不破的真理。"[4]他全面地归纳和分析了知行关系，极大地推动了那时中国体育界的理性启蒙运动。

与此同时，袁敦礼还重点强调了知、行的关系。他所秉持的实践观是必须要始终坚持理论与实践相结合。"在研究体育的过程中，应该将更多的精力放在'知'的方面。从这个意义上来看，管理体育器材、教授体育技能等工作只是属于'行'的方面。"[5]在当时，多数从事体育事业的人对于理论嗤之以鼻，他们只是偏向于展开行动，错误地认为体育只属于纯粹的实践工作。长此以往，错误认知最

---

[1] 袁敦礼，吴蕴瑞. 体育原理[M]. 上海：勤奋书局，1933：63.
[2] 袁敦礼，吴蕴瑞. 体育原理[M]. 上海：勤奋书局，1933：62.
[3] 袁敦礼，心身关系与体育[J]. 体育季刊，1933，1（1）：3-5.
[4] 袁敦礼，吴蕴瑞. 体育原理[M]. 上海：勤奋书局，1933：1.
[5] 同[4].

终导致随便行动的严重后果①。由此能够确定，如果没有充足的基本理论知识作为支撑，人在实践过程中就会遇到多种阻力。

在具体分析的过程中，袁敦礼首先根据有关资料探明了体育原理的来源，在他的观点中，体育原理除了必须以生物科学作为依据，还应该同时借助于社会、教育等多方面的科学。因此，要想开展好体育实践，就应该坚定地秉持先知后行的认识观。在当代教育中，体育属于其中的一种教育方式，从学术角度来看，教育属于典型的应用科学。他在阐述自身观点的过程中使用了对比分析方法，具体而言，主要对比分析了标榜科学的体育家、"卖艺式"体育家及实行体育家。所谓标榜科学的体育家，是指他们往往被束缚在过去的解剖学和生理学之中，其研究虽然存在部分的科学依据，但是十分欠缺全面性；所谓"卖艺式"体育家，其内涵为"通过展示以及刻意的卖弄体育技能进行表演"②，这些体育家根本不懂得体育的科学性；所谓的实行体育家，是指他们并不觉得科学在体育中的价值需要被重视，只是一味地认为应该持续地进行实践③。因此，袁敦礼认为传统"身心二元"论导致体育原理的不完整性，通过开展一系列的体育活动，除了能够彰显个性，还可以更好地抒发情绪。在他的观点中，体育原理拥有十分多元的知识来源，必须要以知作为支撑进行深度的分析，以实现真正的行。

三、提出体育即教育的体育教育观

追溯可知，体育一经产生，就意味着其可以作为一种社会需要，且属于有效的教育手段之一。关于这个方面，袁敦礼认为体育的作用体现为能够对"整个"人进行教育。从本质上来看，教育的目的是让人们能够获得经验和知识。体育显然属于知识与经验的范畴，因此，体育和教育的目的具有同一性④。大量的研究实践结果表明，学生的思维在不同的教育方式之下会产生不同的结果，开展一系列的体育锻炼，有助于学生建立起自信。教师在开展教学的过程中，应该准确地把握不同学生的实际情况，从而明确教学计划。从学生的角度来看，"要想进行自我的展现和释放，语言文字会对其进行束缚以外，面部表情和身体活动同时也会对其造成影响"⑤。在他的观念中，体育教师通过开展多样性的运动来掌握不同学

---

① 袁敦礼，吴蕴瑞. 体育原理[M]. 上海：勤奋书局，1933：1.
② 袁敦礼，吴蕴瑞. 体育原理[M]. 上海：勤奋书局，1933：6.
③ 袁敦礼，吴蕴瑞. 体育原理[M]. 上海：勤奋书局，1933：7.
④ 袁敦礼. 近代体育理论之基础[J]. 勤奋体育月报，1937（8）：16-17.
⑤ 袁敦礼. 心身关系与体育[J]. 体育季刊，1933，1（1）：4-10.

生的性格。体育课上，大部分学生通常能够全面地展现自我，教师在课堂上应该关注不同学生的行为及动作，以此为基础来了解每个学生。"在现有的学科当中，体育对于学生的自我表达最为有利，因此，体育课堂属于良好的情感发泄场所。学生能够通过体育运动将自身的情绪大胆地发泄出来，从而在学生实现健康发展过程中发挥重要作用。"[1]袁敦礼认为通过开展一系列有效的体育活动，可以培养和提升学生的优秀品格，使他们获得合作精神，形成克服困难的毅力等[2]。通过以上分析可知，"如果将体育脱离教育，一味地强调其所具有的特殊功能，是典型不懂教育的表现"[3]。

在体育的教育价值方面，袁敦礼形成了个人的独到观点。他认为作为健康教育的方法论之一，体育的重要性不言而喻。只有以体育为基础，才能够实现健康。从整体上来看，健康的内涵集中体现在三个方面，即生理、社会适应及心理健康。如果个体处于生理、心理上的均衡状态，则可以充分地说明个体的生理和心理健康，不存在任何的缺陷疾病，与此同时，可以借助适当的心理调节来更快地适应最新的环境氛围。在他看来，"体育对于个体健康状态的保持具有基础性的作用，对于个体最终拥有健康社会人格不可或缺"[4]。已经有大量的研究实践表明，体育有助于学生拥有良好的生活自理能力，除此之外，还可以提高学生的应变能力，让他们能够采用更多的方法来保护自身安全。借助一系列的体育教育，"能够从根本上有助于实现基本技能的养成目标，在此基础上能够简化大部分职业上的技能，使其能够在更短的时间内被习得，比如，良好的判断力、敏锐的反应等，这些能力对于社会生活和职业生涯的成功具有很大帮助"[5]。应通过持续地开展体育教育，帮助学生最终成为合格的公民，使他们具有基本的社会道德规范，尊重公序良俗。此外，在休闲时间开展体育活动，可以使个体的身心得到放松，充实他们的生活。"社会罪恶往往起源于娱乐的缺乏，因此，能否充实地度过闲暇时间对于教育作用发挥具有很大的依赖。"[6]综上，在开展体育活动期间，要重视学生对课余时间的充分利用。袁敦礼明确提出，"培养学生科学地利用课余时间学习教学材料，是不应该中断的"[7]；"等学生长大毕业之后，就会拥有自己的

---

[1] 袁敦礼, 吴蕴瑞. 体育原理[M]. 上海：勤奋书局，1933：152.
[2] 袁敦礼, 吴蕴瑞. 体育原理[M]. 上海：勤奋书局，1933：153.
[3] 袁敦礼, 吴蕴瑞. 体育原理[M]. 上海：勤奋书局，1933：155.
[4] 吕右青. 国立北平师范大学体育系[J]. 勤奋体育月报，1936（8）：18-24.
[5] 李蒸. 国立北平师范大学之过去、现在与将来[J]. 教育杂志，1935（7）：205-210.
[6] 袁敦礼. 竞技体育与全体学生[J]. 体育杂志，1929（2）：8-13.
[7] 袁敦礼, 吴蕴瑞. 体育原理[M]. 上海：勤奋书局，1933：162.

工作岗位，在闲暇之余，如果他们能够通过体育活动来进行消遣，就会在很大程度上度过充实的时光，而非流入歧途"[1]。由此可见，学校必须高度重视体育，通过开展一系列有效的体育活动，确保学生养成终生体育习惯，提升学生的身体素质，从而使得学生能够实现身心健康发展。

在塑造学生个性发展方面，袁敦礼坚信体育的优势十分显著。"在开展体育课期间，除了老师进行一定的准备外，事实上，大部分时候属于学生的活动。""体育主要是进行多种多样的身体活动，大多数社会行为的能力以及思维也是通过体育参与逐渐实现的。"[2]体育除了能够培养和增强个体的竞争意识与毅力，还能够帮助他们形成良好的团结合作品质。"在人类社会当中，竞争比赛并非新鲜事，体育比赛和竞争更是非常之多。通过进行体育比赛和竞争，能够让个体学会始终基于规约的前提下采取适当的方法拼搏，无论结果是胜是败都应该保持一颗平常心，胜利的时候保持谦虚，失败的时候坦然接受并继续努力。"[3]通过上述分析能够发现，袁敦礼不但是体育方面的权威学者，还是教育界的专家之一。

四、提出德才兼备的体育人才培养观

在西北师范学院工作时，袁敦礼从不同侧面全面地阐述了关于师范院校体育系的培养目标。在他看来，那时的当务之急是竭尽全力培养出一大批体育教育的专业人才，而不是所谓的专业运动员[4]。总而言之，他对体育人才的期冀是：专业能力强、有礼貌、遵守社会道德规范。他认为："实际上，人格在本质上为不同态度的集合。"[5]此外，袁敦礼还强调体育生的文化课程不应该具有特殊性，而是必须与别的专业学生的水平保持一致性，当获得录取通知的学生入校之后，必须无差别地对他们展开严格管理，兢兢业业地栽培他们，借助科学的方式进行引导，从而达到让在校的体育生能够在课余帮助非体育专业的学生展开一系列体育活动的目标。袁敦礼始终认为必须持续增强教师综合素质，只有如此，才能保证学生获得发展，为我国培养专业人才奠定基础。

中华人民共和国成立之后，我国百废待兴，重中之重是发展教育。袁敦礼按照国家的需要在西北师范学院工作，工作期间生活十分艰苦，他凭借自己顽强

---

[1] 袁敦礼. 竞技体育与全体学生[J]. 体育杂志, 1929（2）：8-13.
[2] 袁敦礼, 吴蕴瑞. 体育原理[M]. 上海：勤奋书局, 1933：162.
[3] 同[1]。
[4] 袁敦礼, 吴蕴瑞. 体育原理[M]. 上海：勤奋书局, 1933：166.
[5] 袁敦礼, 吴蕴瑞. 体育原理[M]. 上海：勤奋书局, 1933：152.

的意志没有辜负国家的期望，为国家培养出了大量的人才。袁敦礼在西北师范学院的工作强度比较大，不仅要教授体育系课程，还要在人体解剖教研室工作。彼时，为了从根本上增强学生的运动技能，他坚持要求学校给所有年级开设专业技术课。

五、提倡健康教育观

在历史长河中，体育的发展逐渐往健康方向靠拢，彼此联系紧密。袁敦礼就体育和健康的内在联系发表了自己的看法，他提出虽然体育锻炼有利于人们维持身体的健康，但相对于之前，它的作用不再仅限于健康[①]，其原因主要是体育除了促进人体健康还具有其他功能。因此，袁敦礼对健康有其他看法，他认为健康不仅代表强身健体，还代表精神上和人格上的健康[②]。长期进行体育锻炼对于人身体上的作用，不仅能使其体格变得壮实，还能够加速身体的血液循环，使人们精神上得到满足，改善体育锻炼者的不健康心态，使其保持良好的情绪。参加各种团队型的体育比赛，有助于人们拥有健康的社会人格[③]。上述内容都足以说明袁敦礼在定义健康时，不仅涵盖了人们身体上的健康，还包括精神上的健康及社会的适应性等。他能够较早提出这一理论，证明其认识是科学、先进的。

在社会环境公共卫生方面，袁敦礼也有一定的见解。他指出对公共卫生的教育主要在视察、指导、料理[④]三个方面。在他任职期间，他最先指出所有人都必须学习"卫生概要"这门课程。那段时间有很多学生都患有沙眼病，他就在校医院给学生做检查并进行治疗，最终学生们都战胜了病魔。他还设计出无蝇厕所，获得全校师生的赞美，所有人都对他的行为表示认可。该厕所设计的主要目的是改变学校厕所当时的糟糕环境。由此能够看到，袁敦礼非常注重保持学校卫生环境的干净，将卫生课与体育课划为大学生必须要学习的课程，引导所有教育工作者关注卫生教育。

六、反对纯竞技化的体育教育观

在体育运动技能和参加体育经济活动方面，袁敦礼也积极实践，但是面对体育竞技活动进行时所产生的各种情况复杂现象，他持批判态度。

---

① 袁敦礼，吴蕴瑞. 体育原理[M]. 上海：勤奋书局，1933：107.
② 袁敦礼，吴蕴瑞. 体育原理[M]. 上海：勤奋书局，1933：155.
③ 同②.
④ 袁敦礼，吴蕴瑞. 体育原理[M]. 上海：勤奋书局，1933：168.

针对袁敦礼发表的关于现代奥林匹克运动会的一些意见，结合现代奥林匹克运动会中出现的一些现象，归结为四个方面、八个点。

（1）参赛人员方面。①有很多参赛运动员在行为上比较鲁莽暴躁。②在每项比赛中，裁判员都可能会做出不公平的评判。③在比赛过程中，会产生一些意外情况或者人为事故，这些状况产生之后，相关的领队人员和体育教员，以及校长评判员之间会出现各种争辩。

（2）观赛人员方面。观赛人员不仅包括观看比赛的观众，还包括参与赛事报道的各个国家的新闻媒体。①很多观众在观赛时都出现不文明行为，不尊重其他国家的运动员，如有些观众在观看自己国家运动员与其他国家运动员比赛的过程中，出现侮辱他人的情况。②对于参与报道比赛的新闻媒体来说，不能进行客观的报道，大部分新闻媒体带着个人情绪进行报道，甚至出现责骂的现象。

（3）体育界方面。袁敦礼提出在当时的体育界中，到处可见恶性竞争的现象，许多团体组织都出现欺压的情况，都希望自己获胜，以得到最多、最大的利益与荣誉。

（4）奥林匹克运动会在国际上的影响及其他方面。①袁敦礼指出奥林匹克运动会的主要目的是希望每个参赛国家能够对对手有一个简单的了解，进而各个国家之间能够和谐相处，共同打造安全和平的国际环境。但是从实际情况来看，这只是愿望而已，并没有实现。②经济的不断发展，促使奥林匹克运动会具有一定的商业性，而运动员与教练员也逐渐职业化，并且这两种情况越来越复杂。

袁敦礼不仅发现现代奥林匹克运动会在举行过程中出现与实际教育价值不符的现象，还指出在远东运动会上同样有这种歪风邪气。针对这种现象，袁敦礼提出即使奥林匹克运动会的不正当风气并未直接影响我国的运动会，但是在我国的运动会上，还是有这种不正当风气的存在。

袁敦礼认为荣誉、胜利、名气这三者对于专业运动员而言，在体育事业上只有坏处没有好处。由此能够发现，当时的运动员大都贪慕虚荣，不在乎友谊，不注重品格；而政府官员一味地追求名利，只顾面子上光荣；更有商界名流让运动员为自己打广告，只贪图利益，不顾及歪风邪气的出现。袁敦礼对这些现象非常不满，他强调："竞赛为富教义者，然而政化，商化，与用之以非教也，倡和之者必革之。"[①]产生以上情况的原因多种多样，造成的后果也有很多种。但是最根本

---

① 袁敦礼. 世界欧（奥）林匹克运动会的价值及对于我国体育的影响[C]//林淑英，张天白. 中国近代体育文选（体育史料第17辑）. 北京：人民体育出版，1992：182.

的原因是没有切实地认识到体育是什么,很多体育人都无法真正地了解体育,因此才会有不正确的体育认知出现。

从另一个方向来看,那时西方有很多先进国家极度地宣扬体育竞技,那种体育思想传到我国就产生了很多错误的思想和行为。例如,非常在意比赛的结果,这种思想及其带来的某些行为严重影响了学校与学校之间的体育比赛,更严重的是,在学校内部举行的一些娱乐性体育竞技活动也受到影响。因此,出现了各种声音阻止体育运动向前发展[1]。

第三节 袁敦礼学校体育观的当代启示

一、重申青少年体育身心发展的"身心一元"论依据

袁敦礼所提出的"身心一元"论是其众多体育哲学思想理论的核心。他指出人类的身体和精神有着紧密的联系,不能单独存在。他认为体育活动不仅能够使人们身心放松,还在一定程度上使人们的生活丰富多彩。大众参与体育活动的目的主要包括以下两点:一是强健体魄;二是锻炼坚强的意志。在体育领域,袁敦礼认为把心理与身体强行分成两个独立的部分是错误的,同时其非常不赞同如今普遍的一种做法,即只重视身体方面的锻炼而轻视心理方面的培养。袁敦礼指出机体的完整必须包含精神和身体这两部分,缺一不可,精神与身体相互依存且联系紧密。身心合一是体育活动效果是否良好的决定性因素。

袁敦礼提出,"在选择教材的时候,应当充分考虑到学生们的爱好以及需求"。他还提到:"每位教员都应当对学生进行指导与启发,将他们的能力充分挖掘出来。"[2]看得出来,无论是在选择教材方面还是安排课程方面,他始终以激发广大学生的主观能动性为目的。他认为唯有将学生的主观能动性充分发挥出来,他们才会主动地去思考问题,认真学习文化知识,进而保证心理健康发展。

如今,我们已经将适应社会、参与运动及身体健康等作为健康和体育相关课程的标准,不仅强调学生要身体健康,还强调锻炼他们适应社会的能力,以及保证其心理的健康发展。但在具体的体育教学实践中,依然有很多人奉行"唯体质

---

[1] 课程教材研究所. 20世纪中国中小学课程标准·教学大纲汇编:体育卷[M]. 北京:人民教育出版社,2001:397-404.

[2] 同①.

论"这一观点,尤其是在如今我国学生体质逐年下滑的情况下,如果体育教学只侧重于青少年体质的发展,而不关注他们在参与体育活动时的意志、情感及爱好等情况,那么就严重违背了课程标准的要求。

袁敦礼提出的身心合一观念,有助于我们更加深入地了解体育活动领域的身心关系;有助于体育教学工作者站在心理学角度,关注青少年体育活动过程中的意志、情感及爱好等方面,进而有效激发学生参与体育活动的主动性及积极性,并切实改善体育教学活动的整体质量及效果。

二、有助于培养"德才兼备"的体育专业人才

袁敦礼针对我国体育专业人才的培养需求,制定了一套标准:既要拥有高尚的品德,又要掌握全面的知识及良好的技能。这个培养体育人才的标准贯穿于其多年的管理实践教学中。换而言之,袁敦礼在培养人才方面拥有自己独到的理念,即将学生培养为"美德+通才+专才"的复合型人才。一名合格的体育人才不仅要拥有高尚的品德,也应当在某方面有所建树。

袁敦礼所提倡的"德才兼备"理念对于如今如何保证培养人才的整体质量有如下启示。

(1)在大学体育专业四年制的整个过程中,都要坚持对运动技能的深入学习,只有如此,才可以达到袁敦礼所制定的"运动技能突出"的标准。但是如今大部分高校体育专业在学生学习的前3年只侧重于培养运动技能,到了大四又往往忽视深入发展学生的运动技能,这样一来就容易使学生遗忘过去学习的内容。因此,结合袁敦礼所发表的关于培养体育人才的相关要求,高校应当在学生整个大学学习期间不间断地发展他们的运动技能。

(2)应当重视体育专业人文知识和科学知识的结合,以便达成袁敦礼制定的"知识全面"的相关要求。袁敦礼指出交叉学习体育学科和别的学科的知识,对于开阔学生们的知识面非常有帮助。因为受到我国传统文化的影响,体育专业在我国很长一段时间内不受重视,就目前的状况而言,大部分体育专业学生文化素养较差,要想实现袁敦礼提出的"知识全面"目标,确需教师和学生一起努力,如此一来可以有效提高体育专业学生各方面的素质,从而达到教育的相关标准。

(3)针对体育专业人才,要重视其德育教育,使学生符合袁敦礼提倡的"品德高尚"的要求。"德才兼备"的实际意义是不仅要具备优秀的专业技能,还要具备优良的思想品德。我们要坚持当前党中央明确的"立德树人"观念,在培

养体育专业人才时,将提升专业技能和培养思想品德结合起来,使体育专业学生的运动技能、理论知识、教学技能和思想品德共同发展,以达到"德才兼备"的目标。

三、有助于深化学校体育健康教育

根据前文所述,袁敦礼认为对于健康的发展来说,体育具有一定的作用,但体育最重要的目的不只是健康。每个人对健康都有自己的理解,并且健康标准也有不同的维度。综合袁敦礼的健康教育观来看,学校体育不仅要提升学生的体质,还应提升学生的健康意识。学校体育在完善健康教育方面主要针对以下几点:①培养正确的体育健康教育观念。若想体育课程改革顺利稳健,就必须坚持以正确的体育健康教育观为前提。"健康第一"不仅体现了学校教育的观念,还凸显出体育课程的理念。体育教师在平时的工作中,不仅要坚持正确的体育健康教育观,还要注意在具体工作中将体育健康教育观切实落实下去,也就是不仅要注重学生在身体上的健康,还要注重学生在心理上的健康和社会适应能力的发展。②针对不同学段,设置不一样的体育健康教育内容。每个年龄段的学生在身心发展方面有所不同,他们应该学习的健康教育内容也不一样。因此,我们应当在体育和健康课程的指导下,结合各个年龄段学生的特点,构建不同的有关体育健康的教育内容,以满足各个年龄段学生在体育健康教育上的需求。③寻求真实有效的体育健康教育的方式和渠道。一般来说,设置内容和目标是前提,但是目标的实现必须依靠合理的方式和渠道,没有可靠的方法,目标也难以实现。如今体育健康教育的方式和渠道是不足的,这种情况阻碍了体育健康教育的落实。

四、有助于落实面向全体学生的学校体育理念

虽然袁敦礼非常重视体育的推广,但他不同意对学生施行竞技体育教育。袁敦礼提到,在每个学期中所有学生都应该有一次以上的机会进行野外采集或者团体远足;而在每个学年中,学校都应该举办一场运动会或者表演大会,在这样的大会中,必须让每名学生都参与进来,要求每名学生都要参加运动比赛,且参与比赛的次数必须在一次以上。综上所述,袁敦礼不只对体育职业者有一些要求,对于学校的学生工作也有所要求。袁敦礼的这种观念类似于如今体育课提倡的"以全体学生为本"的观念。

目前,在体育课程方面,我国越来越提倡"以学生发展为中心"的观念,根

据实施的结果来看，确实是有很大的好处，教学也有一些改观，学生的发展状况有了非常显著的变化。例如，在高中阶段，学生可以依据自己的兴趣爱好来挑选自己喜欢的课程内容。但是我们要明白坚持这个道路是存在很大困难的，我们一直在推行"以学生发展为中心"的课程观念，可是在具体的教育教学中，还是会被传统的观念所影响，如针对所有学生的体育教学和针对少数学生的业务体育训练，不管是学校的校长还是体育教师，都可能会选择后者，主要是因为在学校的竞技体育中，业务运动队有助于提高学校的名气。但是在学校的体育工作中，长此以往是很难达到期望的效果的，可能会出现"轻教学、重训练""重少数、弃多数"的情况。因此，我们应当坚持正确的行为，把目光放到学校所有学生身上，努力做好学校所有学生的工作，真正地考虑学校所有学生的身心健康，为学校全体学生的身心健康负责。

相关体育教育家简介

沈嗣良（1896—1967年）

祖籍浙江宁波。1919年毕业于上海圣约翰大学，数年后被聘为该校体育部主任。沈嗣良在上海求学期间爱好体育运动，最为擅长网球。1921年他赴美国春田学院专攻体育专业，并获哥伦比亚大学教育管理硕士学位。

他1923年回国，毅然选择重返母校任教，应聘为上海圣约翰大学副校长兼教务主任，后成为上海圣约翰大学的校长。1924年，他担任中华全国体育协进会名誉总干事。为开拓协进会的工作，他四处奔走，曾以个人名义获得新华银行一笔贷款，但数目不多，仍捉襟见肘，难于应付局面。1926年，他从上海优游体育会创办人、大地产商程贻泽处得到1万两白银的资助，买下中华棒球场的地面建筑物作为中华全国体育协进会办公地。1936年，他又以中国体育代表团总干事的身份，参加了第11届柏林奥运会。1946年他定居美国，在教会组织内当牧师。

沈嗣良是中国近代体育史上著名的体育活动家，在理论方面，他笔耕不辍，有《参加十二届世运会事前应有之准备》《学生时代之体育》《全国体育协进会之前途》《中华全国体育协进会略史》《中国的国际体育》等作品。

第九章

体育为百事力行之基：沈嗣良学校体育观及其启示

第一节　沈嗣良学校体育观的形成背景

首先，沈嗣良学校体育观受到军国民教育思想的影响。沈嗣良出生后不久，中日甲午战争就爆发了，战败后的中国被迫签订《马关条约》。中华民族的危机使国民重新审视教育的价值与功能，于是不少人开始提出"教育救国"之说，并提出练习兵式体操救国的体育思想。1902年，蔡锷在《军国民篇》中疾呼实施军事国民教育，随后蒋百里也在《军国民之教育》一文中倡导扩充军人教育。一段时间内"尚武乐军""以武救国"的军国民体育教育遍及全国。沈嗣良受此影响，认为，"盖自甲午中日战争后，人憬然于遭丧权辱国之耻，实由历来积弱所致"[1]。他进一步指出，"从根源上讲，中国国难所以严重到这种地步，就因为教育的不普及，国民的不健全，生产力薄弱，自信心消失，所以救国必先救民，而救民必先救教育，社会教育就是救民教育，也就是救国教育，我们要延续民族生命，巩固国家基础，使大家都从'民生'的一条路上去走，就应努力谋社会教育之普遍完成"[2]。

其次，沈嗣良学校体育观的形成源于对中国近代体育的反思。随着远东运动会，奥林匹克运动会影响力的逐步扩大，中国也积极组织运动员参与比赛。在海归学者吴蕴瑞等人的影响下，人们开始思索体育的本质。沈嗣良始终心系中国体育事业的命运和前途，时刻反思民国体育存在的弊端，并深入思索改良之策。针对当时竞技体育衰落之原因，沈嗣良分析指出，国人之所以在竞技体育中屡屡受

---

[1] 中国文化建设协会. 抗战前十年之中国[M]. 福州：龙田出版社，1980：607.
[2] 中国文化建设协会. 抗战前十年之中国[M]. 福州：龙田出版社，1980：605.

挫，其根本原因是国民体质羸弱。具体可以解释为四大成因：①先天不足；②生活不安定；③缺乏锻炼机会；④营养不充分。其中，针对先天不足问题，他认为应革新家庭环境，改善妇女生活，以健全民族之先天性；针对缺乏锻炼机会问题，他提倡增开全国运动会场所，严令选手服从纪律、恪守规则[①]。对于学校体育的弊端，沈嗣良大声疾呼，"国内学校体育，每况日下，而世界体育潮流亦在急变之中，我们亟宜参酌国民需要，急行订定实施体育方针与标准，以为全国实施体育方针的准绳"[②]。对于社会体育的弊端，他认为"国人萎靡不振的精神原形暴露，非提倡国民体育，不足以振刷民族精神，共起救亡图存"[③]。

最后，沈嗣良的爱国心是其学校体育观形成的根本。当时我国大型体育赛事的承办尚无权威的组织机构，大部分体育赛事都是由西方人组织倡导的。沈嗣良虽然对于外国人的体育热忱深表钦佩，但是出于中国的国际尊严考虑，他坚决主张本国的体育事业不能专由外人来主持，他认为"除技术方面由外国人管理外，其余事宜，都竭力由我国体育界人士承接下来"[④]。

第二节　沈嗣良学校体育观的核心内涵

一、主张德智体三育并重

20世纪初，国内掀起一场德智二育与体育地位之争，针对当时社会忽略体育的状况，诸多有识之士对此提出了自己的见解。其中较为典型的是当时的学界泰斗蔡元培和张伯苓的主张。作为当时北京大学校长，蔡元培极具影响力和号召力，他提出的"康健之精神必寓于康健之身体"削弱了人们对于体育的误解。此外，时任南开大学校长的张伯苓也提出了"强我种族，体育为先"的主张，进一步强化了当时体育的社会地位。此外，向来爱好体育锻炼的毛泽东同志也公开发表了一篇《体育之研究》，着重揭示了体育与德智二育的关系，极大地强化了体育的地位。他指出："体育一道，配德育与智育，而德智皆寄于体，无体是无德智也。"[⑤]沈嗣良也强调德智体三育并重，他基于自身多年的体育实践经验，站在科学和理性的视角，对此"三育"的关系进行了更加系统的阐述。

---

① 沈嗣良. 参加十二届世运会事前应有之准备[J]. 教与学，1937（7）：39-44.
② 中国文化建设协会. 抗战前十年之中国[M]. 福州：龙田出版社，1980：613.
③ 同②.
④ 中国文化建设协会. 抗战前十年之中国[M]. 福州：龙田出版社，1980：605.
⑤ 毛泽东. 体育之研究[M]. 北京：人民体育出版社，1979：3.

沈嗣良曾担任上海圣约翰大学校长，在其执教的十余年间，为该校学校体育的发展作出了巨大贡献。他创造性地提出"体育为教育之一，亦为百事力行之基"①。

沈嗣良认为教育的目的是培养出德智体等多方面协调发展的人才，大力推崇体育在教育中之作用，毫不避讳地指出了人们对于体育的认识误区。他在《学生时代之体育》一文中指出，"普通学生，多专注于智育一科，故往往修得良好之学问，而无健全之身体，纵使学问渊博，亦无以贡献于社会，由是观之，学生之于德智体三育，是宜同时并重也"②。

他十分注重学生幼年时代体育运动习惯的培养，认为6~21岁是人生的关键阶段，也是德智体三育训练的黄金时机，这一阶段的教育若有所缺失，则将给人今后的生活带来无可挽回的影响。他认为按照科学的算法，人均寿命约为60岁，人生可分为四个阶段：一婴孩，二幼年，三成年，四老年。他认为，"幼年时代实占一生之三分之一，此三分之一时期为一生之最紧要者，故无论对于德智体三育，均应及时培养，且得良好之训练，吾人苟或缺少任何一门，则待至成年时，必受其影响，是以学生时代之体育不可忽视也"③。

二、反对锦标体育，倡导全民体育

近代中国饱受外国列强铁蹄蹂躏，当时的中国国民因体质羸弱而被外国冠以"东亚病夫"之恶名，社会各界均以此为耻。在一些有识之士的传播之下，人们逐步意识到体育具有"强国强种"和"改良体质"的功效，在这种特定的时代背景下，"保国强种"是当时呼吁声最高的口号。为了重振国威、除去"东亚病夫"之恶名，国民开始重新审视体育的价值。随着西式体育的引入，国民开始将关注的焦点转移到"锦标主义"之上。多数国民认为，只要运动员能在竞技运动中获得较好的名次，"东亚病夫"之恶名便不辩自清。因此，在很长一段时间内，"锦标主义"体育教育观在国民心中占据着极为重要的地位。

沈嗣良曾多次代表中国出席远东运动会和世界运动会，亲临比赛现场进行观摩和指导，对体育有着极为深刻的理解。1933年，沈嗣良探讨了体育的原理，一针见血地指出了人们对于体育运动的误解。他认为体育之原理首要在锻炼个人体魄之健康，增进吾人身心之发育，各运动员往往视锦标奖品之得失为荣辱。"世

---

① 沈嗣良. 第十届世界运动会[M]. 上海：勤奋书局，1933：2.
② 沈嗣良. 学生时代之体育[J]. 大声，1933（1）：16.
③ 同②.

第九章 体育为百事力行之基：沈嗣良学校体育观及其启示

界运动会之主旨不在乎胜利，而在乎共同之参加，中国派遣之选手仅刘长春一人，然其意不在胜出得锦标，而在依照该会之主旨，做参加之事实，因极显明者也。"[1]沈嗣良曾在美国深造，并且常年从事体育实践，对体育比赛的胜负观念有着非凡的见解。他指出，"抑尤有进者，苟中国认为世界运动会确有参加之价值者，则宜抛弃胜负之观念，于下届大会前，作充分之准备，遣送较为完善而优良之选手团，前往出席，以示中国尊重该会宗旨之毅力与精神。世界运动会之一切比赛乃一种方法，并非最后之目的，吾人所需认清而努力求得者，健全之身体，高尚之思想，与夫真诚之运动精神是也"[2]，"盖以世界各国之运动家聚于一场，交接之下，其各国之国民性与夫道德精神，每流露于不自觉，而各个间相互之观感，无形中影响于国际人民间之认识者甚大，其所获岂仅比赛之胜负已哉"[3]。

1932年，沈嗣良以领队的身份带领中国代表团出席第11届柏林奥运会。他提到，"此行虽未获得满意之成绩，也不失为我国体育史上可以纪念之一章也。推而至于将来，选手一人者，或增至数十百人，成绩落伍者，或进而锦标在握，则此行于精神上之影响，或无穷尽，更不容不为国人告焉"[4]。他希望能够凭借比赛促进人与人、国与国之间的交流，不要以仇视的态度对待比赛，不要把对手视为宿敌。他认为，"试以运动比赛而言，在字面上看来，好像双方一定是如敌如仇，不容丝毫客气的。其实运动比赛的时候，何尝不应该充满譬如兄弟的和爱精神，胜利了怎么样？败了又怎么样？今人的所以轻视运动比赛，不过没有看透运动比赛的精神，却被运动比赛的字面欺蒙罢了。要知道运动比赛，要在参加而得到运动的益处：决不在乎胜负的判分，否则这许多明知胜不了的人和国，去比赛些什么呢"[5]。当然，他并没有完全否认竞技体育中奋力拼搏、力夺金牌的重要意义，但他着眼于全国，主张当务之急是实现体育全民化。他认为国民体育之发展绝非靠打造几个体质优良的运动员就可以实现，而应力争使全体国民都体质健康，想从根本上改善国民体质，关键在于全民普及体育，而非培养极少数运动员和学生。

体育运动宜全民化的体育教育观在沈嗣良的多部作品中均有所体现。他在《参加十二届世运会前应有之准备》一文中指出，"体育运动不应当独属运动员的

---

[1] 沈嗣良. 第十届世界运动会[M]. 上海：勤奋书局. 1933：35.
[2] 成都体育学院体育史研究所. 中国近代体育史资料[M]. 成都：四川教育出版社，1988：345-346.
[3] 沈嗣良. 第十届世界运动会[M]. 上海：勤奋书局. 1933：38.
[4] 沈嗣良. 打开中国奥运之门[N]. 钱江晚报，2008-03-27（14）.
[5] 成都体育学院体育史研究所. 中国近代体育史资料[M]. 成都：四川教育出版社，1988：560.

专利，而应该是全民皆有机会参与的"①。民国时期，参与体育锻炼的人数量极少，并且参与锻炼的主力军集中于学生。他在《中华全国体育协进会略史》一文中提到，"我国提倡体育有二十余年之历史，十五年前，运动事业之主管，并无相当之组织，悉为西人领导提倡，而习练运动者仅限于有数学校内学生而已"②。针对锻炼人数较少和锻炼人口极度分化的现象，他深表担忧。他指出，"运动必先普及，然后方能发展，中国运动界，现下完全是学生的势力，单靠这几个数得清的学生，是永远没有普及希望，若人人都有运动的机会，自然逐渐的普及"③。

他强烈反对以少数人参加训练和竞赛来代替大多数人参与体育运动。他进一步提出，"吾人需知体育之真意，在使人人参与运动，按现时之体育，仅可谓个人之体育，个人之体育为何？曰：个人之体育并无定式，无论一举一动皆可谓个人体育。试问学生诚能躬其原理？究其应用乎？亦能引起若何之感想乎？吾谓一般莘莘学子，果能运动得其宜，或散步以调达其血气，或球战拳术兵操以锻炼其身体，则将来备为国家有用之人才，未始非强国之计也"④。对于国民体育全民化推广之前景，沈嗣良持乐观积极的态度，他认为，"体育除了可以改良社会风气，还可改善国民之精神风貌，故而竭力推崇通过体育来教化国人。尽我国提倡体育，当努力使之普及，以我国人口之中，努力提倡，当能在世界运动会上占一席之地云"⑤。在民族灾难深重的民国时期，中国亟待用一些荣誉来捍卫国家尊严，振奋国民的救国热情，竞技体育俨然成为国民心中的救国稻草。然而，沈嗣良在原则性问题上毫不妥协，他坚持认为体育之价值不在于少数运动员争夺比赛之冠军、获得无上之荣誉，而应始终以增进全体国民身心之健康为立足点，能够代表国家参加体育赛事的选手毕竟凤毛麟角，其比赛获得的荣誉依旧不能改变国民体质孱弱的状况，只有倡导全民化体育才是改良国民体质的根本途径。

三、主张体育场馆建设与发展

20世纪20年代初，中国体育虽然已开展多年，但成效甚微，尤其是竞技运动的发展依然远逊于他国。沈嗣良带领中国奥运代表团从柏林世界运动会失败归来后，他开始陷入深入的思索。通过总结与反思，他指出了当时体育发展的

---

① 沈嗣良. 参加十二届世运会事前应有之准备[J]. 教与学, 1937（7）: 39-44.
② 沈嗣良. 中华全国体育协进会略史[J]. 体育季刊, 1935（2）: 177-178.
③ 成都体育学院体育史研究所. 中国近代体育史资料[M]. 成都: 四川教育出版社, 1988（7）: 345-346.
④ 沈嗣良. 学生时代之体育[J]. 大声, 1933（1）: 16.
⑤ 王正廷, 沈嗣良, 郝更生, 等. 出席远东运动会代表谈话[J]. 勤奋体育月报. 1934（9）: 8-11.

弊端并提出以下十条建议：①提倡增开全国运动场；②鼓励郊野旅行及海冰生活；③提倡青年运动；④多设公共卫生组织（免费设备）；⑤强迫体格检测；⑥鼓励康健检测；⑦改变办公室及工厂工作规例；⑧革新家庭环境，改变妇女生活，以健全民族之先天性；⑨专设机关掌管各项工作；⑩指挥专款，专充提倡体育费用增厚实施力量[①]。

他在《中华全国体育协进会略史》中提出，"我国提倡运动仅有20余年之历史，十五年前，运动事业之主管，并无相当组织，悉由西人领导提倡。吾极力提倡增设体育场所，开辟天然运动环境，以为将来观者，有足观摩，而昭示世界曰：吾东方大国，对于体育事业，正方兴未艾也"[②③]。自此，他以极大的热忱和坚定的意念投身我国体育设施的发展事业之中。他提出，"体育场的设立乃是当务之急，今后吾人倡导之基本工作，必须有充实的体育设备，政府当局亦应严密计划，筹设体育管辖机构，凡此种种俱应从速颁行，切实办理"[④]。

沈嗣良认为有了体育场，国民才会有更多的参与机会，如此坚持开展下去，国民体育之普及便为期不远了。在他的倡导下，国民政府开始意识到政府在体育发展之中的地位，并为沈嗣良提供了大量经济上的援助。很快，体育场地得到了迅速的发展，并且达到了独立承办大型体育赛事的条件。在沈嗣良等人的努力下，第8届远东运动会成功举办，并且各省逐步成立体育委员会，接办全国运动会，自此中国体育场地逐步规范化。

第三节　沈嗣良学校体育观的当代启示

一、有助于改变校长的学校体育传统观念

教育的初衷在于培育德才兼备、全面发展的社会化人才。《中华人民共和国宪法》第四十六条规定："国家培养青年、少年、儿童在品德、智力、体质等方面全面发展"。然而在沈嗣良生活的年代，体育虽作为教育的构成内容，但未得到人们的普遍认可。沈嗣良提出教育的目的是培养出德智体等多方面协调发展的人才，他大力推崇体育在教育中之作用。他认为普通学生一般更专注于智育，但忽视了

---

① 沈嗣良. 参加十二届世运会事前应有之准备[J]. 教与学，1937（7）：39-46.
② 沈嗣良. 中华全国体育协进会略史[J]. 体育季刊，1935（2）：178.
③ 沈嗣良. 参加十二届世运会事前应有之准备[J]. 教与学，1937（7）：39-44.
④ 同③.

健全身体。同时，他还强调幼年时期对于培养运动兴趣与习惯最为重要，德智体三育均不可或缺，体育作用尤为重要。

改革开放以来，学校体育的地位不断攀升，其重要原因在于学生体质问题直接影响到国家的未来发展。政府、社会、学校都十分重视学校体育的发展，特别是政府部门出台了一系列政策文件，旨在通过从上至下的政策路径大力开展学校体育工作。然而，在实践层面，体育传统观念根深蒂固，不容易更新，其最大的阻力莫过于应试教育的盛行。具体反映在学校校长对体育忽视的态度上，部分校长认为体育可有可无，学校最重要的是升学率，在此观念的引领下，学校体育难免遭殃；学科教师也受校长意志左右，占用体育课现象层出不穷。因此，德智体协同发展的实现十分困难。

沈嗣良德智体并重观念的现代启示主要有以下几个方面。①校长是引领学校发展的总指挥，校长的学校教育观首先应该得到更新，不能停留在重视智育、忽视德育与体育的传统观念上，体育是先于智育的，只有把身体发展好，才能更好地提升智力。因此，纠正当下众多学校校长的体育传统观念最为重要，这是搞好学校体育的基础，也是搞好全国学校体育的前提。②学校要抓好学生幼年时代的体育，这关系到学生未来十余年的成长，而这一时期恰是幼儿园与小学阶段学生生长发育的时期。目前小学阶段的体育受到重视，体育课也由原来的二节课改为四节课。但幼儿体育发展并不如意，首先缺乏体育教师编制，其次体育教师缺乏幼儿体育的专业性，这些因素均制约了幼儿体育的健康发展。③有助于体育与德育的融合。教育部于2014年印发《关于全面深化课程改革落实立德树人根本任务的意见》，该文件指出，"立德树人是发展中国特色社会主义教育事业的核心所在，是培养德智体美全面发展的社会主义建设者和接班人的本质要求"[1]。随着党中央立德树人教育方针的提出，德育的价值开始被提升到理论的制高点，各校教师开始将"立德树人"作为各项工作的核心，将"全面育人"贯彻于教学的全过程。然而，当今学校体育，尤其是在基础教育中，体育课堂教学中的德育内容虚化现象极为严重，体育课变成了纯粹的技能学习课程。例如，在田径400米比赛中，对手突然意外摔倒，学生放弃名次争夺，及时停下来关怀对手，这就是体育道德的极致体现。此时教师应对该学生高尚的体育道德进行肯定和表扬，并以此为典范激励其他学生向其学习。因此，体育课程的教学内容不应该只包含专业技能的学习，还应包含体育道德教育。

---

[1] 季浏. 我国《普通高中体育与健康课程标准（2017年版）》解读[J]. 体育科学，2018，38（2）：3-20.

二、助力"竞技体育"与"全民健身"的深度融合

沈嗣良在《参加十二届世运会前应有之准备》一文中指出,"体育必须普遍倡导深及群众,无论军工各界应一致普遍参与,努力锻炼,如此则吾国体育前途,庶有望焉"[1]。同时,他认为体育除了可以改良社会风气,还可改善国民之精神风貌。这足以说明沈嗣良不仅重视体育,而且有运用体育教化国人的理想。

为了加强体育与国民的深度融合,自20世纪90年代始,国家先后颁布了《全民健身计划纲要》《"健康中国2030"规划纲要》《全民健身计划(2016—2020年)》,这些都体现了国家对于全民体质健康的重视。2013年8月31日,习近平总书记会见全国体育先进单位和先进个人代表时强调,"全民健身是全体人民增强体魄、健康生活的基础和保障,人民身体健康是全面建成小康社会的重要内涵,是每一个人成长和实现幸福生活的重要基础"。健康是人类永恒的追求,而体育是改善人们健康水平的重要工具,在全民健身中发挥了多元功能和价值。沈嗣良通过竞技促进全民体育发展的观点的启示在于以下几个方面:①竞技体育的重点不在于胜负,而在于超越竞技的功利性。他认为运动比赛是一种方法,并非目的,健全的身体、高尚的思想才是运动精神所在。比赛的价值在于促进人与人、国与国之间的友谊和交流,不要以仇视的态度对待比赛。这对于纠正当下把竞技体育当作取胜工具的观念具有启示作用。②全民健身绝非靠打造几个优秀运动员就可以实现,而应力争使全体人民都身体健康。学校也是一样,少数学生运动员的成功并不是目的,最重要的是通过竞技运动带动全校学生体质的发展。因此,普及体育最为重要。

三、强化体育场地建设,促进全民健身与学校体育发展

沈嗣良体育实践经历丰富,无论是作为上海圣约翰大学的校长,还是作为全国体育协进会的干事、远东运动会中国代表团的领队、第11届柏林奥运会中国代表团的团长,沈嗣良都十分重视国民体育场地的发展。在竞技体育方面,他积极倡导成立独立的体育组织和相关机构;在学校体育方面,他号召政府竭力增设运动场;在社会体育方面,他主张普遍成立公共体育场,让全体国民都有健身的机会。

全民健身是当代社会普遍关注的问题,然而在具体落实过程中仍然存在较大

---

[1] 沈嗣良. 参加十二届世运会事前应有之准备[J]. 教与学,1937(7):39-46.

的阻碍，尤其是体育健康服务供给短缺问题较为严峻。原国家体育总局体育司司长刘国永认为，"当前我国社会主要矛盾已经转化为人民日益增长的美好生活需要和不平衡不充分的发展之间的矛盾，这一矛盾反映到全民健身、全民健康方面，就是人民群众日益增长的多元化、多层次健身健康需要与健身健康公共服务有效供给不平衡不充分的矛盾"[①]。纵观改革开放以来我国体育场馆建设的历史，一方面，尽管我国体育场馆建设有了很大发展，但还远远不能满足广大人民的需求；另一方面，一些大型的体育场馆在重大赛事结束之后便处于闲置状态，广大人民却无法使用，导致体育场馆资源的极大浪费。学校体育场馆建设也是如此，还远远不能满足学生的需求，特别是室内场馆的建设非常滞后，不能满足学生雨天运动的需要，导致学生只能在教室里上体育课，这极大地减少了学生的身体活动量。因此，沈嗣良的体育教育观无论是对于全民健身还是对于学校体育，都具有一定的借鉴意义。

---

① 刘国永. 加快健康中国建设步伐[N]. 学习时报，2017-12-22（4）.

相关体育教育家简介

王健吾（1896—1958年）

原名王鉴武，河北省大名县人。1917年，因在华北运动会跨栏比赛中发挥出色，王健吾被选为参加日本东京第3届远东运动会的跨栏比赛的运动员。1918年秋，他以优异的成绩结束了中学的学业，考入北京师范大学国文部、南京高等师范学校体育科和保定军官学校。1919年，王健吾再次入选中国田径队参加菲律宾马尼拉第4届远东运动会跨栏比赛，同时还被当时的篮球教练员拉去客串了一把篮球选手。1921年第5届远东运动会在上海举行，王健吾所在的北京篮球代表队获得出席此届运动会的资格，夺得此次运动会的篮球冠军。1922年从北京师范大学毕业的王健吾来到湖南长沙，先后在湖南一师、一中、长郡等校教学。1924—1925年，王健吾赴开封任河南省立体专教务长，在此期间教授中国体育史课程，编写了中国体育史讲义。1926年他重返湖南，于长沙、湘西等地辗转任教。1929年后他开始在高校任职，历任上海国立劳动大学、唐山交通大学、天津北洋工学院及河南大学体育主任，以及北平大学工学院农学院导师，在天津任职时还担任了体育促进会主席，后来又留在贵州从事体育工作。中华人民共和国成立后，他在河北、陕西等地工作。

王健吾是著名的田径和篮球运动员、体育教育家。他一生著作极丰，十分注重对与体育相关的现象的研究，又因受过良好的国文专业教育，文笔精湛，享有"体育家兼文学家"的美誉。他的主要著作有：《中国之舞蹈史》《中国之舞蹈术》《中国之际舞》《体育史》《中学体育》《田径赛问题之研究》《篮球的哲学》《运动会的哲学》《体育的归宿在哪里》《劳动与体育》《生活体育化》《华北之体育》《国术的体育价值及国术救国》《我国应如何举行运动会》《复兴民族与提倡民族体育》《从实验中与郝督学研究大学体育》等。

第十章

中学教育、体育为亟：王健吾学校体育观及其启示

第一节　王健吾学校体育观的形成背景

首先，西式运动的盛行对王健吾学校体育观产生了重要影响。1914 年，18 岁的王健吾到保定高等师范附属中学（以下简称保定附中）就读。当时的保定附中，西式运动比较盛行。因此，他对足球、篮球、排球、网球、棒球和英式橄榄球等运动项目产生兴趣。后他偶然参加了一次运动会，与田径赛中的跨栏项目结缘，并在 1917 年参加了第 5 届华北运动会，成了跨栏国手，被选拔参加了日本东京第 3 届远东运动会的跨栏比赛。1919 年，王健吾再次代表中国田径队赴菲律宾参加第 4 届远东运动会的跨栏比赛。在比赛期间，中国篮球队教练因素闻他篮球技术亦佳，故临时拉他作篮球选手，这进一步说明王健吾具有多方面的运动才能。王健吾虽然受到了西式运动的影响，但他认为西方体育是适应西方国家的社会生活需要而产生、发展的，而中国的体育也应适合中国人社会生活的需要。因此，在他的体育教育观中存在着一种民族主义倾向，尤其是"土体育"与"洋体育"的争论，以及国粹主义和民族体育的思想冲击，对王健吾的体育教育观产生了重要影响。

其次，大学生涯的"体教结合"方式是王健吾学校体育观形成的基础。在大学期间，他选择了北京高等师范学校国文部就读，采用"体教结合"的方式，即一边选择修习国文专业、一边继续运动生涯，同时，他还有计划地选择当时体育专修科的一些主要学科来学习，此种独特的学习方式为其将来从事体育事业打下了很好的基础，也对其之后出版丰富的体育著作（他素有"体育家兼文学家"之美称）起到了推动作用。

第十章　中学教育、体育为亟：王健吾学校体育观及其启示

最后，强烈的爱国心对王健吾学校体育观的形成产生了重要影响。王健吾对外国人把持我国的体育大权非常气愤，立志要让中国体育自立，不受外国人控制。他从政治、经济、社会、民族、历史、文化等多角度考察了中国运动会现象，发表了《运动会的哲学》《运动会与资本主义》《我国应如何举行运动会》等论文，抨击了当时的运动会。他指出，"外国人提倡中国运动会之目的，便是推销外货，麻醉青年，倾心洋化，鄙弃祖国，消灭中华民族之自信力，造成今日中国亲外之普遍心理"[1]。因此，在之后的中国运动会举办过程中，他曾力主不用外国人，并产生了一定的影响。1924年他积极筹办华北运动会，在此次运动会上不用外国人，皆由中国学校体育专家、体育教师主持，取得了圆满成功。

第二节　王健吾学校体育观的核心内涵

一、倡导"土体育"，主张弘扬中华民族体育

1936年10月，程登科在《勤奋体育月报》上发表了一篇名为《我们应否提倡中国的民族体育》的文章。对此，王健吾极其推崇，在阅完程登科的文章后，他立马起草发表了《复兴民族与提倡民族体育》一文，来表示对程登科观点的赞同。

中国变成半殖民地半封建社会以后，体育救国的呼声就一直没有停过。随着帝国主义对中国侵略的不断深入，民族危机愈演愈烈，强国强种、体育救国的口号也响彻云霄，不断催生民族体育教育观的产生，其中以程登科、刘长春等人的思想为代表。程登科认为民族体育的原则应以中国科学化的国术为中心，采择欧美体育之精华，并能适用于我国者，力求洋土合一，以此作为创造民族体育的元素。民族体育以复兴民族为因，以消除"东亚病夫"之称为果。民族体育以收复失地为锦标，以御侮抗敌为冠军。体育为民族之骨，军事为民族之髓，故体育与军事为民族体育之骨髓，理应联络一气、表里相通、相互联系，而为创造民族体育之骨髓[2]。对此，王健吾是积极响应的，甚至在读完程登科的文章之后，发出"吾道不孤"之感，并认为"我也是主张复兴中华民族体育反对体育侵略的，奋斗二十年，今天才看到一篇同志的言论，这够多么令人兴奋啊"。由此可见，当时王健吾看到程登科的文章内心是多么的激动。独自奋斗了这么多年，突然发现了一个志同道合的好友，这种感觉就像高山流水遇知音。虽然

---

[1] 王健吾. 我国应如何举行运动会[J]. 勤奋体育月报, 1935（3）：242.
[2] 程登科. 我们应否提倡中国的民族体育[J]. 勤奋体育月报, 1936（1）：3.

两人在创造民族体育这一点上存在小小的分歧，但是并不影响他们在民族体育教育观上的不谋而合。

王健吾认为中国历史悠久，中华民族文化源远流长，因此有关民族体育的方法数不胜数，只要用心去研究、挖掘，就可以开启中华民族体育的宝库。对此，他还从三个方面来加以阐述：一是中国的武术。他认为武术为中华民族抵抗外族侵略、延长个人寿命和绵延民族生命特有的运动法则。他认为论其价值，西洋之体育操和健身操远不及我国武术。因此，"西洋各国之新式体操在我国只能以新号召一时，如昙花之一现，行之稍久，即觉其尚不如吾国之拳术"[1]。可见王健吾对武术的推崇评价之高。二是中国的香会。他说："我国的香会是用神权统治的体育会，以庙会为集会的中心，是古代神道设教政策的一种，含有设武备于娱乐之中，亦为古代'不与其艺，不能乐学'之社会教育。这和古希腊之奥林匹克运动会，伊斯绵运动会等，性质绝对相似。"[2]王健吾把我国的庙会与古希腊的奥林匹克运动会相比，认为"这种武会的组织，是我国民族体育会之基础，号召我国民众之能力，是异常强大的。这种庙会之集会，才是中国的运动会，才是中华民族的运动会，其盛大热烈，远非我国任何田径运动会所能及"[3]。在这种思想的指导下，通过王健吾和其他人的极力提倡和宣传，促成了后来别开生面的民俗运动会的开展。三是舞蹈和游戏。他认为在中国民间广泛流传着的游戏，在质和量的方面，都不在美国游戏大全一书记录的游戏之下。中国的民族舞蹈也是一样，只是一部分走上了舞台，戏剧化和艺术化了，依然有更多在民间散落的民族文化瑰宝，绚丽斑斓，美不胜收。为此，王健吾在20世纪30年代对中国的舞蹈做了一系列的研究，相继在《体育周报》和《勤奋体育月报》等刊物上发表了一系列的文章。这些关于中国舞蹈研究，为我们留下了一份珍贵的研究资料，对于现在进一步认识中国古代舞蹈与民族体育文化传统之间的密切联系具有一定的启发价值，对于分析自西洋体育教育观念传入我国之后中国古代舞蹈研究受到哪些影响，也有一定的参考价值。

王健吾在倡导复兴民族体育的同时，提出古老的民族体育应该接受改良。他说，"我们要复兴中国体育，恢复中华民族精神，必须用科学方法，改革中国民众固有之体育，才能适合国民之经济，以求迅速的发展"。对此，他十分认同程登科

---

[1] 王健吾. 复兴民族与提倡民族体育——写在程登科先生我们应否提倡中国的体育后[J]. 勤奋体育月报，1937，4（4）：275-277.

[2] 王健吾. 复兴民族与提倡民族体育[J]. 勤奋体育月报，1937（4）：275-277.

[3] 同[2]。

所说的"体育军事化"。他说:"中国的民族体育,最大的缺陷,是程登科所说的'科学化''军事化'!"①当时中华民族正直生死存亡之际,他认为要在当时的时代中生存下来,就要让民族体育这种古老的生存法则实现现代化。"现代的特色,是科学的发达与军事的膨涨,所以有世界各国之活动,及世界所有民族之生活,无不受军事科学之控制与支配,中华民族不能独免,民族体育亦不能例外。中国的民族体育,如能科学化,军事化,便是中国古老的民族体育走向现代化之途径。"②他认为民族体育要想进步,就应该撤弃以前的"神权思想",抛弃古代单枪匹马的英雄主义,培养现代战争之精神,培养集团机械化之意味。"我们要提中国的民族体育,必须使中国的民族体育科学化!军事化!才行。"③他还大肆夸赞他国之体育军事化,并认为"我国也是一个正要复兴的国家,提倡民族体育与体育军事化,有同样的重要"。

在王健吾看来,"民族体育,是可以养成民族之自尊心与自信力的。有自尊心,始觉自己民族之可爱,与其他民族之不足畏!有自信力,始能自信自己民族并不劣与其他民族"。"中国因受帝国主义之武力侵略,经济侵略,文化侵略,体育侵略,民族之自尊心与自信力,逐渐消失,懼外心与媚外心逐渐高涨,造成了中国之败北主义。"④王健吾认为要想我国之青年自觉为光荣之民族,恢复我们"中华神冑、天朝上国"固有之自尊心,就应该极力推崇民族体育。他认为"欲复兴中华民族,必须首先提倡中华民族体育,藉民族体育之训练,以挽回中华民族已失去之自尊心与自信力",而不是"老像现在这样在我国举行的运动会,他无非夸耀西洋之光荣,证明我国之落后,宣扬异族文化与技术之超越,证明我国民族文化与技术之低劣罢了","所以我国提倡新体育的结果,尤其在运动会上,不过养成青年'崇拜西洋鄙夷祖国之心'之心理,形成中国人自尊心与自信力之消失,与懼外媚外心理之成长罢了"⑤。由此可见,虽然王健吾是学西洋体育出身,也参加了多次运动会,但是心之所向依然是中华民族体育,他想在中国举办具有中华民族传统特色的运动会。在他看来,"我们必须采取现代的精神,发扬我中华民族特有的体育,以与世界抗衡,宣扬中华固有的文化,以与世界争光"。只有这样,才能够在国际上提高中国的地位,增强民族的自尊与自信,而不是一味地学习外国

---

① 王健吾. 复兴民族与提倡民族体育[J]. 勤奋体育月报, 1937 (4): 275-277.
② 王健吾. 复兴民族与提倡体育——写在程登科先生我们应否提倡中国的体育后[J]. 勤奋体育月报, 1937, 4 (4): 275-277.
③ 同①。
④ 同①。
⑤ 同①。

的东西，他认为"我们中国如果仍然舍己之长，学人之短，以与世界较，中国永远是失败的"，"以人之糟粕以与人之神髓较"当然是比不过的，因此要提倡民族体育，发挥中华民族之特长。在《复兴民族与提倡民族体育》一文中，他还例举了两个例子，以京剧大师梅兰芳与短跑运动员刘长春做比较。梅兰芳到美国去歌舞一曲，就让美国人为之惊羡，并赠予文学博士之学位，而刘长春去了美国，美国人只说看到了一个小中国人。这是为什么？王健吾认为，"这并不是刘长春不如梅兰芳，而是刘长春的短跑，是学自外洋，得人之短，美国人精于此者甚多，故不能引起美国人之注意。梅兰芳之歌舞，是中国的土舞蹈，是中华民族特有的歌舞，是己之长，所以能受美国人之欢迎与重视"[①]。可以看出，王健吾认为应该在世界面前发扬中华民族的长处与优势，通过中华民族体育这种方式，来证明中华民族之优秀与神圣不可侵犯，来增强民族之自尊心与自信力。

二、反对选手制体育，倡导面向全体学生的健康

虽然王健吾是运动员出身，但是他对当时的选手制体育深恶痛绝，这一点从他学生时代的表现就可以看出来。他曾任学校的田径和篮球队长，对于优待运动员的办法多自动取消。他反对锦标主义、选手制体育的观点，集中反映在《从实验中与郝督学商讨我国大学体育问题》一文中。当时的学校体育为运动阶级直接、间接把持，学校也以运动阶级能否获得锦标为荣誉，专门培养参加运动会的少数运动员，时间一长各种问题层出不穷。针对此种现象，王健吾认为，"这样以体育名震中外的大学，在表面上去看，体育声誉可以冠绝一时，各种竞赛运动可以称霸全国，但从实际上去考察，全体学生之体育，是会无人过问的。这种情形，尤以教会及私立大学最为显著"[②]。他说，"我国各大学的体育，在如此状况下继续着。荼毒青年，遗害社会，我不敢说如何严重，但各学校的体育，因此不能走入正轨，则过去选手制度所造成的运动阶级，实为我国大学体育问题之结痂"，"运动阶级利用对外比赛有关校誉，多方要求学校垄断体育权益，占据最优良之体育设备与运动用具，穿用货高价昂之运动服，要求车费饭票之丰裕，茶点水果之丰厚……使无暇顾及全体学生之体育"。可见，这种体育制度培养运动阶级的做法，违背了体育教育的初衷。"直至今日，国难日趋严重，虚浮空疏之体育制度，实不能强健国民之体格。""拿这种行将破灭敷衍主义与锦标主义的体育制度，来

---

① 王健吾. 复兴民族与提倡民族体育[J]. 勤奋体育月报，1937（4）：275-277.
② 王健吾. 华北之体育[J]. 体育季刊，1935（2）：232.

施行于'日新月异'的新时代下,未执相形见绌了。"他认为,"现在我国各大学之体育,为求速效,置全体学生之体育于不顾,专门提高少数选手运动之技术,藉作学校体育宣传之利器,结果造成特殊之运动阶级,阻扰体育教育之发展,这当然是舍本逐末所收到的恶果"[①]。

时任北洋工学院体育主任的王健吾,自上任之日起就在"筹思第一步如何使体育普及全院学生,使学生咸养成,每日皆有适当运动之习惯,以新其生活"。针对当时平津地区大学体育的结痂,王健吾主要从以下几个方面着手进行改良:一是改善学校体育设备,以适应普通学生运动的需要;二是完善点名制度,以起到考核学生勤惰的效果;三是改善体育课程和国术组织与教法,以引起学生学习的兴趣。经过他的努力和不断实践,学校体育逐渐显现出改良之成效,并在全国得到推广。

不仅如此,他还特别关注那些身体虚弱和对体育缺乏兴趣的学生,他认为,"各班体质衰弱运动本能减退之学生,均经考核查明,亦可施以特殊之训练",并且应该"使体育设备课程组织皆能切合学生之需要,并考察各班无运动意味之学生,以为下年度施教之准备"。他还让当时的助教杜文轩和学生打成一片,对各个班的学生姓名样貌了然于心,"且知道那些学生是点名出场应到而实无运动意志之人,这些学生都是下学期需要特别指导的"。针对"各大学运动本能减退之学生,须加特别指导。使全校最急需体育训练之学生,得到体育之权益","各大学之特殊运动阶级,须使之走入正轨,取消其特殊性,回归学生群众消灭选手运动阶级"[②]。

三、中学教育,体育为亟

对于中学体育,王健吾也有许多见解。为此,他还专门于《勤奋体育月报》中学体育专号上连续发表文章《中学体育(一)》《中学体育(二)》《中学体育(三)》,系统阐述了他对当时中学体育的思考。这些关于中学体育的思考,既反映了他的教育思想,也体现了关于中学体育的实施办法。

首先,王健吾十分重视中学体育,"中学体育,是人生体育重要之阶段,在体育教育上,大占最重要之位置"。他认为中学时代的体育教育对一个人的身心发育具有很大的影响。"假使学校对于学生的身体,无相当之训练和注意,不但学生的身体发育不良,就是学业上,性情上,行为上,也一定受极恶劣的影响;甚或至于摧残他们自己的生命。""所以中学的体育,对于学生之重要,从积极方面

[①] 王健吾. 从实验中与郝督学商讨我国大学体育问题[J]. 体育季刊,1935(3):373-382.
[②] 同①.

讲，可以锻炼其身体；从消极方面讲，可以因喜爱运动之兴趣，紧维其思想，使不至常与其邪念。"他还说："中学体育训练之重要，不但在人生各期中，为最必要；就是在身体发育期中，中学时代，也占一个最重要的位置。""中学时代的体育，既当身体发育期之最重要，最末次的紧急关头，办教育的人，断断不能听其自然，任其轻抛虚置。"这是从身体的角度来分析中学体育的重要性。除此以外，中学体育在学业及道德上的重要性也不言而喻。学生要想学业优秀、学识渊博，就要刻苦钻研、不断学习，这是极其消耗精力的，但是体育训练可以使个人之精力旺盛，都说"健全的精神"寓于"健全的身体"，"那么雄厚的精力，也一定寓于雄厚的身体了"。"有体育的训练，身体才能够强固；身体强固，经历才能够充溢；精力充溢，才能够有充溢的精神致力于学业。"①因此，他说："办教育的人，能够教学生容受那么繁重的中学课程，使不至发生过量的危险，也应该从体育方面，积极训练学生以容受力，或担负量。"②不仅如此，体育训练还能给学生"一种体育上的愉乐，使他无惑诱起性欲的观念；给他一种体育上精力发泄的机念，使他不再有剩余的精力向性欲上去发泄"。他认为这样不仅对学生身体有帮助，还可以预防学生因生理上的欲望而降低道德水平。他认为因为中学体育如此重要，所以办教育的人需要积极开展体育训练活动，而不是坐视不理，任由学生自由发展。

其次，他还严厉地批评了当时中学体育的办学状况，指出有些人明明知道中学体育的重要性却坐视不理。办学之人，都是拿"体育之要，早不待言"做幌子，拿"经济困难"做招牌，对外可以免非议，对内可以敷衍了事，任由体育问题荒芜不治。他认为虽然经济困难是实情，但是这应该是一个学校的问题，而不是一个学科的问题。其他科目都能发展得差强人意，为什么唯独体育停滞不前呢？肯定是"对于体育毫无倡办之诚意，可以暴露是对于体育毫无选择之标准"。在学校经济薄上，看到各部经费的对比，"处处皆与'体育为教育之基'相反，处处皆与'知德体三育并重'之说相谬"。王健吾描述当时社会的场景是这样的，许多学校都是听说外国有网球运动，就设立网球课，看到外国人玩足球，就随便造一片足球场，这样"既不察中外生活程度之差异，又不斟酌自己学校的情形，可以经济的问题之立生，设备的困难随至"。王健吾认为这些经济困难等问题的产生，是办学的人自己造成的，是因为他们没有对中学体育项目进行适当的选择。王健吾认为要想中学体育顺利发展，就应该规定一个适当的选择标准。那么如何制定这

---

① 王健吾. 中学体育（一）[J]. 勤奋体育月报，1934（1）：46-47.
② 同①.

个适当的标准呢？王健吾认为可以从三个方面去观察："第一方面，要从这种运动的方法，在体育上之价值去观察，已定选择的标准；第二方面，要从这种运动的方法，对于经济上所生的影响去观察，以定选择的标准；第三方面，要从这种运动的方法，施行于什么环境去观察，以定选择的标准。"这样的标准就是"以最小之消费，获得体育上最大的效果；以最小的场所，行最多人之运动罢了"。这三个方面很好地反映了王健吾对中学体育的思考，既体现了一种教育思想，也提出了一种体育实施办法。

当时按教育部的定章，中学的体育是每周两小时。对于此种制度，王健吾发出这样的疑问："试问这二小时的体育课程，对于身体上能有多少的裨益？"在他看来，中学体育是如此重要，每周两小时是不够的，体育应是每日之课程。他说："体育为保持生活健全唯一之方法，此衣食住同为生活上之要件，不可一日缺的。所以一日不食则饥，不衣则寒，无住则不安，一日无运动则身心不畅。""身体的训练，是生活上必备的条件，据各国体育家之研究，中学生每日至少须有一点钟的运动，最好是两点钟。那时中学的体育课程，每周至少也得六小时了。"在他看来，当时学校每周两小时的体育课程对学生身体之健康是毫无裨益的。况且这两小时的体育课程，不是不合生理要求的兵式操，就是干而无味的普通操，效果更是大打折扣。"这三两小时的体育，是体育上最好的方法，教授的也非常之好，学生也非常之受益，其奈二小时外之一周何？"[①]

四、开展运动会有助于普及大众体育

王健吾认为，中国的运动会应该以中国之福利为标准，这里说的中国之福利，不是单指经济上的，而是指政治、社会、民族、国民体格等多个方面。随着我国近代体育的发展，举办运动会的热潮也一浪高过一浪，可谓盛极一时。这本来是极好的现象，但是这些打着"体育救国"幌子的运动会，实际功效却与救国宗旨大相径庭。主其事者大声呼号于政府要人之前，开运动会，修运动场，耗资巨大不说，还不断暴露出各种问题和不道德事件，这样的运动会引起众多体育家的反思，其中就包括王健吾。王健吾指出，当下的运动会并没有开好，"没有站在中国和中华民族福利之立场去开运动会；外国人却站在外国福利的立场，很热心的替中国开了几十年的运动会"。但是"外国人提倡中国开运动会之目的，便是推销外货，麻醉青年，倾心洋化，鄙弃祖国，消灭中华民族之自信力，造成今日中国亲外之普遍心理"。"中国所有几十年来运动会的收获，也不过藉运动会而造成一般

---

① 王健吾. 中学体育（二）[J]. 勤奋体育月报，1934（1）：42-45.

体育名流和著名选手罢了。国民体格，既未因之而加强，健全国民，亦未因之而产生。由此观之：提倡中国体育，复兴中华民族，是有待于中国之自觉，专靠由外洋搬到中国之运动会，是不会成功的。"王健还说："对于中国国家和民族最有福利的运动会，那才是中国最需要的运动会！那才是中国体育家所应当努力举行的运动会！"①当时的运动会大多是"现代资本主义的装饰品，是资产阶级点缀天下太平的一种冠冕堂皇的高尚娱乐"。王健吾认为中国的运动会应该站在中华民族的立场上，在发扬中华民族形式的体育基础上加以改进。他指出西洋的运动会源于古希腊奥林匹克运动会，中国也有自己的"奥林匹克运动会"。他表示"我国的香会是用神权统治的体育会，以庙会为集会的中心，是古代神道设教政策的一种，含有设武备于娱乐之中，亦为古代'不与其艺，不能乐学'之社会教育。这和古希腊之奥林匹克运动会、伊斯绵运动会等，性质绝对相似"。在他看来，我们完全可以从这些集会活动中汲取营养，使运动会具有民族特色，以吸引更多群众参与。他认为"凡是中国民间所有的运动项目，只要有运动上的价值，加以科学的改进，均可列入运动会程序之中，以诱导中国各阶级之群众，皆有参加运动之机会与兴味"。可见王健吾想通过这种方式，使更多的人参与到复兴民族体育运动中来。除此以外，他认为要扩大运动会的效果，收到固有之利益，还应该向三个目标靠近，"第一当力求其普遍化，以消灭运动阶级之包办。第二当力求其平民化，以打破资产阶级之独占！第三当注意运动之团体训练，不必重视个人特殊之成绩及分数，使运动不致再走入专业"②。

第三节　王健吾学校体育观的当代启示

一、有助于传承中国传统体育国粹

受到民族体育和国粹主义体育教育观的影响，王健吾的体育教育观点带有很明显的民族本位主义和功利主义色彩。体育本是舶来品，自近代中国引入西方体育之后，就开始了"土洋"体育之争，最终中国体育还是以西方体育为主导。但"土洋"体育之争激发了许多体育家的爱国主义热情，他们在比较西方体育与中华传统体育优劣的过程中，发现了中国传统体育的价值。尽管未能在这次论争中取胜，但他们对中华传统体育的传承作出了贡献。

---

① 王健吾. 我国应如何举行运动会[J]. 勤奋体育月报，1935（3）：241-244.
② 同①.

当今我国传统体育与西方竞技体育依然存在一定的矛盾，我国传统体育受到竞技体育的排挤，中华武术仍未能成为奥运会正式项目，学校中的传统体育项目也受到挤压。王健吾体育教育观对于当代的启示在于以下两点。①在西方竞技体育盛行的当下，我国传统"土"体育仍有传承与弘扬的必要。特别是学校在传承中国传统体育的过程中起到重要的作用，因此，应鼓励学校开发中国传统体育项目、民间民族体育项目，这对于继承我国优秀传统文化具有重要价值。②中国体育必须在吸收西方体育的基础上得到更好的发展。中国体育不能故步自封，王健吾提倡复兴民族传统体育，主张利用西洋的"生理学""解剖学""体育原理"等来整理中国民间固有的体育、游戏，继而创造适应中国社会的新体育运动，而不是生搬硬套国外的体育运动。

二、有助于学校体育去竞技化

王健吾反对选手制体育，反对运动阶级的特权，主张学校体育应普及到每个人，让人人都享有体育权益，促进全体学生之健康。

王健吾认为体育效益应该为所有人所有而不是为少数人所独占。他强调，"各班体质衰弱运动本能减退之学生，均经考核查明，亦可施以特殊之训练"，对"运动本能减退之学生，须加特别指导。使全校最急需体育训练之学生，得到体育之权益"。[①]他认为那些身体虚弱、对体育缺乏兴趣爱好的人，是最急需参加体育锻炼之人，他们应通过体育来提高身体素质和养成体育锻炼的习惯。

素质教育是面向全体学生的教育，延伸到学校体育教育，也应该是面向全体学生的教育，那么学校体育的目的之一就是保证全体学生的身体健康。要想保证全体学生之健康，就要关注每名学生，而不是只关注某些运动选手，要关注不同学生的身体差异，采用合适的教学方法，使每名学生都能得到体育锻炼带来的效益，保证人人平等地享有体育权益。

当下，我国学校体育改革成效显著，但也存在一些问题。例如，学生体质健康问题依然存在，虽然学生健康状况下降近几年趋缓，逐渐被遏制，但现实状况不容乐观。首先，虽然各部门扶持体育的政策文件相应出台，但是学校体育课程依然不受重视，作为"小三门"被排挤，这种"说起来重要，做起来次要，忙起来不要"的状况，难以顾及全体学生之健康。其次，由于对学校体育的重视不够，教学资源的配置也存在一些问题，导致教学质量没有办法保证，从而对学生健康造成影响。最后，教学方式等的一成不变使学生失去体育学习的兴趣。

---

① 王健吾. 从实验中与郝督学商讨我国大学体育问题[J]. 体育季刊，1935（3）：373-382.

王健吾体育教育观对当代的启示在于：①进一步纠正选手制体育观念。尽管国家大力倡导面向全体学生的学校体育，但传统的以竞技与金牌为首要目标的体育教育观在学校校长层面还存在，要想改变传统观念并非一朝一夕，而是要采取各种手段，首先从学校校长入手，彻底改变学校体育教师与其他学科教师的传统观念。②体育教师要全面了解学生，更重要的是了解学生的个体差异，对于运动能力强的学生，要鼓励他们参与校运动队训练，对于身体素质虚弱的学生，要采用适宜的练习方式鼓励他们参与体育运动，对于那些没有体育兴趣的学生，要利用各种手段激发与增强他们的运动兴趣。总之，对于不同层次的学生，要做好差异性教学和分层教学，重视全体学生的身心健康发展。

三、开发人人参与的运动会

王健吾认为，"中国所有几十年来运动会的收获，也不过藉运动会而造成一般体育名流和著名选手罢了。国民体格，既未因之而加强，健全国民，亦未因之而产生。由此观之：提倡中国体育，复兴中华民族，是有待于中国之自觉"。他认为，"凡是中国民间所有的运动项目，只要有运动上的价值，加以科学的改进，均可列入运动会程序之中，以诱导中国各阶级之群众，皆有参加运动之机会与兴味。"

反观学校体育中的运动会，长期以来参加比赛的都是少数体育成绩优秀的学生运动员，大部分学生仅仅作为观摩者与鼓励者，这对于其他学生而言是极其不公平的。新时期我国学校运动会进行了较大的改革，如亲子运动会、全员运动会等，但力度不够，效果未显。其中原因有多方面，传统观念落后是首要原因。另外，筹办人人参与的运动会要比筹办传统运动会复杂得多，无形之中会增加很多工作量。

当然，受制于时代背景与学科发展，王健吾在对学校体育内容的选择上具有一定的局限性。在他看来，当时的中学体育应该选择大肌肉群的运动项目，这样有助于学生的身体发育、快速成长。他忽视了其他项目的体育价值，其原因在于：一方面，当时内忧外患的中华民族急需体格强壮的体育人才；另一方面，他本人对体育运动的原理等的思考侧重于生理学，这对于运动人体科学飞速发展的今天显然已不适用。

相关体育教育家简介

宋君复（1897—1977年）

绍兴城区小坊口人。他的父亲是制鞋工匠，早亡，他由母亲和兄长抚养成人。宋君复自幼热爱体育，尤其对篮球感兴趣。他在8岁就进入私塾读书，两年后转入小学求学，小学毕业后考入杭州蕙兰中学，并入选校篮球队。1916年，宋君复毕业后以优异成绩获得公费留学美国的机会，先在柯培大学学习物理，后到美国春田学院专攻体育专业。期间，宋君复曾师从篮球运动创始人奈史密斯，学习有关篮球的专业知识与先进理念。

他留学归来后在蕙兰中学、东北大学、沪江大学、四川大学、山东大学、中央体院等多所院校从事体育教学工作。他分别于1932年、1936年、1948年以中国体育代表团成员的身份参加奥运会。

宋君复是我国近代著名体育教育家、中国奥运教练第一人。对于宋君复在山东大学执教时的成绩，田广渠认为，"他和众多名师如老舍、梁实秋、童第周、王普、傅鹰等共同托起山大的辉煌"。2022年12月2日，宋君复入选2022年中国篮球名人堂入堂人物名单（特别致敬人物）。宋君复始终坚持严谨治学，刻苦钻研体育，在运动训练和竞赛裁判等领域取得较高的成就，并编著了《体育原理》《刘长春短跑》《篮球》等颇有影响力的作品。

第十一章

以体育育人：宋君复学校体育观及其启示

第一节 宋君复学校体育观的形成背景

首先，宋君复的童年体育经历对他的学校体育观的形成产生了重要影响。宋君复幼年丧父，家境贫寒，由于从小勤奋刻苦，他的学习成绩十分优秀，在体育方面更是出类拔萃。他8岁进入私塾读书，两年后转入由浸礼会创办的小学求学，毕业后考入杭州蕙兰中学。一次偶然他与足球结缘，从此对足球的热爱一发不可收拾。为了练习足球，他经常一下课就冲出教室去踢球，后来甚至省吃俭用与同学凑钱买球，很快他的足球技术得到了显著的提升，他也由此迷上了体育运动。随后，他就读的中学旁边新开发了一片篮球场，他又抓住机会苦练球技，经过一年多的训练，他的篮球技术也突飞猛进。出于对体育由衷的喜爱，宋君复积极把握一切可以练习的机会，并最终在多种运动项目上取得很大的进步。在物资匮乏的年代，宋君复在体育世界中找到了自己的精神乐园，体育带给他的乐趣与成就感也坚定了他日后献身体育事业的志向。

其次，麦克乐体育教育思想对宋君复学校体育观产生了重要影响。宋君复对体育之目的、体育与政治、体育课程设置等方面的主张，都吸纳了麦克乐的体育教育思想。例如，宋君复所推崇的"儿童游戏观"高度强调天然活动对个体健康的重要价值，这与麦克乐的思想主张如出一辙。麦克乐曾两度来华，在中国生活了十多年，他积极从事西式体育理论的传播、运动场地的配备、运动竞赛的组织、体育刊物的创设、中国体育骨干力量的培养、中国青年赴美留学的培训等工作，对我国近代体育事业的发展作出了较大的贡献。麦克乐在中国期间，积极推广基督文化和西方体育，并与同样投身中国近代体育发展的宋君复建立了一定的学术联系。通过对比宋君复和麦克乐的著作不难发现，宋君复的一些体育思想深受麦克乐体育思想的影响。

最后，宋君复学校体育观的形成也离不开教师的启发引导，其中对他影响较大的人当属奈史密斯。宋君复在美国春田学院攻读体育学期间，拜入美国篮球之父奈史密斯门下，在恩师的悉心指导下，宋君复在体育理论与实践方面都取得了显著的进步。

第二节　宋君复学校体育观的核心内涵

一、倡导学校体育回归教育

20世纪初，体育在学校教育中的地位并未被社会普遍认可，"重智育""轻体育"的现象在学校教育中屡见不鲜。据他回忆，尽管小时候体育课慢慢走入了校园，但实际上那时的体育课却是一门可有可无的课程，甚至一度被排除在教育之外[①]。

作为一名体育教育家，经过长期的教学实践，宋君复对体育和教育都形成了自己独特的见解，并主张体育回归教育。在他看来，教育的目的一方面在于传授知识与启迪智慧，另一方面更应该注重人格的操练，从而让学生形成正确的人生观[②]。从本质上讲体育即教育，体育是一门以身体为手段的教育，而不仅仅是单纯的身体教育。他多次强调体育和教育是不可分割的整体，并明确提出"体育是教育的组成部分之一，它是一门既能教育身心又能增进知识的一门天然学科"[③]。此外，他还反复强调体育是教育的重要组成，在实施体育教学时须严格遵循基本的教育学、哲学、心理学等科学原则[④]。

为进一步阐明学校体育的学科核心价值归属，宋君复分别从身体、人格、知识、技术四个层面归纳了体育在身体强健、人格培养、知识传习、技能发展等方面的价值。在身体层面，他从生物学的角度分析了体育对于人的精、气、神、体格、姿势等方面的作用。他指出："体育有助于促进元气的充实，器官的饱满，肌肉和内脏的力量，以及卫生习惯的养成，还有助于正确的身体素质和姿势……"[⑤]在人格层面，他主张体育教育的价值重在对品性及人格的塑造。他认为人格的塑造是教育的根基，并大力推崇体育在人格培养方面具有的特有价

---

① 宋君复. 我的体育经历[C]//体育文史资料编审委员会编. 体育史料第三辑. 北京：人民体育出版社，1981：125.
② 宋君复. 体育原理[M]. 上海：商务印书馆，1929：27.
③ 宋君复. 本校过去体育实施之检讨及将来之展望[J]. 国立山东大学校刊，1946（7-8）：16-17.
④ 同③.
⑤ 宋君复. 体育原理[M]. 上海：商务印书馆，1929：9.

值。宋君复强调："人格的培养实际上是近代教育最为核心的目标，体育给学生提供了很多展现自我机会，也给学生提供了充分发泄情感的舞台，它是培养各种态度最好的学科。"[1]在知识层面，宋君复主张体育有益于提升国民对体育规则、卫生保健等多方面的认知。他进一步阐明体育可以帮助国民补充以下几个方面的知识：①运动常识、运动规则及运动技术等；②看识浅识；③个人、公众与学校之卫生；④人类心理之常识及社会制度发展之概观[2]。在技能层面，他认为技能是体育的根本，需注意体育知识与体育技能并重，二者不可偏废。他指出："运动参与者需要注意知识与技能并重，并且将他们运用于比赛之中，如果只有抽象的知识及华而不实的技术，那就难以发挥实质性作用，因此，一些基本知识应当是运动参与者所必备的。"[3]

一言以蔽之，宋君复充分肯定了体育的学科价值，并突出了体育在人格品性培养方面的独特优势，与教育相比较，体育不仅能传授知识与进行人格教育，还能弥补其他学科在技能传授和身体教育等方面的短板。基于此，他积极倡导摆正体育学科在学校教育中的位置。

二、重视学校体育的德育功能

民国时期的教育宗旨是"注重道德教育，以实利教育……完成其道德"[4]。道德教育在当时学校教育中的地位可见一斑。在传统思想的影响之下，体育的价值在于体魄之强健的观念在民众心中早已根深蒂固。对此，宋君复则认为体育在德道教育方面的价值亦不可忽略。

宋君复认为优良的道德是学生将来步入社会的基本需求，体育教学应充分重视对学生人格和道德的训练。他强调："真正的教育必须注重以道德训练为目的，教育不能脱离人格培养而独立。"[5]他进一步指出："教育就是要使各个学生的生活和人格经过一种实实在在的变化。"[6]此外，他主张教师在培养学生道德过程中应注重以身作则，发挥榜样作用。他指出："在运动场上，教师不仅要注重'言传'，更应该重视'身教'，应该以身作则，与学生们一同参与运动，鼓励学生在运动过程中逐渐培养高尚的美德。如果要学生发展良好的社会意识、公理态

---

[1] 宋君复. 本校过去体育实施之检讨及将来之展望[J]. 国立山东大学校刊, 1946（7-8）：16-17.
[2] 宋君复. 体育原理[M]. 上海：商务印书馆, 1929：17.
[3] 测验篮球运动员及篮球队之方法[J]. 体育周报, 1931（1）：25-39.
[4] 朱有瓛. 中国近代学制史料第3辑（上册）[M]. 上海：华东师范大学出版社, 1989：90-91.
[5] 宋君复. 体育原理[M]. 上海：商务印书馆, 1929：27.
[6] 宋君复. 体育原理[M]. 上海：商务印书馆, 1929：42.

度及平和有秩序的精神，非言传身教难以获取实效。"[1]1932年，他在山东大学任教时，曾以校队总教练的身份带领学生斩获体育大赛冠军，但他仍不忘告诫学生："夺到锦标尽管让人振奋，但最难能可贵的是对体育道德的认识，切记胜而不骄，败而不馁。"[2]

宋君复十分注重从小培养学生的道德，并重点突出了体育在幼儿道德教育方面的重要价值。他强调："在运动场上，应该教育儿童不能欺负别人，如果体育教师的学识和人格修养俱佳，那么儿童自然会乐于遵从其教诲，从而逐渐学会尊重他人。"[3]此外，他进一步指出："学校里的孩子们如果能从运动中养成遵守规则的习惯，那么将来步入社会后无论从事何种行业都可以用公正诚实的心处理事情，因为儿童在运动中能诚实，所以在处理其他事情上也必然能诚实以待。"[4]他还提出借助体育游戏减少儿童不当行为，帮助其养成优良的德行。他指出："组织缜密，管理完善的游戏，在不知不觉中能减少儿童的污秽和卑鄙的行为，因为在运动场中体育教师的循循善诱能逐渐影响他们的行为，使他们在运动时品格端正，行为有秩序。故而，在运动中，如果对孩子进行适当的引导，不仅能减少他们的坏习惯，还能对他们将来的事业大有裨益。"[5]此外，他尤为注重在实践中进行教导，他强调："对于出现作弊行为的孩子必须及时教育，如果出现只顾及自身利益而不顾遵守规则，或者出现其他违规的行为，应该竭力劝教，必要时取消其运动资格。"[6]

综上，宋君复十分重视对学生品格的培养，认为在运动场上学到的东西能弥补体育课堂之不足，而这些在运动场上之所得有益于学生在事业上的发展与成功。因此，他将道德教育置于学校体育发展目标的重要位置，这对学生品格的塑造大有裨益。

三、提倡体育与保健卫生同时并重

宋君复高度重视卫生教育，并主张体育与卫生教育应同时并重，共同促进个人健康。在他看来，改善人的健康状态是体育的基本职能，因而他倡导国民参与体育活动。他强调："柔弱的身体，如果参与适度的锻炼再辅以适宜的保养，就可

---

[1] 宋君复. 体育原理[M]. 上海：商务印书馆，1929：46.
[2] 宋君复. 本校过去体育实施之检讨及将来之展望[J]. 国立山东大学校刊. 1946（7-8）：16-17.
[3] 同①.
[4] 宋君复. 体育原理[M]. 上海：商务印书馆，1929：30.
[5] 宋君复. 体育原理[M]. 上海：商务印书馆，1929：29-30.
[6] 宋君复. 体育原理[M]. 上海：商务印书馆，1929：44.

炼就强健有力的躯干。"①此外，他还重点指出仅依赖体育锻炼来改善健康效用受限，如果结合一些优良的卫生习惯，就能收获更佳的效果。对此，他说："我们之所以锻炼身体，本来是为了解决我们的健康问题，初衷是去除疾病、延年益寿，要想达到这个目的，除了加强运动以外，还需要改善生活和工作，并且要详细了解个人的身体及各器官的状况。"②他主张良好的健康状况得益于运动与卫生的协同配合，倡导国民重视体育与卫生保健的结合。他指出："人的身体是由肌肉神经细胞等构成，与卫生之道有密切的关系，所以各种器官组织的强健正是由食物、运动与他们习惯共同的结果。"③

宋君复在多所高校执教期间长期负责卫生教育工作。他认为，"体育教师对学生卫生教育的职责异常重大，个人的健康和个人的运动有密切的关联，体育教师需要研究这种种问题，而且还需要校医行政机关相互协作以改善学生的卫生，学校应当聘任专门人才进行卫生知识教育"④。除此之外，他甚至认为学校卫生教育是社会卫生的基础保障，个人卫生可迁移至公共卫生。他指出："大多数接受过体育教育的学生都在离校后能重视个人卫生，如果在校期间对于卫生教育能多加留心，那么将来对于公共卫生重大问题也不易忽视。"⑤在他看来，每个人的身体条件各不相同，运动前有必要对自身的身体进行全面的了解，尤其应注意尽可能避免身体状态发生骤变，以免对自身健康造成重大损害，同时还需注重养成健康的饮食和衣着习惯，并防止身体过劳。由此，他提出了"须知己、避骤变、重节制、防疲惫"⑥四条保健原则及"清洁之衣服、充足之休息、清洁之皮肤"⑦等宝贵建议。

四、推崇儿童游戏观

五四运动前后，在基督教青年会体育干事和中国留学生的共同推动下，自然体育在国内逐渐兴起，并迅速引起社会各界的高度重视。自然体育倡导对人自然需求和原始天性的尊重，并高度重视"以儿童为本位"的自然活动⑧。新文化运动

---

① 宋君复. 体育原理[M]. 上海：商务印书馆，1929：32.
② 宋君复. 体育原理[M]. 上海：商务印书馆，1929：35.
③ 宋君复. 体育原理[M]. 上海：商务印书馆，1929：25.
④ 宋君复. 体育原理[M]. 上海：商务印书馆，1929：43.
⑤ 同④。
⑥ 同①。
⑦ 宋君复. 体育原理[M]. 上海：商务印书馆，1929：33.
⑧ R. Freeman Butts. 西洋教育史[M]. 徐宗林，译. 台北：黎明文化事业公司，1982：548-558.

后，不少有志之士开始将"救亡图存"的志向寄托在儿童身上，他们大声疾呼："国难当头，惟有加强锻炼国民体魄，积极注重国民体育训练，准备疆场强劲战士，以为转危为安，转弱为强的唯一途径。"[①]1919 年，鲁迅发表文章《我们现在怎样做父亲》，提出"幼者本位"的观点，主张打破传统，解放儿童，尊重儿童的天性，形成一种平等、民主的亲子关系。由此，儿童开始成为广大国民关注的焦点。

宋君复长期以来一直心系中国儿童的健康与未来，其在代表作《体育原理》中多次提及体育运动对于儿童健康的重要价值，并认为幼年时期的体质与成年后的健康密切相关。他强调："幼年时体格的强弱会对他成人后的体格状况产生重大影响。"[②]在宋君复看来，强健的体格是个体未来发展的基础。他说："我个人对日常的事情经常从长远考虑，为未来做准备，对自己的身体也应当如此。成立事业靠的就是活泼的精神和健康的身体，所以我们首先要有健壮的身体，能抵抗疾病，如此以后可以发展一生的事业，但要达到这个目的不是靠成人后行动，而关键是在年幼时期。"[③]

既然儿童时期对人如此重要，那么该如何呵护儿童的身心健康呢？对此，宋君复提出了儿童游戏观。事实上，宋君复所推崇的儿童游戏观最初源于自然主义体育思想，它主要以促进儿童身心健康发展为出发点，其内涵具体包括以下两个方面：主张参加游戏活动是儿童释放天性的本能；强调户外游戏活动对儿童健康的重要价值。

（一）主张参加游戏活动是儿童释放天性的本能

在我国传统思想观念的影响下，"勤有功，戏无益"的教育观念深受家长们的推崇。他们认为儿童从小学走路时必须缓慢前行，不可随性而为，更不允许乱跑乱跳。在宋君复看来，活泼好动是儿童的天性，符合该年龄阶段儿童的身心发育规律，相反，种种约束行为不仅是对儿童身体自由的束缚，也是对儿童幼小心灵的摧残。

宋君复倡导组织一些符合儿童天性需求的运动项目，并以此激发儿童原始运动本能。他认为儿童对运动的渴望是出于最原始、最自然的本能，运动对于儿童而言是解放天性的具体行为表现。他说："小孩对运动的喜爱不是出于他人的强

---

① 苏竞存. 中国近代学校体育史[M]. 北京：人民教育出版社，1994：193-194.
② 宋君复. 体育原理[M]. 上海：商务印书馆，1929：22.
③ 同②.

迫、教师的建议或别人的劝导，而是出于儿童的本性，运动能满足他们的原始需要，其运动行为正是他们内心愿望的真实表露。"①此外，他还主张儿童好动是健康的外在表现，认为这是健康儿童与其他幼小动物的共同特性。他说："强壮有力的儿童大都喜欢运动，反之就可以断定他们不是活泼健壮的儿童了，儿童和幼年动物均由运动的动作开始成长，所以任何阻止他们这种天然能力的行为，必定对其生长有害。"②相反，他极度批评任何阻碍儿童释放天性的行为。他痛斥道："天性原本就是这样，但我们经常做出有违本性的行为，不仅不设法鼓励儿童运动，甚至还设法阻拦他们的运动行为，这是我们最大的错误。"③

他十分重视儿童游戏，在他看来，游戏有助于儿童释放个人的情感、排释不良的心绪。他说："游戏运动可以使孩童从幼年到成年发挥其孩童心中最重要的本能，如狩猎、竞争等头重要的本能，这些都是可以通过游戏来释放的。如果没有这种宣泄的机会，那么以后发生意外情况的几率就会大大增加。"④他又以美国为例论证道："美国过去大城市中幼童犯法的事很多，这就是原因，后来随着各城市运动秩序的依次形成，儿童犯法的事情便开始大幅减少，而且越接近运动场的地方，幼童犯法的事就越少。"⑤

除此以外，宋君复用"余力论""教育论""重复论"分别阐述了其对于儿童运动的理解。"余力论"认为，体力过剩是人类比低等动物活动更加频繁的原因。然而，宋君复则对"余力论"提出了质疑，他认为："儿童在开始运动的时候，精神焕发、活力十足，但时间久了体力开始减弱，儿童虽然没有多少余力，但仍然不会停止运动，甚至在医院中生病的儿童如果能得到运动的机会，仍然会时刻表现出运动的欲望。"⑥在他看来，儿童的余力并非其产生运动动机的根本原因。"教育论"认为，运动是人类最原始的天性，有助于人类达到教育的目的。针对这一理论，宋君复深表赞同，在他看来，运动就是习得谋生技巧的方法，而这一学习过程从本质上看就是教育，如果没有经过一定的训练，那么人们将来谋求生存就会很难。他说："所以儿童的运动，虽然很难判断其动作是否是为将来长大成人后做准备，但他们的动作的确能准确模仿成人的谋生动作，如果没有一定的训练

---

① 宋君复. 体育原理[M]. 上海：商务印书馆，1929：25.
② 宋君复. 体育原理[M]. 上海：商务印书馆，1929：18.
③ 同②。
④ 宋君复. 体育原理[M]. 上海：商务印书馆，1929：44.
⑤ 同④。
⑥ 宋君复. 体育原理[M]. 上海：商务印书馆，1929：20.

很难谋求生存,因此,运动就是教育谋求生存的方法。"①"重复论"认为,运动是人的本能,是无数先人流传下来的遗产,随着运动方式的演化,很多技能无需祖先传授即可习得,这种本领正是人的本能,而此种本能会在幼年时代相继重演。对于"重复论",宋君复极为赞同,他说:"人类已经在这个世界上生存了数百万年之久,而我国历史也不过历经五六千年,由此可以推演人类在百分之九十九的时间里都是过着野蛮狩猎的生活。在这原始时期,为获取食物、营造居室、制造弓箭武器,一定存在相同普遍的动作,例如爬山涉水、防避敌害。因此,所有的动作正如儿童逐渐经过运动而形成的动作。"②由以上分析得知,宋君复大力支持"教育论"和"重复论",并且这两种理论都为宋君复的思想主张提供了重要的理论支撑。

(二)强调户外游戏活动对儿童健康的重要价值

在宋君复看来,适度参与户外游戏活动有益于儿童的身心发育,是儿童健康成长的必备要素。具体原因在于:户外的空气质量及阳光质量为儿童的身心发育提供了不可或缺的营养因子,再辅以适度的户外活动,对儿童的健康发育大有裨益。

首先,他认为户外的空气质量对儿童身体发育大有帮助。他说:"空气所含的氧气正是我们必不可少的东西,因为氧气有清洁血液的功效。"③在他看来,户内和户外的空气在保证儿童身心健康方面发挥的作用存在显著差异。他强调:"儿童在运动场上吸入新鲜的空气的机会更多,这对儿童有很多益处。"④此外,他进一步指出:"运动场中儿童呼吸充足的新鲜空气,他的血液也因之得以清洁,学校虽然有通风的设施,然而教室内的空气,其容量与标准与户外相差甚远,这不是假话,而是经无数次科学实验证实的。"⑤

其次,宋君复重点阐述了户外的阳光在儿童发育成长中的重要作用,并大力支持儿童走出户外进行日光浴。在他看来,阳光虽非自然界的难得之物,但其重要性却常常被人们所忽视。他说:"让儿童有充分的时间在操练场上沐浴阳光是不容漠视的事情了,因为太阳光是儿童成长的源泉,除了阳光还有什么能代替它促进儿童的健康成长呢?"⑥为进一步强化人们对阳光在儿童成长过程中发挥的作用

---

① 宋君复. 体育原理[M]. 上海:商务印书馆,1929:20-21.
② 宋君复. 体育原理[M]. 上海:商务印书馆,1929:21.
③ 宋君复. 体育原理[M]. 上海:商务印书馆,1929:23.
④ 同③。
⑤ 同③。
⑥ 宋君复. 体育原理[M]. 上海:商务印书馆,1929:23-24.

的认识，他巧妙地通过动物实验与人类进行类比："如果把蝌蚪放在没有阳光的地方，过了三十天之后几乎看不见蝌蚪的生长；如果将其放在太阳光底下，就会发现蝌蚪生长的很快；但如果再放在昏暗的地方其生长又会逐渐减缓，他们长大成蛙的时期也会延长；把婴儿放在不见天日的黑暗房间内，孩子也无法健康成长；但如果在一个墙上挖一个小孔，婴孩便能茁壮成长，阳光的重要性由此可见一斑。"①在他看来，室内与室外的阳光看似并无明显区别，实则迥异。具体如下：①室外阳光较为绵柔，不容易损伤儿童的视力。他说："室内阳光不充足，相比之下，室外阳光除了能达到消灭微生虫的功效外，还能为儿童补充某些重要元素。"②②室外空间较为开阔，这种环境下的阳光可以有效防止细菌滋生。他指出："学校中如果想避免疾病的传染、微菌的滋生，就必须有充足的阳光，因为任何病毒或微菌都无法在太阳光中存活一小时以上。"③

在他看来，有了新鲜的空气和充足的阳光作为基础保障还远远不足，对儿童健康影响更大的因素是运动，运动才是提升儿童抵抗力、改善儿童健康状况最为重要的药方。他强调："除阳光和空气外，儿童还应该有足够的运动，因为运动乃是人的生存之本，运动还可以纠正身体的姿势，使人体的器官及脑力更为发达，与儿童的现在和将来都有非常大的关系。"④因此，宋君复大力提倡儿童积极从事户外体育运动。他强调："我们的责任应让儿童有强大的抵抗力，但如果想要达到这个目的，除了运动之外，没有其他更好的办法了。"⑤总之，宋君复认为阳光、空气和运动三者相辅相成，只有将它们完美结合，才能更好地为儿童健康成长保驾护航。

第三节 宋君复学校体育观的当代启示

一、有助于提高学校体育在促进学生全面发展中的地位

与中国近代著名教育家蔡元培所倡导的"完全人格，首在体育"一样，宋君复也十分重视体育对学生全面发展的价值。事实上，在宋君复所处的年代，体育连同音乐和美术被戏称为小三门，这种歧视时至今日仍未完全消除。经过长期的

---

① 宋君复. 体育原理[M]. 上海：商务印书馆，1929：24.
② 同①。
③ 同①。
④ 宋君复. 体育原理[M]. 上海：商务印书馆，1929：24-25.
⑤ 宋君复. 体育原理[M]. 上海：商务印书馆，1929：23.

体育课程改革，学校体育的地位整体上虽有所提升，但在应试教育大环境下，体育仍未受到应有的重视。

当前，随着体育课程改革的逐步深入，国家对体育的重视也进一步提升。《国家中长期教育改革和发展规划（2010—2020年）》强调要加大体育的重视力度，坚持围绕"健康第一"的教育理念展开体育教学，切实改善学生的综合素质与身心状况，使得学生在"德智体美劳"方面得到综合且全面的发展[①]。为进一步改善学生的综合素质，教育部倡议将体育纳入中考录取计分项目，并且体育所占分值的比例呈现出逐年攀升的趋势，这标志着体育在学校教育中越来越受到重视。此外，教育部2016年在全国教育大会上提出体育也需布置家庭作业，需组织全员参与体育比赛，并且体育锻炼与体育课堂效果也将成为评优升学的重要指标[②]。这充分表明体育学科在教育考核中的价值更加突出。

学校体育作为学校教育中的一部分，在促进学生"德智体美劳"全面发展过程中发挥着基础性作用。为更好地发挥学校体育在素质教育中的作用，我们需重视家、校、社三者之间的联合协作。从家庭角度看，家长应进一步提升自身的体育素养，支持学校体育的开展，鼓励孩子积极参与社会体育活动，构筑家庭、学校和社会协同配合的新格局，促进孩子的全面发展。从学校角度看，首先，学校领导及相关教师应进一步提高对体育的扶持力度和支持程度，促进体育与教育的融合发展。其次，还应积极优化体育师资结构，整体提高体育教师实施素质教育的能力，进一步优化体育教学资源，改善体育教学设施，完善体育课程的监督机制。从社会角度看，相关体育部门仍需进一步深化和落实学校体育课改，构建更为科学、更为合理、更为人性化的人才考核与选拔机制。此外，还应进一步加强体育基础知识的宣传与普及，切实提高广大国民的体育认知，逐步提升人们对体育在人才考核中价值的认识。总之，促进学生的全面发展需要家庭、学校和社会协同配合，将体育与德育、智育、美育等有机融合、互为补充，共同促进学生的全面发展。

二、有助于凸显体育教学的育人价值

教育改革的目的在于提升国民素质，"德智体美劳"一直是我国广受认可的教

---

① 国家中长期教育改革和发展规划纲要工作小组办公室.《国家中长期教育改革和发展规划纲要（2010—2020年）》[EB/OL].（2010-07-29）[2024-09-12]. http://www.moe.gov.cn/srcsite/A01/s7048/201007/t20100729_171904.html.
② 教育部. 教育部：学生体育情况要纳入中高考评价体系[EB/OL].（2016-05-09）[2024-09-12]. http://politics.people.com.cn/n1/2016/0509/c1001-28336058.html.

育方针，然而应试教育作为我国教育发展的历史产物，它与各学科之间的矛盾仍然长期存在，体育学科在应试教育大背景下亦难幸免。毕竟，体育教学的质量归根结底也要通过考试来衡量，分数的高低很自然地成为衡量一个学生是否优秀的标准，因此"考什么就教什么""考什么就学什么"的现象在体育领域屡见不鲜。在此背景下，学生德行优劣与否很容易被忽视，因此挖掘和凸显体育的育人价值显得尤为重要。

作为学校教育不可或缺的成分，体育应在实现全面育人过程中发挥应有的作用。对于体育所包含的育人价值可从"育体"（指向身体发展）和"育德"两方面（指向品德培育）展开论述。从"育体"的角度看，宋君复强调，"体育能促进体魄及生理的发育，使筋骨更为健全"[①]。从"育德"角度看，宋君复认为，"体育活动之价值，即对于品性即人格教育之价值也"[②]。然而，大多数人对体育功能的认识局限于身体方面，对体育在道德培养方面的潜在价值一直未重视和发掘。因此，重新审视体育的功能，转变人们对于体育价值的片面认识，是当下亟待解决的问题。

宋君复高度评价体育对于道德的促进作用，并极力倡导通过体育学科来发展和培育学生健全的道德品质。事实证明，他的这一倡导具有较强的预见性和前瞻性，如今道德教育已然成为学校教育改革的热点话题之一。目前，党和国家高度重视对学生道德的培育，并强调学校教育应以学生的发展为中心，坚持贯彻对学生体育品德的培养。《国家中长期教育改革和发展规划纲要（2010—2020年）》将道德教育列为学校教育的一项重要内容，同时道德教育也是学校、家庭和社会教育的重点培养目标。除此之外，党的十八大也提倡"立德树人"，这表明"育人"已然成为党和国家关注的焦点，更是学校教育的重要目标。体育学科也应充分发挥其在育人方面的作用。

三、有助于强化国民的"体卫结合"意识

宋君复认为适度的体育运动能为国民的健康保驾护航，也是增强国民体质的重要手段，然而除体育外，保健与卫生也不容忽视。因此，宋君复认为只有体育与卫生并行协作、同时并重，才能更好地促进健康。这一主张对改善我国广大民众的个体健康仍有一定的借鉴意义。

---

① 宋君复. 体育原理[M]. 上海：商务印书馆，1929：62.
② 宋君复. 体育原理[M]. 上海：商务印书馆，1929：13.

随着现代科技的迅猛发展，人们的生产和生活方式也悄然发生变化，人们在享受现代科技便利的同时，也对现代生活方式给人们身体健康带来的威胁产生担忧。如今，越来越多繁重的体力劳动逐渐为机器所承担，纯粹需要体力完成的工作日益减少，故而"久坐"成为当今社会一种非常普遍的生活方式。目前，国家高度重视全民健康，并强调体育与卫生对大众健康的重要性。《"健康中国2030"规划纲要》指出，广泛开展全民健身运动，优化健康服务，强化覆盖全民的公共卫生服务，防治重大疾病，推进基本公共卫生服务均等化[①]。

那么如何强化大众对于体育与卫生、康复与预防相结合的意识呢？首先，从国家层面看，应积极倡导广大民众参与健身运动，增加"体卫合作""体医合作"力度，并进一步完善体质健康监测机制和公共卫生服务项目。其次，从社会层面看，应重视现代化、科学化的健康服务指南的推广，积极宣传科学健身在疾病预防和康复等方面的作用，强化体育与卫生相结合的健康服务模式和体医结合的慢性疾病预防与康复健康防治模式。此外，应关注特殊人群，积极推动伤残人士康复运动和健体活动的开展。最后，从个人层面看，应加强自身的体育素养，形成科学的体育保健知识体系，理性认识体育与健康促进、疾病预防和康复之间的联系，形成运动、卫生、康复和预防三位一体的健康意识。例如，在实施运动计划之前应积极寻求体育专业人士的帮助，开展运动风险评估，制订科学的运动计划。在计划实施的过程中需注重个人卫生，如果遇到运动损伤，则应在专业人士的帮助下积极采取运动康复措施，并根据自身的身体状况，采取相应的疾病预防举措。

四、有助于提升游戏在儿童体育课程中的价值

对于儿童而言，他们正处于身心发育的黄金时机，体育运动在其健康成长过程中发挥着举足轻重的作用。宋君复大力推崇的儿童游戏观对我国儿童体育课程的设置仍有一定的借鉴价值，这些价值主要体现在体育教材内容的甄选、体育教学手段的选择及儿童体育教师队伍的建设等方面。

在儿童体育教学内容的甄选方面，儿童所参与的体育活动应尽可能贴近现实生活。宋君复根据儿童的身心特点及运动需求，倡导儿童体育教学内容应以"自然化"为基本导向。他强调，"是以儿童之运动，当以重自然形式者为主"[②]。当前，从我国的儿童体育教育现状来看，在教育理念和教育内容等方面仍有很大的

---

① 中共中央、国务院.《"健康中国2030"规划纲要》[EB/OL].（2016-12-30）[2024-09-12]. http://www.mohrss.gov.cn/SYrlzyhshbzb/zwgk/ghcw/ghjh/201612/t20161230_263500.html.
② 宋君复. 体育原理[M]. 上海：商务印书馆，1929：60.

提升空间。其中，很多体育教师在教学理念方面比较守旧，一如既往地给儿童灌输一些脱离生活实际的体育技能。除此之外，不少教学内容看似形式丰富，实则华而不实，这种重形式而轻运用的教学内容直接导致"所学"与"所用"之间形成较大的鸿沟。实际上，儿童与成人在理解力、自制力等方面都存在显著的差异，如果不结合儿童的实际而盲目施教，则不仅无法促进儿童健康发展，还会破坏儿童的童真与天性。因而，体育教师在对儿童实施体育教学时，应注重保护儿童的天性，充分尊重儿童的体育兴趣，并尽可能地打造健康活泼的体育学习环境。

在体育教学手段的选择方面，应同时注重体育课堂教学和课外体育活动，以期更好地满足儿童的身体活动需求。儿童需要较大的运动量来满足其身心发育需求。然而，从我国当前体育课程的设置来看，儿童自主掌控的身体活动时机较少，远远难以满足其自身的运动需求，因此，应进一步拓展符合儿童需求的课外体育活动。正如宋君复主张的"宜使儿童在课外多得运动之机会，而运动之种类，亦当使之与儿童适合也"[1]。然而，仅仅依靠体育课堂还远远不够，还应推动学生参与课外体育活动，从而弥补课堂体育活动的不足。课堂训练与课外锻炼两者相辅相成，只有二者相结合，才能更好地促进儿童健康成长。他在山东大学执教期间，强烈建议校方竭尽所能给学生创造优质的课外活动条件，他甚至建议学生每天至少参与一个小时的课外体育活动[2]。当前我国青少年儿童体质健康问题仍然十分严峻，儿童身体活动量不足的问题仍广泛存在，如果仅靠每周2~3节体育课及少量的课外体育活动，则难以满足儿童的身体活动需求。因此，组织开展相应的家庭体育作业也是提升儿童体育运动量的有效途径之一。体育教师可根据学生实际情况布置一些便于操作、安全性强的体育家庭作业。这种家校合作的教育模式，有助于学生家长和学校体育教师协同努力，共同促进儿童的健康成长。

在体育教师师资配备方面，宋君复建议应尽可能聘请受过专业培训的女性教师来负责担任小学阶段体育教师。反观当下，我国基础教育阶段的体育教师在性别比例方面出现严重失衡。具体而言，女性体育教师在小学阶段的体育教师队伍中占比相对较小。实际上，男性体育教师与女性体育教师在性格特点上各有优势，应该互为补充。相对于男性体育教师而言，女性体育教师往往表现出更多的慈爱和亲和力，也更有耐心，如果能将女性体育教师的这些优秀品质运用于儿童体育教学中，那么对儿童性格的塑造和运动兴趣的培养都大为有利。此外，活泼

---

[1] 宋君复. 体育原理[M]. 上海：商务印书馆，1929：60.
[2] 宋君复. 本校过去体育实施之检讨及将来之展望[J]. 国立山东大学校刊，1946（7-8）：16-17.

好动是儿童的天性，教师应尽可能地保护儿童的天性。为此，一方面，应竭力为学生创造自然的环境条件，使学生能够在新鲜的空气和充足地阳光下进行体育活动；另一方面，在体育课程设置方面，应尽可能设置一些贴近自然的、实用的、趣味性强的体育游戏或小型比赛。例如，可充分利用儿童偏爱小动物的特点，创设一系列贴近现实生活的游戏，让儿童身临其境地融入其中，激发儿童游戏兴趣和运动欲望。

相关体育教育家简介

张汇兰（1898—1996年）

又名张渭南，江苏南京人。张汇兰在1917—1919年就读于上海基督教女青年会体育师范学校。张汇兰从小孱弱多病，她与体育之缘起于1907年在南京召开的江南第一次联合运动会。小小年纪的张汇兰被运动会中各种趣味体育项目吸引，从此心中种下了一颗体育的种子；她与体育之缘定于1917年报考上海基督教女青年会体育师范学校。未满20周岁的张汇兰不顾母亲反对，成为该校为数不多的女学生。张汇兰曾回忆到："如今所学都得益于学习体育练就了好身体，所以体育于我而言是一种追求和信仰。"

1920—1923年、1925—1926年、1938—1946年她三度赴美求学，从事体育、生物学、公共卫生学等专业学习和研究，先后在密尔斯女子大学、威斯康星州立大学、麻省理工学院、艾奥瓦州立大学获学士、硕士、博士学位。她于1946年回国，在四川的乡村建设学院担任卫生教育工作。1947年她任金陵女子大学体育系主任。1952年她任上海体院教授、教务长兼人体解剖学教研室主任。1959年和1964年她连续当选为第2届、第3届全国人大代表。1978年她任第5届全国政协委员。1980年她当选为中华全国体育总会副主席。1984年她荣获国家体委颁发的体育运动荣誉奖章。

张汇兰是我国著名的女体育教育家、第一位女体育博士，是近代中国女性解放运动的推动者和近代女子体育的倡导者，是河北省立女子师范学院体育系创始人之一。她的著作有《运动解剖学》《缓和运动》等。她是中国体育运动解剖学的创始人之一，为创立和发展我国体育基础理论学科作出重要贡献。1987年6月，她荣获联合国教科文组织颁发的"体育教育和运动荣誉奖"，她的名字被载入世界体育名人史册。

第十二章

注重体育，首在普及：张汇兰学校体育观及其启示

第一节 张汇兰学校体育观的形成背景

首先，女子体育的逐步兴起和女性解放运动的深入开展是张汇兰学校体育观形成的历史机遇。张汇兰出生于女子体育兴起的第一阶段，成长于女子体育兴起的第二阶段，活跃于女子体育兴起的第三阶段。第一阶段，女子体育兴起体现在中国男权社会对女子体育的关注。1898年，经正女学成立，这是中国首个由国人创办的女子学校，自此之后在国内各地出现了更多女子学校，女子受教育的可能性日渐增大。1902年在上海成立的务本女塾设有体操课。第二阶段，女子体育兴起体现在两个女学章程之中。1907年，清政府颁布了两个女学章程：《女子师范学堂章程》和《女子小学堂章程》。女学章程的颁布具有标志性意义。"确立了我国女子教育的法定地位，为近代中国女子体育的兴起提供了法律基础，使中国女性体育开始走向繁荣。"[1]第三阶段，女子体育兴起体现在女性在体育方面的自我觉醒。1908年，以汤剑娥为代表的女性开设了我国第一所女子体操学校，从此中国近代女子体育走上正轨。

其次，西式教育是张汇兰学校体育观形成的理论支撑。张汇兰的求学经历可分为两个阶段。1920年8月之前，她在国内接受西式教育；1920年8月之后，她多次赴美留学，全面接受西式教育。在国内学习阶段，西式教育为张汇兰赴美留学奠定了扎实的基础。上海基督教女青年会体育师范学校的教师主要由留美回国的大学生和从美国离职的大学教授组成[2]。美国体育专家麦克乐在该校任教。张汇

---

[1] 殷飞. 我国妇女体育发展的四个标志[J]. 体育文化导刊, 2009（11）: 41-44.
[2] 张汇兰. 我和金陵女大体育系[J]. 体育文史, 1983（1）: 36-37.

兰 1917 年进入该校接受系统的学习和训练，师从麦克乐，深受其自然主义体育教育观的影响。在人的自然活动理念的影响下，张汇兰逐渐形成自己的教学理念，她注重体育的教育意义，并在今后的学习中不断实践检验着其早期的教学理念。赴美留学的经历拓宽了张汇兰的国际视野，影响了她日后体育教育观的形成。张汇兰连续三次赴美留学，经历了不同阶段的美国教育，她先后获得两个硕士学位和一个博士学位。1920 年 8 月，张汇兰第一次去密尔斯女子大学求学，1923 年，由于国内的催促，尚未获得毕业文凭的张汇兰回到上海基督教女青年会体育师范学校任教。金陵女子大学体育系成立前夕，张汇兰不得不应金陵女子大学的要求（教师必须拥有大学毕业文凭），于当年 5 月再次启程去美国完成学业。第二次赴美留学的经历为她带来了认识体育的新视角。当时美国正处于教改时期，以人为本的实用主义和自然体育是当时盛行的教育理念，体育教育的目标更加聚焦到"人"上，不仅要让学生肢体强健，还要培养学生的规则意识和身心修养。张汇兰结合国情重新审视我国女子体育教育目标，并结合教育学、生物学等其他学科知识，来促进女子体育事业的发展。第三次赴美留学是张汇兰主动申请的，也是三次赴美留学中历时最长、跨校最多的一次。1938 年，她获得了密尔斯女子大学奖学金，先后在美国密尔斯女子大学、麻省理工学院、艾奥瓦州立大学进修学习。在获得更高学位后，她带着多年所学回国投身于普及和发展女子体育。

第二节　张汇兰学校体育观的核心内涵

一、提出体育培养学生道德的价值

民国时期对学校体育的育人功能十分重视，受新文化运动深入开展的影响，体育教育将关注点聚焦于"人"，自由、平等、博爱的观念深入人心。张汇兰作为民国时期受新思想、新教育影响的女性体育家，提出体育在培养学生道德方面具有重要价值，此道德包含社会道德和个人情操两个方面。她在《中国女子体育问题》一文中指出："体育对女子到底有没有除了增进健康之外的作用呢？认为有两方面是现代体育可以带给女子的：社会道德之训练和陶冶性灵发抒情感。"[①]她在肯定体育对健康的促进作用的同时，还提出了关于道德的两个方面。

张汇兰提出"社会道德之训练"，她强调："社会道德之训练，……要根据

---

① 高梓，张汇兰. 中国女子体育问题[J]. 科学的中国，1933，2（8）：20-24.

社会大环境的需要,先发展当下社会所急需的社会道德,比如合作、联络等。"[1] 1933年,中国女子地位已得到显著提升,女子也意识到应当参与到社会中去。因此,张汇兰提出的"社会道德之训练"带着时代的烙印,她意识到体育是女子参与当时社会的有效媒介。但是,在依旧是男权主导的民国社会,女子参与其中何其艰难。她还提出:"女子参与到男权社会中去,必然会面对激烈的竞争,这种竞争不仅是女子之间的,还是男女两性之间的。"[2] "女子在社会中的应对能力大多数情况下都不如男性。一旦遇到挫折,容易失去信心,意志消沉。但是原因又不尽相同。但基本是因为女性缺少勇气和坚强的意志。"[3]她认为在双重竞争压力下,女子可以通过体育磨炼意志、培养勇敢的精神,体育学科的功能早已超越了学科本身,为女子体育、女性解放运动的发展作出了卓越贡献。

张汇兰提出"陶冶性灵发抒情感",她提到:"陶冶性灵发抒情感,体育运动中的舞蹈可以达到这个目标。……中国封建式家庭教育抑制孩子的情感,压抑他们的个性,把这两者作为是美德。但现在的教育,呼吁尊崇孩子的个性,表达他们的情感。体育运动中的音乐可从内激发孩子的情感,动作则是孩子情感的外化表现,音乐与动作有着密不可分的关系。就像舞蹈离开音乐,就无法表达它的精气神。……总而言之,人皆爱美是天性,女子尤其。所以应当遵循女子的特长去发展,一定能使女子精神愉悦,全面感受生活的美好。"[4]她认为通过体育中舞蹈与音乐的结合,能达到"陶冶性灵发抒情感"的目标,通过音乐激发内在情感,通过舞蹈动作将情感外化,且一般情况下女子比男子更擅长这项运动。在特定的历史时期下,女子根据自身所长有所发挥,能达到事半功倍的效果。

纵观张汇兰在当时对女子提出的"社会道德之训练"与"陶冶性灵发抒情感"观点,不仅有当时的历史价值,对现代学校体育教学目标的确定也有价值。前者对应社会适应目标,后者对应心理健康目标,这两个方面与我国义务教育阶段体育课程标准中的心理健康与社会适应目标不谋而合。

课程标准中对心理健康和社会适应目标的表述为:坚强的意志品质、情绪的调控方法、合作意识及能力、良好的体育道德四个方面。从张汇兰就"社会道德之训练"提出的"合作、联络、坚持、交际、奋斗、互助、牺牲和善得善失"中

---

[1] 高梓,张汇兰.中国女子体育问题[J].科学的中国,1933,2(8):20-24.
[2] 同[1]。
[3] 同[1]。
[4] 同[1]。

不难看出,"坚持"与"奋斗"体现了坚强的意志品质;"合作""联络""交际"体现了合作意识和能力;"互助""牺牲""善得善失"体现了良好的体育道德。她认为学生在音乐的伴奏下舞蹈,能够加深对美的体验与理解,在遇到情绪问题时可通过舞蹈的方式进行排解。

张汇兰的体育教育观与当下的教学目标不谋而合。她将焦点聚焦于"人","人"不仅是体育学科的出发点,还是每门学科的出发点与落脚点。她认为培养学生高尚的道德情操是一个体育人永恒的话题。

二、倡导普及与提高女子体育

学校是普及女子体育最直接有效的场所,而学校体育承载着普及女子体育的重任。学校体育的有效开展离不开政策支持及体育教师教导。张汇兰结合自身的学习、工作及实践经历,从政策和教师两方面为普及与提高民国时期女子体育提供了可行方案。

张汇兰反对把开运动会作为提高学校体育水平的唯一途径,甚至觉得开运动会有三方面的弊端:①影响运动员身体健康。受"竞赛热"风气的影响,运动员过度训练损害身体,而非运动员在体育课上则很少真正得到锻炼。②影响运动员学科成绩。由于追求训练成绩,训练所花时间与精力过多,影响运动员文化课学习。③影响运动员品德。运动员在比赛时,易与对手或裁判员引起冲突,伤害双方感情,造成品德上的不良影响。张汇兰崇尚女子健康美,她认为为在运动会上取得优异成绩而过度训练影响身体健康,是运动会给运动员带来的最大弊端。

张汇兰提倡用科学的方法提高学校体育。她在1929年《女子体育普及之我见》一文中指出,中国教育若要整体改进,则学校体育的提高不可少,但需要方法的引导。之后她又撰写了一系列著作,具体如下:①在此文发刊四年后,她撰写《中国女子体育问题》一文,呼吁学校从领导层面设定目标,在制定科学制度的基础上,添置器材设备,引进优良师资,结束当时女子学校体育凌乱的局面。②1935年,张汇兰撰写《体格检验及体育分组问题》一文,提出将体格检验作为体育分组的依据,如果没有健康检验和体能测验,则按学级定体育授课班级是不科学的,因为班级内学生身体状况、体能参差不齐。她认为教师如果连学生的身体状况都不清楚,就无法因材施教。"经常听人说起健康检验只是形式,但我不赞成此观点。因为没有健康检验,就无从得知学生的情况,就无法进行分班,也无法展开后续工作。我无从知晓哪些学生可以参加剧烈运动。但正因有了健康检验，我就能大胆地让身体情况不尽相同的学生在班上一起上课。"[1]同时她还提出了一套可行的通过体格检查进行体育教学分组的方案。③在《女子体育普及之我见》发文二十年后，张汇兰于1949年参与编著了《和缓运动》一书，这使当时全国范围内首现关于和缓运动的教材。吴蕴瑞为该书作序时，从三个方面对张汇兰的作为表示肯定。张汇兰在自序中也表示，纵观全国体育界的聚焦点，大多数人都集中在田径比赛和天然活动中，田径比赛和天然活动的价值虽高，但其实是不适合我国国民体质的。在当时的中学和大学学生中，身体孱弱、体态不良者大概占三分之一。面对这部分学生，她提出："注重体育，首先在于普及，在普及的过程中可以忽略这三分之一的学生，但这并不违背提倡女子体育的初衷。"[2]从张汇兰发表文章及参编书籍的时间来看，二十年间张汇兰不断寻找方法，致力于普及与提高女子体育。她强调："肩负中国女子体育责任的人们，不能过于保守，安于现状而不求进取，应当与时俱进，放眼未来，用科学的态度去脚踏实地的发展女子体育。"[3]

三、强调卫生健康知识教育

1929年，张汇兰在任中央大学体育系体育部主任期间，在《大学校女子体育专科之设施概要》一文中论述了体育与卫生的关系，她指出："卫生健康教育与体育是密切相关的，学生卫生习惯的养成全靠体育教师的教授，让学生明白卫生健康的知识和各种预防疾病的方法，并能用于生活。"[4]

1933年，她以中央大学体育系体育部主任的身份，针对民国时期不同流派对经期能否进行体育运动的论述，在《中国女子体育问题》一文中用辩证的思维阐述了自己对这个问题的看法。保守派认为，女子经期内运动不能过分激烈，要以和平自然为原则，但绝不允许参加正式的体育比赛；适中派认为，女子在经期不是绝对不能参加正式比赛，应该因人而异，根据个人体质、训练习惯、运动性质来决定；激烈派认为，除了个别特别剧烈的运动，只要是男子能做的体育运动，女子都可以参加。对于保守派的主张，张汇兰认为："面对我国目前的体育设备下，保守派的理论不能说它毫无根据。"[5]对于适中派的主张，她认为："此理论在中国过于理想化，女子体育还没有走上正轨的情况下，现实中难以有精准的数据

---

① 张汇兰. 体格检验及体育分组问题[J]. 勤奋体育月报, 1935（2）：44.
② 张汇兰, 孙征和. 和缓运动[M]. 上海：勤奋书局. 1949：88.
③ 高梓, 张汇兰. 中国女子体育问题[J]. 科学的中国, 1933, 2（8）：20-24.
④ 张汇兰. 大学校女子体育专科之设施概要[J]. 体育杂志（南京：国立中央大学中央体育研会），1929（2）：17-20.
⑤ 同③.

支持这种理论。"①对于激烈派的主张，她认为对于德国体育的发展步骤，我国体育不能照搬，要根据实际情况量力而行。由此可见，张汇兰反对激烈派，更为赞同保守派，在一定程度上认同适中派，但认为他们的主张过于理想化，可以作为追求，但不能成为当前的做法。

1935年，张汇兰在《体格检验及体育分组问题》一文中提出："体育教师肩负通过体育运动保障学生健康之责。也就是说，体育教师在教学的各个环节，都应当时刻注意并防止学生受伤，相信这个大家都认可的。"②

张汇兰一生三次发文提及体育运动与卫生、健康的关系，可见其对此的重视。1949年，张汇兰在《和缓运动》一书中提出体育教师除教授运动技能外，更要教授卫生常识。她在书中提出："体育教师除了教学生运动技能外，更应该教授学生卫生健康知识，使学生养成良好的卫生习惯，因为这对学生的身体健康与体态关系密切。"③她还图文并茂地撰写了一百七十字"健康箴言"。关于卫生习惯，她指出："每天睡觉不少于八小时，喝水不少于六杯，刷牙不少于二次；每天按时三顿饭，吃饭时注意细嚼慢咽，严禁零食；夏天天天洗澡，冬天一星期至少洗一次澡。"④她详细阐述了和缓运动在女子经期、便秘与神经过敏等方面的保健作用。对于女子经期不准或腹痛者，她建议用和缓运动代替普通操，但要控制好运动量。这样做对身体有以下好处："须按日而行，有三大好处：增强腹部肌肉力量、促进盆部血液循环、优良的体态。"⑤对于便秘者，她认为体育教师要重点引导学生，"最重要的是关注饮食和运动。多喝开水，多吃粗纤维的食物，如粗粮、果蔬。并每天按时做两小时运动"⑥。对于神经过敏者，她提出缓解之法："第一，从根源出发，减少兴奋，应当有控制兴奋的能力，多参与室外的体育锻炼；第二，注意卫生；第三，做事情时切勿着急，稍微放慢些节奏；第四，做一些缓和的运动，如平常的操类活动。体育教师要与学生多沟通，多观察，从而了解学生的缺点和难点，并给学生帮助，使学生降低焦虑感，平复学生的心态。"⑦

---

① 高梓，张汇兰. 中国女子体育问题[J]. 科学的中国，1933，2（8）：20-24.
② 张汇兰. 体格检验及体育分组问题[J]. 勤奋体育月报，1935（2）：44.
③ 张汇兰，孙征和. 和缓运动[M]. 上海：勤奋书局，1949：123.
④ 张汇兰，孙征和. 和缓运动[M]. 上海：勤奋书局，1949：14-15.
⑤ 张汇兰，孙征和. 和缓运动[M]. 上海：勤奋书局，1949：35.
⑥ 张汇兰，孙征和. 和缓运动[M]. 上海：勤奋书局，1949：36.
⑦ 同⑥.

四、重视体育教学的差异性

随着女性解放运动的开展和女子体育的普及，越来越多的女性接受学校体育教育。在《和缓运动》一书中，张汇兰针对男女性别差异，提出女子体育运动要"适于女子之运动"。她认为男女生间存在天然的性别差异，但女子与女子之间也有性格、能力的差别。因为男女性别的差异和不同的体育运动经历，女子虽然喜欢各种跑、跳、投、爬的运动，但成绩都不如男子。作为体育教师，要科学分析各种原因，不让学生做过于剧烈的运动，鼓励女子参与适合女性的体育活动。

基于男女生性别差异，教师在教授女子体育时要开展适宜女子的运动项目。针对体育教师中男多女少的实际情况，张汇兰还将目光放到体育教师的性别差异上。她提出："女子体育活动，女性体育教师应当自觉落实规定。当下的中国，由于女性体育教师人数太少，女性体育教师往往放弃落实规定的权力，交给男性去做。但是男性难以知晓女性的生理、心理之别，不能从根本了解女性。因此他们做的规定，总是不适合女子。"[1]因此，她倡导提高女性体育教师的比例，因为女子更了解女子，所以能更好地应对学校体育教学，更好地促进女子个性发展。

对于女子体育教育，张汇兰在《大学校女子体育专科之设施概要》一文中提到："女性间的运动也不尽相同，因为同一性别有不同的个性，这是不能忽视的一点。发展女子的个性，是学校教育中的重要问题。"[2]她还提出采用体格检验的方法对同性别的学生进行体育分组。她认为："学生的体能测验离不开健康检验。按照年级来分体育授课的班级是不科学的。因为一个年级中学生的身体情况各不相同，运动能力也有差距。体能差的学生精疲力竭，体能好的学生却未达其量。对于这两类学生都好处，又怎能同时发展他们呢。"[3]体格检验不仅能帮助体育教师了解学生，进行体育分组，还能促使学生关注自己的健康。为学生提供一种了解自己的方法，是促进学生个性发展的重要环节。对于体格检查的时间及频率问题，张汇兰认为："每学期初，进行一次身体检验，从第二学期起，若有学生需升组或降组，那么对这批学生再次进行复检。"[4]

体格检验为体育分组提供了支持，体育分组有利于因材施教。张汇兰对女子学校体育教师提出了三个方面的建议。首先，教师要选择适宜的运动。她认为在适宜运动的选择中，要把握好对教材与学情的分析。其次，要选择有价值的运

---

[1] 张汇兰. 大学校女子体育专科之设施概要[J]. 体育杂志（南京：国立中央大学中央体育研会），1929（2）：17-20.
[2] 同[1]。
[3] 高梓，张汇兰. 中国女子体育问题[J]. 科学的中国，1933，2（8）：20-24.
[4] 张汇兰. 体格检验及体育分组问题[J]. 勤奋体育月报，1935（2）：44.

动。她认为体育教师对于运动项目的理解十分重要，在把握教材内容的基础上，要求教师提升自身的格局和态度，更好地选择有价值的体育运动。最后，教师要指导学生进行体育运动卫生知识的学习。体育与卫生有着密切的联系，体育教师在指导学生学习运动之外，还要注重运动卫生知识的传授，使学生通过体育学习养成更好的卫生习惯，从而增进健康。特别是女子经期卫生知识等的教授十分有必要。

五、注重舞蹈对女子身心发展的作用

张汇兰作为女子体育教育家，重视舞蹈对于女子体育的作用。她在《中国女子体育问题》一文中提到："人皆爱美是天性，女子尤其。所以应当遵循女子的特长去发展……"[1]她认为提倡舞蹈是顺势而为，女子的性别决定了其比男子更擅长舞蹈，而且尤其爱美，因此应根据女子的特点发展舞蹈。同时她还提出舞蹈无论是在艺术领域还是体育教育领域，都有极高的教育意义。在体育教育领域，她指出："舞蹈既为发泄情感的出路，是以自己的身体为发泄的工具。所以它在体育教育，及艺术教育上，都占有重要地位，无可讳言。那么我们提倡体育的，为什么不注意舞蹈呢？"[2]她看到舞蹈不仅有艺术的美，还有体育的健。舞蹈不仅有利于身体健康，还有利于心理健康。

民国时期的女子体育，在张汇兰等女子体育家的推动下得到了空前发展。无论是在技术层面还是在球类运动方面，其进步都有目共睹。但是在体育舞蹈方面，张汇兰表示未见起色，在大多数人的观念里，舞蹈只是体育中的一小部分，无需过多讨论。张汇兰在一次运动会舞蹈裁判后感慨道："当下所倡导的是运动，而非舞蹈。"学生所跳的不是舞蹈，她认为根本的错误不全在教师，是整个社会缺乏对舞蹈的认知，因此结合舞蹈的标准来评判学生，对教师是不公平的。张汇兰提倡舞蹈，认为其不仅能给国民身心带来好处，还能改变当时舞蹈不像舞蹈的尴尬局面，使国民对舞蹈有真正的认识。

对于在运动会上表演的学生舞蹈，她认为学生的表情要由内而外表现出来，而非没有表情或为了表情而造作出来。在民国时期的运动会上，舞蹈逐渐沦为运动会的附属品。她指出："我们不允许在运动会中，舞蹈好像可有可无的是配角。"[3]同时，在运动会中，轻微的音乐伴奏声被在场观众的鼓掌声和叫嚷声掩盖，

---

[1] 高梓，张汇兰. 中国女子体育问题[J]. 科学的中国，1933，2（8）：20-24.
[2] 张汇兰. 舞蹈之改善[J]. 女师学院期刊，1936，4（1-2）：1-4.
[3] 同[2].

学生无法根据音乐进行舞动。在没有表情和音乐的辅助下,舞蹈变得缺乏灵动,也无法促进人身心和谐发展。

为了改善这一状况,时任中央大学体育系体育部主任的张汇兰主张从课程设置上进行突破。具体如下:①重视音乐鉴赏;②开设舞蹈理论。舞蹈与音乐有着久远的联系,因此在课程设置上,不能把它们看成是独立的艺术,应该培养学生对音乐的鉴赏能力,同时开设舞蹈理论课,拓展学生的舞蹈理论知识。她在《舞蹈之改善》一文中写道:"在学校的课程设置里,只要是体育师范、体育专科学校、大学体育系的学生都应该修音乐鉴赏课。……为了让学生更加深入地理解、认同舞蹈,同时应该开设舞蹈理论课。"[①]有了上层方向的引领,看似面对学生进行课程设置改革,实质是给教师的教学工作指明了新的方向,即提高教师的执教水平与改善学生的学习方向,从两个层面共同促进舞蹈教育,使学生通过舞蹈实现身心和谐发展。

第三节 张汇兰学校体育观的当代启示

张汇兰在民国时期对普及女子体育的贡献有据可循,其体育教育观对于中国学校体育发展有值得借鉴之处。

一、进一步重视学校体育的德育功能

张汇兰提出的"社会道德之训练"和"陶冶性灵发抒情感"观点,在如今看来也意义重大,与我国体育课程标准中所提及的心理健康与社会适应目标不谋而合。党的十九大报告明确提出,教育的根本任务是立德树人。体育教育作为学校体育的课程之一,具有户外性、身体参与等学科特性,拥有学校德育的独特条件。体育课程教学目标中情感目标的达成,是德育教育的重要环节,也是德育价值的重要体现。张汇兰体育教育观中的培养学生道德,结合课程标准来看,即社会适应目标和心理健康目标;结合学科核心素养,即体育品德目标。

落实体育课堂的德育功能,应重视课堂生成。教师重视教学设计,将游戏、比赛等常规环节"德育化"。在"德育化"预设的前提下,巧妙利用生成性知识,对全体学生或个别学生进行及时德育,努力做到体育课课课有德育,德育为人人,同时将个体德育与集体德育相结合。

[①] 张汇兰. 舞蹈之改善[J]. 女师学院期刊, 1936, 4 (1-2): 1-4.

落实体育课堂的德育功能，聚焦未来人才必备能力。创新思维能力、批判性思维能力、解决问题能力、协作能力是未来人才必备的关键能力。体育教育应教会学生如何在规则下去赢。只有学生亲身经历团队协作，亲身体验与队友面对失败、获得胜利，才能深切感受挫折与成功，从而在教师的引导下树立正确的得失观。体育教育中的德育要在培养未来人才必备的关键能力中作出贡献。

二、有助于强化体育保健知识教育

民国时期，中国正处于新旧思想激烈碰撞的觉醒年代。张汇兰结合所学提出体育与卫生密切关联，并崇尚女子健康美。1929年，张汇兰提出："卫生健康教育与体育是密切相关的，学生卫生习惯的养成全靠体育教师的教授，让学生明白卫生健康的知识和各种预防疾病的方法，并能用于生活。"[1]二十年后，她在《和缓运动》一书中指出："体育教师除了教学生运动技能外，更应该教授学生卫生健康知识，使学生养成良好的卫生习惯，因为这对学生的身体健康与体态关系密切。"[2]她把学生接受卫生教育的希望寄托于体育教师身上。

随着互联网的发展，计算机、手机、电视等产品应运而生，青少年儿童近视、体态等问题日益严峻；不规律的作息、饮食等，让青少年儿童肥胖指标居高不下。

学校是学生体育学习和锻炼的重要场所，体育与健康课程是学生学习体育知识和技能的重要课程。所谓体育教育，实际为"体育与健康教育"，而当前学校体育课程往往重体育教育而轻健康教育，即重视体育技能的学习，轻视保健知识的传授。义务教育体育与健康课程虽遵照"健康第一"的指导思想，但对于偏胖或偏瘦的学生、月经紊乱或痛经的学生、便秘或神经过敏的学生等，没有给予相应的关注，作者认为大多数一线体育教师对保健知识的教育，仅停滞在运动损伤的预防和及时处理等。因此，体育保健知识教育要从增强体育教师体育保健知识着手，从而丰富学生体育保健知识。体育教师理应主动承担起教授体育保健知识的重任，不断学习相关知识与技能，更加全面、科学地为学生的健康保驾护航。

三、有助于实施体育分层教学

中国古代教育家孔子早在春秋末期就提出"因材施教"的教育理念。民国时期，张汇兰洞悉不同性别、同一性别个性和能力的不同等，提倡教学分组。由于

---

[1] 张汇兰. 大学校女子体育专科之设施概要[J]. 体育杂志（南京：国立中央大学中央体育研究会），1929（2）：17-20.
[2] 张汇兰，孙征和. 和缓运动[M]. 上海：勤奋书局，1949：20-25.

体育是一门以身体练习为主要手段的课程，不同年龄段的学生在心理、身体、社交能力等方面各不相同；同一年龄段的学生也有着性别、发育速度等方面的不同，因此身体素质、身体反应能力、运动能力等其他学科中无需过多考虑的自然属性，在体育课中也要慎重考虑。体育教育中分层教学的重要性不言而喻，然而真正落地实施却难上加难。但即使难度倍增，也不能停止探索的步伐。

分层教学符合素质教育的基本要求，应面向全体学生，培养全面发展的人才。"每一个学生都有参与体育活动的正当权利，这是体育教学正当性的一个基本要求。"[①]分层教学，是体育教学正当性的基本要求和重要保证。民国时期，张汇兰以体格检查作为分层教学的重要手段。现代社会，随着科技的迅速发展，分层教学在信息技术支持下得到较为科学的实现。巧用智能手环，通过对学生心率的监测，可数据化呈现学生实时心率，助力体能科学分层；借用平板计算机拍摄，通过对转瞬即逝的技术、战术的拍摄，快慢镜头回放、暂停等手段，助力技战术科学分层等。

分层教学不仅是当下教育的选择与追求，也是千百年来教育先贤不变的追求。我们应当充分利用科学技术，助力体育教育的分层教学。路虽远，行则将至。

四、重视体育心理健康教育

当今社会，经济高速发展，物质、文化水平大幅提高，而国人的心理健康却面临着巨大的挑战。这尤其表现在青少年群体中，抑郁、焦虑等心理健康问题困扰着青少年。在大学生群体中，不仅存在上述心理健康问题，还存在心理素质问题，突出表现为意志薄弱、自信不足、自我调节能力差等，甚至还有部分学生存在社会适应能力缺陷，如缺乏合作与竞争意识。严峻的心理健康问题警示人们更全面、更深入地关注学生的心理健康。

世界卫生组织认为，健康是一种在身体上、精神上完满的状态，不仅是无疾病或无衰弱。"身体上、精神上"，可以概括为"身""心"两个方面。体育教育不仅是对学生身体的教育，还是对学生心理的教育。张汇兰不仅崇尚健康美，还重视舞蹈在学生身心发展方面的正面价值。我国《普通高中体育与健康课程标准（2017年版2020年修订）》针对必修内容中的健康教育模块，明确指出，心理健康和身体健康两者的重要程度是相同的，要意识到体育运动在心理健康教育中的重要价值。

---

① 李启迪，邵伟德. 论体育教学的有效性与正当性[J]. 北京体育大学学报，2011，34（3）：90-93.

在我国学校体育中，随着体育舞蹈越来越普及，健美操、啦啦操等项目的赛事陆续举办。但通过体育教学促进学生心理健康，启示的不仅仅是体育中的舞蹈项目，体育中的各个项目均具备促进学生心理健康的功能。体育教师要重视并肯定体育教育对学生心理健康产生的积极影响。这需要体育教师深刻理解课程标准，合理把握教材，深入进行学情分析，制定科学合理的教学目标和教学设计，让体育课堂成为学生身体与心灵共同参与的课堂。

五、有助于实施学校体育的社会化功能

中华人民共和国第五届全国人民代表大会第一次会议通过的《中华人民共和国宪法》，明确指出"国家培养青年、少年、儿童在品德、智力、体质等方面全面发展。"学校是学生接受教育的重要场所，其教育功能在各门学科中得以体现。体育作为学校教育的一门学科，虽然不是主课，但是学校教育必不可少的学科。体育教学质量直接影响着受教育者接受体育教育的质量。因此，在"五育并举""体育C位"的时代下，学校体育在学生受教育的过程中不可或缺、不可替代、不可懈怠。

相关课程标准还明确提出，在体育课程中要营造良好的人际关系，为提高学生的社会适应能力添砖加瓦；要在冲突与矛盾中，让学生学会克制、尊重、宽容、理解；要让学生明白合作与竞争并不矛盾等。体育教师要根据相关课标的具体内容与要求，做好教育工作。

多方面重视学校体育在促进人社会化中的重要作用。不仅要在课标的内容与要求上重视，还要在体育核心素养上给予重视，其中包括健康行为和体育品德。在课堂教学中，张汇兰提出："一定要让体育教师具有提高学生适应能力、抗挫折能力、吃苦耐劳的能力；通过体育教学强化学生的智力和意志品质；通过参与体育活动培养学生的兴趣爱好、运动习惯。"[①]这些在体育课堂中习得或强化的优良品质，能够帮助学生更好地融入社会。此外，体育相较于德育、智育，还有特有的规则教育。随着现代社会的发展，人们越来越追求个性，规则意识在部分年轻人中越来越淡漠。然而，没有规矩不成方圆，规则意识的缺乏在关键时刻将酿成大错。在浙江体育与健康课程中，对一堂常态课的标准，首要为"开始有队列"。队列队形教育不仅是对教师基本功的检验，更是对学生规则意识的培养。良好的规则意识，能让学生更好地与社会衔接。

---

① 张汇兰. 中国女子体育之需要[J]. 金陵女子大学校刊，1924，2（1）：9-16.

第十二章 注重体育，首在普及：张汇兰学校体育观及其启示

在学校教育课程体系中，体育虽非主课，但其地位和意义是其他课程无可代替的，也是促进学生全面发展、培养其社会意识的重要课程。新时代的体育教师应当努力承担新时代所赋予的使命，不断加深专业学习，为体育教育事业奋斗终生。

相关体育教育家简介

蒋湘青（1898—1981年）

字襄卿，江苏省宜兴芳桥镇人。他1917年毕业于常州第五中学，由于家境贫寒，暂时不能升学，所以担任了一年小学教师。1918年，蒋湘青考入南京高等师范学校，专修体育。1921年，他毕业后被聘为上海圣约翰大学体育教师。1923年他担任《教育与人生》刊物体育栏的主编，还任复旦大学体育主任，曾经带领复旦大学篮球队远征日本；1924年在《申报》担任《体育与卫生》周刊主编，后又担任《时事新报》体育栏目编辑，并于各大报刊上宣传体育；同年，他协助沈嗣良创办了中华足球会。1925年，经中华全国体育协进会董事会全体人员同意，他被聘为该协会干事。1926年，他与一些有识之士共同创立中华裁判会，培养各项运动裁判人员，为民国时期体育赛事的独立承办和体育专业裁判的培养作出了不朽的贡献。1938—1941年，蒋湘青任职于国立武汉大学，担任体育主任。1942年，蒋湘青担任贵阳师范学院体童科主任兼教育部的部聘教授。1946年，他在上海担任沪南体育场场长，并兼任《新闻报》体育主编，在此期间，他多次组织裁判员培训班，培养了大批体育骨干，并被委任为上海体育学校副校长。在他的倡导下，我国成功组织并召开了首届"中华运动裁判会"。蒋湘青是我国近代著名体育教育家和体育活动家，他一生不仅勤于体育实践，在体育理论方面也是笔耕不辍，除了在各大报刊发表论文，还出版了《体育概论》《人体测量》《怎样举办运动会》《田径A、B、C》《田径运动》《体育究竟是什么》《学校体育之谬误趋势亟宜纠正》《中华全国体育协进会年刊》等著作。

第十三章

体育为三育之基础：蒋湘青学校体育观及其启示

第一节 蒋湘青学校体育观的形成背景

首先，蒋湘青的学校体育观与其个人运动经历密不可分。蒋湘青从小性格开朗，爱好体育。高中毕业后他考入体育专修科，学习期间，他的各项运动成绩均很优秀。他曾经代表南京高等师范学校多次参与运动会，并取得优异的成绩[①]。毕业后，他在上海圣约翰大学担任体育教师。蒋湘青不仅在运动方面成绩突出，在体育学科方面也有许多研究和贡献。他曾经担任各大报刊体育专栏的主编，成为中国近代史上赫赫有名的体育专栏编辑之一[②]。蒋湘青作为我国著名的体育栏目编辑，几乎把一生时光都投入到体育编辑事业中，他的体育教育观主要通过报刊来宣传[③]。他认为可以宣传任何和体育相关的内容，让广大民众对体育有新的认识，使社会更加关注体育，增强体育对社会的影响力；同时他通过发表文章向大众介绍新体育，向大众宣传新的体育教育观，大力提倡改革学校体育。在五四运动之前，中国所有的大型竞赛活动和体育活动组织全部为在华的基督教青年会外籍人所掌握，中国完全丧失了体育主权。1923年第6届远东运动会在日本大阪举行，代表中国演讲的居然是美国人葛雷，这引起了中国爱国人士的强烈不满，他们强烈要求中国成立属于国人自己的体育组织。1924年中华全国体育协进会的成立标志着中国体育主权的回归，蒋湘青被推举为该组织干事，此种经历对于其思想的

[①] 刘作忠. 首次由中国人主持的全国运动会[J]. 寻根，2010（2）：34-38.
[②] 刘江，白刚. 论近代西方兵操在中国的引进[J]. 北京体育大学学报，2003（3）：323-325.
[③] 崔乐泉. 对我国体育类博物馆发展的几点思考[C]//北京博物馆学会. 北京博物馆学会第三届学术会议文集. 北京：北京博物馆学会，2000：10.

形成产生了重要作用，同时他的体育教育观也在此背景下得以加深①。在夺回中国体育主权的争斗中，蒋湘青凭借自己在体育界的影响力，大力宣扬中国应该有独立的体育主权。在此过程中，其体育教育观体现得淋漓尽致。在民国时期第3届全国运动会举办之后，当他得知会章委员会在开会时仍然有外国人参与后，立即写文章发表意见，他指出："我国在往届运动会之中，由外国人作为代表，因此遭到其他国家的嘲笑；凡是中国人，都应以此为耻。想要在国际中提高体育地位，应当训练具有经验的体育人才。有关国外的体育事宜，必须有中国纯粹的体育机关"②。该文章一经发出，就受到中国体育界人士的关注，对中华全国体育协进会的成立产生积极的推动作用。

其次，蒋湘青走上体育之路与黄炎培有着密切关联。黄炎培对其学校体育观的形成有很大影响，蒋湘青在上海圣约翰大学担任体育教师期间，上海《申报》为了宣传和提倡新时代教育，创办了《教育与人生》周刊，并且设立"体育"专栏，黄炎培当时主持《申报》工作。在阅读蒋湘青发表的文章后，黄炎培就决定聘用他为主编。在黄炎培的提携下，蒋湘青成为当时著名的体育刊物主编。之后，在黄炎培的支持下，蒋湘青协助沈嗣良创办中华足球会；经过黄炎培的推荐及董事会的同意，蒋湘青成为中华全国体育协进会干事③，从此开启了他在体育组织领导事业上的征程。每种体育教育观的形成都需要一个过程，不同的社会文化背景形成不同的思想。蒋湘青的个人体育经历是其思想形成的基础，而夺回中国体育主权是他走上体育之路的动力，在黄炎培的帮助下他开启了体育组织领导事业，其体育教育观渐趋成熟。

第二节　蒋湘青学校体育观的核心内涵

一、认为体育是身体养育的教育

蒋湘青认为体育的说法众多，拳教师说拳术就是体育，运动家说踢球、赛跑就是体育，士兵说兵式体操就是体育，和尚道士说修行静坐就是体育④。他对这种众说纷纭的体育看法表示不满，他认为不合法的运动不是体育，合法的运动只能

---

① 李丽. 体育成为陶都新"名片"[N]. 宜兴日报，2006-07-19（A1）.
② 蒋湘青. 远东运动之教训[N]. 生活，1929（5）：1-2.
③ 吕玉军，伯亮. 民国时期的中华全国体育协进会[J]. 历史档案，2001（4）：105-108，113.
④ 蒋湘青. 体育究竟是什么？[J]. 教育与人生，1923（1）：5.

是体育的一部分，体育应由两个部分组成：体是指肉体，按解剖学说就是骨骼、肌肉、血液与神经组成机体；育是指养育的意思。因此，体育的范围很广，凡是强健筋骨、发达神经、涵养德行的活动皆可称之为体育。就体育的内容而言，体育可分为学科与术科两部分，学科方面有体育原理、人体测量学、体育方法、按摩术、运动生理学、卫生学、生理心理学、儿童心理学、肌肉学、年轻心理学、教育心理学等，术科方面有游戏、拳术、体操、田径、游泳、武术、跳舞等。因此，运动是达成体育目的的工具，属于体育中的术科[①]。

二、提倡体育要从"士大夫"做起

蒋湘青提出，"而今日以士大夫自居者，于乎有百分之七八十像女性，中国体育像一支泥脚般的拖住着，不易前进，我认为这是最大是阻力"[②]。从中可以看出，"士大夫"是造成中国体育止步不前的最重要原因。

蒋湘青认为，"体育是人类赖以生存的基本武器"[③]。原始人出生于洪荒之中，自谋生存，离不开体育。人们为了保全性命、躲避危险，需要进行各种各样的身体活动。春秋时期，人们以武力为重，尚武观念在当时深入人心。秦始皇统一六国后，为了稳固自己的统治，收天下兵器造出十二铜人，出现天下一人为刚、万人为弱的局面。宋朝时期，为防武将夺权，宋太祖杯酒释兵权，从此开始重文轻武。经历战乱时，人们为了保全性命专注于诗文，有人更是把老子的无为解释为不作为。到了近代人们开始重视体育，但是只是停留在口头上，在行动上还是继续保留重文轻武的传统，因此体育没有多大的进步[④]。近代推行体育要放弃大人物的尊严，以身作则。体育教育也要身体力行，体育教育者要积极创造运动的环境，举办运动会，多树立一些运动成绩优异的榜样。

推行体育首先要引起政府的重视，需要政府制定推行体育的具体方针，这样才会让国民重视体育，才会使体育运动成为一种习惯。

三、认为"体育军事化不适用于中国"

在有关民族体育的讨论中，蒋湘青认为，"体育军事化没有必要在中国实

[①] 蒋湘青. 体育究竟是什么？[J]. 教育与人生，1923（1）：5.
[②] 蒋湘青. 提倡体育要从士大夫做起[J]. 贵州教育，1943（5）：3-9.
[③] 同②.
[④] 同②.

行"。因为每个国民只要有健全的体格、健全的思想，以及健全的民族意识，经过学校军训后，在国家困难时就可以随时赶赴前线、保家卫国。但体育军事化有诸多危害，会使体育界人士越来越复杂（体育军事化会使体育发生异化，违反了体育的本质规律及人性道德，把体育当作政治工具，不符合体育强身健体的本质特征），严重影响体育的发展。他还指出，"中国还不够强大，不够强大的民族在军事方面的努力，不应该盲目崇尚形式，而是应该根据中国的国情，采取苦干实干主义，否则会招致外力干涉体育事业的发展"[①]。

国民是一个民族繁荣发展的希望，每位国民都应该具备健全的人格。健全人格的培养需要强健的身体和良好的精神，体育是健全国民之人格的重要途径。秉持体育的真义而学体育，为了民族复兴而学习体育，而不应该使体育走上军事化道路[②]。

四、认为体育是学校"三育"的基础

古今中外，只有使国民强健，才能使整个民族文化发扬光大，才能使民族独立自存。中华人民共和国成立之初，国民体育不振，根本原因在于文化的衰落。人人深知体育的重要性，体育得到国民的重视。体育教育也受到国民的追捧，父母把子女送到学校，除了发展智育、德育，还希望子女能得到良好的体育训练，以增进健康、增强体质、延年益寿。蒋湘青认为，一方面体育从属于教育，是教育的一部分，并且体育、德育、智育三者地位平等、相辅相成，共同达到教育的目的；另一方面，体育也包含有德育和智育。原因在于身体健康的人通常思维敏捷，道德品质高尚，心态积极乐观，人生幸福，积极进取；身体虚弱的人常常脑力迟钝，道德品质难以得到磨炼。由蒋湘青体育教育观可以看出，体育对德育和智育有着积极的促进作用，是学校"三育"的基础。体育是人格塑造和知识构建的关键。体育发展好了，德智二育也能在此基础上快速发展[③]。

（一）主张学生发展全面化

在学校体育方面，蒋湘青根据学生的特点，把学生分为四类：第一类为运动员，即对某项运动有特殊的天赋、具有精湛的技能、每天花费2~3个小时进行练习的学生。第二类为热爱运动者，这类学生通常对体育运动非常狂热，但是他

---

① 蒋湘青. 体育主张[J]. 勤奋体育月报，1935（3）：228-259.
② 白刚. 中国近代体育史中的兵操、体操与体育[J]. 上海体育学院学报，1999（S1）：170-172.
③ 蒋湘青. 学校体育之谬误趋势亟宜纠正[J]. 东方杂志，1933，30（20）：13-17.

们不是对体验运动感到狂热，而是对观看体育比赛狂热，自身并不参加体育活动和竞赛。第三类为钻研书籍者，这类学生对于学校的功课非常认真刻苦，偶尔参加运动比赛，在周末去公园散步。第四类为懒惰者，这类学生对于学业和体育都漠不关心，没有明确的目标。蒋湘青认为这四类学生的体育品格都不够完善，运动员过度注重某项技能，而忽视其他技能的重要性，违背了体育的本旨；热爱运动者没有亲自参加体育运动，无法理解体育带给人的益处；钻研书籍者运动和练习次数太少，无法体会体育运动带给人的乐趣；懒惰者既不钻研书籍也不参加体育运动，完全感受不到学校生活的意义。当前很多学校只注重学生的文化课成绩，认为学生的本职就是学习文化课，把学生当作学习的机器，忽视了体育运动，认为参加体育运动浪费学习时间。现在国家提倡素质教育，要求学生全面发展，而体育是素质教育的基础和关键。培养全面发展的学生是整个社会的需要。

（二）主张体育教师专业化

教师的专业水平是影响学校体育发展的关键。蒋湘青认为当时中国的体育成绩处于相对落后状态。在选手制体育下，学校过度追求成绩，导致运动员商业化的弊端日益显露，并且一时难以纠正。他认为提高体育成绩的唯一有效办法是由教育部分别命令各省市教育局对体育教师进行集中培训，一方面统一体育教师的思想，另一方面提高体育教师的专业水平。集中训练不能停留在字面上，要落到实处，让体育教师在行动上、思想上都有所提高。一位合格的体育教师不仅要在专业方面达到精通，对于学生的学风也应该起到监督作用，做到上操有秩序、运动有纪律。当时部分体育教师未经过专业的训练，只在某方面具有特长，自身掌握某种运动技术但未必会教授，在传授技能方面能力欠缺。要想提高学校的体育成绩，必须提高体育教师的专业化水平。

（三）主张教学内容规范化

蒋湘青认为提倡体育应该符合实际而不流于形式，多数学校的校长已经认识到体育的重要性。爱好体育的学生每天都有 2～3 个小时的练习时间，不用监督，他们已经有充分自觉练习体育的意识。在体育教学中需提高没有体育爱好的学生的体育意识，具体包括：一方面应从实际做起，创造良好的学习环境，增设场地设施，为学生运动提供必要的外部条件，聘请经过严格训练的体育教师和训练员；另一方面，制订具体的实施方案，把体育列入正课中，每项运动有明确的课时数和学习的年限，学校按照方案中的规定执行，学校体育教材以普通操、简单的体育游戏及体育馆内已有的轻器械运动为主。球类和田径运动应该被放在普通操之后，学生分组进行，以保证身体运动较差者也能有学习的机会。

（四）主张体育课堂纪律化

蒋湘青指出当时学校的体育完全让学生按照自己的兴趣自由练习。学生我行我素，不听教练员的命令，不服从指挥。无组织无纪律，想练什么练什么，想学什么学什么，造成学校体育混乱的局面。他认为体育课堂要有良好的纪律，体育活动要有良好的秩序。

（五）提出健全体育设施

蒋湘青认为："现在的大中小学徒有提倡体育之名，而无提倡体育之实。已言设备，往往操场之大，如同天井，篮球架之外往往别无一物，以如此之环境及有限量之空间，而欲使千百学子享受体育训练之效益，其谁信之？"[1]因此，他认为体育器材和场地是学生进行体育活动的载体，是学生开展活动的保障，是评判学校体育开展情况的指标。提倡体育首当其冲需要解决的是体育场地和器材问题，只有满足基本条件才能将体育落实。

五、提倡公平公正的竞技体育教育观

举办运动会并非完全顺利，比赛场上也免不了出现纠纷。1933年第5届全运会足球竞赛中，上海队对战辽宁队时，出现两队球员打架事件，球迷涌上球场，导致比赛无法进行[2]。蒋湘青认为应该采取合理的办法避免纠纷。对于运动会的规则，应该深入研究，不仅要了解字面意思，还要探讨里面的精神，这样在问题发生时才能够应付自如。当时体育最大的问题，就是运动规则"似是而非"，有关知识只是由耳闻目睹得来的，没有深入挖掘，从字里行间追求真义，知其然，还要知其所以然，这样才能从根本上解决问题[3]。他认为讲情面是中国的陋习，运动纠纷大多源于讲情面，用情就是作弊，有违公平公正的原则，必然引起纠纷，应该杜绝这种不良现象。蒋湘青在贵阳师范学院任职时担任运动会的主裁判，国民党时期四川、贵州一带的"土皇帝"杨森坐在主席台上，气势凌人。在开展运

---

[1] 蒋湘青．学校体育之谬误趋势亟宜纠正[J]．东方杂志，1933，30（20）：13-17．
[2] 同[1]．
[3] 蒋湘青．远东运动之教训[J]．生活，1929（5）：1-2．

动会的过程中，遇见犯规的情况，杨森便独断专行，想怎么判就怎么判，蒋湘青看见这种情况当场拿下主裁判标识，并把它扔在主席台上，随即离开。第二天杨森让身边的亲信再三请他，他才去执行裁判。运动场中的工作人员也要以身作则，做好本职工作，保证运动会井然有序。每个人都有自己的专长，对于其他方面不懂也很正常，但是不懂装懂地埋头瞎干会使运动会无法正常开展[①]。

蒋湘青认为在开办运动会时，一定要有责任心，认真实际做事，培养钻研运动规则的精神，追求评判的最有效办法，严格按照规则维持秩序，不留情面，秉持公正的原则[②]。

六、主张积极学习外国先进的体育方法

毋庸置疑，远东运动会的召开推动了当时中国体育运动的发展。但是，中国体育虽有进步，实际动而不前。相反，日本体育每参加一次运动会，就有一次进步。蒋湘青认为日本在体育运动上的提高，不仅在于整个国家都重视体育，还在于使用科学有效的方法。欧美的体育家训练体育选手的方法多以物理力学为出发点，德国体育家在这方面的研究也是不遗余力。日本曾经邀请德国的田径队进行日德对抗赛，目的就在于学习德国的方法；并邀请法国的网球队赴日参加比赛，目的也是学习法国先进的方法。日本不仅积极主动学习他国科学的体育方法，自身也有许多优点值得中国学习。具体如下：①具有服从的精神，对于教练员唯命是从。②具有坚毅的精神，学习一种运动，给自己定下高标准，努力下苦功夫，取得进步不沾沾自喜。③自信自强的精神，遇到困难不退缩，不放弃，坚持到底，"拼命"达到自己的目标。蒋湘青认为日本体育的进步并非一时的进步，而是长期不断地学习和总结经验，找到科学的方法。中国应该学习日本的体育精神，快速进步[③]。

七、认为国家的体育精神寓于国民的形态中

在第9届远东运动会上失利后，国民把失利的原因归结为参加运动会的选手和代表。蒋湘青认为这是不科学的说法，参加运动会的选手是从四万万同胞中挑选出来，是代表整个民族的，选手们在比赛中也付出了努力。中国的失败运动会之前就失败了，是全体国民的失败。随便观察便可以看到，当时外国人走在街

---

① 蒋湘青. 远东运动会之组织及胜负计算法[J]. 体育，1927（3）：161-163.
② 蒋湘青. 本届运动会各种竞赛锦标之预测[J]. 新中华，1933（3）：77-81.
③ 蒋湘青. 远东运动之痛定思痛[J]. 生活周刊，1929（5）：1-3.

上，人人挺胸抬头，精神抖擞。再看看中国人，不是驼腰，就是屈背，一副无精打采的样子，与外国人相比，差得太远了。大多数中国国民当时的状态即是如此，这是不容掩饰的[①]。

他认为从一个国家国民的状态，可以看出一个国家体育成绩的好坏。国民的姿态反映出一个国家对体育的认识程度，以及一个国家的体育精神。国家要想提高体育成绩，就不可忽视国民的体育素质，要让国民认识到体育的重要性，最重要的是让大家挺胸苦干，而且是"从我干起"，矫正走路姿势，让国民看起来有精气神。

第三节　蒋湘青学校体育观的当代启示

一、有助于改变体育的传统认知与观念

蒋湘青认为不同群体对体育的理解不一致，这种现象的产生对形成体育的统一认识极其不利。

蒋湘青的体育认知具有超越时代的意义，其对当代的主要启示如下：①体育并不是头脑简单、四肢发达的活动，而是一门学科，大众会产生片面理解，主要是没有正确理解体育的概念与内涵。人们误以为运动、体操、游戏就是体育。同时，运动员自身的文化水平较低也容易让人误解体育就是运动，当今部分社会人士依然存在以上错误理解，这说明体育传统观念根植于普通大众心中为时已久。针对此问题，重新学习与领会蒋湘青的体育概念具有重要的意义。②进一步区别运动与体育的区别。按蒋湘青的理解，运动与体育的区别在于养育，即育人，运动没有涵养德行的功能，而体育有这方面的功能，体育除了包含运动之外，还能锻炼人的意志，这对于当下学校体育立德树人目标的实现具有较高的价值。

二、重树学校体育在学校教育中的地位与价值

蒋湘青认为，首先，体育从属于教育，是教育的一部分，体育和德育、智育共同达到教育的目的；其次，体育包含德育和智育的元素。体育可以促进身体健康，而身体健康可以使人思维敏捷、品质高尚、积极乐观。

蒋湘青以上观念对当代的启示在于：①学校体育是学校教育不可或缺的组成部

---

① 蒋湘青. 行人不行[J]. 勤奋体育月报，1933（1）：5-6.

分。这一观点得到众多教育家与思想家的赞同，重提这一说法说明学校体育对于学校整体教育而言是不可替代的，学校只有在抓好智育教育、德育教育的基础上，狠抓学校体育，才能顺利完成学校教育的整体功能。学校体育的目的是实现学生的全面发展，因此蒋湘青把学生分为四类，并且指出这四类学生的发展都不够全面，存在极端化问题。他还提出相应的策略来应对这种问题，使学生体智并进。②在强化学校体育的价值基础上，突出学校体育特有功能，即学校体育有助于促进学生身体健康，而身体健康是学生发展思维、品德、心态的基础。然而，当前学校体育并未得到中小学的高度重视，甚至出现体育课被其他科目教师占用的现象，这种情况多发生于乡村地区的中小学。乡村地区的学校由于受到师资力量、体育设施等因素的制约，体育课程并未得到重视。健康的身体是形成健全人格的基础，蒋湘青提出的"体智并行"符合当今社会对学校体育的要求，身体运动和智力二者缺一不可。

三、有助于提升学校体育管理工作者的业务水平

蒋湘青提出体育要从"士大夫"做起，这表明国家教育行政管理人员是影响学校体育发展的关键因素，国家教育行政人员对体育的支持和倡导对我国的体育事业有巨大的推动作用。任何一项体育运动的发展都离不开国家和教育部门的支持。党的十八大召开以来，习近平总书记多次发表重要讲话，指明了我国体育发展的方向，提出对体育发展的要求，体育工作者也因此深受鼓舞，对我国体育充满信心。习近平总书记不仅重视体育，提倡发展体育，自身的身体素质也非常强。在四五岁时，他就学会了游泳，他对游泳的热爱也一直持续到现在。

除了国家领导人对体育的高度重视，教育部门与体育部门行政人员的业务水平对体育发展也极为重要，但由于体育长期以来不被重视，体育业外人士对体育的认知水平较低、熟知程度较差，导致部分学校教育与学校体育管理水平不高，这种现状极大阻碍了学校体育的发展。因此作为学校教育与体育行政人员，应及时顺应时代的发展，提高自身的体育专业水平，这样才能管理好体育，杜绝外行管理内行的现象。

四、有助于理性对待国外体育的成功经验

不同国家的社会形态对体育有不同的认识和态度，近代国人对西方体育也有不同的意见。有秉持保守主义、彻底批判外国体育的保守派，也有主张照搬西方的体育模式、体育全盘西化的激进派。蒋湘青对待西方体育的态度是理性借鉴，

尤其是提倡借鉴日本体育快速进步的经验，取其精华，去其糟粕。中国的体育事业要谋求发展，不能故步自封，要以开放的角度吸纳国外先进的经验，这样才能超越自我、超越他人。

就学校体育而言，作者认为蒋湘青谦虚谨慎的态度是值得学习的。在积极借鉴外国优秀学校体育文化的同时，也应该根据中国学校体育发展的基本情况，分析外国的经验是否符合我国学校体育发展的实际，这样才能有的放矢，不要照搬照抄，否则会适得其反。例如，日本的快乐体育是一种优秀的教学模式，它是基于体育教学困惑而产生的，自从快乐体育被引入我国以来，在中国大地上风靡一时，但同时也遭遇发展瓶颈。在引入日本快乐体育过程中缺乏对中国实际情况的研判，因此，我们应重新审视快乐体育的历史背景与中国特点，这样才能把快乐体育融入中国学校体育之中，促进我国体育教学的改革与发展。

五、有助于提高全民的体育健康意识

国家要想提高体育成绩，应提高国民的体育素质，培养国民的精气神。蒋湘青通过报刊宣传体育，让国民形成体育意识，同时发表文章来批判国民的姿态，认为姿态不端正的原因在于没有体育意识，并且指出这种现象是中国存在的隐患，是中国体育不强大的根本。

建设体育强国与健康中国是新时代的要求，要达到这一目标还需要全体国民的努力。应增强民众的体育意识，让全体国民懂体育、学体育、会体育。从《全民健身计划纲要》的颁布、《健康中国2030规划纲要》的出台，到党的十九大报告指出"广泛开展全民健身活动，加快推进体育强国建设"，都表明国家对全民体育的重视程度不断加深。有意识才会有行动，体育意识的形成是开展体育活动的前提条件，是体育强大的动力。

总之，蒋湘青不仅是体育教育家和活动家，也是体育新闻工作者，在体育方面形成独特的思想。他在民族体育、学校体育、竞技体育方面都有真知灼见。在民国时期，他就意识到"士大夫"对于体育的重要性并提倡体育要从"士大夫"做起，认为体育军事化不适用于中国，同时他认为体育是学校三育的基础，倡导公平公正的竞技体育观。他眼光长远，主张积极向外国学习。他的体育教育观为当代体育的发展提供了指导，为新时代的体育增添了色彩。

相关体育教育家简介

郝更生（1899—1976年）

江苏淮安人，原名郝延浚，后更名为郝更生。郝更生14岁便赴上海求学，成绩出众；1919年五四运动蓬勃发展之际，他被推选为演讲者，宣扬德先生与赛先生。在国家罹难之际，郝更生意识到唯有工业才能救国，他认为，"如欲国家富强，必先发展工业。而如欲发展工业，必先从事建设"，于是远赴哥伦比亚大学学习土木工程。到了美国后，郝更生感受到当时美国人的高大强壮、活泼愉悦与中国人的矮小瘦弱、暮气沉沉形成显著对照，意识到"若不体育救国，在行将见及的若干年后，中国人不但要亡国，而且更有减种之虞"，于是他转入春田学院专攻体育。

学成回国后，他先后在北京、清华等大学担任体育教授。他曾负责主办民国时期第3届、第6届和第7届全国运动会。1932年他任教育部体育督学，同时兼国民体育委员会主任委员，掌管全国体育行政。郝更生是亚洲运动会的发起人之一，是第1届亚运筹备会临时秘书长；曾任中华全国体育协进会理事长、中国滑翔会总干事等职。

第十四章

体育教育化：郝更生学校体育观及其启示

第一节 郝更生学校体育观的形成背景

首先，郝更生学校体育观的形成与他在美国春田学院的求学经历有关。1920年之前，正规的体育课程在美国的学校教学中不太受重视，并且人们对于体育的认知较为狭隘，仅仅理解为"体质的提高"。从1920年开始，体育在美国逐渐得到重视，逐步扎根于教育领域，人们对体育的认识较之前有了一定程度的改进和提高。体育成为教育的手段之一，其范围和概念变得更加丰富，其概念和定义也从"身体的教育"升华为"通过身体的教育"这一专业性的教育概念。郝更生在美国留学时，正值美国开辟"新体育"之际，它与中国的军国民体育有着本质的区别。美国的成功实践让郝更生欢欣不已，西方先进的体育教育观不断地融入他的思想体系之中。他打开了一条行之有效的救国之路，更加坚定了"体育救国"的思想。郝更生在美国春田学院学习期间，汲取了美国"新体育"思想。郝更生指出："故学校及社会体育之根本命意，在于学校时，养成体育上之良好习惯；俾于毕业后如社会服务时，能因业余之暇，而从事身体运动，以增加个人服务之精神及毅力。此学校体育与社会体育，所以先后为用，而能影响于社会上各种事业及人民生活之效率也"[1]。他将人的培养从个体健康层面转到社会化教育层面，在学校教育方面取得了较大成功。

其次，郝更生学校体育观的形成与他回国后的任职经历相关。回国后的郝更

---

[1] 郝更生. 十年来我国之体育[C]//成都体育学院体育史研究所. 中国近代体育史资料. 成都：四川教育出版社，1988：112-113.

第十四章 体育教育化：郝更生学校体育观及其启示

生不但先后在国内几所知名高校任教，还担任民国时期教育部的体育官员；他主持全运会，参与制定体育法规，多次代表国家单枪匹马远赴国际体育运动会声讨正义。在工作过程中，他经历了诸多的困难，但愈挫愈勇。在其回忆录中曾有记载，在举办民国时期第 3 届全运会时，因郝更生坚持要拆掉一座牌坊，有人写信警告他："郝某人，你再要主张拆除某处牌坊，破坏武昌的风水，危害一方百姓，对不起，我们就要采取行动，请你吃手枪子弹。"面对生命威胁，郝更生没有一丝畏惧，每天挺胸昂头走在马路上，心里还在想："好呀，我便为倡导体育而牺牲，我就为开运动会而殉葬，正好投身成仁，舍生取义。"举办第 10 届远东运动会时，日本坚持让伪满洲国参赛，遭到了中国的反对，最终郝更生力主中国将退出该运动会，才没让日本的阴谋得逞。

当时中国国民体质普遍较差，且人们对体育的认识不足，这让郝更生感到无比心痛。他坚持要让国人了解体育，推动全民参与体育锻炼，增强国民体质。郝更生花甲之年仍活跃在国际体坛，坚守着毕生从事体育事业的决心。

郝更生回国参加体育工作之时就指出，中国体育在发展过程中存在诸多问题，尤其是学校体育。他指出，"十年前学校体育处于酝酿时代。从提倡方面，学校当局，对于体育意义，即未了解；而设备方面，亦无精细计划，所谓体教师者，大都为军队中人。体育理论既无；而所练习者，亦及为德国式之不发及浅腐之器械动作。若球类竞争、团体或自然游戏等，则不多见"，"斯时学校体育，当局者既无努力提倡之热忱。而学生家长更无明爽之观念。家长对于学生在校之体育训练，不独无积极鼓励之意，且有疑运动为戕害身体之动作者。更有认学校体育为非理举动而令子弟中途辍学者"[1]。由此可见，当时的社会环境阻碍了体育的发展，社会主体对体育的错误认识及专业人士的缺乏限制了体育发展。

因此，郝更生在担任北平（今北京）"中等以上学校体育联合会"会长之际，克服重重困难，在北平各级学校力推体育课程。郝更生认为联合会曾经花费了我不少的时间和精力，我对于工作的推行，莫不全力以赴，期底于成，当年我们确将运动风气普遍的带到文化古城，或大或小的运动会，校际比赛持续不断在举

---

[1] 郝更生. 十年来我国之体育之观察[C]//成都体育学院体育史研究所. 中国近代体育史资料. 成都：四川教育出版社，1988：113.

行，虽不能说万人空巷，至少也是盛况空前。每逢星期六下午或者星期天，北平街上穿运动装，拿着运动器具和球类上体育场的青年学生随处可见。

郝更生毕业归国后参与了多届运动会的筹备工作，其中对于中国体育的发展、郝更生传播其学校体育观意义最重大的是民国时期第 3 届全运会。1924 年举办的第 3 届全运会是他回国后主持的第一届运动会，这届运动会成为中国历史上第一届真正意义上的现代运动会。本届运动会规模庞大，项目更完备。第 3 届全运会的项目包括：田径、足球、篮球、排球、网球、国术、体操、游泳、童子军。比赛期间，每天都有众多观众参观，参赛运动员人数众多，来自全国各地。妇女参加体育运动成为此次运动会的一大亮点，这是中国妇女首次亮相于全运会舞台。不少女选手参加了游泳、网球等项目，这些项目只是列入表演赛，其成绩不计入正式比赛成绩。中国选手在远东运动会上令人担忧的成绩，使得郝更生意识到此次运动会承担的重要使命。作为大会筹备工作的负责人，郝更生带领大家共同努力，使此次运动会在诸多方面取得了令人骄傲的成就。郝更生作为此次运动会的负责人，坚持大会的举办宗旨，即增强国民体质，提高运动成绩，使中国体育能够在国际体坛上占据一席之地，通过体育来实现中华民族的伟大复兴。第 3 届全运会的宗旨契合了郝更生"体育救国"的思想。

1932 年第 10 届世界运动会定于洛杉矶举行，为了使伪满洲国获得国际的认可，日本打算让刘长春以伪满洲国的名义参赛。但日本的这一做法着实激怒了中国人民，遭到了中国人民的猛烈抨击。中国人民坚持认为伪满洲国是日本人在中国所建的伪政权，是不合法的；同时要求日本归还侵占的东北三省。迫于压力，日本放弃了包藏祸心的设想，而刘长春以中国选手的身份参赛，并且在洛杉矶会场上升起了中国国旗。在 1934 年第 10 届远东运动会上，郝更生粉碎了日本让伪满洲国参会的阴谋。他认为远东运动会举办以来，历届竞赛均以发扬体育精神为主旨，缅怀已逝的二十一年，中菲日三国之间，不仅民族与民族间的情感借此大为贯通，而且三国之青年尤其获得良好的了解与认识，相互攻错、相互锻炼、增进文化教育的交流"。

第十四章 体育教育化：郝更生学校体育观及其启示

第二节　郝更生学校体育观的核心内涵

一、提出"体育教育化"的观点

郝更生认为体育教学不仅包括技能的教授与掌握，还包括学生个人行为习惯的习得与养成及知识的获得等诸多方面。郝更生在《第十届世界运动会》一书的序中指出："体育为教育之一，亦为百事力行之基础，于可供给国民机体充分发育机会，训练国民随机运用，身体适应环境，能力培养国民，合作团结精神，养成国民侠义勇敢，刻苦耐劳风尚。"[1] 由此可见，要想社会良好发展、人们安居乐业，就必须实现体育的教育化功能。

国民政府定都南京后，不遗余力地倡导国民体育。曾先后制定了多部法律，组织了多次运动会。"9·18事变"后，教育部制订了新的教育方案，包含以下三个基本目标：①注意体格训练；②改进精神训练；③注意生产能力与国防教材，并于教育部内设体育组，负责推进国民体格训练事宜。

全面抗战开始不久，在国民政府发布的《抗战建国纲领》中，有"三育并重"之宣誓。在召开全国国民体育会议，商议有关抗战建国的基本工作——国民体育的实施时，决议案有七十余件。对此，郝更生表示，虽难免老生常谈，然国民体育之实施，应从教育着手，正本清源，其道无它。果能一一见诸实施，裨益必多。

郝更生指出中国体育在发展过程中存在的五点问题：①缺乏正确理论的领导；②体育行政系统未能建立；③体育人才缺乏；④体育经费未能筹措；⑤体育团体组织很少。针对这五点问题，他指出在体育教育化过程中应该做到以下几点：①体育实施不仅应贯穿于整个教育中，还应分别配入各层社会及个人生活中；②体育不仅应视为锻炼个人体格之工具，更应以体育原理及其活动方式培养团体精神与道德；③体育是儿童与青少年不可缺少的基本训练，今后的国民体育应分层推进，以短期内完成此项基本工作；④体育的推进中应划定并确定国民体格技能标准，常年校阅、比较[2]。

在郝更生体育教育观体系中，体育教育化始终是他的重要观点。他认为唯有全面实现体育教育化，才能改变国民身体孱弱的状况，实现"体育救国"的目标。

---

[1] 沈嗣良. 第十届世界运动会[M]. 上海：勤奋体育书局，1933：1-2.
[2] 郝更生. 我国体育之回顾与前瞻[C]//重庆市体育运动委员会. 抗战时期陪都体育史料. 重庆：重庆出版社，1989：277-279.

二、倡导体育救国的价值

1932 年第 10 届世界运动会于洛杉矶举行，郝更生在《第十届世界运动会》一书的序中指出："今年十届大会之消息传来，伪国于我政府无法遣派选手之时，突欲劫持更生等朝夕相与磋之刘长春君赴会，吾国纵贫莫能行，亦断不忍听骐骥，资敌利用尔，幸而事与愿偕，刘君荷国徽登洛杉矶之广场，使列帮知中华非无人，而伪国狡猾，不攻自破"[1]。

1934 年第 10 届远东运动会由菲律宾主办，郝更生称这次运动会是"有史以来第一次的体育外交战"。日本发动了政治阴谋，要求让伪满洲国参赛，与会代表郝更生不惧邪恶势力，义正词严地表明中国将退出远东运动员。于是，成立了 21 年的远东运动会组织解体。

经历过国破家亡的郝更生一直铭记"体育救国"。起初他仅仅将体育作为改善国民体质的工具，后来体育成为争取民族自尊的利器。

三、提倡女子体育运动

在民国时期第 3 届全运会上，郝更生将游泳列为比赛项目，由于对游泳比赛缺乏了解，民众以为游泳比赛只是简单的在水中游水、嬉戏，在当时思想保守的中国人看来，这种运动有伤风俗，实在不应该开展。因此，游泳作为比赛项目一经提出，便引起了当地民众的强烈不满，尤其是大会还列有女子游泳比赛项目，更加激起了民愤，一时间舆论哗然。这一股反对的力量来势汹涌，结果筹备者固守阵线，此事终以"雷声大雨点小"的态势草草收场。民国时期第 3 届全运会开展的女子比赛，标志着中国女子正式开始参与体育竞技比赛。除了提倡女子参加体育运动，郝更生还力推女子学校体育教育。郝更生指出："近年来公立及教会女子中学聘请专门女子体育人才者日多。而国内所有，已感供不应求之苦。体育人才需要如此，则其成绩，亦必有可观矣。贵阳各女学校全体学生筑路之成功，诚最好之证据也。此不仅可以打破我国历史上女子'足不出闺门'之遗训，及'无才便是德'之缪解；且可驾乎欧美女子只知运动以强身，而不能寓游戏于服务社会公益中者之上矣"。在其大力倡导下，女子学校体育取得了巨大进步，"向时'多愁多病'之缪解，今已变为'强种强母'之观念矣。鉴于近年来女子参加各种政

---

[1] 沈嗣良. 第十届世界运动会郝更生序[M]. 上海：勤奋体育书局，1933：1-2.

治或社会运动中游戏及演讲之热忱,一种耐劳勇敢气概,已能表现女子学校体育发展之一斑矣"[①]。

郝更生为中国女子体育作出的贡献无疑是巨大的,打破了传统观念的束缚,让女子体育运动的范围从竞技运动扩大到学校体育运动。

第三节 郝更生学校体育观的当代启示

一、重视体育的育人功能,增强国民体质与道德

郝更生认为,体育活动,原为提倡体育的一种手段,提倡体育的真正目的,在于促使全国男女老幼,锻炼其身心,藉以增进个人健康,民族健康。在郝更生看来,体育育人不仅可以育体,还可以育心,实现身心共育。在学校体育方面,郝更生在分析当时存在的弊端(缺乏体育行政系统、体育人才缺乏、体育经费未能筹措、体育团体组织很少等)之后指出,体育不仅应作为锻炼个人体格之工具,还应以体育原理及其活动方式培养团体精神与道德。

郝更生以上观点对当代的启示在于:①体育活动的价值首先在于促进身体健康,提高国民的身体素质,这对于目前推进全民健身、体育强国建设、健康中国仍具有重要的借鉴意义;②体育的价值除了体质健康,还可以增进青少年学生乃至全民的精神与道德培养。该认识对于促进学校体育立德树人具有重要价值。结合当前的形势,自党的十八大以来,我国非常重视学校教育的立德树人工作。学校体育是学校教育的一个组成部分,在育人方面具有特殊的功能与价值。郝更生关于此方面的论述为当下的学校体育育人提供了学理依据。郝更生指出体育的育人在大众层面也具有重要作用,此论述对于提高全民健身的层次具有重要意义,全民健身不仅有助于体质增强,还能培育大众精神状况与道德境界,提升全民身心素质。

二、注重国民体力是提升国力乃至国家复兴的大计

郝更生指出:"一国之强弱,视其国力之大小为定,而国民之体力,尤为一切国力之最居重要者。战后之德意志,受列强之控制,几不能自存,然卒赖其

[①] 郝更生.今后学校体育亟应改进之点[C]//成都体育学院体育史研究所.中国近代体育史资料.成都:四川教育出版社,1988:115.

国民发奋国强坚忍苦干，得以重振军备，雄视欧洲大陆，其复与之迅速，虽由于政治经济等之建设得宜，而体育之提倡，养成国民坚忍不屈之精神，实为其基础"①。

郝更生上述观点对当代的启示在于：①只有着力提升国民的体力，才能增强国家的国力，只有提高国力，国家才能强大；②体育具有教化育人功能，不仅能提高国民体力，还能培养国民坚忍不屈之精神；③竞技体育的竞争尤为激烈，胜负成败不仅跟运动员本人有关，还与国家实力息息相关。

一个民族的发展靠政治、经济、文化等推动，而体育早已渗透到推动民族发展的方方面面，成为政治、经济、文化的载体。体育的根本功能是"强身健体"，但随着时代的发展，体育在为人们服务的过程中早已超出了它的根本使命，更好地实现了教化育人、促进人的全面发展，有效地推动了国家发展，增进了民族实力。无论从个人层面来看还是从国家层面来看，体育都是推动国家和个人发展必不可少的一件利器。

三、进一步推进女子体育运动的发展

长期以来，受传统封建思想的严重影响，中国女性需遵守"三纲五常""三从四德"，不得有自己的兴趣爱好，女性处于受支配和受奴役的地位，而女子体育更是少见。传统观点认为，女子参加体育有失礼数与大雅。留洋归国的郝更生接受了西方先进运动文化的思想，他在美留学期间还经常与女同学一同参加体育运动，在他看来女子的运动能力不比男子差，在各项体育赛事中女子具有和男子一样的参与权。因此，他回国之后积极倡导与推进女子体育运动，如在民国时期第3届全运会上提倡女子游泳比赛项目，这在中国属于破天荒之事。

辛亥革命后，中国女子的社会地位逐渐提高，女子体育已在各种职业化的体育比赛中占据重要地位，并且在国内外均取得了令人骄傲的成绩。当今女子运动员撑起了中国竞技体育的半边天。随着越来越多的女性从事竞技体育运动，并取得令人称赞的成绩，我国也越来越重视女性在竞技体育比赛中的重要作用。

然而，郝更生吸收的西方先进文化，与中国的社会现实及政治文化有极大不同，因此郝更生体育教育观在当时动荡的中国难以施行。

---

① 第六届全国运动大会筹备委员会. 第六届全国运动大会报告[M]. 上海：大东书局总厂，1937：4.

相关体育教育家简介

陈咏声（1900—1997年）

湖南长沙人。1915年陈咏声从家乡湖南长沙只身来到上海求学，后毕业于基督教女青年协会创办的上海女青年会体育师范学校，接受了当时中国较为先进的现代体育教育。在青年时期她就立志从事体育事业，认为"强国要先强身"。此时的中国正处于"军民国教育思想"和"实用主义教育思想"浪潮之中。她曾两次赴美，毕业于哥伦比亚大学和培勒大学。她接受了西方现代的教育模式，立志振兴民族的体育教育。

留学回国后，她在上海工部局女中、中西女中、北京国立女子高等学校、南京金陵大学、沪江大学等学校担任体育教师。此后她虽离开了教育一线岗位，但仍心系社会，任上海文史馆馆员，经常访问骨折老人，推行"体育治疗"的理念。到了耄耋之年，她仍坚持锻炼，甚至作为特邀贵宾出席了1993年东亚运动会的开幕式，荣获"奥运老人"的美誉。

陈咏声是中国妇女体育运动的先驱，她的著作主要有《女子美容运动法》《体育概论》《欧洲体育考察日记》《小先生与我的体育教学》《我所知道的陈鹤琴》等。在体育教学实践过程中，陈咏声积极践行自己的教学理念，如推行"小先生"制、反对锦标主义等，培养了一大批身心素质良好的女性优秀人才。

第十五章

倡导女子体育：陈咏声学校体育观及其启示

第一节 陈咏声学校体育观的形成背景

首先，陈咏声学校体育观的形成与其教育经历有关。在清末民初时，陈咏声的父亲深受女学思潮的影响，提倡男女平等，将自己的女儿陈咏声也送入学校读书，即使中途工作变动，也从未中断过女儿的求学之路。虽然陈咏声辗转多所学校就读，但对她的思想影响最深刻的学校是周南女校。周南女校由著名的教育家朱剑凡创办，以"旨在妇女解放，培养才女，以复兴中华"为办学宗旨，成为湖南省女学的先锋，走在了中国女子教育的前列。朱剑凡的教育思想是将教育救国与妇女解放相结合，在他的领导下，周南女校成就了一批中共妇女运动的领军人物，也为近代培养知识女性和解放妇女思想起到奠基作用。陈咏声在学校环境的影响下，思想逐步萌芽，但推进她思想走向成熟的则是周南女校的一名教师——徐特立。徐特立是中国著名的革命教育家，在北洋政府签订丧权辱国的"二十一条"后，他自断手指，这深深触动了陈咏声，激发了她的强烈爱国情怀。在找寻救国之路时，她遇到了从上海中国体育女校毕业的三名学生，这让陈咏声看到了强国的希望，因此她决定将体育作为自己救国的方向，将强国强种作为自己的教育目标，将自己的一生奉献给女子体育事业。

为实现自己的教育理想，1915年陈咏声到上海求学，接受了现代教育思想体系下的体育教育。到上海后，陈咏声先后就读于爱国女中、中国女子体育学校，以及上海女青年会体育师范学校。上海女青年会体育师范学校由基督教女青年协会创办，以培养体育专项人才为办学目标，通过专业化的体育理论知识学习，培养中华女子的健全体魄。这不仅对陈咏声的体育教育观产生了深远影响，也为她提供了新的就业机遇。毕业后的陈咏声顺利成为一名大学体育教师。总体来讲，这段求学经历不仅拓宽了陈咏声对女性的认知,也加深了她对现代体育教育的认识。在重视健康体魄的前提下,她对体育教育形成一种科学严谨的态度及追求自由与勇敢的精神。

其次,陈咏声学校体育观的形成与幼年家庭成长环境相关。幼年家庭成长环境塑造了陈咏声的性格和价值观,为她后期女子体育教育观的形成起到奠基作用。陈咏声在体育教育观萌芽期,虽然并为形成完整的教育思想,但在家庭环境的影响下,男女平等的思想已基本形成。幼年的家庭环境对个人价值观的形成具有重要作用。陈咏声出生于一个受西方思潮影响的家庭,其父亲陈家瓒是清末举人,曾与辛亥革命发起人之一黄兴同赴日本官费留学,在日本与章士钊、谭延阁等人创建进步刊物,传播西方新思想。她的叔叔们也都留学于日本,与她的父亲一同创办了群益书社,群益书社后来成为新文化运动杂志《新青年》的出版商。受开放的家庭环境的影响,陈咏声没有缠足,这在20世纪初是进步的标志。在接受进步教育的同时,传统封建思想也深深刺痛了陈咏声。民国时期,一夫一妻制虽在法律上确定下来,但纳妾之风依旧盛行。陈咏声父亲因为纳妾导致其母亲早逝,这对其影响巨大。在愤怒、沮丧和悲痛的情绪下,陈咏声默默立誓一生不嫁。虽然民国时期女子教育逐步兴起与普及,但近代的家庭制度改革迟缓,重男轻女、男主外女主内这些传统观念依然根深蒂固,女性在婚姻家庭中还是处于弱势地位。新思想与旧制度的碰撞,让知识女性开始反抗传统的婚姻制度。陈咏声在目睹母亲所受的痛苦折磨和父亲的种种恶习后,更加厌恶婚姻,反对传统婚姻制度,追求男女间的平等。

再次,体育救国思潮对陈咏声学校体育观的形成产生了重要影响。在民主与科学的主旋律下,人们认为体育救国能改善国人的体质,摘掉"东亚病夫"的帽子。体育救国的思想是中国政治、中国近代体育及军事相结合的必然产物,这在陈咏声的心中埋下救国救民的种子。在国民政府未成立之前,中国处于军阀割据时期。各方势力动用一切力量来应对战火四起、形势复杂的国内局势,而教育和体育也成为扭转局势的新兴力量。体育救国者希望通过体育训练的手段来提升人民的身体素质,增强国人的精神,以提高国家的武装力量,消除"东亚病夫"的屈辱。根据陈咏声的自述,她从16岁时便萌生了体育救国的念头,将维护民族利益作为职业发展的推动力,并在体育救国的鼎盛时期陆续发表相关著作,以唤起国人的体育意识。

最后，妇女解放运动的兴起，让陈咏声在体育救国的思想中融入了女子体育的思想。辛亥革命之后，资产阶级革命派大力宣扬妇女解放的思想，这让社会女性逐步觉醒，促使她们大胆冲破世俗的偏见和封建家庭的牢笼，以实际行动积极推动社会的变革，挑战封建的伦理道德。但是这种思想只局限在少数知识女性中，并未对中国大多数妇女产生影响。直到1915年，上海举办第2届远东运动会和五四运动的兴起，才唤起大批中国妇女的自我解放意识。陈咏声作为妇女解放运动的支持者、近代女子体育教育的受益者，将自己的青春奉献给女子体育，成为早期妇女解放与女子体育的倡导者。

第二节 陈咏声学校体育观的核心内涵

一、发展女子体育运动，共同实现强国强种

救国的口号在中国各个阶层广泛传播是在"9·18事变"后，各行各界都主动担负起救国的使命。在国家治理上，政治家们呼吁修明政治是救国的根本任务；在教育上则推崇普及教育；体育界的有志人士高呼"强国强种，强健体格"，并且提倡无论男女老少，都需要肩负起挽救民族危亡的责任。当国家危在旦夕之时，爱国主义体育思想可见一斑。在大环境的熏陶下，提倡妇女体育成为绝大多数女子体育家的首要任务，包括陈咏声在内。与男子体育家不同的是，女子体育家们能以自身行动深入了解妇女活动和妇女体育，具备先天优势，成为传播和宣扬女子体育的主力军。

大约在中学时期，陈咏声将投身女子体育的愿景与家国民族的前景紧紧联系在一起，这一点可以从她晚年的口述史中清晰地感受到："强国有赖于强种，为了实现强种，女子教育和女子身体健康就很重要。我们应该增强女子健康。体育就是救国之路。这就是为什么我要把自己奉献给体育。"[1]她坚信只有自己保持独身，才能更好地将自己的一生奉献给中国女子体育事业。如果说中学时期仅仅是她"强国强种思想"的萌发期，那么在上海工部局女中的任教期（1932—1943年）则是她的教育思想和梦想得以落地的实践期。这个阶段是她作为体育教师的职业黄金期，不仅在教学实践中给中国中学女子体育带来了先进的教学方法和内容，而且在理论上迎来了作品出版、发表的高潮。在分析其实践和论著基础上，我们能更

---

[1] WANG Z. Women in the Chinese Enlightenment: Oral and Textual History[M]. Berkeley: University of California Press, 1999: 262.

第十五章　倡导女子体育：陈咏声学校体育观及其启示

好地厘清她是如何在救国言论中充分表达发展体育的观点的，也能窥探"民族复兴"和"女子体育"两个层面是如何衔接的。

陈咏声的诸多论述都对女性在挽救民族危机中承担何种角色和责任作出定义。她在《体育概论》中提到，女性的角色之一是母亲，女子体育"是不仅要训练成健全的个人，并要养成将来的健全的母亲"①，这也是与男子体育最大的不同之处。同年，她在《中国女子体育的过去与将来》一文中指出，女性的角色之二是国民之母，她认为"要救中国，先要救个人，救个人最好先从女子着手，因为女子乃国民之母。有了健全的母亲，然后再有健全的国民"②。1936年陈咏声总结到，当前女性需要承担三种角色，"①做个好国民；②做个好的妻子；③做个好的母亲"③。在1939年发表的《如何推动妇女体育》一文中，陈咏声再次重申国民之母、母亲这两个角色的重要性，"因为女子是国民之母，有了健全的母亲，才有健全的儿女，民族前途才有大的希望"④。

根据以上观点可以总结出，陈咏声主要通过国民、国民之母、母亲等名词来塑造女子的形象。从属性上来看，可以将这些词语划分为两类：一类体现了女子的生物属性，以母亲一词为代表；另一类则体现了女子的政治社会属性，分别有国民和国民之母。陈咏声受到强国保种思潮与人种优劣的生物观的影响。她多次重申，只有健全的母亲才能哺育健全的子女，而健全的母亲只有通过体育锻炼才能铸就。追根溯源，这一观点实际上是对国民政府所倡行的"母性主义"的衍生和拓展⑤。"母性主义"的大肆流行主要有赖于国民党二届四中全会的召开，大会宣言围绕女子教育提出了"对于女子教育，尤须确认培养博大慈祥之健全的母性，实为救国保民之要图，优生强种之基础"⑥。然而何为优生强种？追溯于晚清时期，国外生物进化论和优生学的冲击，促使严复等革命家以进化论为武器，提出人种的优劣是国家强盛的根基，而妇女承担了繁衍优质人种的责任和义务。有人认为与体格健美的国外女子相比，我国当时的妇女大多孱弱不堪，进而使得后代人体质，比不上西方人。当"母性主义"、生物进化论和优生学试图在体育教育领域，更准确地说是妇女体育上找一个落脚点时，强国保种的体育思想成为最好的体现，同时这也是陈咏声体育教育观中不可缺少的一环。强国保种在本质上与国

---

① 陈咏声. 体育概论[M]. 上海：商务印书馆, 1933：32.
② 陈咏声. 中国女子体育的过去与将来[J]. 体育周报, 1932（17）：4.
③ 佚名. 举行第十七次学术演讲会[J]. 妇女月报, 1936, 2（10）：66.
④ 陈咏声. 如何推动妇女体育[J]. 中国妇女, 1939, 1（8）：5-6.
⑤ 王若颖. 论近代中国母性主义思想的产生与影响[J]. 历史教学（下半月刊）, 2019（5）：67-72.
⑥ 中央教育科学研究所编. 中国现代教育人事记[M]. 北京：教育科学出版社, 1988：145.

民政府宣扬的"母亲主义"的内涵不尽相同。

第二类角色定位国民和国民之母则带有比较明显的政治属性。"国民"一词最早被提出是在清末，面对皇帝君权的丧失，主张变法的维新派试图建立君主立宪制，引入西方现代国家政治学概念"国民"。他们积极传播民主政治思想，试图从思想上激发民众对西方民主国家的憧憬，从而达到变法的目的。同时，为吸引女子加入这场爱国运动，维新派兴女学、办女子教育，随即出现了"女国民"和"国民之母"之类的话语，这意味着在这场运动中女性是必不可少的。"国民之母"首位提出者是金天翮，他用自己的笔名"爱国者金一"撰写了中国历史上第一本女性主义的著作《女界钟》，他大力宣扬女性国民之母的地位。有学者指出，尽管此书是女权主义的代表作，但其目的仍是发动女子投身革命，以挽救民族存亡[①]。

面对危在旦夕的国家形势，陈咏声秉持一腔爱国之情，肩负沉重的民族责任，积极主张女子体育和女子未来的发展应与国家形式结合在一起，抗战和救国被放在思想的首要层面。其中，她在关于为何发展女子体育的言论中，不乏使用当时最为时髦的"流行语"，如"女国民""国民之母"等。这些词汇在它们诞生的那一刻，或者是被引入中国的那一刻，就体现了女性对于家国民族的重要性和必要性，见证了无数女性革命先辈的光辉事迹和英勇牺牲。对于"母亲"一词的老调重弹，实则是新瓶装旧酒，旧酒是指女性生育繁衍后代的职能，新瓶则是指强国强种思想的大环境，二者的结合使得强健女性身体的体育教育和培养健全后代的强国强种之间建立起正当联系。根据以上分析，陈咏声认为发展女子体育的目的在于通过强健女性体魄，鼓励女性投身于救国救民中。

总之，站在历史主义客观角度上，可以推断出其观点形成的线索，即脱胎于20世纪30~40年代妇女解放运动和民族解放运动。从"9·18事变"，到抗日战争，国民政府一直大力推行女学，兴女学，从表象上看似乎是为男女平等的教育权呐喊助威，实则上只是借这一层面来推动上一层面，也就是为民族主义振臂呐喊。具体来讲，陈咏声"强国强种""国民之母"的女子体育教育观，不仅带有强烈的民族主义色彩，还蕴含着"国家兴亡，匹妇有责"的崇高理想。但不可忽视的是，她在主张妇女的主要角色地位时，仍然积极吸收了女权主义思想，借此来扩大女性接受教育和参与体育的机会。

---

① 杨剑利. 国家建构语境中的妇女解放——从历史到历史书写[J]. 近代史研究，2013（3）：110-124.

二、提倡女子拥有参与运动竞赛的权利

随着欧美的民主自由、科学进步思想的普及，男女平等的口号在五四运动和新文化运动期间得到传播。妇女不停地在一阵又一阵文化洪流中进行自我反思，积极捍卫妇女平等权利，高举妇女解放的大旗。无论是接受过西方先进教育的女大学生，还是普通的中上阶层女性，她们都能针对妇女解放发出自己的声音。20世纪30年代中后期，越来越多的妇女被卷入妇女解放思潮之中，其影响的程度愈加深远。学校女子体育作为女子教育的重要组成部分，伴随着女子学校的繁荣和兴盛。学校女子教育的发展对女子体育教育的影响十分深远，在体育领域逐步贯彻两性平等的理念，倾注了两性平等的具体内容。在陈咏声的两性平权思想中，发展女子体育的根本要求是女子享有与男子同等的接受教育的权利，而改善女子运动的基础条件、在学校中普及女子体育教育则是主要内容。

从总体上来看，女子体育起步晚，且发展缓慢。清末以前没有专门的女子运动指导，绝大部分女子体育是走男子体育的老路。到了清末，女学兴起，女子体育的体系渐渐有了雏形。"于是向来的在家做女，莫出闺门，笑莫露齿，话莫高深等等积习，从此就打倒了。"[①]五四运动以后，一个又一个知识分子、学者对"壬子学制"进行大胆的批判，主要矛头对准男女教育双规制。这导致改革学制的要求被推到风口浪尖。与此同时，伴随妇女解放运动的第一波高潮，男女平等成为女权主义的口号，掀起了"男女平等接受教育"的浪潮。北洋政府教育部察觉到过时的旧学制所带来的不稳定因素，终于在1922年制定并颁布了"壬戌学制"，这意味着中国教育史上首次从制度上规定了男女享有完全平等的受教育权利，全面消除了接受教育的男女差别，同时对妇女教育进行制度化管理。

此举确确实实为学校女子体育教育的发展奠定了牢固的基础，在规划文件和法律规定的制约下，首先，女子体育已发展成为与男女平等相结合的体系，女子享有与男子同等的体育权利；其次，提高了社会各界对女子体育的重视程度，相对应的，女子能使用的体育设施、能参加的体育比赛也逐步增加。陈咏声指出，"学校方面，也都有运动场的设备，每日都有机会做种种的运动，并且还有学校运动会，全市或全省甚至全国运动会的比赛，更有远东运动会，女子亦可加入比赛。故绝非往昔日之不出闺门所可同日而语；从社会的角度看，各地都建立了体育场馆，人们还组织业余体育课程，经常参加各种田径和球类运动，妇女也有机会参

---

① 陈咏声. 中国女子体育的过去与将来[J]. 体育周报，1932（17）：4.

加"①。从这两点可以看出，在以男性为主导的体育赛场上，中国女性逐步拥有了自己的话语权，有了属于自己的运动器材和运动空间。女子体育的发展不仅保证了妇女身体素质的提高，也为改变中国妇女的社会地位和实现两性平等创造了条件。

但是，陈咏声在一线任教时发现，真正的女子体育教育实践仍是障碍重重。首先，校方对女子体育教育的师资、教学内容、教材等不够重视。"虽然近年来体育被学校列为必修，但是实际上各学校当局对于体育注重的还是很少。"②因此，我们可以理解为，尽管出台了相关配套政策，但是当时女子体育的现实发展情况仍止步不前，国民政府提倡的"两性平等教育"未取得明显的成果。其次，有关于男女平等教育的受教范畴，仅仅只涵盖了中上层知识女性，她们中的大部分人可以与男性共享权利，其他阶层的妇女仍受社会的束缚或旧家庭的压迫。"所谓真正的平等，应享的权利，并没有普遍到多数妇女身上，她们仍旧过着奴隶式，附属品式的非人生活。"③

因此，将女性体育大众化、提高女性身体素质，成为陈咏声毕生的职业追求。具体如下：①关于教育目的。陈咏声认为应该培养德、智、体、群、美全才的男女青年，使他们适合于做人和做事④。当时选手制体育盛行一时，有些学校为了让运动员无所顾忌地去争夺赛场上的荣誉，解决了他们关于文化课成绩的后顾之忧。对于这一点，陈咏声是坚决反对的，她认为体育要培养的绝不是一个没有知识的人，如果学生的学习跟不上，那么陈咏声绝对不同意该学生参加比赛。②关于教学对象。她把注意力从大学生转移到中学生。她辞去女子师范学校的工作，理由很简单，因为她看到大学生的体育课程都是选修课，而她们也很难保证自己每天的运动时间。另外，大学的体育设施不够完善，学生对体育课提不起兴趣。因此要在中学阶段，甚至小学和幼儿园阶段为女性体育打好基础，培养学生的兴趣和运动习惯⑤。③关于教育手段和方法。陈咏声提倡采用陶行知提出的"小先生制"，即为了实施某些教育和管理功能，各班选出多名"小先生"来帮助同学学习，反过来又能发展学生团体的自我管理，提高学生领导能力。④关于教学内容。传统的运动项目不是主要的教学内容，陈咏声积极提倡自行车、游泳等新式运动。

---

① 陈咏声. 中国女子体育的过去与将来[J]. 体育周报，1932（17）：4.
② 陈咏声. 从事体育的经验[J]. 女声，1946，4（3-4）：26-28.
③ 陈咏声. 纪念"三八"节的意义[J]. "三八"国际妇女节纪念特刊，1935：17.
④ 同②。
⑤ 同①。

以自行车运动举例来说，由于其具有便捷性、经济性，她强制要求每个学生都要学习。一旦自行车考试不合格，则视为该学期的体育成绩不达标。考试的形式也多样化，有简单、困难考核难度，有平车、跑车、双人车等考核形式。同时，她还成立了工部局女中首个自行车运动队，该运动队在上海汽车协会主办的体育运动会上大显身手。

随着妇女解放运动的兴起，女子教育得到了越来越多的支持和重视。陈咏声是女子体育教育领域坚定不移的实践家和开拓者，为女性争取平等的体育教育权而奋斗终生。她强调普及女子体育教育的范围是根本，改善女子参与体育运动的基础条件是保障；为学生提供走出课堂、参加课外运动竞赛的机会，改善女子运动锻炼的条件；开展体育赛事活动来培养学生组织领导能力，锻炼女子独立自主的人格品质；提高女性在运动场上的话语权，这是男女平等思想的积极体现。

三、强调女子体育运动应遵循特有的规律

民国时期涌现大批的体育家，绝大部分都有赴美、赴日留学经历，他们学成归来后为中国的体育教育注入了新鲜的血液，致力于解决学校体育发展道路上的顽疾固障，使得这个时期的中国体育朝着更加科学和理性的方向发展。他们与同时期的政治家、教育家或革命家相比，在对待中国体育教育的发展方向上具备专业的理论基础和视角。其中，陈咏声作为最早一批留美的女性体育家，能够更好地把握女子体育教育发展的关键点。她从两性相异的角度出发，主张"女子体育是有和男子体育分别的必要"[①]，以此来探究女子体育的本质属性。围绕这一观点，她提出了几点实质性的支撑论点，分别是妇女体育活动的范围、女子体育的教学方法、女性生理期的运动特点、女性体育人才的培养办法。

两性相异的女子体育教育观由来已久，起源于清末教育制度的变更。受西方女权主义运动的影响，大批有识之士对旧教育制度提出质疑，促进了教育方针和教育指导思想的更新迭代，其中对女子体育的实施管理进一步明确化，且关于女子体育运动的范围和项目，采用了与男子有差别的规定。例如，在体操这一项目中，明文规定女生可以免修兵式体操。在20世纪20年代初期，"体操科"这一名称被"体育科"取代后，学校增加了针对女生的体育课程和女子运动竞技项目。女子运动的范围最能体现两性相异体育教育观的内容，对于这一点，陈咏声在

---

① 陈咏声. 体育概论[M]. 上海：商务印书馆，1933：31.

《如何推动妇女体育》一文中有详细的论述，她总结了当时妇女体育活动的范围，如表 15-1 所示[①]。

表 15-1 妇女体育活动的范围

类别	具体项目
日常生活的动作	普遍的动作、如站立、走、跑、爬、上下车辆、弯腰拾物、举重等。 特别的动作、如自卫、躲避车辆、跳出险地、急救法等
游戏	跑跳捉、高跳、爬、投掷、躲避、追逃等动作
田径赛	跳高、跳远、推铅球、掷标枪、铁饼等
球类	乒乓球、排球、篮球、垒球、毽子球等
体操	徒手、轻重器械、技巧运动、叠罗汉等
舞蹈	土风舞、踢踏舞、自然舞等
游泳	—
驾驶	骑马、开汽车、骑自行车、划船等

据工部局女中的毕业生吴学昭介绍，陈咏声是当时工部局女中的体育主任，在她任职期间，工部局女中体育课上的运动项目丰富多彩，不仅包括跑步、跳高、立定跳远、三级跳远、铁饼、铅球、标枪、低栏等传统田径项目，还包括篮球、排球、垒球、羽毛球、乒乓球等球类项目，此外还有吊环、跳箱、爬绳、翻筋斗、叠罗汉等体操类项目[②]。可选择的运动项目种类之多、范围之广，极大地提高了学生上体育课和参加体育运动的兴趣，甚至在学生毕业之后，还一直保持着运动锻炼的习惯，这得益于陈咏声对她们的影响。

在运动强度上，陈咏声更强调女性的运动强度不宜过度。首先，她指出运动过度会给人身体带来疲劳、肌肉酸痛和失眠等负面影响，"运动过度最显著的现象是全身觉得疲倦，骨节感到酸痛，疲劳太甚者，甚至晚上睡不着觉"；一旦身体出现这种症状，就应采取休息的方式进行缓解，"如发觉有运动过度的症候时，必须停止练习，安静修养，好坏让身体渐渐复原"[③]。其次，她提出基于女子的身体构造和生理特点，应采用和男运动员不同的比赛规则，"不但没有益处，而且有时是有损于身体的，因为身体的支持力，普通观察起来，女子较男子为弱"[④]。最后，对处于生理期的女子，陈咏声指出需要区别对待。在项目上，应避免剧烈的运动

[①] 陈咏声. 如何推动妇女体育[J]. 中国妇女，1939，1（8）：5-6.
[②] 陈秀云. 我所知道的陈鹤琴[M]. 北京：金城出版社，2012：71.
[③] 陈咏声. 体育概论[M]. 上海：商务印书馆，1933：39.
[④] 陈咏声. 中国女子体育的过去与将来[J]. 体育周报，1932（17）：4.

第十五章 倡导女子体育：陈咏声学校体育观及其启示

项目，"凡比较剧烈的运动，如田径赛篮球等，在月经期间必须停止练习，不然时有溢曳多量血液之可能"[1]。她反对"女性月经期间应停止运动"传统观点，建议做一些低强度的运动，"所谓月经期间之养生，并不是一定要静卧床上才好，其实只要是使身体不十分费力的轻便活动都是无妨的"[2]。

陈咏声发现，尽管中国女子体育的许多规则和项目都是从西方引进的，但是绝不能照搬照抄，因为东西方女子的体格存在一定的差距。且国外的体育项目设置有一套缜密的设计规则，若盲目地追随国外女子体育，则将给我国妇女的身体带来极重的负担，这就像婴儿学步，陈咏声生动形象地比喻到，"我们现在还只能走，当然不能就学跑"[3]。其他同时期的女性体育家也提出了相同的观点。例如，著名女体育家张汇兰和高梓，她们在文章中以美国为例，指出美国女子体育有一系列的体系支撑，不仅对体育赛事活动制定了较为严格的限制和规定，还对女子体育项目的种类进行精确划分，同时通过创立女子体育刊物来提供理论的指导[4]。

另外，在20世纪30年代国内体育界充斥着锦标主义，这不仅与体育竞技精神背道而驰，对运动员的健康也有极大影响，引起了社会各界的重视。陈咏声深入研究了这一问题产生的原因，从客观和主观上归纳出两个要点：①从学校方面来看，体育竞赛成绩的优劣是他们主要关心的问题，将大部分精力放在培养能拿奖牌的运动员上，而不是以提高大部分学生参与体育锻炼的机会为目的[5]。②归咎于女运动员对竞技成绩的过度追求。在女运动员中由于求胜心切而导致身体机能跟不上的情况频出，从而影响运动员的身体健康，出现心脏疾病、肺病等[6]。因此她极力反对女运动员不顾伤病参加比赛，认为这是一种不正确的竞技状态，"这种比平时训练更变剧烈的运动，对于病重的女子更不相宜，是可以想象得到的。所以女选手中如有带病的，只好任其缺席，不然这真是一件很残酷的事，必须竭力反对的"[7]。电影行业的联华影业公司借此机会拍摄了影片《体育皇后》，描述了一位女运动员为了争夺冠军抱病参赛，最后不幸丧生的故事，试图来警示锦标主义的严重危害。

---

[1] 陈咏声. 体育概论[M]. 上海：商务印书馆，1933：32.
[2] 同[1].
[3] 陈咏声. 如何推动妇女体育[J]. 中国妇女，1939，1（8）：5-6.
[4] 高梓，张汇兰. 中国女子体育问题[J]，科学的中国，1933，2（8）：22-23.
[5] 陈咏声. 如何推动妇女体育[J]. 中国妇女，1939，1（8）：5-6.
[6] 陈咏声. 从事体育的经验[J]. 女声，1946，4（3-4）：26-28.
[7] 陈咏声演讲，何忆记录. 中国女子体育的过去与将来[J]. 体育周报，1932（17）：4.

四、注重女性体育专业人才的培养

随着女子教育发展、女生数量逐年增加,女子参加体育赛事活动的机会也逐渐增多,培养专门的女子体育教师、成立专门的女子体育组织越来越受到关注。陈咏声认为,女子体育教师和专业人才的培养是学校女子体育教育发展的土壤,举办各种课内外的体育赛事、开展各类体育课程固然重要,但也需要建立在具备足够师资的基础上。在20世纪30年代初教育部召开的第一次全国体育大会上,张汇兰提出,"体育指导员以女子最为合适"[1]。在当时的体育教材、课程标准或地方学校体育改进会议上都默认,"女性体育应该由女性体育教师来指导",这是一种带有性别意识的体育理念。

对于"女性体育应该由女性体育教师来指导"的原因众说纷纭,陈咏声主要是站在男女性别对立的角度上来进行阐述,"因为男指导员只知根据自己的经验和能力来施训练,不管女子的能力够得上够不上,卫生上相宜不相宜"[2]。根据多年的教学实践,她观察到男体育教师在指导女子体育教育时多有偏颇,而女子体育教师能更好地弥补这一缺点,解决女生在生理期如何做运动等较为私密又关键的问题。同时,受到女性独立自主思想的影响,她认为女性不能受限于男性的在体育组织的领导,要做自己的领袖[3]。由此来看,陈咏声对女性体育教师要求颇高,不仅要求其在体育训练上具备专业的理论知识和丰富的实践经历,还要求其在体育行政上担负责任,这样才能成为合格的体育教师。

对体育活动真正感兴趣的人较少,因此仅凭借个人的微弱力量无法作出一番成绩。在培养了一大批女子体育骨干后,成立专门的女子体育组织刻不容缓。与此同时,女性体育社会组织也是团结妇女的一种手段和渠道。在内忧外患的国内环境下,妇女只有团结起来,才能有更大的力量,只有建立更为坚实的后盾,才能在困难来临前不被外人讥笑为一盘散沙。陈咏声提倡平时一定要有联系和组织,万一发生危机,可以互相照顾。一方面,可以提高彼此的感情,另一方面,可以培养服务精神和处理事务的能力。如果我们平时习惯了这种生活,就不会在遇到危机时惊慌失措[4]。她还进一步呼吁妇女界的领袖们和体育界的先进们,不仅要建立女子体育组织、建设女子体育场,还要联合妇女举办一般女子都能参加的大

---

[1] 高梓,张汇兰.中国女子体育问题[J],科学的中国,1933,2(8):22-23.
[2] 陈咏声.体育概论[M].上海:商务印书馆,1933:32.
[3] 同[2].
[4] 陈咏声.今日妇女急须努力推行的几件事[J].女声(三八特刊),1935(22):10-11.

规模锻炼运动。

陈咏声以"三步走"的方式探讨了如何建立妇女体育组织。第一步，由《女声》杂志负责召开本杂志的读者研讨会，统计喜欢体育运动的人数，以及她们支持成立女子体育社团组织的意向；第二步，在建立组织之后，举办多种项目的体育活动，如散步、跑步、游泳、打排球、打乒乓球等；第三步，积极挖掘利用现有的体育场地和设备，为女子体育活动的开展做好保障工作[①]。

综上，陈咏声的女子体育教育观融合了民族主义体育教育观和女性主义思想。她在呼吁通过女子体育拯救国家的同时，寻求男女平等，并将两者和谐地统一起来。她指出女子"进可以和男子分工合作，增加国家的生产量，退可以维持个人的生活，以免冻馁之虞"[②]。女子体育不仅是救国救民的重要手段，也是妇女解放的重要手段。同时，作为一名体育教育家，陈咏声丰富的教学经验使她敏锐地捕捉到女子体育的实际内容或可能存在的问题。通过对"女性如何锻炼"的讨论，她对女性体育的看法更加完整和系统。

第三节　陈咏声学校体育观的当代启示

一、有助于强化女性参与体育的平等意识和权利

中国在悠久历史中形成了父权制度，使女性在社会群体中缺少独立自主的权利。女性参与体育运动，则是一种社会文明的进步，是女性权利和地位提升的象征。

在20世纪初，男女共学不仅让女性提高了受教育程度，实现了思想的解放，也让体育走进了女性的生活。陈咏声作为女子体育教育的领军人物，不仅推动男女平等的思想传播，也致力于改善女子体育的教育环境，让女性能接受优质的体育教育，同男性一起站在奥林匹克的竞技场上，彰显女性独有的魅力与精神。一方面，她在教学中鼓励女生走出课堂，引导她们依据科学进行体育训练、积极参加各类比赛。另一方面，她通过培养学生、组织体育表演赛，在锻炼学生独立人格的前提下，让学生得到更多运动的权利与空间。陈咏声让女子在赛场上有更多的话语权，让男女平等的新文化思潮融入课程。中华人民共和国成立之后，我国推行了一系列男女平等的相关政策，提高女性的社会地位，并加大对女子体育教

---

① 陈咏声. 如何推动妇女体育[J]. 中国妇女，1939，1（8）：5-6.
② 陈咏声. 今日妇女急须努力推行的几件事[J]. 女声（三八特刊），1935（22）：10-11.

育的重视，提供更多的机会与空间来让女性参与体育运动。此外，我国还在体育赛场上增加了女性独有的项目，为女子竞技体育的发展提供平台。让女性在竞技体育中展现拼搏精神，在社会瞩目下不断追求自立、自强、平等的权利。

尽管如此，女子体育运动的发展依旧缓慢，主要根源在于传统的父权制度的影响。传统的父权制度让男性有较高的社会地位，在社会群体中有充足的话语权。在女子体育运动发展的过程中，虽然政策为女子体育发展开辟了一条道路，但根深蒂固的社会思想依然对女子体育发展造成阻碍，即使女性在竞技赛场取得了骄人的成绩，为中国体育事业的发展作出了巨大贡献，但依然受制于男性对话语权的主导。据统计，女性的体育竞技人才在数量上呈快速下滑趋势，相比同年龄区间的男性运动员处于数量劣势，并且这种差距在逐年扩大。女性竞技体育存在严重的经费不足问题。例如，经费的严重不足直接影响着女子足球运动各级后备人才队伍的培养；女性运动员的收入远低于男性运动员等。此外，女性运动员的外部形象也受到男权文化的限制，逃离不出男性对女性运动员的刻板印象。

虽然相比过去，女性的社会地位已经得到提升，但让中国女性在体育运动中持有与男性平等的权利还有漫长的路要走。陈咏声从个人的角度宣扬了女子体育运动精神，推动了女子体竞技运动的进步。但还需要从社会制度的角度，来真正提高女性参与体育运动的独有权利。

二、有助于实施性别差异的体育教学

随着深化教育改革及素质教育的推进，学校在教学中确立了学生的主体地位，并提出"健康第一"的教育思想，在教学中增设体育类相关课程，以满足21世纪学生的身心发展需求。现阶段，全国的中小学和高校相继开设了与体育相关的课程，学生可以依据自身的需要、兴趣及偏好选择适合自己的体育项目课程。同时学校积极鼓励学生增加户外运动，实施体教融合，以更好地促进学生的身心发展。但现有体育教育并未重视男女两性之间的身心差异，在教学设计、教学内容和具体实施过程中并未考虑女生的身心发展特点和运动能力。这既不利于提高女生上课的积极性，也未发挥体育教育的有效性。这是学校在体育教学改革中不可回避的问题。

陈咏声提出两性有别的教育观，为体育教育的改革提供了新思路。她提倡体育教育要关注男女身心上的区别，不能以男性为基本标准。在青春期之后，男女生在生理上产生巨大差异，体育教育要更加关注女生的身体发展特征，不能将男女生一视同仁。应为女生设置一些温和的运动项目。陈咏声在教学中设置了一些适合女性的体育运动,这些体育运动不仅具有健美的效果,还能深入到日常生活中。未来体育教育的改革应借鉴陈咏声的思想,充分考虑女子体育的特殊性,抓住女性特点,以女性的性别特征、身心发展规律为依据,以科学发展观为基本原则,打破传统的思维定式,让因材施教的观念贯穿女子体育的各个环节。应在尊重女性、尊重男女性别差异的前提下,构建一种适合现代社会女性发展的体育教育模式和运动项目。

三、要加强女性体育师资队伍的建设

加强女性体育教师队伍的建设,既是中国教育改革发展的前提,又是体育教育质量的基本保障。国务院发布的《中国教育改革和发展纲要》奠定了师资队伍在教育改革中的战略地位,培养高素质、结构优的师资队伍成为我国教育改革的发展目标。加强女性体育师资队伍建设也是中国教育发展极其重要的一部分,建设科学合理的女性体育师资队伍,有利于我国学校体育教育事业的建设与发展。这也是陈咏声在其体育教育观中所倡导的重要思想。她认为体育教育不仅要从改革课程设置、增开各类体育活动入手,还要保证体育师资和专业人才的培养,这样才能将体育教育落地生根。

随着女生人数及女性体育竞赛机会的日增,女性体育教师和女性体育组织越来越受到社会的关注与重视。女子体育应更多让女性体育教师参与指导,但目前体育师资队伍依旧以男性教师为主。此外,目前女性体育教师也存在一定的职业困境。一方面,相较于男性体育教师,女性体育教师在职场中易受性别歧视,导致她们的职业幸福感较低、职业倦怠感较高。另一方面,在职场中女性体育教师也受到刻板偏见的影响。社会中依然认为男性体育教师的专业性更强,这会导致女性体育教师缺少进修培训、职场晋升的发展机会。造成体育教育的管理层和决策层男性领导偏多,进一步让女性体育教师受到性别歧视和刻板印象的困扰,使女性体育教师陷入恶性循环。

保证女性体育教师的身心健康和专业发展,不仅有利于整个体育教师队伍的建设,还间接提升了我国青少年儿童的身心健康。因此,相关教育部门和学校应重视女性体育教师的职业发展特点,建立合理、有效、公平、公正的管理评价体系,充分发挥女性体育教师的职场优势与能力特征,激发其专业潜能,肯定女性体育教师的教学成绩与职场贡献,进一步保证体育教学质量的提升。

相关体育教育家简介

吴邦伟（1900—1978年）

字兆奎，江苏无锡人。1918年他考入南京高等师范学校体育专修科。毕业后他在东吴大学、集美师范学校、东南大学、上海圣约翰大学、光华大学、暨南大学等多所大学任助教、教员、体育主任，还担任中华全国体育协进会干事等职务。

1930—1940年他任江苏省立镇江体育场场长、江苏省教育厅督学。任职于江苏期间，他对县市的一些体育场进行了修建与整顿，并定期举办各种类型的体育比赛和讲习班，出版了《体育研究与通讯》季刊。1936年他同中国体育考察团一道赴丹麦、瑞典、德国、捷克、奥地利、匈牙利、意大利等国进行考察。抗战时期，他入川担任体育委员会委员，编写了《国民体育实施大纲》，并对中国的体育师资队伍进行培训。

1947年，吴邦伟接受上海市立体育专科学校的邀请，担任该校的教务主任一职，并于次年任上海市立体育专科学校的代理校长。1952年吴邦伟参与华东体育学院筹建工作。学院建成之后，他担任该校的体育理论教研室主任、综合教研室主任和教授等职。1957年，华东体育学院开始招收研究生，吴邦伟担任研究生指导教师。20世纪50年代以后，其担任的职务还有中华全国体育总会委员、上海足球协会主席等。1959年上海成立《辞海》编委会，吴邦伟作为体育分科的主编参与其中。1961年他参与了全国体育院系通用教材《体育理论》的编写。在吴邦伟和其他体育学专家的努力下，《辞海》体育分科初稿内容的撰写于1962年完成，并在当年作为试版本内容进行出版。此后，吴邦伟继续对该内容进行修订与校对。1978年1月31日，78岁的吴邦伟因病在上海逝世。

第十六章

身体健康是人才培养的基础：吴邦伟学校体育观及其启示

第一节 吴邦伟学校体育观的形成背景

首先，吴邦伟学校体育观的形成与他个人的丰富经历有关。1900年吴邦伟出身在书香之家，自幼对体育活动有着广泛的兴趣爱好。1918年他考入南京高等师范学校体育专修科，1921年他从南京高等师范学校毕业后，历经了多次职务的变动，从师范学校体育科到体专，再到体育学院，其教授对象的专业化程度逐渐提升。1921年他任集美师范学校体育主任。翌年，吴邦伟应麦克乐邀请回母校任教[1]。1925年后他先后担任光华大学体育系主任、中华全国体育协进会干事及暨南大学体育主任等职。1927年他担任在上海举办的第8届远东运动会注册和运动成绩委员会主任兼会场布置委员会主任。1930年他赴江苏任江苏省立镇江体育场场长，历时8年[2]。在担任江苏省立镇江体育场场长期间，他创办了《体育研究与通讯》季刊，为江苏省各项体育场工作提供了交流和讨论的平台。他还兼任江苏省教育厅体育督学，制定了《江苏省中等学校体育要项》《江苏省各级学校体育设备最低限度标准》《江苏省小学体育实施方案草案》《江苏省中等学校学生体育技能测验暂行办法》《江苏省中等学校1935年度体育实施纲要》等法规性文件。1936年，作为中国体育考察团成员之一，吴邦伟赴丹麦、瑞典、德国、捷克、奥地利、匈牙利、意大利等国进行考察，撰写文章对国外体育进行引介。

抗战爆发后，吴邦伟1938年入川，接受教育部的聘请，担任国民体育委员会

---

[1] 朱斐. 东南大学史（第一卷）[M]. 2版. 南京：东南大学出版社，2012：33-34.
[2] 朱小怡，章华明. 圣约翰大学与华东师范大学[M]. 上海：华东师范大学出版社，2015：86.

委员，着手编订《国民体育实施大纲》，努力实现学校体育的规范化建设。抗战胜利后，吴邦伟应聘复任江苏省立镇江体育场场长[①]。1947年底，他受上海市立体育专科学校的聘任，历任该校教务主任、代理校长等职务。1949年5月上海解放后，吴邦伟任华东师范大学体育系教授。1949年10月，吴邦伟出任上海市体育会筹备会副主任委员，随后代表上海参加在北京举行的全国体育总会筹备会成立大会，被选为筹备委员。1955年华东体育学院设立了体育理论教研组，吴邦伟受命担任教研组主任。

其次，吴邦伟学校体育观的形成受到中西文化的影响。受到五四运动思潮的影响，吴邦伟从小喜爱阅读中外小说和当时的一些进步书刊。中学毕业后，吴邦伟的父亲吴子贤希望他继续在国学方面深造，而他则认为中国正处于国弱民贫、列强虎视的动荡年代，想要振兴中华，必须从根基上增强国民体质，摆脱"东亚病夫"的帽子。因此，他没有遵从父亲的意愿，选择学习体育。

1918—1921年，吴邦伟就读于南京高等师范学校体育专修科，学习了系统的专业理论知识，打下了扎实的术科功底。南京高等师范学校是民国初期创办的在全国最有影响力的体育专业学校之一，为当时社会培养了一大批急需的体育师资和体育管理人才，在我国近代体育的发展过程中起到突出的作用。在人才培养方面，南京高等师范学校提倡训育、智育、体育并举，并提出了明确的标准、方法和程序。对体育方面的要求主要表现为：以养成坚强之体魄及充实之精神为标准；方法包含养护、锻炼和医治。在锻炼方法上，包括正式的体操课、兵操、棒术等。学校要求学生每天早晨做15分钟的早操，从而养成终身早起运动的习惯。此外，在课程学习的间隙，学生进行各种各样的体育运动[②]。由此可见，南京高等师范学校在创办之初，就对体育极为重视，从宏观方面作出了明确的规定，并提出了终身进行体育锻炼、注重体育兴趣培养等先进的体育理念。

作为自然主义体育思想的代表人物，麦克乐在担任南京高等师范学校体育主任期间较为重视体育教学师资的培训，撰写了《体操释名》，编著、翻译了《柔软体操》《足球》《田径赛运动》《网球》等著作和教材，为民国期间学校体育的教育化和规范化发展提供了理论支持。此外，麦克乐积极主张成立体育研究的专门机构，他认为需要依靠团队的力量研究体育的理论和方法[③]。在吴邦伟回母校任

[①] 陶恩海，程传银. 中国近代体育家吴邦伟社会体育思想及其当代启示[J]. 南京体育学院学报，2018，1（11）：29-35.
[②] 朱斐. 东南大学史（第一卷）[M]. 2版. 南京：东南大学出版社，2012：33-34.
[③] 律海涛. 麦克乐与民国体育教育[J]. 体育文化导刊，2014（6）：176-179.

教期间，其深受麦克乐体育思想的影响，积极编写各级学校体育教学大纲，注重体育师资的培养。五四运动爆发后，实用主义、自然主义及先进的体育理论知识体系等大量西方文化被引入中国。针对东西方文化的冲突，当时社会学校教育思想界也存在分歧。国民政府于1929年3月在南京召开第三次全国代表大会，认为应当确立全国统一的教育方针和实施原则。同年4月26日，国民政府正式颁布了《中华民国教育宗旨及其实施方针》。该实施方针共八条，其中第七条指出，各级学校及社会教育，应一体注重发展国民之体育。此外，该实施方针还指出，中等学校及大学的学生均需要接受类似于军事的训练；发展体育的根本目的在于增强民族的体质。这些论述为吴邦伟体育教育观的发展提供了方向。

第二节 吴邦伟学校体育观的核心内涵

一、主张"德智体"三育并重

吴邦伟认为人们对"身心一元"论已有共识，教育方法应无对身（身体）对心（精神）之分，所谓德育、智育、体育，乃从方式上产生之名词，非教育本质之分也[1]。在对江苏学生的几句"平常"话中，吴邦伟阐述了健康体魄的重要作用。他认为除了思想知识技能，许多事业需要良好的体能才能维持。若在学习期间没有保持健康的体魄，那么纵然有满腹的经纶，也可能面临壮志未酬身先死的局面[2]。吴邦伟对体育包括的内容进行分解，他认为体育实际上包含德育和智育两个方面。首先，体育实质上是以身体动作为手段，为达到促进身体发育、增进健康与身体运动能力目的而进行的身体各部分动作。身体各部分动作的结果是技术的提高，包括生活中所需要的技术、应用于工作中的技术等。必须依据科学来探讨人类如何跑得更快、跳得更远等问题。体育除了对人的体格进行锻炼，还通过科学的理解与经验，分析技术的进步与成功，此为体育对智育的益处所在。此外，吴邦伟提出，"增加锻炼之兴趣，促进技术之程度，而有组织，作竞赛，立规约；于是个人之健强不足恃，必赖所有分子之通力合作运用计谋以图胜，个人与团体之行动，尤必遵守整之规律"[3]。这表明体育对德育也具有促进作用。体育运动中通过训练来提高动作技术，如果训练过程中只注重个人动作技术

---

[1] 吴邦伟. 三育并重与体育之新认识[J]. 教与学，1940，5（3）：12-13.
[2] 吴邦伟. 向江苏学生说几句"平常"话[J]. 江苏学生，1934，5（3）：73.
[3] 同[1].

的提高，而缺乏有组织性的竞赛及规则的约束，那么体育对于人体的作用只限于身体的锻炼和智育。如果仅仅只关注通过体育锻炼的方式提高个人的健身动作，不强调技术的提高，则体育对于智育和德育的作用更小。

中国昔日体育（即体操）与近代体育的理论和实际相比，存在较大的差别。吴邦伟指出当时人们对体育的认识仅停留在提高技术水平上，关于体育对智育、德育的影响则未厘清。人们还未察觉体育带来的种种益处。吴邦伟认为体育除了促进健康之外，还能极大地发展德智，培养人忠、孝、仁、爱、信、义、礼等品质。吴邦伟呼吁社会积极开展科学研究，了解体育所包含的内容，确定体育的价值，采用通过体育培养优良品德的方法，重视三育的均衡发展。在国民体格健全的基础上，完成教育的整体目标。

二、提倡学校体育组织形式的多样化

吴邦伟在其编写的中小学体育实施方案、纲要等书目中多次提及学校体育课程的组织形式。他认为学校体育课程应该包含早操、正课、课外活动和运动比赛等方面，并强调这几个方面必须得到保障和执行。

为了锻炼身体，养成早起吸收新鲜空气的习惯，为一天的课业学习做好充沛的精神准备，吴邦伟强调要坚持做早操与课间操。通过做早操和课间操保持一天精力充沛比身体的锻炼更为重要。因此，他指出早操和课间操期间不能迟到早退，不得无故取消早操[①]。同时，吴邦伟建议各个学校根据自身的状况和学校环境制订早操方案。针对不同阶段的学生可采取不同的方式。例如，大多数小学生都是走读，不适合进行早操，学校可采用课间操的形式代替早操。课间操主要是学生在学业学习中进行锻炼的形式，是为了缓解学生长时间端坐听讲而产生的疲劳感。此外，课间操可以矫正和训练学生的身体姿势。

体育正课是学校体育的基础。然而，当时的体育正课由于人们缺乏全面的认识和深入的研究而杂乱无章。吴邦伟指出，每门课程有应该有其独特的作用和效能，这样才能被社会所接受，被教育者所采用。因此，首先应明晰体育不是劳动。体育不仅有锻炼身体的作用，还可以培养学生勇敢、诚实、互助等品德。这些品德可以通过体育课的设计来启发和培养。劳动不具备这样的作用，因此，体育不能被劳动所替代。针对实际的体育课教学，吴邦伟在《小学体育实施方案草

---

① 吴邦伟. 参加中校体育会议以后[J]. 体育研究与通讯，1934（2）：21-87.

第十六章 身体健康是人才培养的基础：吴邦伟学校体育观及其启示

案》中提出："体育课目的是用合宜而适量之运动锻炼体魄；培养勇敢诚信牺牲互助等公私品德；养成儿童正当之游戏习惯。"[1]体育活动类别较多，根据不同的活动目的，可以选择不同的项目类型。因此，在体育正课中要全面教授各种活动。吴邦伟倡导让学生在体育正课中通习各种类型的体育活动，并有所专长。他在体育教学过程中发现，学生积极主动地练习比其被动练习的效果更好。因此，在体育课教学过程中，要创设学生主动学习的情境。

吴邦伟认为现在的学校教育已改变原先只注重书本知识的片面教育方法，而开始关注学生能力的培养。因此，体育教育中应更多地培养学生从事身体练习的能力，其中包括课外运动的组织管理能力。对于课外运动的组织、实施过程，需要根据学校的环境、学生的兴趣爱好等实际情况进行适当的调整。为了给学生提供充分的活动机会、促进学生的身体发育、提高运动技术水平，可以增加一些有益的活动项目或提供一些项目供学生选择，充分发挥学生的主体作用，发展学生的个性。因天气原因（如下雨、下雪）而无法开展课外活动时可转变思路，开展一些室内的活动，如室内体操、体育知识演讲等，而不能完全取消课外活动。

对于运动比赛，吴邦伟认为其可以给予有体育天赋学生充分发展的机会，也可以利用人类好胜的心理，激发学生参与体育的兴趣和进取心。运动比赛还可以发展学生的忠爱之心，培养其坚持不懈、顽强拼搏的品质。然而，运动比赛的开展存在一些阻碍因素，如运动会举办期间对学生学业成绩的影响、比赛资金的问题等。大部分人针对运动比赛存在的弊端采取取消比赛的方式，而忽视了运动比赛带给学生的益处。吴邦伟认为不能因噎废食，应采取各种措施解决运动比赛中产生的问题。运动比赛的组织者和管理者可以思考高效率举办比赛的策略，对因参加比赛而落下学业的学生进行单独补课，根据学校的实际财政状况合理计划比赛经费等。此外，吴邦伟指出体育成绩也是学校体育的组成部分，应综合考虑学生的体格、体能和常识，进行成绩的计算[2]。由此可知，吴邦伟从整体性角度阐述了学校体育的发展思想。学校体育不能仅靠体育课，应倡导多样化的学校体育形式，如早操、课间操、课外活动和运动比赛等。各种形式之间的互补，不仅可以达到锻炼身体的目的，还能发展学生多方面的能力，激发学生的体育兴趣，使其养成终身参与体育活动的习惯，从而推动学校体育的发展。

---

[1] 吴邦伟. 小学体育实施方案草案（一）[J]. 体育研究与通讯, 1932（1）: 19-38.
[2] 吴邦伟. 参加中校体育会议以后[J]. 体育研究与通讯, 1934（2）: 21-87.

三、强调体育场地、设备与师资的配足配齐

由于当时中国时局动荡、社会不稳定,无论是社会还是学校的体育场地设施都极为匮乏。吴邦伟认为要先保证场地的充足,再保障设备的充实。体育场地是体育发展过程中不可或缺的部分,他在其著作《体育场》中指出:"体育场能够供给国民机体充分平均发育之机会;训练国民随机运用身体以适应环境之能力;培养国民合作团结抗敌御侮之精神;培养国民侠义勇敢刻苦的风尚,发扬民族精神;养成国民以运动及游戏为娱乐之习惯。"[①]体育在儿童教育中占据重要地位,因此,实施儿童体育的体育场所关系到儿童教育的质量。儿童一天除睡觉外的时间的三分之二在学校度过,我们应明确运动场与教室具有同等重要的地位,它是发展儿童健康体魄的工具之一[②]。

对于体育活动的促进,除了体育场地,还必须有运动器材。器材设备是发展体育的硬件要求,无论是学校体育还是社会体育,都需要有充足的器材设备。吴邦伟在其编写的《国民学校运动场之设计》一书中对学校运动场的面积、环境、设计与支配、建筑与保管、设备与保管,以及运动用品的制造与保管等方面进行了详细的描述。学校体育场地设备和经费的匮乏会严重阻碍学校体育的正常发展。吴邦伟认为体育场地设施的充足对于体育的发展具有重要的推动作用,而体育器材是运动训练必备的工具,任何体育器材都有其特定的功能和作用,应根据体育训练的原则,运用机械学相关理论提高器材设计的科学性,生产出适用的体育器械。

对于体育教师,吴邦伟在《体育师范课程问题之探讨》一文中进行了论述。他提出,"小学体育之重要,已无待言。意为小学体育教师责任之重大是不言而喻的。故凡放开目光从远处着眼,莫不以培植优良小学体育师资为发展国民体育之基本问题"[③]。在不同的教育阶段,体育教师具有同等重要的地位。体育的任务除了促进学生身体健康、智育的发展,还包括培养学生的道德品质。因此,体育教师在日常工作中应该把教育工作和培养工作进行有机的整合,结合体育正课和其他体育形式共同完成体育的任务。由于青少年儿童天性爱动,喜爱参加体育活

---

① 吴邦伟. 体育场[M]. 南京:正中书局,1941:8-10.
② 吴邦伟. 国民学校运动场之设计[M]. 南京:正中书局,1948:1-13.
③ 吴邦伟. 体育师范课程之探讨[J]. 勤奋体育月报,1934(1):19-28.

动,所以在日常学习生活中体育教师往往是对他们的思想和行为影响最为深刻的人。青少年儿童在参与体育活动的过程中最容易暴露个性,因此抓住这个时机对其进行教育最为有利和高效。这对体育教师提出了更高的要求,体育教师不仅要成为学生日常学习、活动的榜样,还要时刻关注学生的动态,对学生进行思想品德的教育。学生的教育过程复杂而又细致,需要运用各种教育的手段。此外,在体育过程中对学生进行教育应结合体育的特点,不能脱离体育而采取生硬、抽象的说教方式[①]。吴邦伟提出体育教师应从以下六点开展工作:①向学生阐述明确的体育活动目的和任务;②将学生组合成团结一致的集体形式,如组或队;③要经常性地向学生讲解社会主义建设过程中的体育成就;④在体育教学过程中应注重对学生思想的教育与引导;⑤不断提升自身教学质量;⑥在体育工作中要密切关注党和政府的相关政策[②]。

体育教师中还包括一个特殊的群体——运动教练员,运动教练员的工作是力图最大限度地提高运动员的成绩。因此,运动教练员在日常工作中除了要遵循一般的教育和体育教学原则、方法,还要特别遵守运动训练的一些原则:①一般身体训练与运动专门化相结合;②最大运动量与运动技巧提高的关系;③全年教练制。通过早期在欧洲各国的考察,吴邦伟总结出欧洲体育教师的特点:①体育教师应认识到自身工作的重要性和意义所在;②通过训练提升自身的教学水平,提高学生的技术水平;③除国家提供的统一教材以外,体育教师还可以根据实际情况对教材进行适当的创编;④密切联系家长、医生等人员,形成学校、家庭和社会一体化的学生健康状况监测系统;⑤学校提供充足的健身场地和设备,体育教师鼓励学生积极参与课外体育活动;⑥在保证一般纪律性的前提下,允许学生个性自由发展;⑦注重体育与日常生活的结合。在感叹我国体育与欧洲各国的差异之时,吴邦伟认为,为了使我国的体育事业得到真正的发展,体育教师应承担更多的职责。因此,吴邦伟对我国体育教师提出了一些建议:①在思想上要意识到体育的重要性;②用心创造自编教材;③注重学生健康;④促进学生身心健康[③]。此外,吴邦伟还注重言传身教,专门针对体育师资人才进行培训,并开设了体育师资培训班。

---

① 吴邦伟,吉嘉,章钜林,等.体育理论基本知识[M].北京:人民体育出版社,1957:89-119.
② 同①。
③ 吴邦伟.小学教师的体育责任[J].勤奋体育月报,1937(5):347-404.

四、重视运动竞赛的多元功能

运动的一个主要特点就是竞赛，我国运动竞赛得到了广泛开展[①]。运动竞赛不仅是运动员表现高超技艺、展现运动成绩的主要方式，还具有极大的教育意义和社会作用。然而，当时社会上普遍对运动竞赛存在争议。吴邦伟认为这种现象主要是由运动竞赛过程中发生的一些越轨行为造成。但是我们必须明确体育对教育的最大促进作用主要体现在运动竞赛中[②]。运动竞赛可以促进人的体能的发展，给予有运动天赋的人充分展现自我的机会。可以利用运动比赛过程中的精彩瞬间和结果的不确定性激发人们的兴趣与好胜心，这对于运动的普及具有一定的推动作用。此外，运动竞赛可以锻炼人们应付复杂生活环境的能力。在《体育理论基本知识》一书中，吴邦伟强调了运动竞赛的多元化作用。

运动竞赛能够提升教育、教学水平，提高教练员的工作质量。运动竞赛对运动员的体能和品质要求较高，通过竞赛可以发现运动员教育、教学和训练中存在的问题，从而检查教练员的工作质量。针对出现的问题及时进行解决，指导今后工作计划和训练方法的改进。比赛过程中运动员、教练员之间的相互交流、学习，可以进一步改善教练员的教学方法与运动员的练习方法，提高运动技巧，从而促进教练员工作质量的提高。

运动竞赛可以培养运动员面对复杂环境的能力和品质。在运动竞赛过程中，运动员要面对变化万千、错综复杂的状况，从而造成一定程度的情绪紧张。运动员要在这种情况下正确运用掌握的技能，发挥正常的水平。此种能力对于其社会生活实践具有重要意义。此外，运动员面临巨大压力时的表现也有助于身体的发展和技、战术的提高。运动竞赛过程的复杂性和组织性可以培养运动员的集体主义荣辱观和为集体贡献自己力量的精神，以及勇敢、坚强、胜不骄、败不馁等品质[③]。

运动竞赛的开展可以促进群众体育运动的发展。运动竞赛可以起到宣传体育运动的作用，从而吸引广大群众参与体育运动。运动竞赛的宣传主要体现在以下几个方面：①运动竞赛的组织者和宣传者可以利用竞赛的契机，运用各种方式系统宣传体育运动的意义，从而鼓励更多的人加入体育运动的队伍；②在运动竞赛过程中运动员展现出健美的体魄、卓越的技术和高尚的品德。这些自然而

---

① 吴邦伟，吉嘉，章钜林，等. 体育理论基本知识[M]. 北京：人民体育出版社，1957：89-119.
② 吴邦伟. 参加中校体育会议以后[J]. 体育研究与通讯，1934（2）：21-87.
③ 吴邦伟. 小学体育实施方案草案（三）[J]. 体育研究与通讯，1933（3）：51-173.

然会让群众感受到体育的魅力，激发其想要参与体育运动、成为优秀运动员的愿望；③运动竞赛期间多种形式的运动项目可以帮助人们选择喜爱和适合的项目；④针对竞赛项目的报道、比赛规则和锻炼方法的讲解及我国运动员所获得成就的宣传，可以有效提高群众对于体育运动相关理论知识的了解，同时可以显示社会主义国家体育运动制度的优越性。

运动竞赛可以促进国际之间的交往，展现国人的精神面貌。国际性的运动竞赛可以增进各国人民之间的友好交流和相互了解，具有维护世界和平的重大意义。同时，我国运动员可以在国际赛场上表现出中国人的精神面貌，向世界展现我国社会主义建设的伟大成就。在观看美国田径选手在上海的表演后，吴邦伟指出无论是针对个人还是针对社会、国家，运动竞赛都具有极其重要的作用。针对当时我国国民身体素质状况及国际上对中国人民的认知，吴邦伟认为应大力倡导举办运动竞赛，使中华民族在世界体育舞台上崭露头角，让各国人民看到中国人的风采。我国体育健儿在世界性大赛和奥运会中表现出的拼搏精神可以让国人的爱国之情和民族自豪感油然而生，鼓励他们克服困难、积极向上。此外，体育也是增进友谊、促进团结的重要手段。通过体育活动，可以促进人们之间的相互理解和尊重，改善人际关系，建立健康的生活方式，创设文明、和谐的社会环境。国际体育交往能够增强国家之间、人民之间的相互理解，有益于建立团结、友谊、进步的人类社会。

第三节　吴邦伟学校体育观的当代启示

一、有助于学校体育组织形式的多样化

吴邦伟认为仅依靠体育课来发展学校体育是完全不够的，应倡导协同开展早操、课间操、课外活动和运动竞赛等多种形式的学校体育，这样既能达到促进学生参加体育锻炼，发展学生各方面能力的目的，又能增强学生体育兴趣，使其养成终身参与体育活动的习惯。学校体育工作主要组成部分或要素包括：以体育课为主要形式的体育教学；由学校或学生自行组织的以体育锻炼为主要内容的课外体育活动；由学校或学生自行组织的、以徒手体操活动或自由锻炼为主的早操和课间操；班级、校际、各类选拔或为了参加地区和全国性比赛而进行的代表队训练及竞赛活动。这与吴邦伟早期对学校体育活动形式的论述不谋而合。

虽然在理论层面明确了通过体育课、早操、课外运动和运动比赛等形式实现学校体育目标，但是由于应试教育盛行，学校普遍不重视体育。体育教师在实践过程中只重视体育课堂教学，忽略了面向全体学生、让其自由锻炼的课外体育活动形式。这样不仅不利于青少年儿童的身心健康，还会导致其不喜欢体育。青少年儿童的课外活动时间基本被文化课学习占据，仅仅依靠每周2~3节体育课对增强青少年体质的作用有限。首先，从时间上来看，现行的中小学体育课一般为一节45分钟，体育课需要传授体育相关知识和运动技术。按照40%的体育课时间用于学生身体练习来计算，学生平均练习时间只有16分钟。如果按照一个班级40个人，每个人或小组练习的时间占2/3，那么学生一节体育课的练习时间约为13.5分钟，一年算下来不过十几个小时。学生在体育课堂上的练习时间达不到相应的时间、强度和频次，体育课对于学生体质的增强谈何容易[①]。此外，从质量上来看，为了追求更好的运动成绩，部分学校只重视运动队的运动竞赛成绩，而忽视了体育课、课外活动等形式增强全体学生体质的作用。更有甚者，为了追求学校或个人荣誉，让学生只参加运动训练，而停止文化课的学习。此种单一的体育组织形式不能有效促进全体学生的身体健康。

吴邦伟较为注重学校体育形式的多样化。他强调在学校体育中必须执行体育课、早操、课外活动和运动竞赛等多种形式。针对现阶段我国青少年儿童体质不断下滑的状况，我们应明确学校体育不能仅注重体育课。我国政府部门出台的一些政策与条例明确规定："各级各类学校要制订和实施体育课程、大课间（课间操）和课外体育活动一体化的阳光体育运动方案。"[②]因此，应将体育课、课外活动、课余运动训练及运动竞赛作为推进学校体育工作、增强学生体质的有效措施，更好地促进学校体育的发展和相关工作的开展。

二、有助于学校体育硬件的配足配齐

对于体育场地设备等硬件条件，吴邦伟认为无论是学校体育的发展还是社会体育的发展，体育场地设备等硬件条件都是发展体育的基本要求。学校体育场地设备的缺乏会阻碍学校体育的发展，不利于进行科学的运动训练。在吴邦伟编写

---

① 国务院办公厅. 国务院办公厅转发教育部等部门关于进一步加强学校体育工作若干意见的通知[EB/OL]. （2012-10-22）[2024-09-12]. https://www.gov.cn/zhengce/content/2012-10/29/content_5309.htm.

② 国家教育委员会. 学校体育工作条例[EB/OL]. （1990-03-12）[2024-09-12]. https://baike.baidu.com/item/%E5%AD%A6%E6%A0%A1%E4%BD%93%E8%82%B2%E5%B7%A5%E4%BD%9C%E6%9D%A1%E4%BE%8B/8373514?fr=ge_ala.

的一些中小学体育实施方案中，我们可以看出他对体育场馆设施重要性的认同。此外，体育师资的短缺也会影响学校体育的发展。体育教师的稀缺是造成民国时期我国体育发展落后的一个重大原因。许多军人担任体育教师一职，而非体育专业人士。吴邦伟当时指出："师资之良否，教育之效能紧焉，体育亦何独不然"[①]。现阶段我国学校体育工作存在的问题包括场地设施缺乏、体育师资短缺等。

目前，我国学校体育在体育师资配置和场地器材方面仍然存在较大问题。师资方面，根据《中共中央 国务院关于加强青少年体育增强青少年体质的意见》要求，2008年6月制定的《国家学校体育卫生条件试行基本标准》针对中小学体育教师的配备提出了相应标准。然而，针对我国体育教师队伍状况的调查结果显示，小学每千名学生有1.8名体育教师；初中和高中每千名学生有2.8名体育教师；中等职业学校中每千名学生有1名体育教师。可见，各个阶段我国体育教师在编人数均出现不同程度的缺乏，且农村、偏远贫困地区体育教师缺乏程度更为严重。与语文、数学等其他学科教师的数量相比，体育、音乐等学科专任教师的数量差距较大。在场地器材方面，由于我国各省市经济发展水平不同，各地政府、教育部门对体育经费的投入存在差异，从而造成各地在体育场地、设施水平方面存在较大差别。经济发达地区体育场地、器材配置相对较为完备，而经济落后地区教学基本体育场地（如篮球场、羽毛球场）不足，甚至有些地区存在用教室代替体育场地的现象，从而严重影响学校体育工作的开展。针对学校体育发展存在的问题，吴邦伟的"体育硬件配足配齐"思想对于当下学校体育的发展仍然具有重要的指导意义。

三、有助于发挥运动竞赛的多元功能

吴邦伟认为运动竞赛是学校体育的重要组成部分，在学校体育工作中发挥着积极的作用。运动竞赛与一般性体育活动之间存在差异，运动竞赛要求参与者全身心投入其中。运动竞赛的游戏性和竞争性可以提高学生体育学习的兴趣，激发其体育锻炼的热情，实现以运动竞赛增强青少年体质的目的。运动竞赛过程中持久的刺激感和新鲜感可以满足学生尝试新奇、刺激事物的心理。在运动竞赛过程中获得的快乐有助于学生养成良好的运动习惯。同时，运动竞赛可以培养学生公平竞争、顽强拼搏及团队协作等优良品质。运动竞赛过程中的人际交往有利于培养学生良好的社会适应能力。运动竞赛还可以促进真、善、美相统一的完整人格

---

① 吴邦伟. 体育师范课程问题的商讨[J]. 勤奋体育月报，1934，2（1）：19-28.

的形成，完成教育的目标。将运动竞赛与体育教学工作有机结合，可以丰富体育教学的内容和形式，有利于教学与实践的紧密结合。运动竞赛是高超技艺的展示，可以促使学生在体育课学习过程中不断纠正错误动作，进一步巩固和完善运动技术。体育教学中的运动竞赛可以激发学生体育课中学习的热情，达到教学相长的作用。此外，运动竞赛是检验学生课外体育锻炼情况的一种手段，可以提高学生体育锻炼的积极性。因此，吴邦伟认为运动竞赛可以全面提高学校体育教育、教学工作的质量。在学校体育实施过程中，应充分利用运动竞赛的特点与意义，更加突显学校体育工作的意义。

当下，教育部大力提倡"学会、勤练、常赛"在学校体育工作的重要性，特别是"常赛"这个关键词，说明需要在体育教学中经常开展运动竞赛。吴邦伟体育思想的重要启示在于：①游戏中需要落实竞赛。②体育学习中需要落实竞赛，因为竞赛有助于激发学生的积极性。③课外活动中需要开展竞赛。课外活动中的竞赛有运动会、班级年级竞赛、课外体育活动竞赛等，这些竞赛活动的开展有助于激发学生兴趣，对于学生养成终身体育习惯具有重要价值。

相关体育教育家简介

高梓（1901—1997年）

号仰乔，原籍安徽贵池，出生于江苏南通的一个书香世家。高梓出生时，中国还未从封建思想的枷锁中脱离出来，中国女性不仅地位低，而且受到缠足等恶俗的残害，但高梓有一位思想进步且开明的父亲，她不仅免受缠足之痛，还可以进入学校读书。1908年，高梓进入南通明义女校读书。1917年，本应在南通师范学校读书的高梓转入上海女青年会体育师范学校读书，由于高梓在学校运动成绩优异，1919年毕业前她被北京高等师范学校（现北京师范大学）校长选中，于1919年赴北京高等师范学校任教。1920年上海女青年会体育师范学校争选两名毕业生赴美国深造，高梓和同学张汇兰被选中。高梓赴美国留学的第一年就读于密尔斯女子大学体育系，第二年转入威斯康星大学专修体育。在威斯康星大学，高梓是学校女子篮球队的中锋，也是第一位入选该校篮球队的中国女学生[1]。1923年，高梓回国为上海女青年会体育师范学校服务两年后，于1925年北上，担任北京国立女子师范大学体育系主任，不久后被推选为北京中学以上学校体育联合会副会长。高梓在北京国立女子师范大学担任体育系主任七年之久。1931年，高梓到山东大学任体育教授，之后担任青岛文德女子中学校长。1932年，在教育部的委派下，高梓和丈夫郝更生同赴欧洲的英国、法国、德国等国家进行现代体育考察[2]。1933年，第5届全国运动会在南京举行，同时改选中华全国体育协进会领导者，高梓当选为常务董事[3]。

高梓是中国近代史上的女子教育家、体育家，是近代女子体育代表人物之一，她一生都十分重视体育基础教育，投身于体育师资力量培养中，对我国近代体育事业的发展产生了重要影响[4]。

---

[1] 刘思祥. 高梓传略[J]. 江淮文史，2001（2）：143-152.
[2] 王炳毅. 卓具贡献的女体育活动家高梓[J]. 江苏地方志，2008（3）：42-44.
[3] 同[1].
[4] 杨洁. 民国时期上海女子教育研究[D]. 上海：华东师范大学，2000.

第十七章

体育是生活礼仪教育：高梓学校体育观及其启示

第一节　高梓学校体育观的形成背景

首先，高梓学校体育观受到美国"新体育"思想及杜威教育思想的影响。高梓于1920年赴美国深造，专修体育，受20世纪初美国"新体育"风潮的影响颇深。伍德和赫赛林顿的"新体育"自然主义体育教育观是美国新教育（或称进步主义教育）运动中体育课程改革的主要理论。1893年，伍德在全美教育学会的会议上指出："体育的伟大理想不仅是限于身体方面的训练，更重要的是体育与全面教育的关系，然后是使用。"[①]赫赛林顿认为，"新体育"新在新的理论强调"育"，"'体'字表示整个机体的活动，而不仅有智力才是教育手段"[②]，"教育既不单为身体，也不单为精神，而是要发展由教育活动实现的人类的一切能力"[③]。他把新体育分为四个方面：机体教育、精神肌肉活动教育、品德教育和智力教育。以上观点对高梓产生了一定的影响，特别是品德教育对高梓体育教育观影响较大，是高梓体育教育观形成的主要依据。

杜威是20世纪著名的思想大师，是实用主义哲学的主要代表人物，也是杰出的教育家和社会活动家，他以实用主义为基础，提出了"儿童为中心"的教育理论，认为学校即社会、教育即生长、教育即适应，重视让学生在活动和游戏中学习（做中学），自己去获得经验。1919—1921年他在中国游历和讲学，共做了大大小小200次讲演，既有大学的长篇学术讲座，也有面向普通公众的短篇演说，

---

① D·B·范达冷，B·L·本奈特. 美国的体育[M]. 张泳，译. 人民体育出版社，1991：44.
② 邵伟德，胡建华，沈旭东. 体育课程"身心教育一元论"原理构想[J]. 体育与科学，2010，31（2）：85-89，54.
③ 石龙. 西方体育人文价值的演变[J]. 中国体育科技，2008（5）：22-32.

第十七章　体育是生活礼仪教育：高梓学校体育观及其启示

听众常常多达数千人①。杜威的在华演讲涉及哲学史、心理学、伦理学等很多专业领域，而高梓旁听了杜威在北京大学的讲演，深受杜威教育思想的影响，这为高梓体育教育观的形成奠定了基础。高梓编写的体育方面的专用教材与其发表的文章中都有直接引用杜威的言论。麦克乐曾在1913—1924年两次来华，在高梓和张汇兰所在学校教授过体育舞蹈、体育生物学等课程，对中国体育教师培训和学校体育产生了重要的影响。后来的该校校长梅爱培曾是美国威斯康星大学的体育教师，而副校长陈英梅则是留学美国的中国第一位体育教师②。因此，高梓与中国早期学校体育舞蹈教师都是欧美体育舞蹈课程的受教者与影响者。

其次，高梓学校体育观与时代背景有一定的关联性。1911年，辛亥革命的胜利终结了中国两千多年的皇权统治。1921年9月，北洋政府发布《学校系统令》，史称"壬子学制"，规定了男女受教育的机会是均等的，保持了原有的军国民教育思想，体育课仍然叫体操科，但在其教育宗旨、教材和课时年限等方面做了明确规定③。"体操要旨，使儿童身体各部平均发育，强健体制，活泼精神，兼养成受规律、上协同之习惯。初等小学受益授适宜之游戏，渐加普通之体操……"④在这样的社会背景下，高梓有机会进入学校接受教育，并对以上学制的弊端感触深刻，特别是兵式体操与军国民教育，尽管其影响有所削弱，但在学校中还有遗留，这就促使高梓对体操进行了反思。这对她之后体育教育观的形成产生了重要影响。

第二节　高梓学校体育观的核心内涵

一、以儿童身心发展为中心的体育教育观

高梓认为儿童不能与成人相提并论，"儿童在小学时期，是身体发展的重要时期，也是应当以体育活动为教育中心时期，此时的儿童没用什么学问却不要紧，但是身体的发育和健康是绝对不能疏忽的"⑤，并提出要遵循儿童各种天性的发展

---

① 袁刚，孙家祥，任丙强，等. 民治主义与现代社会——杜威在华讲演集[M]. 北京：北京大学出版社，2004：110.
② 菁莺. 高梓和张汇兰的"全人"身体教育——影响20世纪中国舞蹈的早期留学生研究系列之三[J]. 当代舞蹈艺术研究，2018，3（1）：62-68.
③ 董苹苹. 南京国民政府时期中小学体育教育研究[D]. 济南：山东师范大学，2012.
④ 熊建设. 张汇兰"女性取向"女子体育教育历史的考察[J]. 兰台世界，2015（1）：57-58.
⑤ 高梓. 小学体育[M]. 上海：正中书局，1947：7.

规律，选择儿童所需要的环境，采用针对儿童的教学手段与方法进行体育教学。高梓在其编著的体育类教材中分析了儿童的身心发展特点，提出了体育教学要适应儿童的兴趣和个性发展；要顺着儿童发展的过程，提供适宜的教育和环境；根据不同的教学目的和个体差异性进行分组教学。

（一）遵循儿童身心发展规律

高梓认为，体育作为教育的一个重要环节，是促进学生生理和心理发育的工具，对于体育教育如何才能发挥其体育功能，高梓提出"小学体育与小学教育一样应该以儿童学为基础才不会违背教育原理""选择教材时首先要了解儿童身体发育和心理发育的关系，根据儿童的各种天性的发展来选择适合各年级儿童能力、乐趣与生活上需要的教材"。她还提出了理想的小学体育程序应有的要点：①精密设定的体育目标，目标针对儿童身心发育及社会行为的发展。②适合儿童的需要，包括满足器官的需要、肌肉神经协调的需要。例如，运动只有达到相当的激烈强度，才能刺激生长与发展。

（二）提倡因材施教教学原则

高梓认为，"小学按照年纪分班教学不适合体育课的进行"并提出分组教学，根据学生的身体状况分为运动组、和缓运动组和替代运动组，其目的有三：①安全，体力相近的儿童在一处活动，可以避免以强凌弱；②兴趣，同等程度的儿童对于某种运动的兴趣一致，喜欢参与同样的运动游戏，玩的时候气氛热烈，容易得到满足和快乐；③机会均等，体力差异较大的儿童在同一组中，获胜的机会势必不能均等。作者认为根据学生的差异性来进行分组是合理的，但是按照身高、体重等外在特征来进行分组未免有失偏颇。仅依据学生的身体状况来分组忽略了学生自身的协调性和学生之间的差异性，即使学生身高、体重接近，学生自身的协调能力、掌握能力和运用能力也可能存在较大的差异，如果仅仅按照身高体重来进行分组，则并不合理。

（三）优化儿童体育教育环境

受实用主义教育家杜威的影响，高梓十分注意教育环境和生活教育。她提出成功的教育寓于优良的环境；学校要特别注重教育环境的安排，使学校社会化、教育生活化、教学生动化，以创造理想的教育气氛、发挥完整的教育功能。

她提到体育环境是教育儿童最理想的环境。高梓所指的体育环境包括：完备、安全、适用的设备，优秀的教师，合理的组织、教材、教法及管理。同时她提出小学体育的职责如下：①一切设施应以儿童为主体，以全体儿童为对象；②儿童不是成人，因此选择教授方法时不能像教授青年或成年人一样；③儿童与儿童之间的个性也是各不相同的，因此对小学学生进行教授、管理时，要尽可能关注各个儿童。"

二、体、德、卫相结合的体育教育观

（一）体育与德育相结合

高梓认为小学阶段是儿童吸收外界知识的时刻，也是培养儿童基本习惯最有效的时刻。儿童最初的道德来源于自己的活动、游戏。一方面，在游戏环境中，儿童的心理渐渐抛弃了因强力（父母或教师强行施加）而形成公理的观念，产生公平的感情，知道以欺骗非法行为获得胜利是可耻的。在体育运动中，儿童养成了遵守规则的习惯，由此形成了守法的精神。另一方面，由于在体育活动及各种游戏中，儿童的道德训练是自发的和自动的，儿童为了满足自己的欲望而接受道德和纪律的约束，所以活动和游戏更加适用于培养儿童守时、负责、互助、合作及积极的行为。例如，在团体游戏活动中，儿童由个人认识到了团体，初步认识了社会的组成，在游戏中领悟到团队的重要性，认识到只有合作才能产生更大的力量，从而形成保全团体、大公无私的美德，但在这个过程中，教师要做好榜样，以身示范。

（二）体育与卫生教育相结合

高梓认为小学阶段的教育属于普及教育，因此小学体育最大的功能是为儿童提供最普遍、最基本的训练。一方面，在体育活动中，儿童处于比较轻松的环境中，因此体育教师比较容易观察儿童的身心状态，这就要求体育教师不仅要有扎实的相关知识，还要有敏锐的观察力，及时发现并解决影响儿童健康与安全的因素。另一方面，体育教师在培养儿童良好卫生习惯的同时，应引导学生通过户外运动来维护自身的身体健康。高梓特别提到了体育与卫生教育相结合，注重学生卫生习惯养成的重要性。她认为体育教师应具备丰富的卫生常识和良好的卫生习惯。

三、提倡女子体育的"全人教育"

所谓"全人教育",是指为培养精英女性,从走路姿势、音乐的素养、组织活动的能力,到对美的欣赏、对周边群众的关怀与服务,对体育活动的坚持,进行训练与培养。例如,金陵女大在体育、音乐、美育、服务、姐妹班、实践(教育、生物、地理考察等),以及先进的教育手段等方面,均体现了该校文化的特色[①]。

19世纪末,女子体育随着西方体育的引进传入我国,特别是欧美国家的女子体育教育观对我国女子体育产生影响。高梓通过对西方女子体育的总结,以及分析当时我国女子体育的状况,就我国当时女子体育存在的问题从内部和外部两方面进行分析。首先,其内部问题主要源于女性运动员的生理和心理方面。一方面,高梓认为女子自身患得患失的心理对女子体育发展有阻碍作用,在女性运动员日常训练中,应该将善得善失精神灌输给学生。另一方面,对于竞赛前的医学检验,学校很少认真执行,忽略了女性的生理问题,并导致部分女性运动员在生理期出现各种疾病[②]。其次,其外部问题包括三个方面。①学校体育行政工作应当以全体学生为对象,不应该对运动员有优待现象,这样不仅违背学校体育教育原则,还会使体育在学校教育中的地位下降,不利于学校体育普及。②在女子体育训练的目标与方法上,高梓认为体育是教育的一个方面,因此要合乎教育的原则,不仅要造就时代需要的人才,也要培养其休闲技能,将训练核心扩大到整个人生。③对于当时我国女子体育界的组织问题,高梓提到要增强女子体育组织力,增强女性运动员自身的力量与经验,充实其学识与修养,从而寻找适合中国女子体育发展的新途径。

高梓的"全人教育"理念具体通过"礼仪教育"来实现,而舞蹈、歌唱、园艺、国剧都是其中的内容。她对教师的培训是以研习教学为经,以研习生活为纬,并辅以爱国、民主、科学三大基本精神,达到"良师兴国"的目标。她秉承杜威的教育理念,强调教育与生活并重,强调衣、食、住、行、育、乐的统一。她认为教师应以爱心育人、教人,使得受教育者在爱中成长,因被爱而学会爱人、爱乡、爱国、爱人类[③]。

---

① 孙建秋. 金陵女大(1915—1951):金陵女儿图片故事[M]. 桂林:广西师范大学出版社,2010:16.
② 高梓. 教育环境[C]//中华学术院. 教育学论集. 台北:华冈出版有限公司,1980:74.
③ 刘思祥. 高梓传略[J]. 江淮文史,2001(2):143-152.

第十七章　体育是生活礼仪教育：高梓学校体育观及其启示

第三节　高梓学校体育观的当代启示

一、有助于遵循儿童体育的身心发展规律

高梓认为儿童与成人教育不能相提并论，且在儿童教育中身体发展占据重要地位，应当以体育活动为儿童教育的中心。她指出儿童体育应遵循儿童天性的发展规律，满足儿童的兴趣和个性发展要求，采用对待儿童的教学手段与方法进行差异性教学，其中游戏教学对于儿童身心发展最为重要。

近几年，我国学校体育的地位不断攀升，中小学学生体质状况有所改善，但一些问题并未得到根本解决，心理健康的目标未得到很好的落实，灌输式和机械式学习依然存在，这导致学生并不明白为什么要学习、如何学懂体育。特别是在儿童体育教学过程中，成人化现象较为严重，直接影响了儿童体育兴趣的培养。因此，高梓体育教育观对当代的启示在于：①儿童的身心教育与身心发展应突出重点。这对于当下应试教育盛行的状况而言，是一种先进的理念，国外儿童教育较侧重于身体发展，但中国情况恰恰相反，"不能输在起跑线上"的错误观念导致儿童参加校外辅导现象成风，不仅忽视了对儿童身体发展的投资，而且对身体发展产生了严重危害。因此，应纠正家长观念，让其认识到儿童身体发展是第一位的，文化课学习是第二位的。②儿童体育需要防止成人化教育。高梓认为体育作为教育的一个重要环节，是促进学生生理和心理发育的工具，儿童的身心发展异于成人，特别是幼儿体育、小学体育应突出其特殊性，应采用适合儿童的方式进行体育教学，多运用游戏教学，不能把成人的体育教学手段与方法搬到儿童体育教学课堂。因此，儿童体育教学在理念、内容、方法、手段、评价等方面都要适应儿童的身心发展规律，只有真正从儿童出发，进行有意义的教育，才可能达到体育课的最佳教学效果。③应贯彻落实因材施教原则。高梓认为应根据学生的身体状况分为运动组、和缓运动组和替代运动组，其作用在于：可以让体力相近的儿童在一处活动，避免以强凌弱；兴趣达到同等程度的儿童容易得到满足和快乐；体力差异不大的儿童在一组中机会相等。因此，在体育教学过程中，应根据学生的不同情况进行分组差异性教学，达成最佳的教学效果。尽管因材施教在我国已得到多位教育家与思想家倡导，但实际效果并不理想，特别是在一些落后地

区、偏远地区，体育师资力量薄弱，无法实施因材施教，大部分学校只能沿用大班化教学方式，教学一刀切问题非常严重。因此，要真正实施因材施教还需要基础教育工作者作出更大的努力。④优化儿童体育教育环境。高梓十分注意教育环境和生活教育，她认为成功的教育寓于优良的环境中，学校要社会化、教育要生活化、教学要生动化，完备、安全、适用的体育环境是教育儿童最理想的环境。环境是一种无意识刺激，它对于学生而言既可以成为干扰因素，也可以成为助力因素，环境设计与教育对于当下而言还是一个新领域，需要开发与完善。体育课堂教学环境问题涉及的原理很多，但主要的影响因素是心理学，特别是儿童对周边环境的感知是无意识的，但环境的效果是显著的，研究表明，绿色空间与蓝色空间对于健身者具有不同的效果，但其比无颜色的空间具有更好的效果。因此，体育课堂教学如何利用颜色提高教学效果是未来需要深化探索的选题。

二、有助于加强学校体育与德育教育、卫生教育的融合

高梓认为儿童最初的道德来源于游戏和活动，因为在游戏过程中，儿童开始摆脱父母的制约，开启了对自由世界与客观世界关系的思考。在游戏中，儿童不仅要学会感知和认识与自我不同的个体，要展现活动的自由，更要遵循游戏的规则，培养守法的精神。因此，儿童游戏有助于培养儿童对自由与道德关系的认知，并发展其守时、负责、互助、合作及积极行为。一切的体育活动都要有教育的意义，儿童可以通过参与游戏、运动竞赛，学习社会规范。高梓特别提到，体育应与卫生教育相结合，以及注重学生卫生习惯养成的重要性，她认为体育教师应具备丰富的卫生常识和良好的卫生习惯，在学校体育教育的过程中不仅要培养学生的体育基本技能，更要培养学生的道德行为习惯和健康卫生习惯。

2011年教育部发布的《义务教育体育与健康课程标准》中提出义务教育体育与健康目标，在实现学生运动技能发展与增进身体健康的基础上，提出了健康教育与品德教育的重要性。因此，高梓体育教育观对当代的启示在于：①重视学校体育与德育教育的结合。学校体育与德育教育是不同的两个学科，各自有特殊的规律与发展路径，但也有其交叉部分，即学校体育具有特殊的育人价值。因此，在体育教学过程中，既要注重学生身体的发展、技能的掌握，也要重视育人，培养学生的德道品德。②关注学校体育与卫生教育的结合。学校体育与卫生教育分属

不同视域，目前学校体育与学校卫生责任、义务边界不清，导致卫生教育存在形式主义。卫生教育与健康教育密切相关，卫生是身心健康的保障条件，随着人们生活水平的提高，卫生条件得到了极大的改善，但从小做起，养成良好的卫生习惯依然是儿童最重要的卫生教育内容。如能把卫生教育与学校体育中的健康教育结合起来，那么儿童将形成更强的预防疾病能力，这对于儿童的成长发育极为重要。同时，体育教师也应具有扎实的卫生与健康知识，运用敏锐的观察力，发现儿童在健康教育过程中的某些方面的变化，及时解决影响儿童健康与安全的因素，预防身体伤害。

三、有助于推进女子体育"全人教育"的发展

在近代中国，女子的地位是很低的，自19世纪末，女子体育随着西方体育的引进传入我国，对我国女子地位产生了极大的影响。高梓通过对西方女子体育的总结，以及分析当时我国女子体育状况，就当时我国女子体育存在的问题进行分析。高梓在女子体育训练的目标和方法方面提出，女子体育不能以训练几种运动技能为主，应当多提倡户外运动，将训练的核心应扩大到整个人生，使女子可以更好地发展自我，实现个人理想和抱负，实现"全人教育"。她认为女子在生理和心理方面与男子存在较大的差异：一方面，女子自身存在患得患失的心理；另一方面，女子存在基本的生理问题。因此，在体育教学过程中应男女分班，进行性别差异性教学。

高梓的女子体育"全人教育"观点对当代的启示在于：①女子体育教育目标不仅要在运动技能与体质上体现，更应拓展到形体教育、音乐教育、美的教育与服务教育等方面，这样才能发展女子的能力，体现女子的地位与价值。②男女应区别对待，分班教学。女子的兴趣爱好、身体特点、运动旨趣等与男子不同，如果合班教学，则会影响教学效果，因此从小学高年级开始，男女生应该分班教学，另外，男女运动员应区别对待，在针对女生的运动训练过程中，应更多关注她们的生理期，以免产生负面的影响。③在小学低年级男女合班教学过程中，也需要因材施教。小学阶段由于男女生在身心方面的差异并不显著，所以合班教学有一定的理由，但总体而言，男女生依然具有兴趣方面的差异。因此，在大部分运动项目教学过程中，依然需要关注女生的特点，开展性别差异性教学。

综上，通过对高梓所处的时代和社会背景的分析，以及对高梓体育教育观的归纳总结，可以看出高梓作为民国时期的女性体育家之一，在我国近代体育和教育方面都作出了贡献，她提出的许多观点和体育教育观值得我们学习和借鉴。但经过梳理发现，高梓体育教育观还存在一定的局限性，高梓过于强调儿童的需求，忽略了儿童的自我约束能力和心理特点，忽略了体育教师在体育课堂中的主导地位。因此，要在体育教学中正确处理学生、教师的关系，重视学生的主体地位和教师的主导作用，同时注重体育课堂的有效性，协调三者的关系，充分实现体育课堂的价值。

相关体育教育家简介

王怀琪（1892—1963年）

字思梅，江苏吴县人。1909年他考入中国体操学校，学与术各科成绩俱优，尤擅长体操技击。

王怀琪先后在上海商团公立尚武小学、中国体操学校、爱国女中、湖州旅沪公学、甲种商校、澄衷中学等校任体育教员，中华人民共和国成立后，王怀琪被评为一级教师，担任全国体操和武术裁判，并被选为上海市人民代表、市政协委员。1958年，他担任上海教育学院体育教研室主任。由于他精于民族传统体育，曾兼任精武体育会的器械部主任。

王怀琪从事体育教育五十多年，认真研究东西方体育内容，悉心整理武术等传统体育手段，把中西体育方法融为一体，创编出许多既具有当代体育特点又富有民族特色的游戏和保健操，并将自己的研究心得和实践经验加以总结，著书立说。他一生著作颇丰，撰写了《订正八段锦》《易筋经二十四图说》《分段八段锦》《八段锦舞》《徒手游戏三百种》《跑冰术》等十余种书籍。

王怀琪在20世纪20年代结合课堂教学研究创造了体育的"三段教学法"，编成了"三段教材"。教材的全名是《走步、体操、游戏三段教材》，分"正编、续编、三编"，分别由国光书局于1924年、1925年、1932年出版发行。正、续编体例相同。

第十八章

康健之心意寓乎康健之身体：王怀琪学校体育观及其启示

第一节 王怀琪学校体育观的形成背景

首先，王怀琪学校体育观来源于对传统体育文化的传习。提及王怀琪，世人首先联想到的词便是"八段锦""易筋经""五禽戏""跑冰术"等，这些多与"武术"一词息息相关。王怀琪以长期习武的经验为基础，结合近代体育科学知识，把"五禽戏""八段锦""易筋经"等传统体育项目融入到现代体操之中，丰富了学校体育教学内容，出版了《订正八段锦》《易筋经二十四图说》《分段八段锦》《八段锦舞》《徒手游戏三百种》《跑冰术》等十余种书籍，这些书籍很受欢迎、不断再版。由于精于民族传统体育，王怀琪曾兼任精武体育会的器械部主任。

其次，王怀琪学校体育观受到徐一冰体育教育观的影响。徐一冰是当时中国体操学校的负责人，王怀琪是徐一冰的学生，所谓"潜移暗化，自然似之"，在王怀琪求学过程中，徐一冰的体育教育观对其产生了重要影响。徐一冰身处国家内忧外患的时代，从小领悟了强身健体对救国救民的重要性，他在《整顿全国学校体育上教育部文》中写道："强国之道，重在教育；教育之本，体育为先。""余是体操界之一分子，业就二十年，初未尝改志。"[1]徐一冰的体育教育观主要有两个方面：①重视体育教育、强国强民。他把"增强中华民族体质，洗刷东亚病夫耻辱"作为中国体操学校的校训。②徐一冰指出中华国技在学校体操课中的重要性，他认为"以修养勇健之体格，保存国技之菁华，强种强国，亦教育之务也"[2]。

---

[1] 国家体委体育文史工作委员会，全国体总文史资料编审委员会. 中国近代体育文选[M]. 北京：人民体育出版社，1992：77.

[2] 刘斌. 清末民国中小学体育教科书研究[M]. 长沙：湖南师范大学出版社，2014：70.

第十八章 康健之心意寓乎康健之身体：王怀琪学校体育观及其启示

徐一冰的言行举止逐步影响了王怀琪，尤其是徐一冰对国粹体育的重视，以及对儿童、女子体育运动的注重，对王怀琪产生了启发。由此，王怀琪十分重视对我国传统体育国粹的挖掘，如"八段锦""五禽戏""易筋经""八段锦舞""潭腿"等国技。

最后，王怀琪学校体育观来源于对体育游戏教学实践的总结。在20世纪20年代，王怀琪结合课堂教学研究创造了体育的"三段教学法"，先后三次出版教材，对传统体育学校方法进行了一次改革。它一方面受到广大中、小学体育教师的欢迎，另一方面也促使学校体育向理论化和体系化方向发展。因而该方法在上海得到推广，并影响到全国。王怀琪在小学体育游戏领域颇有建树，为我国小学体育的发展作出贡献。他编过许多与小学体育游戏相关的教材和图书。例如，供中小学体育教员参考的《走步、体操、游戏三段教材正编》《走步、体操、游戏三段教材补编》《走步、体操、游戏三段教材三编》，讲述了十种拟战游戏方法的《实验拟战游技》，介绍了二十种训练敏捷的按口令做正反动作的《正反游戏法》，还有《徒手游戏三百种》《鞭打游戏》等。1929年，王怀琪出版了《小学游戏科教学法》一书，内容包括游戏的重要性、游戏和个性、游戏和赏罚，以及心理学、审美学、社会学、教育学中的游戏观。

第二节 王怀琪学校体育观的核心内涵

一、倡导体育游戏的价值

什么是游戏？德国哲学家席勒和英国社会学家斯宾塞认为，游戏是过剩力的溢出；德国的古茨穆茨主张游戏是人类疲劳的恢复；德国生物学家古鲁斯认为，游戏乃是人类与生俱来的本能练习；美国心理学家霍尔认为，游戏是遗传活动的演习。在王怀琪看来，游戏的定义必须囊括上述四种学说，过剩力和疲劳的恢复可以同时发生效力，在自由无阻碍地使用个人力量的同时，从游戏复演的遗传活动中可以发展出个性。

小学中的儿童大都在6~13岁，这些儿童没有一个不喜欢玩游戏的。甚至除了游戏，他们对任何东西都觉毫无兴趣。如此，小学体育游戏的重要性就可想而知了。

（一）体育游戏有助于促进儿童智育发展

游戏的意义很广，如儿童的玩耍，成人的娱乐，都可称作游戏，不过这种游戏大半是没有组织系统和规则的。小学体育游戏则不然，它有自身的特点。"先是感觉机关的练习，由外界的刺激而为被动的动作，渐进而为自动的动作，再进而为优美的交际动作和勇壮的竞争活动。"[①]例如，游戏中设置各种彩色旗，以练习色觉；进行掷球、转圈等，以练习光觉；蒙眼听音辨方向，以练习听觉；接触玩具或同伴，以练习触觉，然后使这些感觉与大脑神经一致。依教育的原理、运动的特质，按儿童的年龄，选择有组织、有系统、有规则的游戏，以练习儿童身体机能，激发儿童的主动力，促进儿童智力发育。

在生活科学中，游戏可以从两点来分析：原始的解释和生物学的价值。要完整地解释游戏的起源，是复杂而困难的。王怀琪认为从生物学的角度来看，"达尔文的遗传学说，可算是游戏的生物学情况上一种符号，由所得品性上的遗传而进化，由最适当的存于生活竞争中而进化"[②]。他认为在生物学中，游戏已占得一席之地，因为用极小的消费可得到生活上极大的快乐。我们在有音乐的运动中可证实这一点。儿童在有音乐的运动或游戏中，往往不竭其力而不止，而在没有音乐的活动中往往不够积极。儿童在游戏中常常会有欢呼、唱歌、撮口作声等行为，不宜绝对禁止，因为这些能使儿童各感官紧张兴奋。扩张血管口径，促进新陈代谢。在游戏中，儿童通过自身积极、主动的探索与直接动手操作，不断增加知识和经验，不断提高认知能力。

王怀琪认为，"激动各机关的发育，发生活泼的感觉和充分的元气"[③]。他认为游戏可以促进儿童身体机能和脑部的发育，通过体育游戏能够发展儿童相关的知识和智力习性，使大脑各个神经发展和联系起来，从而使儿童获取相关知识与能力。大部分小学体育游戏都会使儿童尽最大可能发挥自己的无意识能动性，这种游戏上的能动性比任何数字游戏、字母游戏都能更直接、快速、便捷地促进儿童智育的发展。

（二）体育游戏有助于促进儿童德育发展

从教育学来看，游戏在教育方面的价值被人们所认可，游戏和教育的关系包

---

① 王怀琪. 小学游戏科教学法[M]. 上海：商务印书馆，1929：17.
② 王怀琪. 小学游戏科教学法[M]. 上海：商务印书馆，1929：8.
③ 王怀琪. 小学游戏科教学法[M]. 上海：商务印书馆，1929：16.

括两个方面：一是在教授知识方面，采取游戏的活动形式，否则容易变为机械的知识灌输，通过游戏教学能使儿童更容易接受。二是在教授制度方面，与教成人的方法不同，因为低龄儿童的学业完全是由游戏内化的。就积极的精神修养而言，王怀琪认为，"游戏能养成高尚的竞争心"；就消极的精神修养而言，他认为也能"使儿童活动力集中于正当游戏"[①]。凡是关于比赛的游戏都属于竞争类游戏，这种游戏的教育价值最大，能使儿童的身体动作敏捷、精神旺盛、意志坚定，并养成勇往直前、果断等品质。在实施竞争游戏的时候，教师能仔细观察儿童的举动，辨别出他们个人气质。

王怀琪将小学体育中的竞争游戏分为团体联合比赛和个人成绩比赛[②]。团体联合比赛在竞争游戏中最重要，所收获的效果也最大。在游戏过程中，所有儿童在同一时间用同一方法做同一游戏或团队游戏，可使身体强健、精神焕发，并可养成热心、礼让、团结等美德。个人成绩比赛在竞争游戏中也有相当的价值，能养成儿童独立、自治、求胜的习惯。

"训练乃德育上的事情，然在游戏中，也有训练的实施。"[③]王怀琪认为游戏能培养儿童正当的竞争力、光明正大的正义心、扶助社会的公共心、滋养精神的名誉心、维持公众利益的公德心和努力办事的责任心；游戏能发展儿童勇往直前、坚韧不拔、协同作战等道德精神；游戏能使儿童养成热心的精神、专心的注意力、敏捷的判断力、发明创造的想象力和坚韧不屈的意志力。总之，儿童在游戏中的活动力能促进其德育的发展。

（三）体育游戏有助于促进儿童个性发展

儿童的性格在进行游戏的时候更容易表现出来。例如，多血质儿童活泼好动；胆汁质儿童身体强健、头脑明晰，但有些刚愎自用且容易陷于顽固；神经质儿童面色苍白，常出现忧郁情绪；黏液质儿童颜面浅黑，动作迟钝缓慢，缺少进取力。儿童在心灵、天性、嗜好和品性方面各有特点，家长和学校应在个性培养上多关注他们。

一位母亲在感慨自己家庭教育失败的时候往往会说："我真不懂，我是一样对待几个孩子的，为什么他们之间差别如此大呢？"她不知道自己失败的主要原因在于她用同一把"钥匙"去强开不同种类的"锁"。父母与教师应当努力发现儿童

---

① 王怀琪. 小学游戏科教学法[M]. 上海：商务印书馆，1929：13.
② 王怀琪. 小学游戏科教学法[M]. 上海：商务印书馆，1929：20.
③ 王怀琪. 小学游戏科教学法[M]. 上海：商务印书馆，1929：23.

的特别点，因为这是他们特性的主旨。王怀琪提出一个假设：有六个吵闹的儿童，而且他们都是不听吩咐的，要使他们安静，唯有从他们的特性上着手。例如，扮军人的男童正打着鼓，假使叫他扮演营里的巡卒，他便立即安静了；第二个女童充满爱心，那么使她觉得这种闹声会使母亲头疼，她立马就安静了；对于第三个儿童，可以利用他的自尊自大，把他置于领袖的地位，他便会觉得自己的行为是众人的模范，也就自然收敛了；第四个儿童吵闹是由于其活泼心思的蠢蠢欲动，假使让其参加正规游戏，便能迎刃而解；第五个儿童有帮助干家务的勤劳天性，那么叫他去帮母亲干活，自然就不吵闹了；可以利用第六个儿童追求公平的天性使他安静。儿童的性格主要是在游戏与运动中形成的，他们在游戏中扮演角色，并通过游戏经历竞争、合作、成功、失败、挫折，体验帮助别人和受到帮助的乐趣，这是课堂和书本中难以体验到的[①]。

王怀琪认为体育游戏能克服某些不良行为，使儿童的性格开朗、活泼、乐观。幼小的儿童做一些动作要付出较大的努力，有时要克服各种困难，这就是很好的意志锻炼，有利于促进其个性的发展。王怀琪认为儿童因缺乏自制力而做错，应该加以引导，帮助儿童自己去发现并改正不良习惯，从而有针对性给予教育，使其个性得到良好的发展[②]。

（四）体育游戏有助于促进儿童社会适应性发展

在欢乐的情境里，体育游戏在身体和心灵方面都有极大的价值，而在和社会联络的情境里尤有价值。例如，"依照人家动作、受鼓动群众感情的刺激、去掉四人的欲望等，都可在游戏中实验；并且在游戏范围以外的习惯，也因此成立"[③]。王怀琪认为当这种社交冲动超越家庭范围时，儿童遂加入同伴所组织的团体。每个团体中都有一个领袖，他的命令在同伴看来是至高无上的。在领袖的命令下，一个胆怯的儿童能作出使其父母都感到惊讶的举动。在足球游戏中，当领袖的人须勇敢、智慧和镇定，方能鼓动同伴、克服险阻。儿童通过游戏促进自主性的发展，表现为自理能力提高、目的行为增强、社会性提高与交往能力发展。

王怀琪在谈到游戏的规则时指出，游戏可以帮助儿童形成规则意识，树立集体和团队意识，体育游戏的规则可以促使儿童学会运用规则来协调关系。

---

① 王怀琪. 小学游戏科教学法[M]. 上海：商务印书馆，1929：14.
② 王怀琪. 小学游戏科教学法[M]. 上海：商务印书馆，1929：15.
③ 王怀琪. 小学游戏科教学法[M]. 上海：商务印书馆，1929：11.

第十八章 康健之心意寓乎康健之身体：王怀琪学校体育观及其启示

二、倡导创设良好的体育游戏环境

王怀琪认为体育教学必须从探索儿童的能量、兴趣和习惯开始。儿童的年龄特点决定了其喜欢在游戏情境中进行活动。因此只有创造良好的体育游戏环境，才能更进一步激发他们参与运动的激情，从而达到锻炼和教育的目的。

同时他认为要创设良好的体育游戏环境，需要从以下几个方面入手。

（1）教师态度。教授游戏时，教师应当和颜悦色，举止活泼，描绘生动，这样能满足儿童寻求快乐的心理需要。最好能与儿童共同进行游戏，这样更能引起儿童的兴致。教师切忌面带怒色让儿童感觉到负面情绪，更不能抱手站在一旁，只是组织和指挥游戏而不参与其中。

（2）服装。游戏时穿的服装必须轻便易脱，不可过宽过肥，也不可过紧，合身最好。在严寒的冬天也不要穿太多层，以免妨碍运动。需要注意的是，一定要提醒儿童服装清洁，毕竟儿童抵抗力比较弱，要防止因服装不干净造成病毒传播。

（3）教师的判断。教师在游戏时的举动是对儿童最具吸引力的模仿，影响着儿童对是非的明辨。因此，教师在游戏中的判断必须公正开明，不可违反规则。否则教师判断行为不当，儿童容易起怀疑心，并纷纷效仿，从教育观的角度来看百害而无一利。因此，教师在进行游戏裁判时要注意这点。

（4）赏罚程度。"赏罚乃教育上不可缺少的方法，然过度滥用，为害匪浅。"[①]王怀琪对于赏罚的论述告诉我们，使用赏罚手段的时候，第一需要公平对待，以免使儿童滋生不平情绪；第二需要节制，不可过度奖赏，以防表现优异的儿童出现傲慢心理。滥用责罚，必定会使儿童失望，有可能致使他们陷于自暴自弃的心态；过度奖赏也容易使儿童心满意足、不思进取。王怀琪将赏罚方法分述为四种：默赏、赏词、赏物和责罚[②]。根据王怀琪的论述，在游戏中教师可以使用眼色对学生表示赞许和认同；可以用语言夸赞，使儿童心情愉悦；可以颁发给学生具有象征意义的物品，激励他们；在万不得已的时候，可对学生进行惩罚，使之觉悟并改过。

（5）器材设施。关于器材设备，各个学校都应当准备体育教学中可能用到的设备。儿童天性喜欢掘土、爬高、滑流、跑、跳、抛东西、呐喊、唱歌等，为满

[①] 王怀琪. 小学游戏科教学法[M]. 上海：商务印书馆，1929：27.
[②] 王怀琪. 小学游戏科教学法[M]. 上海：商务印书馆，1929：28.

足这些基本需求，学校应预备各项发展儿童天性的器材设备，为达到教育目的创造条件，如沙箱、小球、踏板、扶手栏杆、各种场地等。需要注意的是，儿童年龄小，安全意识薄弱，器材的选择与设施的处理一定要注意安全，避免出现安全隐患。

三、根据儿童身心发展规律选择游戏

儿童具有独特的身心发展规律。儿童正处于身心发育的初级阶段，这是行为习惯的养成时期。小学体育教学与中学、大学不同，有其自身的特点。因此在选择游戏时一定要遵循儿童身心发展规律。

首先，王怀琪认为在教育目的上两性是没有差别的。但在心理和生理上两性是有极大差别的。大部分男童具有勇猛激进的特征，而女童更为优雅弛缓，若想将其特性发展得更鲜明，则需要设定不同的游戏，最好能进行分别游戏或进行二者兼容的游戏。

其次，"玩具乃游戏的工具之一种，而且是资助儿童成育的无上妙品，在游戏教育上万不可缺少"[1]。王怀琪认为所有体育游戏都应当使用玩具，但是要运用恰当，否则有害于儿童的发展。选择玩具的时候应当分清宜采用的玩具和不宜采用的玩具。对于适合儿童个性发育、顺应其天性的玩具，应当加以利用且随时变换，对于和实际生活有联系的玩具，应当加以利用，能激发儿童兴趣的玩具应当多加利用，能发展儿童想象力和推理能力的玩具应当采用，而那些可能造成破坏、养成不良习惯、挑起儿童虚荣心的玩具不宜采用。

最后，游戏的种类很多，教师要注意区分这些游戏的性质并注意它们隐藏的风险。对于有害治安和安全的或易于养成不良习惯的游戏，应当绝对禁止，如有可能发生危险的游戏、有碍于卫生健康的游戏、会养成恶劣行为习惯的游戏、残酷暴虐的游戏等。

四、提出"三段教材"的教学阶段

王怀琪提出的"三段教材"分别是：第一段——走步教材，包括整顿、转法、步法、变排、分队及各种圆转走法。第二段——体操教材，包括徒手柔软体操和轻器械柔软体操两类。第三段——游戏教材，分为徒手游戏、用器游戏、非正式球戏、拟战游戏、唱做游戏和舞蹈游戏。续编为补充教材，包括武术、田径、球

---

[1] 王怀琪. 小学游戏科教学法[M]. 上海：商务印书馆，1929：29.

类运动、单杠、叠罗汉等教材和运动会规则、运动标准、各种表格样式等内容[1]。以上教学阶段类似于现代的体育课三段论，即走步教材相当于开始活动；体操教材相当于准备部分；游戏教材相当于基本部分。因此，游戏教材的教授是体育课的重点，也是最能激发学生兴趣的环节，必须予以重点关注。

第三节 王怀琪学校体育观的当代启示

一、有助于提倡小学体育游戏教学策略

根据王怀琪体育游戏观，我们不难发现小学体育游戏有助于发展儿童智力、品德、个性、社会适应性。因此在小学体育教学中，我们应当将游戏贯穿于整个小学体育教学过程的始终。

我国小学体育教学经过第八次体育课程改革以来，在课程设计、教材选择、教学模式等方面不断探索和改革，已取得了显著的教学效果。然而，还有许多家长对体育的认知不足，只重视小学智力投资，不重视小学体育投资，导致重智力发展、轻身体发展的现象。在小学体育教学方法方面，成人化现象依然较为严重，小学体育教师基本运用成人的运动项目、手段与方法进行灌输式教学，运用体育游戏教学方法较少，这可能与长期以来体育教材的编制受到竞技运动项目的影响有关。

教师要树立正确的游戏观，开发更多适合儿童的体育游戏，这样才能在小学体育教学过程中有选择性地挑选适合不同年龄学生参与的体育游戏，并促进儿童身体发展，增强其社会适应能力，让其体验运动乐趣、产生运动兴趣。

二、有助于明晰环境设计在体育游戏教学中的价值

什么形式既适合小学体育教学，又能充分考虑儿童的心理特点？最恰当、有效的方式便是把体育教学变成愉快学习，从而达到培养和发展儿童体育兴趣的教学效果。因此，在体育活动中，教师应创设良好体育游戏环境，进行游戏情景教学，使儿童在玩中学，在游戏中发展身心。

王怀琪认为创设良好的体育游戏环境需要从教师态度（教授游戏时和颜悦色、举止活泼、描绘生动）、服装（游戏时的服装必须轻便易脱，不可过宽过肥，也不可过紧，合身最好）、教师的判断（教师在游戏中的判断必须公正开明，不可违反

---

[1] 罗时铭，赵戈华. 中国体育通史（第四卷）[M]. 北京：人民体育出版社，2008：205.

规则)、赏罚程度(公平对待,以免儿童滋生不平情绪;有效节制,不可过度奖赏;过度奖赏也容易使儿童心满意足、不思进取)、器材设施(儿童天性喜欢掘土、爬高、滑流、跑、跳、抛东西、呐喊、唱歌等,为满足这些基本需求,学校应预备各项发展儿童天性的器材设备)等方面入手。

基于以上认识,小学体育的内容设计应有故事情节,让儿童随着故事情境的变化进行基本动作的练习。儿童富有好奇心,在各项活动中其目的是好玩。在体育活动中同样如此,他们还不能意识到体育中最本质的东西,他们对练习内容的动作要领和方法不注意,往往只追求运动过程中的新异刺激、浓烈的运动气氛和种种趣味情境。根据儿童的这种心理需求,以及对运动形式的特殊要求,应使体育教学内容尽可能地寓于有情节、有角色的游戏之中,创设良好的体育游戏情境,让儿童在良好的游戏情境中进行体育锻炼。例如,把踩高跷活动编成"小马运粮"的游戏,以高跷为马蹄,儿童每人背上一袋"粮食",在音乐声中小马队"的笃""的笃"走过各种各样障碍,把"粮食"运回家去。这样把平衡动作融于有情节的游戏之中,可以使儿童感到十分有趣,充分调动他们的积极性,尤其是在走过各种障碍物时,身体不断左右摇晃、保持平衡,锻炼的实效性在游戏中得到充分体现。又如,玩"小白兔采蘑菇"的体育游戏,把小白兔去森林采蘑菇的故事情节融入其中,要求儿童做钻、跳和平衡的动作,在"过小河"(走平衡木)这个环节,设计高、中、低三种不同高度的"小桥",让儿童根据自己的能力来选择最合适的路线。教师让儿童根据自己的意愿进行游戏,不仅让儿童体验了成功的快乐,也让他们发挥了自己的创造力和想象力。

三、有助于选择符合儿童身心发展的体育游戏

小学体育是指小学进行的,遵循儿童身体生长发育的规律,运用科学的方法以增强儿童的体质,以保证儿童健康为目的的一系列教育活动,也就是说以生命安全为本,以培养幼儿童的安全意识,锻炼儿童的生活和劳动能力,以及增强儿童的体质、开拓儿童的视野、培养儿童的兴趣等为目的,在幼儿园开展的一系列的适宜儿童的、符合幼儿身体及心理的活动。只有科学地组织体育活动,才能让儿童充分体验运动的快乐,形成活泼、向上的性格。作为教师要根据儿童身心特点,选择恰当的教学内容,科学地调控运动过程,充分发挥儿童的主体能动性,这样才能达到最优的锻炼效果,有效地促进儿童身心和谐发展。

分析王怀琪对竞争游戏教材、正反游戏教材及唱做游戏教材的编写后,作者认为选择符合儿童身心发展规律的游戏必须遵循锻炼性、教育性、趣味性、安全

性、针对性和启发性基本原则。在体育教学过程中，可以选择一些体育游戏来代替传统的慢跑，如"听数报团""蛇形跑""螺旋形跑""钻山洞""拉网捕鱼""传球触人""老鹰抓小鸡"等，可激发儿童参与体育的兴趣。各个项目的基本技术教学可以采用丰富的游戏内容并运用到技术教学中，使其具有游戏的特点，调动学生的学习热情。在放松活动中，我们要根据儿童的年龄、性别等特点，选用和创编一些带有舞蹈动作的游戏和以放松为主、带有智力竞赛性质的游戏，还可以利用教学器材进行游戏化动作。游戏要突出趣味性的，在内容和形式上做到新颖、轻松活泼、精彩幽默，使儿童摆脱体育活动造成的心理和生理上的紧张状态。

四、有助于传承学校体育中的中华传统武术

王怀琪是徐一冰的学生，受徐一冰体育教育观的影响，他十分重视对我国传统体育国粹的挖掘，并在教学中不断丰富学校体育教学内容。他将长期习武的经验作为基础，充分利用近代体育科学知识，悉心研究体育传统武术。他还把中国民族传统体育项目与现代体操结合起来，创编成多套具有民族特色的健身操。

学校是传承中华传统武术的最佳场所，但长期以来武术在学校中的传承情况并不理想，课程标准中虽然有传统武术教材，但教材难度太大、要求太高，学生基础太差，教学方法陈旧，导致教学效果较差。传统武术进学校的口号已经历经几个时期，但效果有限。要把中华武术真正融入学校，让学生真正喜欢中华武术，必须承袭王怀琪的武术教学内容，借鉴前人的教学经验，并运用于现代体育教学之中。

相关体育教育家简介

尚树梅（1903—1994年）

山东利津人，幼年时期在家馆启蒙，9岁入私塾，17岁入中学学习，1923年考入北京师范大学体育专修科。1928年尚树梅于北京师范大学毕业，在北平汇文中学担任中学教师。次年，他应聘于山东第一师范学院。后来辞去教师岗位，于1931年担任山东省立民众体育场场长，并参与创建华北体育联合会。抗战时他曾任教育部国民体育委员会学校体育组主任、中国滑翔总会主任秘书。1949年之后，他担任中国台湾省高等体育专科学校教授兼训导主任、中国台湾省体育场场长等职。

尚树梅深受自然主义体育影响，是民众体育思想的主要倡导者之一。尚树梅天生颖异，嗜文好武，恒以"读书不忘运动，运动不忘读书"两语为座右铭。尚树梅研究民众体育之著作甚丰，他认为民众体育的范围应从学校延伸到社会，对象应从学生发展到群众。他致力于普及体育知识、传播体育观念。尚树梅从体育目标来解释体育的价值，并主张体育教育化思想。他的体育教育化思想将体育分为身体、教育、社会三个方面。他认为身体是体育的立脚点，体育应建立在生理、卫生、心理等科学的基础上；教育是体育的"充足完健"；社会则可以改良风俗习惯，将体育观念普适化。尚树梅的关注点在于普通民众是否能够平等、科学地参加体育活动，他的体育思想为大众体育的发展奠定了基础，也为现阶段我国大众体育的发展提供了范例。

第十九章

体育具有高于教育的特殊价值：尚树梅学校体育观及其启示

第一节 尚树梅学校体育观的形成背景

首先，尚树梅学校体育观的形成与其聚焦民众体育密切相关。尚树梅认为："要符合经济条件，抓住民众的心理，把全区当作学校，把全体人民当作学生，用劝导辅助教授为始，以自动自治为终，将实验和推行一并进行。"[1]他认为可以把民众作为学生，把学校体育的管理模式转用于民众体育的管理模式，以此推动民众体育的发展。尚树梅提倡从改变习惯这一方面入手，以求落实该理念，从而达到推展体育的目标。他认为民众的个人行为、想法及情感或多或少都会被"习惯"二字所约束，导致民众不能发展其自身本性。大多数民众遇上新思想、新理念，容易出现不适应、逃避的现象，最后因为自身习惯而选择拒绝接受新的事物，即使知道新思想或者新行为有极强的进步意义，也因旧印象而拒绝接受。例如，某些不良习惯一旦养成，就无法被轻易改变。但即使这样，尚树梅还是选择依据学理的观点，尝试通过对习惯进行改造来解决这个问题。此外，内容设计也是一大重点，只有设计合适、合理的内容，才能更好地推展体育运动。在尚树梅看来，必须因材施教，了解民众实际生活的情况与特点。例如，较为辛苦和枯燥无味的工作大多是与劳力体力相关的，因此从事这类工作的人不适合本性教育；而从事工商职业的商人，通常没有多余的时间进行体育运动；对于农民来说，他们对体育更是一无所知。因此，如何做到因材施教，把体育普及到全体民众中，设计合理的体育教材，是一件不容怠慢、需立即解决的问题。此外，他认为必须从合理科学的角度深入探讨有关认识体育的知识及内容，如心理学、肌力学、生理

---

[1] 尚树梅. 对于体育上的认识[J]. 勤奋体育月报, 1933, 1 (1): 15-16.

学等多方面的知识，还有了解各种运动现象出现的相关原理和原则等知识，这些都是为了更好地推展民众体育需要重点关注的工作。为促进民众体育发展，必须制定适合可行的体育教材，因此尚树梅认为教材的制定不能一味地复制或是模仿，而是要把国情、习惯及信仰等各因素综合起来考虑。他认为无论是外来的体育活动还是本就存在的体育活动，都有其特定的价值。应当按照以下原则参考和采用：①要符合民众的性别、年龄段、兴趣、体形及运动能力；②其教育价值须以自然为主；③选择能带来高幸福快乐感的运动；④编写能改掉坏习惯并塑造团体精神的教科书；⑤使个人活动类型多样化，并给予重视[1]。鉴于此，尚树梅特意去实地做了科学调查，为民众提供最合理、最有益、最贴近的体育教材，以期达到普及民众体育的目标。

其次，尚树梅学校体育观的形成与其担任体育场场长的经历有关。尚树梅在山东担任省立体育场场长和体育督学期间，把自己所学的体育专业知识落实到理想目标中，在尚树梅的用心经营与管理之下，仅仅六年时间山东省的民众体育就得到有效普及，并有了扎实可靠的群众基础。体育科班出身的尚树梅是位体育专业从业人员，文武兼优，一直以"读书不忘运动，运动不忘读书"为自己的座右铭[2]。尚树梅自称极少参加体育比赛，因为就北京师范大学体育系的教学目标来说，并不是把培养运动选手当作重点，而是要求学习与术科并重。尚树梅在推展体育上取得了较好的成果，获得了媒体的认可。对于举办的各种竞赛活动，他都秉持负责认真的态度。尚树梅在民众教育研究方面的著作颇丰，其促进了民众体育传播，有助于社会发展。为了回避与同窗的冲突，尚树梅放弃留在北京发展的机会，选择返回山东推展体育，这改变了他的一生，但他无怨无悔，安然自若。尚树梅在山东工作期间，在运动设施和体育机构方面做了详细真实的数据记录，并对营运管理进行仔细说明。在我国各个省市体育专业的所有主管成员中，他具有的专业素养及敬业精神是最突出的，他是非常优秀的体育专业人员。

第二节 尚树梅学校体育观的核心内涵

一、提倡学校体育普及化

面对当时长期遭受内忧外患、动荡不安的中国，以及体质虚弱的中国民众，

---

[1] 尚树梅. 民众体育之商榷[J]. 勤奋体育月报, 1935, 2 (12): 804-805.
[2] 周立里. 专访体育先驱——尚树梅教授[J]. 国民体育季刊, 1991, 20 (3): 61-63.

第十九章 体育具有高于教育的特殊价值：尚树梅学校体育观及其启示

尚树梅对中国体育发展方向进行了新的思考，产生了新的见解。尚树梅毕业后明确提出，若要改变中国民众虚弱的身体素质，就必须加快推进体育在中国的普及。可在当时，普及体育只是空有口号，徒有虚名，并没有落到实处。究其原因，尚树梅指出："片面的提倡——中国不注重体育运动。实际提倡体育的人，也只是在部分的学校提倡体育运动。在这部分的学校中，实际上也只提倡一部分男子的体育。在如此小的范围内，得到体育效果的，究竟有几个人？"[1]在尚树梅看来，当时没有注重促进体育运动的开展，单凭片面口头鼓励以期促进体育运动发展是体育未能普及的原因。当时的实际情况是，即使是促进体育事业发展工作的学校体育教师，也仅仅是侧重于学校体育领域的发展与倡导，更严重的是学校体育无法得到全面的倡导，只是在小部分学校实现了体育普及化。同时，在实现体育普及化的小部分学校中也不是每个人都能进行体育训练，只有小部分体育成绩在中等以上的男生才有此机会。

在普及体育的运动中，尚树梅指出绝不能忽视女子体育。研究表明，在1844年，教会就已经主办女子学校，使得女子也能接受学校教育，但女子体育很难普及。因此尽管女子教育在当时受到很多人的追捧，但终究没有得到足够重视。尚树梅提出："我们国家的重视体育，是局限于学校体育，是只重视男性，忽视女性的体育锻炼。"[2]他认为男人和女人的健康体格应该得到平等发展，只有这样才能振兴民族体魄。面对女子体育逐渐弱化的情况，他对女子学堂强调妇女应注重家务及开设缝纫、养、刺、造花等课程提出质疑与否定。女子学院开设的课程均与家庭、家务相关，以至于有人调侃女子教育机构是极佳的"贤妻良母养成所"。但尚树梅认为女子教育绝不能仅仅是家庭事务的教育。他认为男子和女子虽然在身心上存在一定差异，但这并不代表男子优于女子、女子劣于男子。他提出质疑，难道女子就只能做贤妻良母吗？同时他对这一观点进行了明确的批判。

张士一曾写道："美国女性在促进社会经济快速发展方面，作了比较出色的成绩，不逊色于美国男性，这是美国社会发达的主要原因，而产生这种结果的原因是美国女性她能接受到良好的教育，她们拥有与男性较为平等的社会地位。"[3]由此可知，当时美国的教育思想的确比我们先进。因此我国许多学者都奔赴美国留学，以期学习外国优秀、先进的思想。

---

[1] 尚树梅. 现代体育上批评之一斑[J]. 体育杂志，1927，1（2）：110.
[2] 同①.
[3] 王恒，王雷. 张士一体育思想研究[J]. 山东体育学院学报，2018，34（5）：84.

为了能够实现全民体育教育的普及，尚树梅认为先要在弱势女性中进行普及，以此提高女子社会地位，促进男女体育均衡发展，实现全民体育。尚树梅认为民众只有树立正确的体育价值才能更好发展体育，只有大力促进和普及体育运动，树立男女平等的体育教育观，才能够促进体育的良性发展。但是普及体育运动，并不表示一味排斥竞技体育，也不单单是着眼于竞技运动员的比赛，而是两者兼重、相辅相成，防止出现重视男性、忽视女性的选手制体育和锦标主义。

另外，他提到："中国现代的大学校，除了个别学校有比较完整的体育学习课程外，其他学校大多只提倡体育方法，只注重几个选手。目的是错误的，实际效果也会有所不同。如果一直是这种情况，要达到全国体育发达的目标，岂不是痴人说梦吗？"[1]在谈及竞赛时，尚树梅指出："并不是重视锦标，这实质上是对个人或者团体的体育成绩的一种测验，重点在于现在与过去比较，而不是甲与乙的比较，丙和丁的竞争。如果今我胜过了昨我，即使被其他打败，也能够把它当作荣誉。青年运动者应该遵循这个宗旨，积极参加体育活动。"[2]

尚树梅还提到："在我看来，运动会不过是一种用来引起全国人民对于体育的兴趣及努力的工具。如果按照现在学校提倡的方法去进行的话，恐怕对于中国体育，不仅无法普及，而且更有阻止其前进的可能。"[3]换言之，尚树梅只是把运动会当作一种手段和工具，用于增强全国人民对于体育的兴趣。

怎样才能避免出现体育锦标主义呢？尚树梅提出以下几种方法：①宣传方面，他提到："体育普及，必须依靠宣传机关进行传播，才能得到提倡。"[4]②尚树梅提出："中国现在缺少关于体育的书籍杂志。无法普及体育的真正意义，这就是为什么学校缺少真正了解体育的学生的原因。"[5]在尚树梅眼中，必须多多培养体育专门性人才。他认为在学校学生无法很好了解真正的体育意义是由于我国的体育杂志、书籍数量极少。③尚树梅在谈及体育事业时指出："全国大多数人不肯尽一份责任——体育事业，既然是教育事业之一种，人人有负担的责任。"[6]尚树梅指出当时为体育事业负责的人少之又少。他还指出体育是事业，是教育事业，既然它是教育事业的一种，那么每个人都有义务和责任对体育教育普及负责，

---

[1] 尚树梅. 现代体育上批评之一斑[J]. 体育杂志，1927，1（2）：111.
[2] 尚树梅. 对于体育上的认识[J]. 勤奋体育月报，1933，1（1）：34.
[3] 同①。
[4] 同②。
[5] 尚树梅. 现代体育上批评之一斑[J]. 体育杂志，1927，1（2）：112.
[6] 尚树梅. 现代体育上批评之一斑[J]. 体育杂志，1927，1（2）：113.

第十九章 体育具有高于教育的特殊价值：尚树梅学校体育观及其启示

如果人人都能做到，那么体育的普及也就指日可待了。回看当时中国的实际状况，只有一些体育专业人士简单指导了个别学校体育活动，其他人（如商人、工人、农民等）认为非学校里的人是没有必要进行学校体育运动的。从学术角度来看，除了作为体育行业的体育教员，其他学科的教师还认为教学就是教学，他们无法控制体育运动，也管不到体育的事。从上述情形可知，一般人对于体育事业的见解是错误的。尚树梅说："把这人人都必须有的'体育'，完全送给几个干体育的去干，如何可普及？"[①]

二、倡导体育教育化

19世纪末20世纪初，体育是一种以大肌肉活动为手段达到教育目的的方法。也有人说体育是主要教育之一，甚至一些教育家和体育家都主张体育即教育。"体育之最终目的，即在达成其社会性之意义，换言之，新体育乃为生活组织上之一个因素，而教育又被认为即是生活。"[②]可见体育与教育关系之密切。

针对体育与教育的关系，我国体育家王学政曾说："体育是教育的一端或一种教育的方式，欧美体哲与教育权威亦多认为体育是一种最有效的心身整个教育的教材，在整个教育的历程中包括许多方式的教材，而体育则为其中的一种，也是最有效的一种"[③]尚树梅也有类似的主张，他推崇体育教育化。在他看来，体育具有教育属性，也就是说，体育不仅是体育，也是教育的一种手段。他明确提出："运动是体育的重要方式之一，而体育的功能是凌驾于教育上的特殊价值。"[④]由此可见，尚树梅非常重视体育的教育化功能。

分析尚树梅的学习经历，发现他的体育教育观主要形成于在北京师范大学体育系学习期间。该校前身为1902年的京师大学堂附设的师范馆，是我国师范教育的高等学府，民国时期改为北京高等师范学校，于1917年首度成立体育专修科，专门培养体育师资，1922年升格为北京师范大学，仍设体育专修科，招收高中毕业生，修业年限为四年，直至1930年始更为北京师范大学体育系。1927年，北京师范大学体育专修科由甫获哥伦比亚大学师范学院体育系教育学硕士的袁敦礼任科主任。袁敦礼是一位受过体育教育的思想家，深受美国体育学者威廉姆斯的影响，把教育目标作为体育的最高目标，提倡自然活动的体育内容和以人为本

---

① 尚树梅. 现代体育上批评之一斑[J]. 体育杂志，1927，1（2）：113.
② 王学政. 体育概论[M]. 上海：商务印书馆，1947：1.
③ 王学政. 体育与教育[M]. 上海：商务印书馆，1945：1.
④ 徐元民. 尚树梅的体育思想[J]. 体育学报，1999，27：14.

的体育方法，强调体育教师是促进体育发展的根本。这对尚树梅产生了莫大的影响。尚树梅以袁敦礼的教育体育教育观为基础，将体育教育观推广到民众体育的领域中。

尚树梅的体育教育观与体育教育化有所关联，体育教育化思想视体育为教育的一环。尚树梅承袭了这种体育教育观体系，为了进一步凸显体育教育化思想，将体育分为身体、教育、社会三个方面。

身体方面，他强调体育促使身体各部分平均发育、使身体姿态与动作自然优美、保持身体健康，以及发展生活所需的运动技能的价值。尚树梅站在生物学的角度解释道："研究体育尚需认识的一点，应该明白人身上的肌肉如何能服从脑力，发展全人生的态度及理想？这个问题，不同一般问题，解释起来非常复杂。简单地说，在肌肉力学上微有解释，实在也有点由于生理的本能。所谓意义的运动，是依思想的发动，引起大脑运动中枢，神经细胞的兴奋。这种兴奋经过运动神经思维，遂使运动神经器官所分布的横纹肌纤维，发起收缩。因之于各体部分的空间起了位置的变化。解剖学常证明他们是构造，生理学也以理化学的详述神经与兴奋之及于肌肉，勿使肌肉发生收缩现象。"[1]根据这种科学的解释，我们可以明白肌肉与脑力的关系，同时可以思考肌肉如何服从脑力、脑力如何支配肌肉的运动，这样人生的真实态度及理想才能体现出来。因此体育的立脚点应踏在生理、卫生、心理、各种科学上。

教育方面，尚树梅认为："教育的原理是与生俱来，死而后已的东西。"[2]另外，尚树梅强调："应该训练人们随机使用身体的能力，从而培育民族团结团结、抵抗敌人精神，以及培育民族骑士精神，勇敢、艰苦奋斗、发扬名人精神，通过体育和游戏养成人们娱乐的习惯。"[3]简而言之，就是实现体育方面的"充足完健"。

社会方面，尚树梅指出："像我国的民众，已经是我们祖先遗留下来的一种特性，简直是没有体育上合法的训练，而民众的本身，的确十二分的需要体育来改造他们的人生，同时社会道德各方面，也需要体育的效能，来促使进步。"[4]简而言之，就是要用体育的力量使民众得到身心的训练，认识到民族精神之所在，奋起直追，达到圆满的境域，这自然是可能的，但还需要全国上下共同努力。

---

[1] 尚树梅. 对体育上的认识[J]. 勤奋体育月报，1933，1（1）：16.
[2] 尚树梅. 对体育上的认识[J]. 勤奋体育月报，1933，1（1）：32.
[3] 尚树梅. 对体育上的认识[J]. 勤奋体育月报，1933，1（1）：35.
[4] 尚树梅. 民众体育[J]. 科学的中国，1933，2（8）：32.

综上所述,尚树梅从体育目标角度来解释体育的价值,并提倡体育教育化思想。一方面,他站在培养个人的角度,希望通过体育教学,不仅能够培养个人修养,而且能够培养具有情绪控制和独立判断能力的个体。另一方面,从社会群体适应的角度来看,个体也希望融入社会,适应社会生活,这使得体育运动的目标不再局限于艰苦的体育锻炼,而是一个具有多种心理和社会维度的多功能目标。总的来说,他认为脑力与体力相辅相成,徒有脑力而无健全身体,将难于实行计划,只有体力而无脑力,则缺乏建设的指标。因此,他极力推崇体育教育化,反对体育教育相分离。

三、高度重视体育会考

1936年,青年学生成绩呈下降趋势,经过研究发现,其原因在于教师缺少监督意识与责任心。尚树梅针对该现象提出改善的方法——毕业会考制度。尚树梅认为在中等教育阶段必须采用毕业会考制度,从心理上作出重视,从根本上解决问题。他指出:"作为教育系统中间阶段的中等教育十分重要,若要从根本上解决这个问题,实行中等学校毕业会考刻不容缓。"[1]

他根据调查了解到当时我国的文化低落,认为应该严格考核学生的学业,促使其努力,达到学以致用、为国造福的目标。依会考公布的结果来看,学生的学业成绩与先前相比,有了一些进步,独独在体育上,一直停滞不前。体育是教育之基础,一切教育都不能离开体育。尚树梅指出:"今日不读书,可以等到明日,今年不读书,可以等到明年,唯独人身体的发育生长,一刻也不能耽误。"[2]

尚树梅是怎样看待体育毕业会考的呢?尚树梅表示,在学校方面,中等学校为了应付官厅考试举行毕业会考,凡是会考的科目都会加重课业,对体育也是这样。另外,在学生方面,制定标准的会考规程,对三科以上不及格的学生进行留级处罚;对有一科或两科不及格的学生,允许其继续学习,该科会考及格后才能够毕业。这样一来,学生会因为会考不在乎何为个人兴趣、何为社会需要,对会考科目不得不用心学习,以免无法毕业。此外,还可以采取体育毕业抽考制。尚树梅主张:"现在的方法,就是一贯推行体育会考,严要求,高标准,由教育部下令各省市体育与其他科目同等重要,不能顾此失彼。如果因为体育会考费时间,不方便举办,可以采用抽考办法,时间自定。"[3]

---

[1] 尚树梅. 从体育的本旨谈到全国运动会的意义[J]. 东方杂志, 1933 (20): 23.
[2] 同①。
[3] 尚树梅. 从体育的本旨谈到全国运动会的意义[J]. 东方杂志, 1933 (20): 25.

四、提倡体育基础性条件建设

尚树梅非常注重体育的基础性条件，体育教育的基础性条件之一就是场地设施。他说："在现在这个时代，一般人的思想，已经逐渐开化了，提倡体育是相对简单的，但是空手瞎说是行不通的。如果经济条件满足的话，在各地建设几个大型运动场，完善设备，设置讲演所，出版处，以及多样的体育游戏。"[①]尚树梅认为如果经济条件允许，能够完善基础设施完善，则是最好的。同时，可以开设出版处、演讲所，开发各式各样的关于体育的游戏。尚树梅感慨："如果这样都提倡不起来，我实在不信。"[②]由此可知，尚树梅对从场地设施建设方面着手来提高人民对体育的热情充满信心。

除此之外，对于经济方面的问题，尚树梅指出："问中国的财政部和教育部是否会提供了经济的扶助，作为一个学校的体育教员，受到待遇不好的这种现象，就是阻碍体育事业发展的大障碍。"[③]在国家局势不安、财政紧张、物资匮乏的民国时期，尚树梅在体育教员整体待遇调查中，发现教育部门和财政部门的经济扶持是无法满足要求的。因此，依靠这种方式去发展壮大体育，不存在成功的可能性。尚树梅给出了解决经济方面问题的解决方案，他说："我国自己建造各种运动会及应用器械，就能够减少经济方面的负担，就容易实现普及。"[④]之后，尚树梅为把体育普及于民众，先后在山东建立中央、省立和县立体育场，还成立了中国滑翔总会。

培养更多体育专门性人才是另一个基础性条件。体育的发展不能缺少专业的体育教练员，尚树梅特别注重培养体育师资力量。他多次提到："从我国提倡体育以来，只有十几年的时间，过去的人只知道操法式术、八段锦等，不会在乎它是生理运动、上肢运动还是下肢运动，一直在运动中"[⑤]"如果从那时表面的体育状况看，设立了多个体育会，比如说由各学校组建的华北运动会、华中运动会及全国运动会等。由此看出，中国近代体育难道没有得到发展吗？为什么还是存在有一些病夫呢？我国境内的医院和留诊在院内的人为什么反增不减呢？"[⑥]在民

---

① 尚树梅. 现代体育上批评之一斑[J]. 体育杂志，1927，1（2）：112.
② 同①。
③ 同①。
④ 尚树梅. 现代体育上批评之一斑[J]. 体育杂志，1927，1（2）：114.
⑤ 尚树梅. 现代体育上批评之一斑[J]. 体育杂志，1927，1（2）：110.
⑥ 同⑤。

第十九章　体育具有高于教育的特殊价值：尚树梅学校体育观及其启示

国时期，社会公众及学生欠缺对体育的理解和认识。在他们的认知中，体育只是一些跑跳类的运动，不会思考它属于上肢运动还是下肢运动、是否符合人们的生理要求，从而对体育的理解出现偏差。对于这种情况，尚树梅提出："对田径赛进行指导的教师不愿研究对于如何练习跑跳才符合生理卫生等问题"[①]"在学界方面，别科的教员认为教书就是教书，体育事业本应该由体育教员担任。"[②]简而言之，出现这种现象的主要原因是缺少体育教师师资，现有的体育教师拥有的是"畸形观念"，并未视体育事业为己任，没有认真去对待和研究体育。

尚树梅从北京师范大学毕业以后，先后在北平汇文中学、山东第一师范学院等学校教书，在任职期间，他凭借着扎实的理论知识及负责敬业的态度，深受广大学生喜爱，得到领导一致的好评。他一直认为国家的各项事业的发展离不开体格强健的国民，但是，培养体格强健的国民则需要更多的具有体育专业知识和专业技能的人，因此尚树梅对体育教师的素质格外重视。首先，在学校体育课程上，尚树梅主张在各大学专门体育系设体育课程为必修课，以培养所需专业人员[③]。其次，在体育领域各种专业问题的研究方面，他认为必须用科学的精神去研究。针对当时负有一般运动指导之责的教师们多数抱有得过且过的态度，不向精细一条路上走的现象，尚树梅要求建立体育研究团队，必须用科学的精神去研究，不得有半点马虎，将体育变为一种极有乐趣的事业。

除了在学校体育范围内，尚树梅作出了杰出的贡献，他在社会体育方面也是兢兢业业、一丝不苟。1931年，尚树梅辞去了学校内的职务，担任山东省体育场场长、华北体育联合会委员等职务，他用实际行动告诉我们，体育人才需要被培养。他先后在全国各地分期设置体育场，开展相关运动，开放学校运动场，提供民众运动场所。

第三节　尚树梅学校体育观的当代启示

一、有助于改变社会对学校体育的传统认知

蔡元培曾说："完全人格，首在体育。"毛泽东同志提出："文明其精神，野蛮其体魄。"不难看出，在很多人心中体育是非常重要的。尚树梅曾说，"体育是各

[①] 尚树梅. 现代体育上批评之一斑[J]. 体育杂志，1927，1（2）：112.
[②] 尚树梅. 现代体育上批评之一斑[J]. 体育杂志，1927，1（2）：113-114.
[③] 尚树梅. 民众体育理论方面的研究[J]. 勤奋体育月报，1934（6）：13.

种教育之基础，一切教育，皆需要体育而完成"[1]。尚树梅极力强调体育在学校教育中具有重要的地位。

从1978年改革开放至今，我国学校体育快速发展，取得了显著进步，在体育理论知识方面、体育制度建设方面、体育机制运转方面都有了较大的发展。但由于社会长期注重学科教育，忽视体育教育，所以在整个社会大环境中，体育教育处于"说起来重要，做起来不要"的尴尬位置。同时如何改变"读书者"始终高于"体育人"的观念成为亟待解决的问题。在很多民众心中，总把"体育人"与"头脑简单"和"四肢发达"联系在一起。尽管现在国家大力宣传提倡体育教育，推进全民健身运动，但社会的主流教育模式还是应试教育，体育边缘化的现象普遍存在，大部分家长及教师还是把学生的学习成绩放在第一位，对体育教育的重视度不够。重智育、轻德育的问题普遍存在，体育课程"名存实亡"。

在尚树梅生活的时代，音体美被视为"小三门"，均没有得到应有的重视，但尚树梅提出了与时代背景、主流思想不符的观点，他认为德育、智育、体育缺一不可，都是非常重要的。他高度认同毛泽东同志对体育的看法，他把体育放在德智体美劳五育的首位，认为体育是各种教育的基础，虽不能尽一切教育之能事，但一切教育皆需要体育来完成[2]。尚树梅一生奋斗服务于中国体育教育事业，曾在多所学校担任体育教师，并得到广大师生的认同与夸赞。同时尚树梅对体育地位尴尬的原因进行了调查分析，他认为主要原因是人们思想落后，观念陈腐，对体育教师认知错误，同时过于注重所谓的锦标主义，对体育的认知也很片面。尚树梅一直以身作则，多次强调体育理论知识及体育专业技能的重要性，指出必须要做到理论与实践相结合。尚树梅指出，体育教育政策落实不到位，以及体育教师培养机制不完善等都严重影响大众对体育教师职业的看法。"完全人格，首在体育""体育，为各种教育之基础，虽不能尽一切教育之能事，然一切教育，皆需要体育而完成"[3]……这些振聋发聩的金句，在今天读来仍有现实意义。习近平同志在2018年9月召开的全国教育工作会议上，建议充分开展体育课，引导学生在体育锻炼中享受乐趣、增强体质、完善人格和锻炼意志。这对培养德智体等全面发展的社会主义事业的建设者具有重要的、不可取代的作用。尚树梅推崇的体育教育化的育人价值，与《中共中央、国务院关于深化教育改革全面推进素质教育的决定》的精神相一致。

---

[1] 尚树梅. 从体育之观点来研究毕业会考[J]. 体育季刊，1936，2（1）：34.
[2] 同[1]。
[3] 尚树梅. 对于体育的认识[J]. 勤奋体育月报，1935，1（6）：15-17.

二、有利于挖掘学校体育的育人功能

尚树梅提出:"在文化发达的社会中,在三十岁以前的阶段,视为人生工作做准备时期,在求体、德、智、美四育之平均发育。"[①]由此可知,尚树梅认为体育的目的不仅是增强体质和培养运动技能,还包括发展德育,实现人的全面发展。他提出,不仅要"育体",还要"育德"。

卢梭在《爱弥儿》中也提出类似的观点,从审美角度阐述了体育的魅力所在;而在教育者眼里,体育不仅可以强壮筋骨,还能调感情、强意志,是人格教育的最好方式。学校体育担任着促进学生身体健康、运动技能、社会适应、团结合作等优质品德的伟大任务。我们应如何发挥好体育的育人价值,为国家和社会培养出健康体魄、德智体美全面发展的人才,仍然值得深思的问题。

尚树梅认为体育教育是教育的重要环节之一,他把体育目标分为"育体"和"育德"两个方面,分别表示身体健康和思想正确。他的思想与当代教育目标有着相似之处,因此尚树梅体育教育化的思想对当代社会也有重要的启示作用。

尚树梅体育教育化思想主要是想通过体育教学使人实现身体和思想的双重提升,成为能控制自身情绪和能做出独立判断的个体。因此,作者认为在当代社会如果要使素质教育落到实处,就必须实现"育体"和"育德",实现"育人"价值。同时对于中国当前学校体育提出的"育人"价值,尚树梅也做了合理的解释,表明"育体"是"育人"的基础,"育德"则是"育人"的核心,"育体"的目标是实现外在身体方面的健康,而"育德"的目标是实现内在身心及价值观方面的健康,并且两者相辅相成、缺一不可,都是学校教育达到"育人"目的的必要元素。

因此,毋庸置疑,体育教师或者体育事业奋斗者必须重视"育体"和"育德"。两者必须协同培养、双管齐下。发展"育体"和"育德"的关键时期就是青少年时期,而祖国的发展和进步离不开当代青少年,因此培养青少年健康体魄及正确的人生观、价值观、世界观是非常重要且意义深刻的,只有这样才能为国家培养全面发展、德才兼备的好青年。

三、有助于强化体育、增强学生体质的价值

目前体育仍然处于"听起来重要,做起来次要,忙起来不要"的尴尬地位。民国时期,尚树梅指出在一个像我们这样的国家,所有的事业都是由脑力和体力协

---

① 尚树梅. 从体育之观点来研究毕业会考[J]. 体育季刊,1936,2(1):24.

作完成的，因为只有体力而无脑力，是不能谈建设的，反而言之，只有脑力而无健全的体力，则难于实行。

面对当时中国民不聊生、国民体格严重下降的局面，尚树梅指出不应该片面提倡学校体育，也不应该在学校体育中只注重男子体育，或者只注重选手体育。尚树梅表示，举行运动会的主要目的在于检查民族的健康状况，同时提高民族的地位，并不是争个人或整个单位的胜负，因此胜者不足以为荣，败者不见辱。由此可知，学校教育应重视学生体育的发展，特别是正确认识体育在学生学习和工作中的积极价值和促进作用，以及对学生身心健康的作用。

近年来，发生学生在长跑中猝死、长跑项目被学校取消的事件，中学生的体质下降问题已然成为社会公众关注的焦点。站在学生的立场上，体育是帮助他们健康成长的最佳载体，但为何却成为导致悲剧的"夺命课"呢？跑不远、跳不高、伤不起这种情况在当今学生身上越来越多，为何茁壮成长时期的少年却变成"瓷娃娃"？这值得深思。

尚树梅认识到学生身体素质的下降已经影响到社会的发展，因此在学校教育中提高学生的身体健康是非常迫切的。面对于学生体质下降问题，尚树梅认为需要学生、学校和政府协同配合。首先，学生层面，制定会考，规定各类考试须以体育为必试科目，对体育不及格者予以留级；其次，学校层面，教师应该真正了解学生的运动喜好，运用科学的方法进行指导，摒弃体育教育只是教练员的责任的观念。因为体育为教育事业之一，人人有责；最后，政府层面，应当不惜巨资，大力传播体育思想，提倡在各处开辟大运动场，完善设备，设置讲演所、出版处，开发各种关于体育的游戏。

尚树梅对于增强学生体质的认识对当代的启示在于：①政府应当加强师资建设，确保教师的教学课程效果。体育课程质量的好坏，直接影响到学生的身心健康，优质的体育课可为未来的生活打下良好的基础。目前，中小学生身体素质的下降和体育的边缘化形成了一种恶性循环，需要全社会共同努力改善学校体育环境和社会整体的健康氛围，使学生真正健康成长。同时，在教师方面，应当真正了解学生的需求，从根本上提高体育教学的质量，加强对体育教师的培训力度，改善教师待遇。②学校要真正重视体育，重视体育课对学生的促进作用，把学生的身体健康放在第一位。如果体育课只是替代品，正常的课时都不能保证，那么就不可能通过体育课提高学生的整体素质。由此可见，学校应当吸取教训，不应该打压体育课，要真正发挥体育课在学校教育中的效用。③学生应培养积极的体育锻炼意识。目前，学生对体育运动的态度更加"纠结"。一方面他们需要适当地运动来缓解学习压力，另一方面过重的课业负担占去了他们应有的睡眠时间。因此，应当营造和谐的体育文化氛围，使学生更加重视体育课，重视体育锻炼。

四、有助于改善中小学体育教师短缺的现状

尚树梅曾担任中学和师范院校的教师，在任职期间他受到了学生和同事的尊敬与爱戴，但由于一系列原因，他辞去了体育教师一职。虽然尚树梅辞去了体育教师一职，但他坚信体育教师是学校体育教育最关键的力量。但在当时，体育教师并不能受到应有的尊重，反而被歧视，这与当时人们"重文轻武"的传统观念分不开。尚树梅非常不赞同这一观点，他始终强调体育教师的必要性与重要性，同时他认为体育教师不被重视的原因有两个：①传统封建的思想观念使人们对体育教师没有客观全面的认识，认为体育教师谁都能当；②教育主管部门没有形成正规的体育教师培养模式，体育教师师资力量薄弱。

中华人民共和国成立之后，进行了教育改革，其中体育教育是改革的重要内容之一，改革加强了民众对体育教师的价值与重要性的认识，体育教师地位有了质的提升。在中国教育科学研究院体育美育教育所所长吴键眼中，体育教师是世界上最阳光、最快乐的使者，同时他提出了体育教学的具体要求：在教学过程中体育教师要表现出三种力，即生命力、表现力和吸引力。要变现出这三种力，就必须做好教学设计规划，丰富体育教育内容，激发学生兴趣，其中关键在于体育教师。《中共中央国务院关于加强青少年体育增强青少年体质的意见》和《国家中长期教育改革和发展规划纲要（2010—2020年）》明确提出了加强教师队伍建设，这对于今后体育教师的培养具有导向性作用。

相关体育教育家简介

俞子箴（1908—1972年）

祖籍安徽省池州市东至县，字竹铭。幼年他随父就读于蒙馆，后于安庆念完中学。1925年他考入上海东亚体育专科学校学习体育知识及技能，1926年毕业后他毅然放弃中学体育教师之职，立志服务于基础教育。1927年，他任教于安庆市第二实验小学，1929年率领学生参加安庆市中小学生运动会，并且取得优异成绩。此后俞子箴声名鹊起，安庆市各学校不惜重金聘请他。他执教过的学校体育成绩均名列前茅，可见其教学水平之高。1934年他担任中华民国安徽省体育研究会会长。

俞子箴致力于发展体育事业，其一生著作颇丰，主要著作有《怎样做一个小学体育教师》《体育概论》《小学体育》《新小学徒手体操教材教法》《国花图案健身操实验教材》《最新小学体育教材教法》等。1937年我国近代著名体育家吴蕴瑞曾为俞子箴的著作《小学体育》作序，他对俞子箴的专研精神及这本书的价值作出高度评价，充分肯定了其意义。俞子箴倾尽一生服务于我国小学体育教育事业，被誉为"小学体育专家"。他作为终身体育的实践者、爱好者，在自身实践的基础上，勇于钻研理论，形成了其独特的教师教育思想，为近代小学体育发展作出巨大贡献。

第二十章
体育即教育：俞子箴学校体育观及其启示

第一节 俞子箴学校体育观的形成背景

首先，俞子箴学校体育观的形成与其自身的体育经历高度相关。俞子箴出生于书香家庭，不仅有接受教育的机会，还形成了热爱阅读的良好习惯。乡村出身的他身体素质极好，且对体育运动非常感兴趣。1926年俞子箴中学毕业后进入上海东亚体育专科学校学习体育专业。在校期间，他擅长田径、体操项目，且在球类、武术、教学艺术方面成绩优异，从学校毕业后，他放弃了在上海中学任教的机会，毅然回到家乡服务于基层体育教育，在安庆市第二实验小学任教，开始了他的职业生涯。参加工作后，俞子箴不仅教学方法独特，而且善于把握儿童的身心特点，所教授的课程和训练可以达到预期目标。他带领学生参加安庆市中小学运动会，在团体操比赛中脱颖而出，一举拿下冠军，获得一众好评。国民政府安徽省教育厅赠送安庆市第二实验小学一座铸字的水泥大门，自此之后俞子箴被大家所熟知，在安庆体育界声名鹊起。这为俞子箴施展体育才华提供了良好的平台。当时学校无论是在软件方面还是在硬件方面，都相对欠缺，俞子箴利用课余时间组织学生去校外游戏场练习。为了更好地组织学生，他自己担任儿童游乐场场长，一方面可以维持场内秩序，另一方面可以给予学生更好的指导，俞子箴执教的队伍多次取得优异成绩，他的执教水平被大家所认可，后又被推举为安庆市体育指导员，指导安庆全市体育工作。在执教过程中，俞子箴不拘泥于自身教学，善于向同行优秀的教师学习，大方求教，发现亮点并敢于创新，进而在教学训练中加以运用。他善于反思，在教学训练的过程中如果发现不利于儿童身心健康、不遵循客观规律的现象，他就会总结归纳，挥笔撰文进行批判。同时他呼吁大众关注小学体育教学，呼吁教师采用符合儿童身心发展规律的教学方法。他的体育教育观正是在体育教学实践经历中逐步形成的。俞子箴在体育事业中勤于进取，并未因取得的成绩和比赛荣誉而停滞不前。他明白理论和实践结合才是硬道理，因为仅仅依靠一时的成绩、教学实践经验，是不足以推动体育更好发展的。俞子箴在1934年发起组织安徽体育研究会，不仅获得安徽省内体育人士的支持，还被推举为会长。自此之后他便定期组织召开体育学术座谈会，与体育圈人士共同探讨体育学术问题，还不定期出版《安徽体育》，将此刊物发行至全省，引起全省各界人士的关注。俞子箴是当时的高产作家，特别是在1934年后，他撰写的文章出现在当时的各大刊物上。与他同时期的体育家祝家声曾评价俞子箴："他一生为国培养了一批又一批青少年，抗日战争期间，国内民不聊生、物价高涨，他始终如一，从未动摇其矢志体育之心。"[①]与他同时期的大部分教师因生活和工作环境窘迫而转行，但俞子箴却没有动摇，无论环境是好是坏，他都始终坚守岗位，并取得了一番成就。俞子箴根据自身经验研究、编撰了适合儿童、学生身心发展规律的体育教材。俞子箴编写的教材内容和教学组织方法图文并茂、通俗易懂，非常适合当时特殊的教育环境。无论是担任体育教师、体育指导员、儿童游戏场场长，还是担任体育研究会会长，俞子箴都始终忠于职守、尽职尽责。每次教学训练实践、每种身份角色转换都是他体育事业中不可或缺的经历，为俞子箴体育教育观的形成积累了宝贵的财富。

其次，俞子箴学校体育观的形成与其教学研究经历密切相关。俞子箴不仅热衷于体育教学训练，还热衷于钻研理论。凡是有助于拓宽体育知识面的资源，他都会想办法获得，书籍、报刊等有关体育资料，他都会买来学习，甚至不惜从旧书摊寻书。书籍对于他来说如同珍宝，在得知尊师王怀祺有新书时，他立马前往上海求书。日积月累，俞子箴的藏书愈来愈多，是国内个人收藏体育图书较多的收藏家之一。英国唯物主义哲学家培根曾说："知识能塑造人的性格。"俞子箴在各类藏书中学习理论，并把这些理论作为日常撰写文章的参考。从他撰写的文章可以看出，他的观点均是将理论与实践相结合，这些文章和观点是他对体育教育训练工作经验的总结，来自于实践，这种实践一经升华便成为指导实践的理论。因此读他的著述是不会枯燥无味的[②]。在阅读、学习过程中，他善于融会贯通，在原作的基础上推陈出新，赋予其新的内容和价值。当他在上海东亚体育专科学校学习时，"三段教材"的创始人王怀琪在此执教，俞子箴深受其影响。

---

① 祝家声.俞子箴先生小史[J]. 浙江体育月刊，1935，2（5）：1.
② 王华硕. 缅怀俞子箴老师[J]. 安徽体育史料，1984（3）：48-50.

"三段教材"主要是将当时西式的体育与中国传统体育相结合,这本教材在当时的体育圈产生重要影响。在经过数年的教学训练后,俞子夷意识到三段教学法存在不足之处:"三段教学法,只是依据运动生理,是纯技术观点。"[1]在此基础上,他总结经验进行反思,制定出以学生为中心、符合儿童身心发展的四段教学法,且收获了良好的效果。经过自身理论知识的积累、广泛的阅读及教学实践经验的积累,俞子夷写出具有借鉴意义的文章。在写作过程中,他没有固执己见,常与同行探讨疑惑,虚心向前辈、同时期体育家求教。对于每个细节、小问题,他都认真严谨。故而,他写出的著述在现代依然具有参考研究价值。俞子夷钟爱阅读,也时常教导学生珍惜当前的条件,培养学生良好的阅读习惯。

第二节 俞子夷学校体育观的核心内涵

一、秉持体育即教育观点

1860年以前我国还没有"体育"一词,那时的"体育"还被称为"体操","体育"一词是由西方传入的。辛亥革命后,"体育"一词才广泛使用[2]。

对于"体育"一词,不同时期、不同学者有不同的见解,俞子夷在说明"何谓体育"时提到:"体育,这个名词,本是由外国传播来的,亦即身体教育的简称。"[3]当时人们对体育这一概念并不是很清楚,在体育传入我国过程中,受西方文化影响,人们普遍认为体育仅与身体有关,与智育、品德无关。随着对体育的研究,"身心一元"论受到认可,人们认为体育是人整体的教育,不仅仅是身体的教育,与其他教育之间的不同也仅是教育方式的不同而已。俞子夷明确提出自己的见解,他认为:"生命为一,心身一体,不可分割。人们的一切活动,实无从分为精神或身体的……"[4]不可否认,无论体育如何定义,身体和心理都缺一不可,只有对两者进行合理的解释,才能更好地明确体育的定位。拜读俞子夷的文章,可以了解到,他坚持体育即教育的观点。他认为追求健康的身体和快乐的生活是体育的目的,通过体育活动使身体发展的过程是教育的过程[5]。换句话说,促进

---

[1] 俞子夷. 最新小学体育教材教法[M]. 上海:康健书局,1953:8-9.
[2] 俞子夷. 体育概论[M]. 出版社不详,1948:1.
[3] 同②.
[4] 俞子夷. 体育概论[M]. 出版社不详,1948:60.
[5] 同②.

身心发展的教育过程就是体育。他认为体育的作用以教育为主。它的宗旨除包括教育人们怎样在各种活动中适当运用身体，以获得满意的效果外，还包括如何充实人们的业余生活[①]。可以看出，俞子箴不仅重视体育的作用，还重视教育学生如何合理利用闲暇时间，鼓励学生主动参与到运动中去。倡导体育不仅注重取得好成绩，更要注重深层次的教育价值。在儿童体育活动方面，俞子箴提到，体育是以有趣的活动来教育儿童[②]。他肯定了体育是教育儿童的好方式，可以通过不同的方式来引导儿童。俞子箴认为体育既对人神经肌肉的发展具有积极作用，又在道德教育、身心发展方面有不可替代的作用。可以看出，俞子箴重视体育在教育中的重要地位。

通过对俞子箴观点的梳理，可以很清楚地了解到，他认为体育是教育的过程，通过体育教育、体育训练，可增进人的身体健康，也可培养人的心灵，可以引导学生形成正向积极的德行。俞子箴对体育教育价值上的肯定得到了近代多数体育专家的认可，他们认为体育运动可以在促进身体强健的同时培养人吃苦耐劳的品质，并且还能涵养德行，是一种不可替代的有效的教育方式。

俞子箴对体育教育工作的热忱不仅体现在他的工作经历中，也体现在他对体育即教育的阐释中，他通过体育教学训练等方式践行这种思想。他在提出系统教学法时，曾说道："这种教学法是从思想教育着手，能高度发挥积极性和教育性。"[③]他将"育人"的思想体现在翔实的教学内容、独特的教学方法、以及科学的教学组织形式中。例如，在教学中，他不仅要求学生参加各种活动时适当运用身体，还注重学生优良品格的养成，在身体教育的同时，兼顾德行教育。他切实将教育渗透在体育教学过程中，使二者更好地融合，将体育即教育的观念体现在体育教学中。

二、重视儿童体育对终身体育的作用

启蒙时期，人的认知和身体运动能力都处于初步形成阶段，此阶段形成的体育意识、行为对人一生的体育行为、意识有着重要影响。因此启蒙时期体育的培养不仅能促进儿童各方面均衡发展，还为儿童的学习和生活打下了良好的基础。

---

① 俞子箴. 体育概论[M]. 出版社不详，1948：1.
② 俞子箴. 体育概论[M]. 出版社不详，1948：7.
③ 俞子箴. 最新小学体育教材教法[M]. 上海：康健书局，1953：15.

俞子箴在执教的几十年间，曾担任过小、中、大学的教师，特别是在小学执教的时间最长，经验最丰富，对小学体育贡献也最大。他在工作初期便意识到基础教育阶段体育教育的重要性。他从上海东亚体育专科学校毕业后，毅然回到安徽做一名小学教师，这体现出他对小学阶段体育的重视。与俞子箴同时期的体育家曾评论他："俞君深悉我国体育之落后，故决意提倡小学体育，并谋普及，以此决心专攻小学体育。"[1]俞子箴从教几十年，更加深刻地认识到小学体育的重要性，在学校体育发展的初期，他提到："体育一科在现代教育中，是很重要的。在小学教育中，尤其是很重要的。"[2]俞子箴发表的作品主要集中在小学体育方面，代表作品有《小学体育》《怎样做一个小学体育教师》《小学体育教材教法》《小学体育游戏》等。在如何引导小学生积极参与体育活动方面，俞子箴提出："因为运动是人的天性，在小学时代，儿童们无时不思活动以舒展身心，那么身为小学体育教师……"[3]小学阶段是儿童身心发展的启蒙时期，是其一生发展的重要时期，因此教师要根据儿童的发展需求来引导儿童发展身体活动。俞子箴还将儿童与国家的未来相联系，认为儿童需要养成健全人格，以便今后为祖国发展作出贡献。

作为一名小学体育教师，俞子箴的眼界与格局值得我们学习，他深知想要小学学校体育有更好的发展，仅依靠体育教师与学生的努力是不够的，还要得到当地政府的支持，以引起民众甚至社会重视小学体育。他提出要实现小学体育更好的发展，就需要学生、教师、教育部门及社会等共同努力。学生是小学体育的主体，应引导其热爱体育；教师是小学体育教育的引导者，在引导学生养成运动习惯和热爱体育方面有重要作用。他认为作为体育教育工作者，应该多运动，养成好的运动习惯，起到榜样作用。俞子箴强调，体育要以儿童需要为首位，人在儿童时期进行体育锻炼不是为了追求过硬的技术和过强的能力，而是通过选择适合儿童身心的运动来保证儿童身心良好发育。俞子箴认为，在选择儿童教学教材和教学方法时，应选择适合儿童发展和需求的内容，并从身体、智能、个性方面对小学阶段各个年级儿童身体发展需求进行梳理，呼吁民众重视小学体育，为我国发展体育事业夯实基础。

三、积极鼓励开展课外体育活动

随着体育事业的发展，课外体育活动的开展受到大家的关注和重视。不可否

---

[1] 祝家声. 俞子箴先生小史[J]. 浙江体育月刊，1935，2（5）：1.
[2] 俞子箴. 安庆市第二实小体育教学法[J]. 安徽教育，1929（2）：91-100.
[3] 俞子箴. 怎样做一个小学体育教师[M]. 上海：勤奋书局，1937：1.

认，课外体育活动是学校体育的重要组成部分，在增强学生身体素质、发展学生体育兴趣、养成良好的运动习惯方面具有不可替代的作用。

查阅相关资料发现，从辛亥革命爆发至1923年，中小学的课外体育活动主要是球类活动和田径运动[1]。学校的体操课仍然以普通体操和兵士体操为主。课内外的体育活动呈现两种体系，直至1922年学制改革后，这种学校体育双轨的现象才逐渐消失。当时，我国的大部分事业处于发展初期，学校体育工作也不例外，当时全部的重心主要集中在体育教学上，课外体育活动完全不受重视。俞子箴眼光长远，在没有课外体育活动相关具体规定的情况下，他倡导学校开展课外体育活动，并强调其重要意义："一个小学体育的普及，运动成绩优良，绝对不能专靠着每周几小时的体育正课而能达到此目的……"[2]从实际情况来看，学校安排的体育课时间有限，课内所学的体育内容需要巩固，同时学生需利用课余时间强身健体和学习学校体育课之外的体育兴趣内容，因此，课外运动实为行之有效的方式。与此同时，如果学校支持开展相应的课外体育活动，营造积极向上的运动氛围，则学校体育定会日渐进步，俞子箴提到："本校以普及体育为主。厉行强迫课外运动与正课一样。课外运动与体育课性质不同的地方，就是使儿童自由发展。"[3]可以看出，他将课外体育活动与体育教学放在相同的位置，并强调体育教学与课外体育活动之间仅是学习规定的内容的区别，而课外体育活动相对更加自由，可依据儿童兴趣来选择。二者相辅相成，可进一步促进学生体育运动能力的精进。在课外体育活动的实践上，俞子箴亲力亲为、以身作则。在理论方面，俞子箴编撰了《小学课外运动指导法》《小学垒球训练法》《手球训练法》等一系列著作供大家参考，以期使体育圈更多专家、学者进一步关注课外体育活动，他编撰的这些书籍比较详实地论述了课外体育活动的内容、措施及要求。他在《小学课外运动指导法》一文中阐明了课外体育活动的目的："养成习惯、复习正课教材、正当娱乐、养成领袖精神、辅助学校训育、发展本能、弥补正课不足。"[4]可以看出，俞子箴建议开展课外体育活动不只局限于弥补体育课时间不足、复习正课所学的内容，还可以拓展到学生品德修养、体育习惯的养成及学生长期发展方面。

在体育项目的选择上，俞子箴认为不能仅限于特定的某项运动，要灵活变通，他强调在保证安全的情况下，以课上学习过的项目为主，因时因地制宜，但要围

---

[1] 苏竞存. 中国近代学校体育史[M]. 北京：人民教育出版社，1994：92.
[2] 俞子箴. 怎样做一个小学体育教师[M]. 上海：勤奋书局，1937：2-3.
[3] 俞子箴. 怎样做一个小学体育教师[M]. 上海：勤奋书局，1937：54.
[4] 俞子箴. 小学课外运动指导法[J]. 勤奋体育月报，1933（3）：17-21.

绕"富有体育价值"这个核心。俞子箴认为在课外体育活动中,不仅要注重增强体质,还要注重生活能力的培养。他提到:"举行各种课外活动,如远足、旅行、登山、生活劳动等,以增加其生存的技能。"[1]对于课外体育活动中教师的任务,俞子箴也有不同的见解,他认为:"教师除指示方法、校正错误外,应当默察各个儿童体格,品性的优点和弱点。"[2]可见,在课外体育活动中,教师虽然不需要像在正课上那样教授知识,但也需扮演引导者的角色,在帮助学生习得基本技术的同时,观察其不足,以期在正课教学中弥补不足。

在课外体育活动的规则秩序方面,俞子箴认为虽然课外体育活动是依学生兴趣自由选择的,但学生也不能自由散漫地参与,他提出,"分组办法,或按班级,或按能力,或按自由认定等办理,以充实各种活动的组成,其分组方法,由各人采用""每组运动,同童子军小队组成一样,一举一动,要纪律化,每组以二十余人为最佳,多则不易管理"[3]。他凭借自己丰富的教学训练实践经验,制定了秩序化的分组方式。在学生个体差异方面,俞子箴认为每位学生都有参与课外体育活动的机会,选择运动时需要站在科学的角度,因人而异,特别是对于不宜参加剧烈运动的身心有缺陷的学生,要对他们进行单独分组,让其做"特别个人操"。他提出:"特别个人操(即医疗操)是为一般身心有缺点或病后柔弱,不能随班运动而设的。"[4]在体育活动的组织方面,他认为有条理的指导能使课外体育活动达到事半功倍的效果。但当时的中国百废待兴,学校体育刚刚起步,师资相当匮乏,仅依靠一位体育教师难以很好地维持秩序。俞子箴提出挑选"儿童领袖"来辅助教师完成开展课外体育活动的工作,他提出的这种方法不仅可以帮助教师有效地组织课外体育活动,也锻炼了学生的领导能力。

四、倡导学生体育品德的培养

道德品性影响人的发展,小学阶段是儿童形成良好品德的重要阶段,而体育活动是促进个人形成良好品德的重要方式之一。在体育活动过程中,学生学会团结合作,学会放弃个人利益成就集体荣誉。俞子箴身为一名体育教育工作者,十分注重通过各类项目培养学生的品德。

从表20-1可以看出,俞子箴对每项体育运动都进行了梳理,认为这些体育活

---

[1] 俞子箴. 怎样做一个小学体育教师[M]. 上海:勤奋书局,1937:95.
[2] 同①.
[3] 俞子箴. 怎样做一个小学体育教师[M]. 上海:勤奋书局,1937:94.
[4] 俞子箴. 小学课外运动指导法[J]. 勤奋体育月报,1933(3):17-21.

动都隐含不同的体育品德，只有学生亲身参与到体育运动中去，才能领悟到这些可以受益终身的品德。

表 20-1　体育项目及体育品德的蕴含

运动项目	体育品德
体操	集体荣誉观念和团结协作精神
游戏	合群、互助、关爱、敏捷、守法、团结友爱
田径	集体主义精神
球类	勇敢、进取、机警、竞争和集体主义精神
韵律活动	建立"美"的理想和"美"的表现（即审美意识）
技巧运动（垫上、单双杠、器械）	坚强、勇敢、克服困难的积极精神

俞子箴认为德育是体育活动必不可少的内容，体育的目的之一在于谋"社会及道德标准的发达"，并提出"在体育活动中，常常是双方队对立，互争胜负，所以应注意进行体育道德的教育"[①]"培养儿童有忍耐、敏捷、公正的个人品德；并和谐、互助等的团体精神"[②]。可见，体育在社会及道德标准中具有重要作用。在儿童体育方面，他认为要将竞技、游戏相结合，一方面通过竞技可以培养儿童尊重规则、公正诚实的品德，另一方面可以通过游戏培养其互助、团结的品德。他提到："利用游戏，培养儿童合群、互助、关爱、敏捷、守法等的美德……要训练健全的德行，应由游戏和竞技运动着手……"[③]在体育运动内容的选择上，俞子箴认为儿童的天性就是爱玩，而体育游戏活动无疑是最适合发展其天性的，是最容易接受的方式，也是培养儿童德行的有效途径。在青年体育运动方面，他认为可以增强其体魄，使其养成互助、勇敢的品格，必要时为国效力[④]。可以看出，俞子箴看待问题非常有大局意识。

在大众体育方面，俞子箴认为道德培养也很重要，只要喜爱运动，就能提升道德修养，无论是在学校还是在社会上，都是同样的道理，特别是团体性的运动，在通过团队合作提升效率的同时，有助于个人道德的升华，他提到："利用其有爱好运动的心理，陶治其有合群、团结的美德。"[⑤]"各种高尚道德的升华，在团体

---

① 俞子箴. 最新小学体育教材教法[M]. 上海：康健书局，1953：25.
② 俞子箴. 安徽省立安庆天柱阁小学体育科一个新校舍落成大单元设计操的教程[J]. 体育杂志，1935（2）：155-157.
③ 俞子箴. 体育概论[M]. 出版社不详，1948：9.
④ 俞子箴. 体育概论[M]. 出版社不详，1948：10.
⑤ 俞子箴. 体育概论[M]. 出版社不详，1948：13.

中的学习，较个人学习来得容易。所以团体生活，实在是公民道德教育最有效的方法。"①

对于体育活动与品德教育的关系，俞子箴着重强调了体育活动对品德教育的积极作用，并从三个方面进行了阐述："一，发展坚强的意志力……二，发展公正与诚实的美德……三，发展忠诚服务的心……"②

从以上内容可以看出，这三点都是关于道德精神层面的，第一点指向个人，第二点指向非我，第三点指向社会层面。从个人层面来看，"正确判断、严谨自治"是个人发展不可缺少的德行，在体育教学训练过程中应引导学生形成辨别是非的能力，使其正确处理个人利益与集体利益的关系，个人服从集体，形成克服私欲、严谨自律的精神和顽强的意志力；在处理与他人的关系方面，通过运动可以培养学生关心他人利益的习惯，无论是什么运动项目都有其项目规则，在训练和竞赛过程中对规则的遵守也是对他人利益的维护，若学生在此过程中形成公正对待事物的心态，则会影响其一生的发展。但在学生心智未成熟的初期，难免有学生会出现欺诈骗伪的陋习，此时教师要立即矫正，学生定会受益良多；在体育运动中培养公正、诚实、忠厚等美德，在团体运动中运动员要与队友通力合作，不因一己之私影响全体的成败。当学生置身于社会中时，应秉持这种公正的态度，而国家与社会需要内心忠厚诚实的公民，这也是运动员应具备的最基本的品德。

综上，俞子箴强调体育运动、训练有助于良好道德品格的养成，并主张在体育教学与训练过程中，通过采用游戏与竞技相结合的方式来培养学生坚韧勇敢、团结友爱的品德；其中特别强调团队合作的运动项目对品德培养的重要性；论述了学生品德培养对个人、对他人、对国家及社会的重要意义。

第三节　俞子箴学校体育观的当代启示

一、有助于改变学校体育的传统认知

中华人民共和国成立后，百废待兴，我国体育事业飞速发展，直至今日已取得了可喜的成就。体育在弘扬民族精神、增强民族凝聚力、对外交流方面都有不可替代的作用。有大局观的国民已经深切认识到体育的不可替代性，但就当前国民的认识来看，受传统观念和应试教育的影响，社会各界对学校体育存在一定的

---

① 俞子箴. 体育概论[M]. 出版社不详，1948：57.
② 俞子箴. 体育概论[M]. 出版社不详，1948：61-62.

偏见[1]。当前学校体育的教育价值特别是德育的价值未得到充分发掘，俞子箴提倡的体育即教育的观点值得社会各界借鉴。

俞子箴认为阻碍我国体育发展的一个重要原因是国民对体育特别是学校体育的认识不够，"民众对于体育的认识不够。通过生物、生理、心理等科学可以证明，体育是有益身心的"[2]。体育活动有益身心是有科学依据的，但多数人始终对体育存在很深的误解。他认为无论是对身体还是品德来说，体育都是一种有效的教育方式，"体育既可以强健活泼身体，还可以涵养德行，启发智慧"[3]。在他看来，体育不仅可以强健身体，还对人的品性有引导作用。早在民国时期，他就意识到体育不仅可以"育体"，也可以"育人"。对于当时学校及家长看待成绩的态度，俞子箴指出："一个学生的学科成绩，平均超过八十分，即被认为是好学生……。"[4]

直至如今，民众对体育的看法仍然不客观，体育在学校教育中依旧没有获得应有的地位。实际上，相关研究表明，进行体育活动与学生学业成绩呈正相关关系[5]。这说明进行体育活动不仅不会影响学生的学业成绩，还对其身心发展、学业成绩有促进作用。在当前社会发展迅速、竞争激烈的大环境下，即使学生对体育有正确的认识，学校与家长因过分重视学生的文化课成绩而忽视身体、品德的重要性，学生也只能迫于家、校的压力将所有精力都放在文化课上。俞子箴认为完全教育是智、体、德三方面共同发展的教育，并呼吁各界重视体育。从俞子箴的观点可以看出，他认为体育的教育价值是不可替代的，他的主张无论是在当时还是在如今，都具有指导意义。

随着我国体育发展，竞技水平不断提高，大众体育也开展得非常顺利，学校体育持续健康发展，社会各界对学校体育的发展也越来越重视，体育在中考成绩中的比重有所提高，部分高校也将体质测试成绩、体育成绩与评优评先、毕业挂钩，这一系列举措都说明学校体育越来越受重视。

二、有助于践行"儿童中心论"的体育教育观

儿童时期是身心发育的关键时期，此时的教育与技能传授对儿童今后的发展有重要影响，而设计体育教学、训练的的内容，选择适合儿童身心发展的内容，

---

[1] 董翠香，郑继超，刘超，等. 新时代中国学校体育落实总书记有关重要论述的发展战略研究[J]. 北京体育大学学报，2018，41（11）：1-8.

[2] 俞子箴. 体育概论[M]. 出版社不详，1948：27.

[3] 俞子箴. 体育概论[M]. 出版社不详，1948：20.

[4] 同②。

[5] 安翔，刘映海. 体育活动与学业成就的相关性研究[J]. 教学与管理，2018（15）：24-27.

采用适合儿童接受的教学方式，往往能使儿童在习得更多技能的同时保持更大发展潜力。反之，若采用不适合儿童身心发展的教学训练方法，则往往会产生运动损伤、过早透支潜力等问题。

近几年，在大力发展体育事业与课程改革的大力推动下，基础教育阶段的体育教育取得了显著进步，但在实施过程中体育教师并未完全以学生的身心特点和发展规律为出发点，并未完全以学生身心发展为主要目标[①]。体育教育工作者不仅要掌握运动技能和教学技能，还需要结合心理学、解剖学、生理学、社会学等科学来制订适合儿童发展的教学方案，这不仅是"以儿童发展为中心"的体现，也是"体育教育科学化"的重要体现。

俞子箴作为小学体育专家，精通生理学、生理学、解剖学等科学知识，并将这些理论知识融入体育教学内容中；在教学方法上，以学生发展特点为中心，因材施教。他主张将学生的实际情况作为教学实施过程中应该首先了解的内容。他提到："了解学生身体状况。是体育教学上的关键，也就是体育教师应当研究的中心环节。"[②]不仅如此，他在工作之余经常去安庆市其他小学参观、考察，并指出存在的问题[③]。当时我国学校体育正处于起步阶段，小学体育教材缺乏统一标准，大多数教师教学采用"三段教材"，这种做法与俞子箴"儿童中心论"的体育教学观相悖，也不利于小学体育的发展。为此，俞子箴首次提出将"准备操、姿势训练、实地练习、竞技游戏"等贯穿教学始终的四段教材法。

以儿童身心发展为目标，俞子箴从儿童身体、智能、个性等方面制定了小学阶段各年级不同的教学实施方法。在体育教学过程中，他始终将学生的身心发展特点贯穿于每个环节。他在体育教学实践和反思中以儿童身心发展为目标，以科学合理掌握技能为关键，这种严谨科学的态度使他的学生往往能取得优异的成绩。

反观如今的学校体育教学，有相当一部分体育教育工作者想当然地进行体育教学，放羊式教学就是最直接的体现，他们过度强调学生"主体"地位，忽视教师引导的职责。在体育教学中，教师科学合理地引导是不可或缺的。将儿童的身心发展作为目标不仅是对教师提出的要求，更是对学校体育的要求。从俞子箴创编的一系列小学体育教材及四段教材法可以看出，无论是在当时还是在如今，他

---

① 范晓萍，汪晓赞，王健. 美国 SPARK 课程对我国小学体育课程改革的启示[J]. 体育成人教育学刊，2014，30（1）：80-83.
② 俞子箴. 新小学徒手体操教材教法[M]. 上海：康健书局，1952：1.
③ 俞子箴. 小学体育上值得注意的四点[J]. 体育研究与通讯，1933（2）：17-20.

的观念都是科学合理的，是符合儿童身心发展规律的，也是与教育学原理相吻合的。他编撰的体育教材和教学方法既提供了丰富的经验，也为小学体育、基础体育教育的发展和完善奠定了基础。

三、有助于深入挖掘和充分发挥体育的德育功能

古语有云：人无德不立，国无德不兴。随着我国改革开放，部分人过分重视实效而忽略动机，看重力量而疏忽道德[①]。学校体育的价值还停留在强身健体的阶段，忽视体育中独有的品德教育的价值。在当前素质教育的大环境下，培养全面发展的人才是新时代教育的目标。体育对德育具有不可替代的价值，体育不同的项目蕴含着不同的德育元素。在学生参与各类运动项目的过程中，体育可以潜移默化地影响学生的品德。学生可以通过体育运动获得较为丰富的情感体验，这是其他科目无法替代的。学生的情感体验在体育活动、团队配合中不断得到强化，形成良好的道德修养。

俞子箴提出如果以社会道德标准的视角来观察体育运动，就能理解它的演进与种族的演进相同。在早期社会中，合作互助的实现乃由情感的行动。这种互助美德的形成依靠运动。只有通过运动才能灌输道德和培养合作的精神[②]。这说明他意识到体育运动蕴含的情感能间接影响人的精神意志，而好的情感体验是养成良好德行的重要环节，也是发展德育的基础，他主张发挥集体主义精神，通过游戏和竞技运动培养学生互助、关爱、守法的集体观念和坚强、勇敢的精神，重在塑造学生完善人格。俞子箴利用不同的项目对学生进行德育，在体育教育过程中将德育渗透于教学的各个环节。他认为体育教育的首要任务是锻炼健康的体格，通过各类体育运动激发学生勇敢的品质，培养学生克服困难的决心，启发学生个人的智慧与创造力[③]。在教学方法中，他依据自身经验创编更适合各个项目的教学方法，根据项目特点和学生发展的差异性提出"个体教学法、分组教学法、团体教学法"等。

在当前学校教育中，学校和家庭将学生成绩与升学率摆在过高的位置，而同样重要的情感与人格培养则被边缘化。学校课程中的思想品德课程相对脱离实际，产生的效果也差强人意，而体育运动刚好弥补了这方面的不足，向内，丰富的体育项目既有趣又能发展学生个性；向外，通过团体性体育活动，学生可以体

---

① 岳耀鹏. 立德树人背景下校园足球的德育价值及其实现路径[J]. 西安体育学院学报，2018，35（1）：123-128.
② 俞子箴. 体育概论[M]. 出版社不详，1948：62.
③ 俞子箴. 最新小学体育教材教法[M]. 上海：康健书局，1953：23.

会团队感,增强良性社交意识。体育教育中渗透的德育更加具象化,有利于学生在相对自由的环境下养成良好品德。

党的十八大以来,党中央提出将"立德树人"作为教育的根本任务,这为学校体育发展提供了契机,学校体育工作贯彻立德树人不仅发挥了体育的德育功能,也体现出体育学科的独特价值。在国家相关政策的引导下,基层体育教师作为体育教育的主导者,肩负着更重责任,需要转变自身教育观念,将道德教育更好地融入体育教育教学中,这样才能更好地发挥体育的教育价值,实现德体双赢。

相关体育教育家简介

王学政
（1917年—不详）

出生于浙江杭州，其父是民国著名出版家王云五。王学政兄弟姐妹一共九人，他自幼被其父寄予厚望，希望他长大后能从事政治事业，故取名为学政，但他最终未能按照父亲的意愿走上仕途，而是倾其一生致力于中国近代体育事业的推展。出身于书香世家的王学政，3岁时随父迁居上海国际租界，从小接受良好的家庭教育，中学毕业后考入沪江大学。毕业之后王学政去往中国香港，竭力推广体育运动，从事专门的体育科学研究工作，致力于研究举重，发明了"挺举"，并获得中国香港举重冠军。为进一步推广和普及体育锻炼法，王学政于1938年12月在中国香港创办了《健与力》杂志，担任杂志主编。该杂志自创办以来，深受海内外读者喜爱，在中国香港获得"流行之广，为该地期刊之冠"的美誉。1941年太平洋战争爆发，王学政离开中国香港，抵达重庆，在四川国立体育师范专科学校担任体育教师。之后，王学政远赴英国伦敦大学攻读教育硕士，接受西方现代教育，1945年，孙中山创立的中山大学师范学院开创体育系，留学归来的王学政受聘担任首任中山大学体育系主任。

王学政自幼酷爱体育，擅长运动健身健美及举重，他是中华民国体育健身健美先驱。王学政的代表作品有《体育之基本原理与实际》《体育与教育》《体育概论》等。其中《体育概论》系统论述了体育之意义、体育之目的、体育之原则，是其体育学术思想的重要代表作。

第二十一章
体育教学生活化：王学政学校体育观及其启示

第一节　王学政学校体育观的形成背景

首先，王学政学校体育观的形成受到杜威自然主义体育教育观的影响。1840年鸦片战争的爆发标志着来势汹汹的列强最终撬开了中国紧闭的国门，全体国民由此走向了一条"抵御外辱，救亡图存"的民族自赎之路。值此千钧一发之际，中国涌现出一大批爱国主义者，他们在国家危亡时刻发出了急切的呐喊。其中，中国近代改良派代表康有为、戊戌变法领袖梁启超及中国近代启蒙思想家严复作为近代知识分子中的典型人物，在思想保守的旧中国，敢于力排众议，提出对"旧学"进行改良、对"西学"进行引进，这在当时的社会中引起了巨大反响。一时之间，以"尚武乐军""以武救国"为代表的军国民体育思潮在社会各界知识分子的倡导之下备受瞩目。在基督教青年会、教会学校及归国留学生的大力推广下，尤其是在新文化运动爆发后，近代西方体育逐渐在国内流传开来。1919年美国实用主义教育家杜威来华讲学，他在中国驻留的两年期间，在北京、南京、上海、广州等地开展演讲，他的实用主义和自然主义教育思想引起巨大轰动。在杜威教育思想的熏陶下，我国近代体育家对体育进行了思考，尤其是对体育价值进行审视，对体育真谛进行探寻。其中，自然主义体育教育观代表人物吴蕴瑞和袁敦礼促进了自然主义体育教育观在中国的广泛传播，为我国近代学校体育的发展注入了新鲜的血液。随即，北洋政府在1922年颁布了影响长远的"壬戌学制"，它的落实奠定了自然主义体育教育观在学校体育中的主导地位。社会环境的不断发展为体育家思想观点的形成培植了文化土壤。同理，王学政体育教育观的形成与发展自然无法脱离当时的文化大环境。基于此，王学政在中与西、新与旧的思想碰撞和交融中汲取养分并最终形成自己的体育教育观体系。

其次，王学政学校体育观的形成与其个人体育经历有关。1917年，王学政诞生于浙江省杭州市的书香之家，其父是民国博士之父、大出版家、商务印书馆总经理王云五。王云五非常注重子女的教育，一门出现七位博士。王学政排行第三，王云五希望他长大后能够参政，因此给他取名"学政"，然而他最终选择了体育之路。王学政后来考入沪江大学，该校是由美国基督教青年会创办的教会名校，创办之初就成立了体育会，并由外籍教师负责教授田径、球类等西方运动项目。王学政积极参加学校举办的各种体育运动，并在课余时间保持健身的习惯。自幼体弱多病的王学政接触体育后，经过长年累月的锻炼逐渐蜕变成肌肉健硕的运动达人。事实上，王学政很小就患上较为严重的胃疾。有一次，他无意中路过健身房，被一位健身教练邀请参观健身房，当他第一次见到杠铃、哑铃等健身器材时就被深深吸引住了，并逐渐对运动产生了深厚的兴趣。自此，他便长期出现在健身房，并乐在其中。多年后，王学政自幼苦恼的胃疾也已消失，这更加坚定了他参加运动的信念。作为体育健身的受益者，王学政清楚地知道运动对于国民的意义。大学毕业后，王学政前往中国香港发展体育事业，并从事体育科学研究工作。他在举重项目上取得了较大的成就，发明了"挺举"，曾一度斩获中国香港举重冠军。1941年，王学政赴四川国立体育师范专科学校担任体育教师。之后，王学政赴英国伦敦大学攻读硕士学位，较为系统地接受西方现代化教育。1945年，王学政出任中山大学体育系主任。执教期间，王学政笔耕不辍，发表了多篇学术文章，阐述了体育锻炼的效益，并论证了体育对强国强身的价值。

第二节　王学政学校体育观的核心内涵

一、强调体育在教育中的多重价值

新文化运动爆发后，自然主义体育教育观在我国广泛传播。19世纪下半叶，美国兴起了以"育人"为导向的自然主义体育教育观，主张将"体育锻炼"作为教育人们的主要手段，体育逐渐被认为是教育的组成部分，甚至被视为当时最有效的教育形式。然而，在国内囿于传统观念，新兴的体育学科的价值一时之间无法得到人们的广泛认同，以至于体育学科曾一度被边缘化。对此，王学政认为欲从根本上改善这一局面，厘清体育与教育两者的关系是当务之急。他指出当时的学校认为体育仅仅只是一种身体训练，忽视了体育在教育中的价值，之前中国教育落后的原因便在于没有对这个问题进行充分的思考，想要对教育进行彻底的改进，必须对体育与教育的关系进行彻底的认识[①]。王学政从不同角度对体育在教育中的价值进行了阐述。

（1）培养健康身体及健全人格的全面教育。在王学政看来，适度的体育活动可以提高学生的身体机能，在儿童成长过程中，体育发挥着重要的作用[②]。不仅如此，王学政认为体育运动不仅对身体机能的提升有促进作用，还有利于学生塑造良好的性格，形成积极的情绪和心理。在他看来，体育不仅是锻炼身体、增强体魄、提高运动技能的手段，也是抒发愤怒情绪、愉悦心情的途径[③]。

（2）体育在社会道德养成中发挥着重要的作用。王学政指出竞争和合作是当今社会发展所需要的活动。体育中的竞技比赛不仅可以培养学生的竞争意识、拼搏意识，还可以培养学生的团结合作精神。他指出："合作是当今社会发展所需要的行为，而在体育活动中处处存在着合作的练习，在体育训练中不是命令，不是服从，而是相互之间彼此认识，各尽所长的合作。"[④]在他看来，体育是社会的缩影，体育竞赛是在相应的规则下进行的，应鼓励学生理性地看待成败，这在学生品德塑造方面有不可忽视的作用。

（3）体育有利于各项基本生活能力的提升，是人们生活方式的重要展现。王学政指出体育不仅是一种运动技能、运动技术、卫生保健的方法，更是健康生活的一种表现[⑤]。他大力支持把体育作为培养学生生活适应能力、自我保护能力的一项手段。王学政认为体育活动一方面能调节身心，促进精神与肉体疲劳的恢复，另一方面能够使大脑聪慧发达，使动作敏捷、精力充沛，这对提高工作效率有莫大的裨益[⑥]。

总之，王学政对体育学科在教育中发挥的作用给予充分的肯定，并且重点凸显了体育教育的多重价值。在王学政看来，体育不仅能够改善学生体质、提升学生的基本运动能力，还在学生道德品质培养、社交娱乐等方面发挥不可忽视的作用。

---

① 王学政. 体育与教育[M]. 上海：商务印书馆，1945：2.
② 王学政. 体育概论[M]. 上海：商务印书馆，1947：53.
③ 王学政. 体育之基本原理与实际[M]. 上海：商务印书馆，1943：30-32.
④ 王学政. 体育概论[M]. 上海：商务印书馆，1947：132.
⑤ 王学政. 体育与生活[J]. 健与力，1943（8）：1-18.
⑥ 同⑤。

二、推崇体育教学生活化

体育自诞生以来便与人们的日常生活密不可分。从体育发展的视角来看，体育在整个人类发展史中发挥着举足轻重的作用，早期人类在猎食过程中的"追逐""跑""跳""投"等动作都来源于人们对生活的基本需求，此为现代体育的雏形。王学政指出体育与人类生活的渊源从古有之，无论人类的生产方式如何变革，体育与人类的社会适应都休戚相关[1]。他根据人类社会的演进历程，分别从原始、游牧、农业和工业四个时期对人类生活和体育之间的关系进行了阐述。

以小团体为主的生活方式是原始时期人类社会最典型的特征，其中户外生活占据绝对的主导地位，衣食住行与安全是该时期最基本的需求，艰苦的生活条件、肆意蔓延的疾病与自然灾害是原始时期人类生命安全最大的威胁，体育自然发展成该时期人类最主要的教育手段。王学政指出，在原始时期，户外生活占据人们的大部分时间，团体中的每一份子都参加工作，由于当时语言文字尚未创立，所以身体活动是唯一的教育方式[2]。同原始时期的生活相比，游牧时期人类生活逐渐由小团体生活转变为大团体生活，动物的驯化使得人类获取可食用食物相对轻松，生活的质量和稳定性有了更好的保障。因此，这种生存环境的客观变化使得体育的发展颇为受阻。他指出当时人们生活在旷野之中，居住场所常常发生变动，而且必须从事长时间的劳力工作，除了简单的舞蹈，当时的体育难以发展[3]。人类社会发展到农业时期，生活方式相比于原始时期和游牧时期更加稳定，农民过着采橡不斫的生活，工作劳苦但环境安稳，这些又给体育活动的发展创造了优良的条件。随着工业时代的到来，传统的手工业被机器工业所取代，人类社会也迎来了戏剧性的转变。体育与生活的关系也随着不同时期的生活状况的变化而逐渐演变，但不管如何变化，体育与生活总是水乳交融、不可分割。论及体育与生活的本质联系，王学政总结到："总而言之，体育在人们生活中的地位，亦是在加强人们的适应生活环境的能力。"[4]由此可知，在王学政看来，体育与生活之间存在的联系主要在于体育能够提升人类的社会适应能力。

体育生活化即使体育具备生活的特征，而体育生活化的核心则在于将体育中所学习到的东西迁移并运用到现实生活之中，使得生活更加美好。他认为技能、

---

[1] 王学政. 体育与生活[J]. 健与力, 1943（8）：1-18.
[2] 王学政. 体育与教育[M]. 上海：商务印书馆，1945：18-19.
[3] 王学政. 体育之基本原理与实际[M]. 上海：商务印书馆，1943：83.
[4] 王学政. 体育概论[M]. 上海：商务印书馆，1947：171-172.

理想、态度、体力，以及心身在其他各方面的发展等于生活①。从实质上讲，指导和改善生活是体育的一种教育手段。王学政认为体育可以使参与者体力、耐力及元气更加充盈，改善健康状况，但这些并非体育实质性的目的。体育的实质性目的在于使人类生活更为丰裕和美好。他还主张不仅要重视基本运动能力在体育中的发展，还应该使体育与现在及将来的生活相适应。因此，体育生活化既要注重技能训练，也需加强对参与者体育理想、体育态度、运动习惯的塑造。长期的城市环境生活会压制儿童对游戏及冒险活动的欲望，这种生活方式使得儿童长大以后更容易发生道德问题，并且他觉得儿童成长后出现道德问题与儿童时期的体育教育有显著的内在关联。他指出社会存在许多弊端，原因是人类的本性尚未被充分发展，也是因为如此，人们应注意体育与教育的关系②。对此，他提供了六条观点来作证体育能够改善国民社会之生活：①体育能够补救城市生活的缺点；②体育能够使人们养成良好的娱乐技能；③体育能够补救工作专门化的弊端；④体育能够改善因生活而静止的状态；⑤体育能增进工作效率；⑥体育能够创造人群交往的机会③。王学政曾在多所学校从事体育教学工作，在他的教育理念中，体育课程内容的设置需要结合学生的现实生活。王学政曾说，仅仅只靠学校中的体育课来发展儿童的神经系统和机能是不够的，在正课之外必须辅修课外体育活动，而正课中教材的选择需要使学生在课外或离开学校后，还可以从事的体育活动④。

三、提出体育是健康教育的基础

20世纪30年代以后，王学政发现很多学生感染了疟疾，身体健康受到严重威胁，但他发现经常运动者罹患疟疾的风险较不运动者大为降低。当时很多国民对健康的认识仅局限于身体层面的健康，并认为身体上没有疾患即为健康，对此王学政认为不然。他具有丰富的体育教学经验，并在广泛的教学实践中逐渐形成了自己的体育教育观。王学政指出一般人认为保持身体的正常状态、无患病即为健康之观念，实为谬误。健康虽是人生必要的条件，但有先天与后天之分，先天的健康来源于遗传，而后天的健康则主要通过健康教育来获得⑤。他认为体育主要

---

① 王学政. 体育之基本原理与实际[M]. 上海：商务印书馆，1943：83.
② 王学政. 体育概论[M]. 上海：商务印书馆，1947：171-172.
③ 同②.
④ 同②.
⑤ 王学政. 体育之基本原理与实际[M]. 上海：商务印书馆，1943：71.

功能在于引导人们从中获取娱乐，充分享受参与的乐趣，如果能达到这一境界，则健康是体育必然的馈赠品。他在《体育概论》一文中论述到："体育是教育我们在闲暇时间如何进行有益的娱乐，以及如何参与和享受运动带来的乐趣，而此种活动的目的并不在于健康，而是为了满足我们参与此种活动的内驱动力，参与此种活动的方法得当，健康亦成为一种附属品。"[1]

王学政认为体育与健康教育虽有联系，但两者所涉及的范围有所不同。健康教育是一种智识教育，是利用卫生科学来掌握基本的健康知识，形成良好的健康习惯。他认为体育与健康两者相辅相成，体育是健康的重要保障，健康是体育的内驱力和馈赠品。他说："健康的主要源泉源自于抒发情绪，提高身体器官的功能这两个方面，而体育活动既可以抒发人的情绪，促进身体器官功能之功用，可以直接促进健康之效，以健康和兴趣为中心，启发健康的动机，促进各种健康习惯的养成。"[2]王学政又从不同的角度阐述了体育和健康教育对人们生活产生的重要作用。首先，他强调健康教育的手段呈现出多样化特点，除体育外，还包括生物、卫生等多种手段，而体育作为其中的一部分，在增进机体健康和提升健康动机这两个方面发挥了重要作用[3]。王学政认为，在学校课程设置中，生物、卫生等科目培养了学生的健康习惯，但体育不仅可以促进学生身体机能的发展，还可以激发学生健康的动机[4]。其次，针对健康教育的落实，他提出应该树立明确的目标。健康教育的目标是培养一种遵循卫生规律和事实的能力，想要养成这种能力，首先需要获得健康的知识，养成卫生习惯及态度[5]。最后，王学政认为实施健康教育对学校而言具有必要性和迫切性，尤其是对于处于发育期儿童，实施健康教育最重要的是加强疾病预防及个人卫生保洁，检测与治疗则是下下之选。他呼吁在学校教育中控制学生健康的状态，尤其是控制健康教育课程的组织实施，在其组织实施中，第一步就是开展预防传染病的工作，第二步需要对学校卫生工作进行督查。最后推及各种缺点（如牙齿、眼睛、耳、鼻、喉、腺和营养等）之检验和治疗[6]。

---

[1] 王学政. 体育概论[M]. 上海：商务印书馆，1947：261.
[2] 同[1].
[3] 王学政. 体育之意义及其目的[J]. 健与力. 1943，4（9）：16-35.
[4] 王学政. 体育之基本原理与实际[M]. 上海：商务印书馆，1943：78.
[5] 王学政. 体育概论[M]. 上海：商务印书馆，1947：260.
[6] 王学政. 体育概论[M]. 上海：商务印书馆，1947：264.

四、倡导体育教学的"心向学习"

在我国学校教学过程中,"师道尊严"赋予了教师尊崇的地位,强调教师权威性一直是师生关系存在的主要方式。在学校体育教育中,体育教师与学生之间的关系也是如此。在学校体育被引进初期,体育教学内容主要以军操为主,体育教师一职主要由退伍军人来担任。因此,"命令"和"服从"是师生关系的主旋律,学生的自主权被牢牢攥在教师手上,体育课上体育教师具有绝对的权威。五四运动中,出现了一大批受过民主教育思想熏陶的归国留学生,他们对传统冷漠的师生关系提出了批判,他们反对教师主导,强调学生自身主动学习的重要价值。王学政也十分重视学生在学习中的主动性,并提出了"心向学习"与"强制学习"两种新型学习方式。

王学政提出的"心向学习"和"强制学习"着重探讨了师生之间的地位关系。首先,他提出学生充分准备并自觉主动地进行学习称为"心向学习";而被动没有准备之心的学习则称为"强制学习",这种学习方式难以产生良好的教学效果[1]。王学政认为应重视学生能动性在体育学习中的作用,体育教师应竭力使学生从体育锻炼过程中获得愉快的运动体验和良好的学习感受,如此便能充分调动学生的积极性和主动性,继而大幅提升学习效率。他说:"若要使学生对学习产生兴趣,需要先使学生对此产生兴趣,兴趣激发了,然后为之努力,努力则成功,成功则会满足,满足即学习。自主学习对学习效果所产生的影响尤大,如果获取成功的满足感,则能加强学习的自主性;而强制学习的结果,带来的多属烦恼,而烦恼则会阻碍主动学习。"[2]由此可知,王学政非常重视对学生学习主动性的调动。在他看来,"心向学习"在学生学习目标的确定、学习障碍的克服、学习动机的激发等方面均能发挥十分积极的作用。因此,他提倡将"心向学习"运用于学校体育教育实践之中,并主张在体育活动的选择和体育教学的组织过程中应始终以学生为中心。他说:"心向学习不仅具有确定的目标、自主的行动、满足的效果、充分的准备,并且由于专注和决心,不仅可以避免各种不利的活动,也可以克服困难进行努力。"[3]

王学政还非常重视兴趣在体育学习中的价值。他主张积极转变学生的学习理

---

[1] 王学政. 体育概论[M]. 上海:商务印书馆,1947:149-150.
[2] 同[1].
[3] 同[1].

念，调动学生的学习兴趣，促使学生提升学习的主动性，将体育学习转化为自己内部的需要。他指出想要使参与者在练习中持之以恒，那么在体育活动的方式中，就要注意激发参与者的兴趣和爱好之心，这样学生在离开学校之后也可以继续进行体育活动[1]。因此，激发学生学习的自主性是实施"心向学习"的关键，也是提升学习效率的重要途径，更是培养学生终身学习意识的潜在法宝。

五、主张体育教学内容结构的多重性

在王学政看来，体育教育观的真实反映是体育教学内容。新文化运动开始后，实用主义教育思想在国内广泛传播，传统的军式体操在学校体育教学中的弊病逐渐凸显。毛泽东同志曾在《体育之研究》中指出军式体操的不足："教者发令，学者强应，身顺而心违，精神受无量之痛苦，精神苦而身体亦苦矣。"[2]王学政对于这种机械且呆板的军式体操颇为不满。相反，他大力主张对传统教学内容进行革新，大量引入个性鲜明、活泼有趣的自然活动作为授课内容。他进一步详细阐述了自然活动相较于传统的军式体操在目标、价值观、内容、方法等方面的优势。军式体操深受民族主义思想的影响，就管理目标而言，十分注重"保守、严格、服从"；就发育理念而言，只顾身体方面，忽略心理层面；就教育心理观念而言，施教时仅站在指导者立场，并命令学习者无条件服从。相比之下，自然活动的管理目标在于"教育、合作、发展、生活技能的养成"，在发育观念上，身体与精神兼顾，倡导"身心一元"；在教育心理观念上，能站在学习者视角来考虑，并严格遵循生理与心理学的客观规律。

王学政认为体育教学是通过身体的运动来实现对人的教育的。他认为体育学习的内容不仅需包含体格训练，还要涵盖德育、态度训练、健康指导等方面。因此，他认为体育教学应该涉及身体、技能、知识、情感、社会适应等各个层面。他强调体育教学的范围很广，包括学生的身体活动、态度、学生与学生或学生与教师之间的关系等，在体育教学活动中应该注重伴随身体活动而产生的各种学习，只有这样才能够实现教育的价值[3]。为此，王学政将体育学习内容总结为技能、相关、相随三大体育学习方式。技能之学习，实际上是其他各种体育学习的基础，他指出体育技能的训练虽然不是体育活动最主要的目的，但技能的学习是进行其他

---

[1] 王学政. 体育与教育[M]. 上海：商务印书馆，1945：74.
[2] 付春. 对毛泽东《体育之研究》的溯源[J]. 毛泽东思想研究，2013，30（6）：50-53.
[3] 王学政. 体育概论[M]. 上海：商务印书馆，1947：143.

各种体育学习的基础[1]。王学政指出，一位垒球运动员在垒球项目的学习中，学习击球技术是一种基础技能的学习，只有将击球技术练习好，才能获得比赛的胜利[2]。相关之学习（又称为附带之学习），即学习各种与活动有关的事项。相关之学习主要包含两个层次：①对与身体发展相关的营养、卫生、健康等知识的学习。②学习与某种技能相近的其他技能。王学政用迁移理论解释了相近技能学习的必要性，并主张凡是两种关联的运动项目，练习其一对另一种技能的学习也必定有所帮助。此外，王学政认为仅仅掌握技能之学习和相关之学习还不够，完整的学习体系还应该包括相随之学习。相随之学习（又称随同学习），属于学生心理发展领域中非智力因素的范围。王学政指出无论在何种项目的学习中，学生对于活动的态度，对队友的态度，对教练员、裁判员的态度，以及在活动中的行为与道德表现，都可称为相随之学习[3]。但在教学实践中，相随之学习往往容易被忽视。针对这种误区，他指出相随之学习对于人的成长是重于技能之学习的，但我国的体育家与运动员常常只重视技能之学习，而忽视了相随之学习[4]。他还进一步进行解释，在球类比赛中，我们能够通过这场比赛获得对友伴、对竞争对手的态度，而这些与比赛中获得的技能相比更加重要[5]。综上，王学政认为体育教学中学习方式的选择要遵循灵活多样的原则，并且要充分重视教学方法及内容的选择。

第三节　王学政学校体育观的当代启示

一、有利于促进体育回归生活本真

正如陶行知所说："生活即教育，生活即学校。"王学政主张体育回归生活本真，这是对体育服务于生活的肯定。王学政指出学生在学校学习时期，必须要训练体育技能、培养运动兴趣，这样毕业后可继续从事体育活动。因此，在学校时要养成体育运动的习惯，使体育活动与日常生活相联系[6]。这可以看出，王学政非

---

[1] 王学政. 体育概论[M]. 上海：商务印书馆，1947：271.
[2] 王学政. 体育之基本原理与实际[M]. 上海：商务印书馆，1943：83.
[3] 王学政. 体育概论[M]. 上海：商务印书馆，1947：171-172.
[4] 同[3].
[5] 同[2].
[6] 王学政. 体育生活化[J]. 健与力，1943（4）：1-4.

常重视体育与生活的联系，并主张体育应与现实生活相接轨，以便为将来生活做准备。1993年原国家体委发布《国家体委关于深化体育改革的意见》，"体育生活化"首次作为政策性指导意见被纳入体育发展改革的目标。随后，国内体育学者开始围绕体育生活化展开较为广泛的学术探讨。其中，著名体育社会学学者卢元镇极力推崇体育生活化，并指出体育生活化是通过体育对人们的日常生活进行全面干预[1]。值得庆幸的是，体育生活化在社会体育中已经初见雏形，当前不少社区体育项目以生活化的形式进入国民的日常生活之中，甚至体育活动已经被视为人们生活的重要组成部分。例如，茶余饭后，在小区广场或公园里，参与健身走、跑步、广场舞、太极拳、健身操运动的人比比皆是。然而，在学校体育层面，学校体育生活化依旧面临较大的阻力。整体而言，当前学校体育生活化尚停留在口头号召层面，实践层面仅呈现一幅理想化蓝图。究其原因，学校在体育教学中很容易忽视学生在体育课堂上掌握的技能如何运用于现实生活的问题，致使体育教育与日常生活中的实际运用相脱节。

因此，学校体育生活化需从以下方面入手：①转变观念：正确认识和对待体育与生活两者的关系。体育与实际生活密切相关，而非脱离或割裂的，应让体育服务于生活。②重视体育教学生活化。体育教学是学校体育的重要一环，学校体育想实现生活化须从教学入手。落实体育教学生活化，在课程内容的选择上应尽可能贴近生活，应尽可能根据学生生活实践，将他们熟悉的生活场景搬入课堂，将他们的生活经验融入体育课堂。③重视生活经验，强化教学乐趣。当前很多体育课已经远离甚至是背离生活经验，难以让学生将已有经验运用于现实生活之中。体育生活化要求将体育教学内容与学生已有生活经验相关联，构建体育与生活的桥梁。因此，体育教师应重视学生感知和联想与自身紧密相关的生活经验，以便学生更好地认知世界、体验生活，继而发现生活乐趣。以儿童为例，游戏即儿童的生活，因此对儿童而言教学内容应该游戏化，唯有真正把儿童的乐趣置于首位，让儿童做到玩中学、学中玩，才能使体育与生活融为一体。

二、有助于推进体育教育与健康教育的融合

王学政主张健康教育不仅是学校体育的重要构成部分，也是促进学生身心健康的教育方式。近年来，体育学科核心素养悄然兴起，并且逐渐成为体育科研工

---

[1] 卢元镇. 体育的本质属于生活[J]. 体育科研，2006（4）：1-3.

作者和国内外政府机构的关注热点。教育部印发的《普通高中体育与健康课程标准（2017年版2020年修订）》中，高中体育与健康课程体系正式将健康教育纳入其之中，健康教育与体能和运动技能一起构成体育课程教学的三大板块，这为健康教育与学校体育课程的融合指明了方向[①]。然而，当前学校将健康教育与学校体育相结合的过程中仍存在不少问题。例如，认知层面，学生健康认知水平较低、健康意识薄弱；教育手段层面，健康教育手段过于单一，等等。原因主要在于：①体育教师的健康教育职业技能没有得到系统的培训；②健康教育资源不充足；③健康管理机构管理不规范。

根据当下我国健康教育和学校体育融合中面临的问题，基于健康素养导向，相关部门提出了优化健康教育和学校体育融合的指导意见：①进一步提升体育教师健康素养水平，强化体育教师在健康教育课程方面的执行能力，优化体育教师健康教师职业培训体系，同时加强教师、学生健康素养的提升，注重激发学生参与健康教育的积极性，妥善处理体育与健康教育内容、体能与技能、学习与锻炼比赛等方面的关系，指导学生将体育课堂所学的健康教育知识运用到日常生活实践当中，进而促使学生形成良好的健康意识与行为习惯。②进一步完善学校健康教育资源。根据学校现有情况，适度开发体育与健康教育的融合课程，营造学校健康环境，积极创设有益于健康意识形成的优质外部环境，构筑和谐健康的教育氛围。③进一步优化健康管理及评估体系、健康教育组织管理体系及政策保障体系。我们既要加强健康教育管理员、卫生员及班级卫生骨干的培训，又要重视对学生健康知识的宣传教育工作，充分利用一切可用资源做好健康教育普及工作，弥补学生在人体生理构造、锻炼与饮食、睡眠与心理等方面的认知空缺。此外，还应重视对学生的健康教育成效的评估与考核，定期组织学生参加例行体检。

三、有助于凸显"学生主体"在体育教学中的作用

在中国，"师道尊严"赋予教师无与伦比的地位与尊严，迫于这种师生关系，以教师为核心的灌输式教育在当今学校教育中依旧存在。事实上，类似情况不仅存在于当下，也存在于王学政生活的年代。基于长期的教学实践，王学政认识到这种传统培养模式的弊端，并进行了深刻的反思。他主张体育教学应以学生为主

---

① 中华人民共和国教育部. 普通高中体育与健康课程标准（2017年版2020年修订）[M]. 北京：人民教育出版社，2020：2.

体，凸显学生主体性。此外，他还高度重视对学生学习兴趣的启发教育，以期为终身体育奠定基础。王学政指出兴趣是学生离开学校后继续从事体育活动的唯一保证，在学生进行体育活动时，要启发学生的爱好之心，使其掌握体育活动的技能[1]。时至今日，王学政的思想主张依旧历久弥新，展现出顽强的生命力与超前的预见性。

当前，我国新课程标准倡导"尊重学生的学习需求"，这反映出当今体育教育对构建新型师生关系的重视，也表明"以学生为中心"的体育学科核心素养已经逐步成为学校体育教学的核心教育理念。王学政认为在体育教学实践过程中须重点突出学生的主体性。具体如下：①体育教师应秉持"以学生为中心"的教育理念，要根据学生的发展需求设置适宜难度的体育教学目标，难度过大或过小均欠妥当。然而，在实际教学过程中，不少中小学体育教师在体育教学目标设置上经常出现极端现象，直接以竞技体育训练内容作为学校体育教学内容，导致体育教学内容呈现"偏、难、繁"等异化现象；也有不少教师为跟随时尚，直接用娱乐体育取代学校体育，导致教学内容呈现低龄化、幼稚化和过于简单化的态势。这两种体育教学目标设置都存在明显的问题，第一种易导致学生产生强烈的学习挫败感，第二种则易造成学生学习热情和兴趣的丧失。因此，学校体育在选择教学内容时，必须根据学生身心发展特征及学段特征，合理规划体育教学内容，提高学生自主锻炼的积极性，增强学生的探究学习意识，根据学生的"最近发展区"制定适中难度的体育教学目标。②充分整合和优化学校教学资源，尽可能为学生打造高质量的体育自主学习环境。体育教师既要为学生的自主学习提供足够的时间保障，还要主动引导学生积极参与到体育教学过程中。实际上，教师在留给学生足够的自主学习时间的同时，也间接为学生提供了良好的自主性学习机会和平台。此外，终身体育习惯是基于人的内在需要而逐渐养成的体育锻炼习惯[2]。因此，要使学生养成终身体育的习惯，应注重启发学生体育兴趣，积极引导学生参与自主学习，为学生终身体育意识的形成创造优良的先决条件。

四、有助于改革和创新体育课程内容与教学方式

王学政深刻洞悉了传统军事体操教育内容的弊病，痛斥这种身心分离的体育课程标准。然而，时至今日，呆板而沉闷的体育教学依旧在学校体育中随处可

---

[1] 王学政. 体育与教育[M]. 上海：商务印书馆，1945：74.
[2] 邵伟德. 学校体育学科中运动技术、运动技能和终身体育习惯等概念之关系探讨[J]. 北京体育大学学报，2004（1）：83-84，87.

见。王学政力主融入活泼有趣、尊重学生个性发展的体育课程内容，并基于此提出技能之学习、相关之学习、相随之学习三大学习方式。具体来说，主要包含运动技术的学习、体育理论知识的学习及情感道德的学习三个方面。从某种意义上说，王学政的观点与我国当下体育核心素养所倡导的运动能力、健康行为和体育品德三大理念相契合。随着教育改革的逐步推进，体育课程改革在体育教学思路和方法上取得了长足的进步，但为了更好地适应当代学校教育的发展趋势，学校体育应该进一步加快体育课程创新与改革的步伐。因此，我国学校体育与健康课程改革仍然有很长的路要走。

王学政推崇的技能之学习、相关之学习、相随之学习与我国如今提出的体育核心素养颇有异曲同工之处。从内容来看，技能之学习与运动能力、相关之学习与健康行为、相随之学习与体育品德不谋而合。其中王学政认为技能之学习是一切体育学习的前提。他指出运动技术的学习虽然不是体育活动的最主要目的，但技能的学习是其他体育活动的基础。因此，可以利用技能的学习直接或间接地引起相关之学习与相随之学习[①]。相比之下，新课程标准则强调运动能力是各种身体活动的前提和保障，它包含体能、技术能力和心理能力三个维度。

---

① 王学政. 运动练习之南针[J]. 健与力，1943，4（5）：19-21.

相关体育教育家简介

马启伟（1919—2003年）

福建思明（今厦门）人。中学毕业后，马启伟进入西南联合大学心理学系学习，于1943年毕业。大学毕业后，马启伟在西南联合大学担任了两年体育助教，1946年留学美国春田学院，并获硕士学位。

回国后，马启伟任清华大学讲师、北京师范大学副教授。中华人民共和国成立后，为了我国排球运动的发展，马启伟放弃了教授的岗位，调到中央体育训练班排球队，担任中国女排首任教练员。1979年，中国成立了心理学体育运动心理专业委员会；1980年，中国体育科学学会运动心理学会成立。马启伟担任了这两个机构的主任，共任职18年。1982年后，他历任北京体育学院副教授、教授，副院长、院长。他还兼任国际排联规则委员会主席，亚洲排球联合会规则委员会主席，中国排球协会副主席，中国体育科学学会第1、2届副理事长。他曾获国际排球联合会银十字勋章。

马启伟自幼爱好体育，精通各种运动项目。他是排球运动专家、体育运动心理学专家，著有《体育运动心理学》《体育心理学》教材，编译了《和教练员运动员谈谈心理学（一）》《和教练员运动员谈谈心理学（二）》等文章，撰写了《网球运动》《排球裁判法》《排球运动》《感受性》《六人排球基本练习法》《怎样打排球》《六人排球基本练习法》《介绍六人排球》《试谈排球的反攻问题》《五种"新规则"试行情况》《排球规则的研究与修改》等文章，极大地促进了我国排球事业与心理学理论的发展。

第二十二章

体育具有极高教育价值：马启伟学校体育观及其启示

第一节 马启伟学校体育观的形成背景

首先，马启伟学校体育观的形成受到了自然主义体育教育观的影响。在1927—1948年，我国学校体育受美国自然主义体育教育观的影响较大。自然主义体育教育观在一定程度上促进了学校体育目标的多样化发展，但也出现了一些不好的现象，如选手制体育、锦标主义等。当自然主义体育教育观传入我国时，马启伟还处于学生阶段，但他的父亲马约翰在成长求学过程中受自然主义体育教育观的影响较深，这间接影响到马启伟。后来马启伟于1946年留学美国，就读于美国春田学院研究生院，他通过在美国的学习经历和所见所闻，深刻认识到西方体育的危害。1948年马启伟学成归国后，发现我国体育还在借鉴美国的体育模式，当时美国采用以选手制体育为主的体育模式。在此背景下，马启伟撰写了《我对美国体育的认识》一文，就美国体育模式下不重视运动道德等问题进行了批判。由此，他的体育教育观开始形成。1978年十一届三中全会召开，体育事业开始出现新的转机，但也引发了人们对于"竞技"是否是"体育"的新思考。这促进了马启伟对竞技体育的认识与思考。

其次，家庭环境对马启伟学校体育观的形成有较大影响。马启伟出生于体育世家，他的父亲是被誉为中国体育界一面旗帜的著名体育家马约翰。在父亲的带领下，马启伟在幼儿时期学习游泳，在小学时期学习滑冰，在中学时期学习足球和田径，在大学时期学习网球。当他进入春田学院研究生院学习时，父亲还是要求他继续学习新的运动项目，因此他又学会了国际摔跤、体操和排球等运动项目。在不断的学习过程中，马启伟的运动技能得到提高，扩大了理论知识面。在马启伟参加体育活动过程中，始终贯穿着父亲对于他的教育。例如，马启伟在小学学习滑冰时，参加了清华大学附属小学的冰球队，这个队伍是由马约翰组织和指导的。在参加冰球队的训练和比赛时，父亲马约翰始终紧抓思想作风教育，他经常用"Fight to the finish and never give in."（奋战到底，决不半途而废）、"What ever you do, do to the best."（做任何事，都要做到最好）等生动、容易理解的英文格言来教育马启伟。通过这些教育活动，马启伟养成了坚持、努力的品格，并将之贯彻到体育实践和体育事业中。不仅如此，马约翰在要求马启伟学习各种技能的同时，还要求马启伟参加各种比赛。马约翰并不看重比赛的名次，而是要求马启伟不断改进和提高技术，对比赛过程进行认识和体会。

最后，马启伟学校体育观的形成与其从小立志从事体育事业相关。他刚开始读的是生物相关专业，后来转去了心理系，学习生理心理、社会心理等课程。他在大学二年级时，充分认识到中小学体育教育的重要性，希望成为中学体育教师。由于马启伟的竞赛成绩较好，运动技能水平较高，所以他成为昆明私立天南中学体育教师。在大学毕业后，马启伟在西南联合大学担任了两年体育助教。为了进一步深造，他在1946年去往美国春田学院研究生院进行学习。在春田学院就读期间，马启伟击败连续八年获得全校网球冠军的对手，用实际行动证明了国人实力。在运动技能方面，他第一次接触到六人制排球，并且学习了国际摔跤、体操等新技能。同时，他还兼任了足球、网球、排球教练员工作，并且参加了许多比赛。1949年中华人民共和国成立后，九人制排球在我国普及开来，而国际上普遍流行的是六人制排球。马启伟是当时我国唯一一个知道如何打六人制排球的人。为了我国排球的发展，马启伟担任中国女排首任教练员。他曾多次带领中国女排出国比赛，为后来中国女排的崛起打下了坚实的基础。

第二节 马启伟学校体育观的核心内涵

早在19世纪60年代，"体操"一词便由西方传教士传入我国。直到20世纪，"体育"一词才被广泛使用。关于体育的理解始终是争议的热点，首先，学者们仁者见仁、智者见智，众说纷纭；其次，随着时代的发展，体育也随之发展、变化。要弄清楚体育到底是什么，不仅要解决体育的归属问题，还要把握其本质。其中，体育要培养什么样的人和怎样培养人是其根本问题。马启伟从"身心一元"论的角度出发，提出体育是以身体活动中的大肌肉活动为手段而进行的教育，他认为

第二十二章　体育具有极高教商价值：马启伟学校体育观及其启示

体育不是脱离精神的身体教育，而是包括身体在内的全面教育[①]。他以"身心一元"论为立足点，结合人的全面发展学说，对体育进行了深入研究，提出了自己富有创见性、先见性的体育价值观。

一、提出体育是最有效的教育手段

在说明体育是一种教育手段、体育教育之前，有必要明确什么是教育。教育受"身心二元"论的影响，长期被认为只是知识的传授。在此观点下，属于教育范畴的体育难以得到应有的重视，无法发挥其作用，仅被看作是身体的教育。这种观点影响了体育的发展。

直到 20 世纪中后期，人们对于"身""心"之间的关系已经有了基本一致的认知，即"身心一元"。在马启伟看来，对一个人来说，身、心、环境都是不可分割的，体育不再被看作是单纯的身体教育，而是以身体为媒介对人进行全面的教育[②]。马启伟在"身心一元"论的基础上，充分认识到体育的教育属性。他提出体育是一种教育的手段。不仅如此，他还对体育的教育价值有着极高的评价。马启伟认为体育是一项具有极高教商价值、最有效的教育手段[③]，体育运动是一门具有极有效的教育手段的教育心理科学[④]。从极高、最、极等词语的运用，可以看出马启伟对于体育教育价值的肯定。

体育是一种教育的手段，换言之就是在体育实施过程中起到了教育作用。其中，体育教育作为教育系统中的重要组成部分，关系到人的全面发展。关于体育教育的实施、过程、作用等，马启伟提到体育活动不是通过运动项目、动作技巧直接产生教育效果，而是通过体育活动所具有的社会环境、教育的过程产生影响和作用，即体育教育的实施离不开社会环境的支持，这与身、心、环境不可分的"身心一元"论观点相重合。他还提到要正确认识体育活动，体育活动并不自动或当然地培养性格；体育活动场所为道德品质的充分表现提供丰富环境；体育教师是体育教育过程的主导者，其根本任务是通过体育活动进行教育。简而言之，马启伟认为要正确认识体育的教育属性，充分发挥体育教师的主导作用，促进学生道德品质、性格等全面发展。

马启伟还强调学校在体育教育中的重要作用，强调要充分发挥学校体育的功

---

① 清华大学《马约翰纪念文集》编辑组. 马约翰纪念文集[M]. 北京：中国文史出版社，1998：212.
② 马启伟. 中小学体育教学中的身心教育——体育教育的迁移价值[J]. 北京体育大学学报，1998（4）：1-5.
③ 马启伟. 从哲学和社会科学视角认识体育运动[J]. 体育科学，2002，22（3）：40-42.
④ 同②。

能。他充分认识到人们的身体健康、生长发育和成长都离不开体育锻炼。青少年时期是发育的重要时期，因此他着眼于中学体育，撰写了研究生毕业论文《中学体育的设计》一文，希望为体育教育作出自己的贡献。不仅如此，他还对当时学校体育只搞竞技体育的倾向进行了批判。他提出学校体育的目标是培养全体学生参加体育活动的习惯，教给他们身体锻炼的方式，而不是培养体育尖子生去拿金牌[1]，即学校体育的功能首先是教育。

二、提出了全面发展的体育教育观

马启伟在对体育下定义时提到，体育是对人的全面教育。何为全面教育？在20世纪80年代，马克思主义关于人的全面发展学说影响了我国社会主义教育目的的确定及各项实践。但由于马克思没有对"人的全面发展"下定义，所以人们对于该理论有着不同的解释。也正因如此，我国学界展开了激烈的讨论。后来，毛泽东同志提出了马克思主义中国化理论，即体育的要求是使接受教育者在德育、智育、体育方面都得到发展，成为有社会主义觉悟的有文化劳动者[2]，此理论的出台使得人的全面发展学说在我国快速推广、发展。

从马启伟的理论中可以看出他对人的全面发展和体育之间关系的看法。他提到体育运动是体育科学的广义含义，其作用是促进人们身体、思维、伦理等全面发展，完整塑造人类[3]。在他看来，人的全面发展和体育之间的关系无疑是促进作用，体育可以促进人全面发展。马启伟提到的身体、思维、伦理三方面，是他根据"人的存在和发展来自于各项运动"理论提出来的。他认为人的存在和发展源于各项运动，他将其分为身体、思维、伦理三大类。首先，身体为斗体，促使身体健壮和生理健强；其次，思维为斗智，促使心理健康和智力增长；最后，伦理为斗德，促使社会意识增强和伦理意念加强[4]。根据马启伟的理论和分类划分，我们可以对他提出的体育作用、体育价值定义进行重新解读，即体育运动全面促进人们的身体、智力、品德等方面的发展，完整塑造人类。由此看出，他十分注重体育对人全面发展的促进作用。

此观点不仅仅体现在他的理论中，还体现在其教学实践和科学研究中。在马启伟看来，建设社会主义精神文明的重要基地就是学校，学校的一切工作都是为

---

[1] 关依兰. "减负"及"充分发挥学校体育的功能"——访原北京体育学院院长、中国体育科学学会副理事长、国际排联规则委员会主席马启伟教授[J]. 北京教育，1997（11）：1.
[2] 王润平. 人的全面发展学说与体育劳动特点之论析[J]. 内蒙古师大学报（哲学社会科学版），1991（2）：117-120.
[3] 马启伟. 从哲学和社会科学视角认识体育运动[J]. 体育科学，2002，22（3）：40-42.
[4] 同[3].

了培养人。因此学校的教学必得包括有关思想品质、道德品质的教育[①]。同理，体育亦然。在谈到体育教育改革时，马启伟提到，"在进行体育教学和宣传时，要注重体育对提高道德水平和智育水平的辅助作用，不能只注重身体训练"[②]。总的来说，马启伟认为学校体育中本身就包含着思想品质、道德品质教育，在进行体育教学和宣传时，要注重体育与全面发展之间的关系。

在科学研究方面，为了消除误解，使人们正确了解体育与全面发展之间的关系，马启伟和他的学生从全面发展的智力角度出发，针对运动员的智力结构进行科学实验。结果显示，工科学生的总智商最高，文科和体育专业的学生总智商相同，理科学生的总智商最低；参加体育运动队的学生的总智商高于普通学生。事实胜于雄辩，科学战胜谬误。这说明体育活动可以促进智力发展。在参加体育活动的过程中，动手的机会和实践活动比较多，有助于培养学生独立分析、解决问题的能力。因此马启伟倡导在学校中有计划地加强体育教育，认为这有助于学生的智力发展，有助于对学生德、智、体的全面教育[③]。

不仅如此，马启伟还以体育中的运动训练为例，进行了详细的介绍。他提到运动训练不仅是对运动技术和技能的训练，还是对青少年进行教育的一种手段。从运动训练的实践中可以看到，训练运动员不仅包括身体和技术训练，还包括思想教育、道德教育、意志教育、性格培养等许多方面[④]，即运动训练促进了青少年的身体、技术、思想、道德、意志、性格等全方位的发展。他还提到正确认识和引导体育运动，可以保证人类的健康，提高人类的智力，推动社会稳定和发展[⑤]。马启伟高度肯定体育对人全面发展的促进作用，将其放在了极高的地位。从20世纪80年代到21世纪初，他从多方面、多角度证明和宣传其观点。无论是在理论研究、科学实验还是在教学改革中，他都十分注重体育对人全面发展的促进作用。

三、倡导创新思维的体育教学观

李安格回忆，"他总是及时地指导我的训练、科研和技战术创新……尤其是我的创新意识和创新思维，都得益于马启伟，他是我的启蒙老师……马先生的创新

---

① 天津人民出版社. 我的大学生活[M]. 天津：天津人民出版社，1985：116.
② 许青. 继承父业的体育教育家——访北京体院院长马启伟[J]. 体育博览，1986（6）：10.
③ 董新生. 体育科学要有一个大的发展（访中国体育科学学会副理事长马启伟）[J]. 体育杂志，1987（6）：34-36.
④ 中国体育科学学会. 运动心理学教材[M]. 北京：中国体育科学学会出版社，1984：3.
⑤ 马启伟. 从哲学和社会科学视角认识体育运动[J]. 体育科学，2002，22（3）：40-42.

精神对我启发很大……他的创新精神成为我的表率……他思路开阔，富有创新精神"①。葛春林在《永远怀念我们的恩师——马启伟教授》一文中写道，"马先生渊博的学识和开阔的视野使我们一批又一批学生受益匪浅，他勇于探索开拓，善于改革创新为我们指明了研究的领域和方向"②。由上可知，马启伟本身具有创新思维和精神，而且是一个创新能力很强的人。后来随着科技发展、社会进步，马启伟对于创新有了更加深刻的认识。他认识到教育需要创新，人才也需要创新。马启伟以创新为宗旨，对教与学的问题进行了深入探讨，形成了以创新教学思维为主的体育教学观。

在马启伟看来，随着现代社会竞争的逐渐加剧，人们应充分认识到创新才是领先的关键。没有创新就没有发展，就没有竞争力，就会落后，以至于被淘汰。创新已然成为时代的主旋律。他根据恩格斯提出的"科学是研究未知的东西，科学教育的任务是教学生去探索、去创新"理念，顺应时代发展的要求，提出要坚持创新教育，注重培养创新型人才。

他认为创新教育和创新型人才是不可或缺的。他提到要想促进经济和科学技术的发展，就必须培养各种创新型人才，教育是发展的关键所在。他还提到未来需要的人才是具有丰富知识和先进技术，而且勇于思考、勇于探索、勇于创新的创新型人才。因此，他强调要把开发人的创造能力作为所有资源开发中最主要的一环③。那么何为创新型人才呢？马启伟认为具有创新能力的人就是创新型人才，创新能力是指创新者在创新过程中展现出来的创造性思维能力、创新技能等各种能力的总和。关于以上观点，他补充到一个人的创新能力能不能得到充分的发挥和不断的开发，受环境和教育因素的影响很大。其中，环境因素又分为家庭环境、学校环境等外在环境和文化、教育等内在条件两部分。要创造良好的创新环境，首先应注意自我环境的建立和不断开发，以及创新心理和创新个性的培养④。基于以上观点，马启伟强调创新教育是教育改革工作中必不可少、不可忽视的一方面，因此要坚持创新教育，培养创新型人才。

他提出要想实施创新教育，离不开创新教学，创新教学是其中的重要环节。马启伟针对创新教学的属性、作用等进行了研究。关于创新教学的属性，马启伟认为创新教学是一门艺术，具体表现在三个方面：①创新教学是一种综合性的立

---

① 熊西北. 情系北体[M]. 北京：北京体育大学出版社，2003：53-54.
② 葛春林. 永远怀念我们的恩师——马启伟教授[J]. 中国排球，2003（4）：7-8.
③ 马启伟，陈小蓉，李安格，等. 竞技体育创新原理[M]. 北京：北京体育大学出版社，1994：164-165.
④ 马启伟，陈小蓉，李安格，等. 竞技体育创新原理[M]. 北京：北京体育大学出版社，1994：6.

体化教学，它的表现方向融各种手段于一体，它的活动方式集各种艺术表现方式于一体。②创新教学的教学内容新奇，教学方法丰富，教学环节排列有序，教学组织形式灵活，这些促使创新教学成为一门令人陶醉的艺术。③创新教学是一种内容与形式、目标与效果相统一的教学，它既讲究内容的科学性、新颖性和思想性，又讲究形式的艺术性；它既有综合性的教学目标，也追求最优的教学效果[1]。关于创新教学的作用，马启伟认为创新教学不仅能够促进学生的知识、能力和思想品德的发展，还能够培育学生的创新精神。关于创新教学能够培育创新精神的原因，马启伟提到创新教学能够形成良好的创新气氛，激发学生的创新热情，激励学生的创新意志，增强教学的艺术性[2]。

现代体育运动发展到科学化竞赛的时代，要求采取各种不同的方式对教师、学生、教练员、运动员进行创新教育，培养大量创新型人才[3]。

四、强调教师教学的主观能动性

在马启伟看来，通过教学去培养或开发学生的创新精神，是当代与未来社会赋予教育的首要任务。他强调教师在教学创新中的主观能动作用，即教师在实践过程中发挥积极性、主动性、创造性，教师运用对世界已有的认知来指导学生形成新思维、进行新实践。

对教学创新进行介绍时，他提到，"教法创新与传统教法，是两个完全截然不同的概念，教法创新的目的重在培养学生的创造思维，开发学生的智力和创造能力。它要求教师创造性地教，学生创造性地学，把这种创造性教学的精神渗透在日常教学的一切环节中"[4]。由上可知，先有教后有学，教学创新离不开教师发挥创造性。不仅如此，马启伟还提到，在教学创新过程中，教学方法、内容、组织形式三个方面都得到了创新，教学创新活动的进行依赖于师生教学能力的创造性发挥[5]。他再次强调了教师在教学创新中的主观能动性，认为教师在教学内容教学方法、组织形式、教学能力方面都发挥着重要作用。

马启伟都主张要发挥教师的作用，无论是在发挥体育的教育功能方面，还是在教学过程中。他认为在教学创新中教师的主观能动性更为重要，这是因为教学

---

[1] 马启伟，陈小蓉，李安格，等. 竞技体育创新原理[M]. 北京：北京体育大学出版社，1994：163.
[2] 马启伟，陈小蓉，李安格，等. 竞技体育创新原理[M]. 北京：北京体育大学出版社，1994：162-163.
[3] 马启伟，陈小蓉，李安格，等. 竞技体育创新原理[M]. 北京：北京体育大学出版社，1994：7.
[4] 马启伟，陈小蓉，李安格，等. 竞技体育创新原理[M]. 北京：北京体育大学出版社，1994：176.
[5] 马启伟，陈小蓉，李安格，等. 竞技体育创新原理[M]. 北京：北京体育大学出版社，1994：155.

创新受教师的影响很大。如果在课堂上以教师灌输为主，那么就会减少学生主动学习和表现的机会，学生个性才能的发展也会受到限制。他强调在体育教学创新的过程中要充分发挥教师主导、引导的作用。他认为体育教师在整个教学实施过程中起着主导、引导的作用，教师要用科学的道理去教育学生，用体育的基本理论知识去武装学生，并使他们既知其然也知其所以然，启发学生的思维，使他们尽快掌握所要学习的知识[1]。

马启伟还对教师提出了诸多要求，他认为实施教学创新的前提是教师自身必须具有良好的创新能力，其中包括强烈的创新意识、良好的创新心理品质。体育教师的创新意识主要表现在教学过程中，应坚决摒弃墨守成规、泥古不化的做法，勇于创新。他还提出发现问题、创新设计、获取利用信息、积极实践、总结经验五种能力构成了体育教师的创新能力[2]。这与其充分发挥教师在教学创新中的主观能动性的观点相符，他认为教师只有具备了创新意识和创新能力，才能更好地培养、影响学生。由此也可看出，他对于教师在教学创新中发挥作用的肯定。

不仅如此，他还从当时的社会现象、教育问题，以及科学的角度出发，提出了诸多建议。他认为学生工作后感觉到原来学的东西不够用，希望能够回校学习的现象表明了教育的失败，失败之处在于没有教会学生如何独立地学习、如何获取新知识。他提出从小学开始，教师就应该有意识地去启发学生的思维，课后作业应该是启发思维的，使学生感到有创新和新发现[3]，即教师从小学开始就应该进行教学创新，启发学生的思维、培养学生的创新能力。他还提出要进行"发展教育"，主要是在大学和大学以上的教育中，要培养学生独立思考和解决问题的能力，要努力培养创造思维能力。以上，都离不开教师的努力和付出。

第三节　马启伟学校体育观的当代启示

一、有助于发挥学校体育的多元功能

马启伟精通各种体育运动项目，一生致力于体育实践和理论研究。他所处时代受传统文化、观念，以及"身心二元"论等影响，人们正处在逐步认识体育的

---

[1] 马启伟，陈小蓉，李安格，等．竞技体育创新原理[M]．北京：北京体育大学出版社，1994：161．
[2] 马启伟，陈小蓉，李安格，等．竞技体育创新原理[M]．北京：北京体育大学出版社，1994：169-171．
[3] 关依兰．"减负"及"充分发挥学校体育的功能"——访原北京体育学院院长、中国体育科学学会副理事长、国际体联规则委员会主席马启伟教授[J]．北京教育，1997（11）：1．

阶段。他在践行体育的过程中对体育价值有深刻且独到的见解，形成了以全面发展理念为核心的体育价值观。他提出体育是一种教育手段，要注重体育对人全面发展的促进作用，体育要培养全面发展的人。正如马启伟所希望的，新时代的教育目标就是培养德智体美劳全面发展的人才。马启伟注重体育对人全面发展的促进作用，他提倡在学校中有计划地加强体育教育，因为在参加体育活动的过程中，可以促进学生健康发展，有助于培养学生独立分析、解决问题的能力，可以提高学生的智力水平，促进学生德、智、体全面发展。他还提出要充分发挥体育教师的作用，为道德品质的充分表现、性格的培养提供各种环境，来促进人的全面发展。

自中华人民共和国成立以来，我国体育事业飞速发展，已取得优秀的成绩。随着社会的发展、体育的进步，体育已然成为弘扬中华民族精神、增强凝聚力的重要手段。体育的重要性已广为人知，国民不断加强对于体育多种价值、多元功能的认识。但就目前情况来看，受举国体制、应试教育等多方面的影响，家长、学校、学生等各方还未完全掌握体育的功能和价值，依然存在偏见[1]。"分数决定命运""唯分数论"等思想严重影响着学校教育，以及教师、家长、学生的行为。在这种学习大环境下，学校、教师、家长、学生将所有的精力都集中在语数外等考试主要科目上，忽视了体育。不可否认语数外等科目对于智力的促进作用，但这并不符合新时代的教育目标，也不符合新时代培养人才的要求。学校为了响应时代的号召，设置了相应的课程。但学校在设置品德课程时没有考虑学生的实际需求，课堂上空洞乏味的道德知识看似是在落实素质教育中的德育，实则效果微乎其微。学校在落实素质教育中的智育时，将其等同于知识的传授。以上观念不利于学生道德品质和智力水平的提升。

在新时代背景下，我国正从"体育大国"向"体育强国"迈进。在政策引导下，实现"教育强国"与"体育强国"协同发展已然成为当务之急。体育作为所有学科中独一无二的学科，有着别的学科不可替代的现实意义。体育运动提高了学生的品德、智力等水平，起到了教育的作用。通过分析马启伟关于体育价值的观点，可以得到以下启示：①学校、教师、家长、学生要正确认识体育教育的多元功能，准确掌握体育教育多元功能的发挥途径；②学校要重视体育课，促进体育教育功能的全面发挥；③体育教师要理论联系实际，把如何将德育和智育更好

---

[1] 董翠香，郑继超，刘超，等. 新时代中国学校体育落实总书记有关重要论述的发展战略研究[J]. 北京体育大学学报，2018，41（11）：1-8.

地融入体育课堂当作研究重点，促进学生全面发展。

二、有助于强化业余学生运动员的道德教育

马启伟受出国留学经历的影响，深刻认识到运动品德的重要性。他认为没有运动品德是体育极端腐化和堕落的表现之一，他重视运动员的思想道德教育，并且在其一生的体育实践和工作中，形成了相对完整的运动员思想道德要求，这对于目前推动我国运动员思想道德素质培养有一定的借鉴和启迪意义。马启伟提出，运动员参加比赛时首先要诚实，不能采用任何不正当的方法来取胜；其次要全力以赴，不抛弃不放弃，始终要尽最大努力，不能有丝毫的放松或懈怠；再次要尊重对手、裁判员；最后要享受比赛过程。他还强调一名优秀的职业运动员应更多地关注比赛过程，使他人也能从体育活动中得到乐趣。

国家体育总局在2010年颁布了《国家队运动员素质教育方案》，提出在国家队运动员教育中贯彻素质教育。该方案指出，对运动员进行素质教育的目的是逐步提高运动员的思想道德素质、科学文化素质、体育专业素质和文明素质，使运动员成为既能够攀登体育高峰，又能够适应社会发展需要的有用人才[1]。该方案将运动员的思想道德素质放在了首位，由此可见其重要性。一个国家的体育发展水平不仅体现在奖牌数量上，也体现在运动员的专项素质和思想道德素质上。随着竞技体育的发展、国际赛事的增多，运动员不仅代表个人，还代表一个国家，运动员的素质直接体现了一个国家的国民素质水平。运动员的思想道德教育关系到我国体育事业的健康发展，运动员的综合素质影响着我国体育事业的可持续发展。目前，我国在培养运动员的过程中普遍存在"一重两轻"的问题，主要是指重运动员技能培养、轻运动员管理和教育。在这种问题模式的长期培养下，我国运动员暴露出一些比较严重问题。例如，运动员药检出现问题；赛场上不尊重裁判员，与对手发生冲撞等。这些问题的出现都提醒我们要重视运动员的道德教育。

在当今社会倡导"体教结合"的大背景下，更应培养出高水平、高素质的运动员。"双高"不仅体现在运动员的运动技能上，更应该体现在运动员的思想道德方面。马启伟提出的重视运动员道德教育的相关观点，在学校体育层面有以下启示：①体育教师要将业余学生运动员的道德教育纳入训练和竞赛方案中；②要使

---

[1] 国家体育总局. 国家队运动员素质教育方案[EB/OL]. （2010-12-17）[2024-09-12]. https://www.sport.gov.cn/n4/n111/n114/c319687/content.html.

业余学生运动员增强责任意识，树立正确的比赛观念；③重视业余学生运动员平常心的养成，让其不过多关注比赛成绩，享受比赛过程，培养正确的胜负观。

三、有助于开发体育教学的创新教育

马启伟强调，人的创造能力的开发是所有资源开发中最重要的一环。他还提出，勇于思考、勇于探索、勇于创新，并且具有丰富知识和先进技术的人才，才是未来所需要的创新型人才。马启伟认为坚持创新教育，首先要弄清两种教学方法之间的区别。他提到教法创新将传统教法完全颠覆，它们是大相径庭的两种概念。培育学生的创造思维和能力、开发其智力是教法创新的重点所在。教法创新始终贯彻着创造性的教学精神，它要求教师创造性地教、学生创造性地学。马启伟强调教师在教法创新中的主观能动作用，他认为教师是教学创新活动的启发者、指导者。基于以上观点，他认为实施教学创新的前提是教师自身必须具有强烈的创新意识、良好的创新心理品质。他还指出，体育教师应具备发现问题、创新设计、获取和利用信息、积极实践、总结经验等创新能力。

1999年，中共中央和国务院联合发布了《中共中央、国务院关于深化教育改革全面推进素质教育的决定》。该文件明确指出，要以培养学生的创新精神和实践能力为核心，全面推进素质教育[1]。2010年国家印发了《国家中长期教育改革和发展规划纲要（2010—2020年）》，提出要开展优秀创新人才培养改革试点工作，探索贯穿整个教育的创新人才培养途径[2]。自此，我国开始进入创新型人才培养时代，实施创新教育已然成为我国学校教育的首要任务。随着教育改革的推进，体育课程打破了以往体育课堂沉闷的局面，展现出一副朝气盎然的景象。目前体育课程改革已经取得了很多的成就，但一些新的问题和矛盾也暴露出来，如教学过程中继承与发展、传统与创新之间关系的处理。

在当前素质教育的背景下，在课程改革的进程中，我们更应把创新放在首位，培养出时代和社会需要的人才。因此马启伟提出的以创新教学思维为核心的体育教学观对当代有以下启示：①体育教师应注重自身创新能力和意识的培养，只有这样才能保证教学创新活动的开展；②体育教师应更新教学观念，树立"以人为

---

[1] 中共中央，国务院. 中共中央、国务院关于深化教育改革全面推进素质教育的决定[EB/OL]. (1999-06-13) [2024-09-12]. https://baike.baidu.com/item/%E4%B8%AD%E5%85%B1%E4%B8%AD%E5%A4%AE%E3%80%81%E5%9B%BD%E5%8A%A1%E9%99%A2%E5%85%B3%E4%BA%8E%E6%B7%B1%E5%8C%96%E6%95%99%E8%82%B2%E6%94%B9%E9%9D%A9%E5%85%A8%E9%9D%A2%E6%8E%A8%E8%BF%9B%E7%B4%A0%E8%B4%A8%E6%95%99%E8%82%B2%E7%9A%84%E5%86%B3%E5%AE%9A/22630800?fr=aladdin.

[2] 中共中央，国务院. 国家中长期教育改革和发展规划纲要（2010-2020年）[N]. 中国教育报，2010-07-31（1）.

本""能力比知识更重要"等教育理念；③体育教师应重视课程资源开发，不断对教学内容进行反思与重组；④合理运用教学方法。

  当然，马启伟的体育教育观也存在一定的局限性。马启伟认为选手制体育的弊端之一是竞技体育商业化，他对于竞技体育商业化持批评意见。马启伟所处的时代正是人们逐步认识体育的时代，在那时体育发展程度不高，同时马启伟深受美国所见所闻的影响，因而没能正确认识竞技体育商业化象。马启伟认为在竞技体育商业化的背景下，职业比赛表面上很热闹，实际上乃是一种商业经营，是以赚钱为目的的。他还认为受竞技体育商业化的影响，职业运动员被商人所豢养，终日想尽办法使自己成为知名人士，借以多卖几个金元。他将以上所有现象的出现归咎于竞技体育商业化。但这并不能完全否定竞技体育商业化的价值，应正确认识其利与弊。现在竞技体育高速发展，竞技体育商业化已然成为必然趋势，要正确对待竞技体育，扬长避短，加强商业化对竞技体育的推进作用等。

相关体育教育家简介

林笑峰（1927—2011年）

山东省荣成县人。1951年毕业于东北师范大学，任教于东北师范大学附中，1953年任教于东北师大并开始正式从事体育理论教学和科研工作。之后他被调到华南师范大学从事体育教学与研究生培养工作。林笑峰在华南师范大学工作期间任华南师范大学学校体育研究所所长，《体育学通讯》杂志主编，北京体育师范学院顾问，中国高等教育学会体育研究会理事，《广东高校体育》杂志编委，广东省陶行知研究会理事，国务院学位委员会教育学科评议组成员，第六届、第七届全国政协委员。

林笑峰治学严谨，见解独特，创立了独具特色的真义体育思想体系，并著有《体育方法学》《健身教育论》等，发表论文70余篇，为中国体育事业培养了众多杰出科研人才。

林笑峰的一生，是坚持的一生。他始终坚持Sports不是体育、把竞技教育和身体教育（体育）分开的观点。林笑峰的一生，又是恪守的一生。数十年如一日，他始终致力于体育理论方面的研究，用自己一生的精力去研究什么是体育，始终认为体育就是"身体的教育"，即真义体育。他一生不畏权势，只为真理。

第二十三章

真义体育：林笑峰学校体育观及其启示

第一节 林笑峰学校体育观的形成背景

真义体育无疑是对林笑峰学校体育观的核心表达，研究此学术主张需先了解过去学校体育的发展概况，结合对林笑峰学术思想脉络的总体审视，推测林笑峰萌生想法、提出观点的内在动力。林笑峰的真义体育观肇始于改革开放后国内体育概念反思之风盛行的背景之下，此观点的提出曾将体育概念探讨推向新的热度。20世纪80年代初期，恰逢体育概念争辩最为激烈时期，以体育概念归属为中心议题，当时学界分离出两个主张对立的学术派别：其一为真义体育学派，此派以徐英超、林笑峰为代表人物，他们积极宣传"竞技非体育"的基本观点，主张将"去竞技化"的体育确立为官方概念，旨在追本溯源、还原体育的本来面目；其二为广义体育学派，此派普遍认同熊斗寅的"体育三分法"，认为体育应是多本质、多目的、多功能的广义概念，反对将竞技体育剔除出体育的范畴。两种观点曾在1982年的烟台会议中产生直接碰撞，两方各执一词、互不相让，最终"大体育观"得到官方承认，"广义""狭义"的体育分法被写入《中国大百科全书·体育》中。

林笑峰的观点虽不为官方所认同，但他从未放弃个人的学术见解，之后他仍然积极从事研究与撰写文章，并借助暑期讲习会的机会继续宣传其观点，于1987—1988年正式提出真义体育观点。以目标定位切入分析，真义体育观旨在挑战与冲击当时颇有权威的以"大体育观"为中心的话语体系，重新确立体育学科的标准概念。他认为在真义体育的概念语境下，源于Physical Education、以身体教育为终极追求的体育概念为体育之真义，而发端于Sport一脉的体育概念属于假体育一方，无法通过真义体育的认证。林笑峰认为非真义体育教育观不宜用作我国体育工作的指导思想，甚至可能阻碍我国体育教学工作的正常开展。仅从学术研究的角度来看，体育概念的真假之辨对于我国现行体育学科概念体系造成显著冲击，但若从观念革新角度视察，由于"竞技非体育"的创新观点不符合我国社会大众的固有认知，以及会影响我国现行体育制度运行方式，所以难以撼动"大体育观"的主导地位，对林笑峰而言，此种话语主导权的缺失最终导致构建新学科体系的理想失败。之后，随着体育概念反思与讨论的深入，体育、竞技、运动概念的混淆关系逐步得到理性审视，有关体育本源的问题也得以明晰，这些对于真义体育价值立场有助推意义，也强化了林笑峰继续探索体育本源形态的学术信念。进入20世纪90年代，随着全民健身计划的颁布，国家对群众身体健康的重视引起林笑峰的注意，他本人愈发意识到健身教育的概念比真义体育的说法更有信服力，而且纯粹的讲理手段存在较大局限，难以真正扭转增强体质的技术与学术无人过问的局面，为此他尝试调整已有的理论体系术语，以求更好地适应大众思维模式。在晚年撰写的《健身教育论》中，林笑峰正式借用了"全民健身"中的"健身"说法，以此为基础概念推进真义体育研究转型，最终构建健身教育的理论体系。与真义体育相比，健身教育学理指向更为明晰，其言简意赅的内涵不仅具有强健体魄的观念引领，也有改造身体的行动指向，该表述更利于校正大众思维，使真义体育最终有主业可依。因此，健身教育取代真义体育成为林笑峰后期学术思想的重心。

第二节　林笑峰学校体育观的核心内涵

一、体育概念观：主张还原体育之本义

还原体育概念的本意是林笑峰参与体育理论研究的主要任务，其体育教育观也围绕此目标展开论述。体育内涵的准确度与规范性无疑是体育学界最为复杂的学理问题，此问题尽管持续受到体育学者重视与关注，相关学术研究也在推进，但始终未能得到圆满解决。目前体育概念的不规范之处主要体现在认知泛化层面，具体来说就是将那些不属于体育范围的事物均以体育加以理解。之所以产生这样的现象，是因为"体育"一词的起源与发展路径比较模糊，若从

不同视角来认识体育的最初形态，将生成不同的演变路线，其结果将不断拓展体育内涵边界，使那些与体育相邻但无直接关联的概念被纳入其中，最终催生出广义体育概念。事实上，21世纪初仍有部分学者继续探索体育的本质，尝试从体育的英文概念"Physical Education""Sport"词义考证入手进行诠释，但效果并不理想。针对这样的问题，林笑峰开始思索破解之法，并开启了个人的学术探索。

林笑峰的体育思想发端于学界全面反思体育概念的背景下。改革开放后，林笑峰初探体育概念，他耗费两年时间广泛浏览国内外体育概念的相关著述，通过详细对比中外体育理论与实践进展，发觉中国的体育研究存在"拿竞技当体育"的问题，当西方发达国家已从争夺国际大赛金牌转向优化全民体质时，我国体育科研还停留在为少数人服务的阶段。基于这一状况，林笑峰致力于阐明竞技、体育及其邻近概念的区别，并将其所坚信的"竞技不是体育"的观点积极地推向学界[1]。林笑峰提出的"Sport不是体育"具有很强颠覆意味，一度引起体育学界的震动，对此概念的重新讨论也随之展开。在1982年的烟台会议上，林笑峰曾持此观点陈述看法，并针对质疑意见展开辩解，但由于在场的多数人不认同"体育不是竞技"的观点，狭义体育概念未能成为官方说辞，林笑峰本人的主张也受到压制，未能如愿改变学界对体育概念的认知。

值此学术生涯的困顿时期，林笑峰并未轻言放弃，反而继续深化对体育概念内涵的探索。身为体质教育学派的领军人物，林笑峰的观点始终存在个人特点，他不仅注重区分体育、竞技本身内涵的差异，还将体育与竞技放置在概念群中加以分隔。林笑峰认为在体育/竞技概念之下各有数十个以体育/竞技为定语的名词概念，概念群的交互之下，构成了各自的概念群[2]（图23-1）。在概念体系中，无论是体育还是竞技都有其固定的位置，不宜随意替换，更不应用体育来标记其他概念。林笑峰认为此种用一个词来诠释六个概念的做法，将不可避免地导致名词及概念的多方脱落[3]。通过引入概念体系，林笑峰更为清晰地阐释了体育与竞技的不同。

---

[1] 林笑峰. 自然体育和现代体育科学化[J]. 武汉体育学院学报，1983（1）：54-60.
[2] 宋继新. 林笑峰体育文集[M]. 长春：东北师范大学出版社，2014：72.
[3] 宋继新. 林笑峰体育文集[M]. 长春：东北师范大学出版社，2014：75.

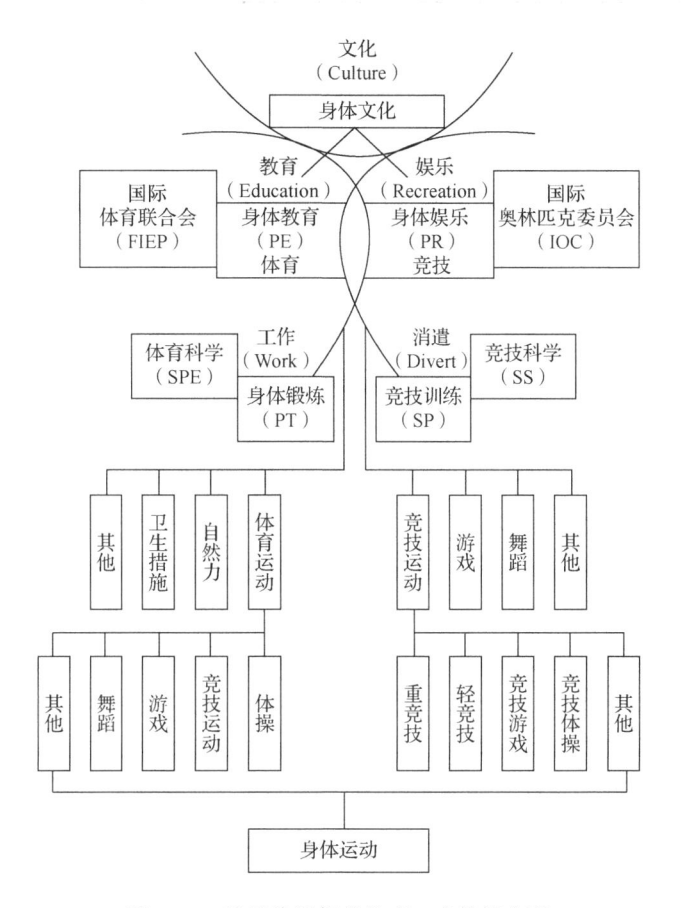

图 23-1 林笑峰设想的体育、竞技概念群

以概念独立为思维前提，林笑峰进一步提出真义体育的思想学说。所谓真义，即认为只有增强体质才能代表体育的真正含义，除此以外的所有解释均不足以解释体育。在此，林笑峰明显将矛头对准"大体育观"，他认为作为权威指导思想的"大体育观"不仅不能引领体育的发展，还会"让身体教育'消亡'，让增强体质'淡出'"[1]。由此言之，体育概念的真假之辨是迫切需要的。在林笑峰看来，体育语词的错位影响向度并不局限于体育学科本身的发展，将会波及到体育教学过程及社会认知。他指出基于准确体育概念来划分学科体系是必要的。透过学科体系的重建思路审视林笑峰体育教育观，可以看出林笑峰对学术规范的执着追求及对学科发展的殷切期待，结合现状考察，他所发起的真假体育之辨或许会成为走出学科理论困局的一条明路。

---

[1] 林笑峰. 健身教育论[M]. 长春：东北师范大学出版社，2008：120.

二、体育教学观：推崇以健身教育为中心的教学模式

林笑峰体育教育观的第二个方面与教学密切相关。他曾站在国民体质优化的立场指出，未来体育教学的基本框架应围绕健身展开，并致力于推动健身学成为体育学科的主体部分。林笑峰认为铸就健全健康的身体是工程浩大的项目，它使健身具备成为一门独立的学科的条件[1]。林笑峰的此种认识主要基于对国内外体育教育事业的考察，他指出体育原本是专注身体发展的教育，但由于过去几百年来运动技艺的热潮，竞技比赛取代增强体质成为体育主业，体育真义自然逐渐被淡化。

得益于国家对群体体育的重视及《全民健身计划纲要》的颁布，健身观念日趋为大众所熟知，但因"运动即体育"这一传统思维的根深蒂固，大众并未真正理解体育的健身意涵。林笑峰在采访中曾提到他对此概念的疑虑，全民健身提法本就存在一定的不确定性，以往就有拿运动文化娱乐当体育的现象，如今可能重蹈覆辙[2]。出于此种考虑，林笑峰宣称健身学的创建对体育事业具有极其重要的现实意义，需要尽快启动。

健身学体系的确立，除了要有基本的概念，还要有相应的学理内容来补充。林笑峰认为健身课程、健身教材与健身方法是健身学科的三个必备要素。此三者相辅相成、不可分割，处于核心地位的是健身课，它以健康教育为价值立场，其过程区别于传统意义的运动课程，不强调运动技术学习与训练，而专注于体质强化与健康。健身教材是健身课程的执行内容，教材体系的设计遵循了体卫结合的思路，旨在帮助青少年养成持久锻炼习惯和终身健身意识。健身方法则是健身课程的实施方案，健身方法的选取以高效轻符为准则，选择技术动作较为简单、注重反复多次练习的方法。在林笑峰看来，健身课就是中国特色的真义体育课，之所以不沿用体育课之名，是因为避免造成思想意识的混乱与僵化。

作为健身课主业的健身教育既与体质教育理念相契合，也与全民健身事业相呼应，如林笑峰所言，健身乃是关乎国家兴盛与民族命运的大事，在适者生存与物竞天择的自然法则下，提倡优生健身，可使个体与种族体质得以优化[3]。林笑峰认为随着人口密度提高，资源将大幅削减，生存问题日益加剧，未来世界将充斥许多不确定性，如果不尽快开启体质优化工程，则或许会出现难以扭转的危机[4]。

---

[1] 林笑峰. 健身教育论[M]. 长春：东北师范大学出版社，2008：3.
[2] 李寿荣. 倡行真义体育——林笑峰先生访谈录[J]. 体育学刊，2007（5）：1-3.
[3] 林笑峰. 健身教育论[M]. 长春：东北师范大学出版社，2008：280-281.
[4] 林笑峰. 健身教育论[M]. 长春：东北师范大学出版社，2008：284.

基于以上认识，预防人类体质的退化已成为国际体育学界的基本共识，第二次世界大战后，世界发达国家纷纷倡议在体育学科中开展身体建设，寻求通过科技手段提升人口素质的方法，并取得初步成效，而拥有庞大人口的中国却迟迟未能普及体质优化工作，这令林笑峰倍感焦急与忧虑。

根据上述论断，林笑峰进一步提出助推健身教育快速发展的建议：①要尽快开启学术研究，过去的体育课程长期缺乏增强体质的技术和学术，导致体育教师缺乏健身方法，需要不畏困难的有识之士积极投身学科内容的创编事业，为健身教育实施提供参考；②重新整理与编排教学内容，内容关乎课程教学计划实施，已有的以竞技项目为中心教材体系不能满足健身课程的需要，亟待研究转化之方法，重新设计框架；③培养相关师资，师资是教学的重要保证，教师的水平决定了课程开展的有效性。林笑峰指出，中国的体育教师都应该成为健身科学与健身教育的工作者，为健身事业奉献力量[①]。目前全国大中小学教学实验开展得如火如荼，但基层教师苦于没有增强体质的学术本领，以及受教无门，这就要求调整师范院校体育系课程体系，培养真正懂得健身知识技能的体育教师。

三、体育健康观：倡导优生优育的理论教学

国民体质弱化是中华民族发展过程中面临的重大问题，其在近代学校体育发展史中曾留下明显痕迹。鸦片战争爆发以前，在"重文轻武"观念主导下，我国历代官僚阶层均持有"文治天下"的理念，强调"读书""修身"在治国中的意义，结果使士大夫竞相追逐"金榜题名"而不尚运动，因体质日趋羸弱而招致"东亚病夫"的讥讽。中华人民共和国成立初期，国民经济受创，各行各业百废待兴，此时国家医疗资源普遍缺乏，加之教育界对体育锻炼不重视，导致学生健康问题在学校中陆续暴露。

上述问题的产生尽管充斥着历史与时代因素，但并非不可改变，若从"动机决定行为"的角度来考察，可以发现多数体质问题源于身体锻炼观念的淡薄，历代知识分子以此为切入点处理问题。例如，晚清时期为求富国强兵、抵御外敌，军国民教育思想广泛流传，学校教育也朝向军事化训练方向发展。中华人民共和国成立初期，在"批美学苏"思想的引领下，"劳卫制"得到普遍实行，课外体育锻炼风气盛极一时，国民身体素质在短期内得到显著提升。改革开放前后，随着学生体质调研工作的深入，不少学者呼吁调整学校体育工作方针，将目标对准学生

---

① 林笑峰. 健身与体育[J]. 体育学刊，1995（2）：15-20，103.

体质状况改进。这一时期，随着扬州会议的召开，学校体育确立了以增强体质为主的方针，在思想上确立了增强体质举措的优先性。此时林笑峰延续了关注体质教育的态度，不断探索增强体质的理论与方法，形成了个人对体育方法的独特论断。在早期著作《体育方法学》中，林笑峰首次提出了面向身体实质的体质观，并呼吁学界加快建设体质优化工程，将优生优育健身手段纳入锻炼方法中，之后他又在《健身教育论》中将体质优化与中华民族兴旺发达挂钩，凸显出培养精英人才的急切需要。

对于林笑峰而言，厘清体质内涵是开展体育教学的前提。他认为过去学界对于体质的理解有所偏差，体质不应是大众普遍以为的身体素质，而是与遗传和基因密切联系的物质。林笑峰指出个体基因生而注定，决定了后天身体发育和发展水平，其基本特性十分固定，很难在后天的锻炼作用下发生改变[1]。基因虽由先天决定，但也并非完全不变，受大自然诸多因素作用，部分物质也会有异常发展，展现出非常态的形貌。这便要求我们主动了解与认识自然规律，寻求"利用大自然中有利于人体优化的物质，避开妨碍体质变化强化态有害的物质"[2]。此项任务一方面有赖于科学工作者的攻关，另一方面依靠于教育工作者的宣扬。林笑峰强调增强国民体质、改良优化人体不仅是教育家的任务，也是体育教师的责任。

在遴选体质教材内容时，林笑峰将重心对准遗传基因与体质优劣的交互关系，他指出男女一经结合，其基因的排列关系及实际影响将在所生子女身上直接体现。人人均有趋利避害的愿望，为免劣化因子结合产生负面影响，婚前各项检查十分必要。鉴于体质优化意识尚未形成，林笑峰在书中列举了国内五地的调查数据，指出过去"丁克"与"近亲结婚"现象普遍存在，从不同层面造成劣化体质的不利结果[3]。相较之下，国际上一些发达国家已率先开启体质优化试验，各国针对国民体质的不足之处展开思索，运用先进的科学技术进行检测，寻求科学技术与身体锻炼的融通，取得了可喜的成果。例如，日本通过引入运动处方及应用巡回锻炼方法，逐步改变其特质，甚至在民众体重、身高、胸围等基础指标上有赶超我国的趋势，这让林笑峰颇为震动。基于这一考量，林笑峰严肃建议体质优化之事应尽快开始，假如任凭其自然发展，或将导致民族体质劣化及整个民族的消亡[4]。

---

[1] 林笑峰. 健身教育论[M]. 长春：东北师范大学出版社，2008：270.
[2] 林笑峰. 健身教育论[M]. 长春：东北师范大学出版社，2008：275.
[3] 林笑峰. 健身教育论[M]. 长春：东北师范大学出版社，2008：285.
[4] 林笑峰. 健身教育论[M]. 长春：东北师范大学出版社，2008：281.

探索自然奥秘、遵循自然法则来改善体质，是林笑峰体育教育观的一大主线，其背后蕴含了一位体育教育家的身体关怀与民族情怀。从早期体育方法学到后期的健身教育理论，林笑峰的体育教育观呈现出从关注青少年体质到关注中华民族体质的视点转变，这种思想的转变看似矛盾，实则不然。在学龄阶段，通过"科学知识"与"控制意识"的教育，学生能够自觉自愿地参与体育活动、培养锻炼意识，其体质向强健方向发展。对于那些可能出现在下一代的、难以通过运动消除或减弱的基因疾病，则必须借助基因优化手段来避免，此为先天规划与后天努力的结合。从学校教育的视域观察，优生优育教育属于健康教育的重要内容，对于传统的学校体育来说是较好的补充，在全球体质优化的背景下，寻求体质优化知识与身体锻炼实践的有机结合，势必有助于优化民族基因、强化国民身体素质、增强民族自信。

第三节　林笑峰学校体育观的当代启示

一、引导学界正视体育价值与功能

作者认为林笑峰的体育教育观展现出与传统思维迥异的重要特征，它的出现对于学界固有的思维方式无疑是一次巨大冲击，能为我国学校体育理论及体育学科发展带来许多新的见解。这种导向作用首先表现为引导学界正视体育价值与功能，并纠正大众对体育功能的认识。

体育属于外来引入词汇，自19世纪末被引入中国以来，其自身开启内涵分化过程。最初的体育概念与卢梭的自然主义体育教育观相一致，具备身体养护与保持健康的价值追求，之后，尽管体育的指向与内涵不断完善，但健康始终是其中的固定维度，直至如今，通过体育锻炼促进体质增强的说法已深入人心，成为普遍的观念。然而在改革开放前后，随着体育三分说法出现，体育教育观念亦产生异化，具体表现在体育一词指代多样，不再是最初纯粹的身体教育之意。这样的变化引起了体质教育学派的注意，并在学派领军人物的推动下，掀起了对体育概念的重新审视。此种反思在徐英超的思想中最先体现，徐英超曾通过观察运动员的情况与反思个人经历，意识到体育与运动并非等同概念，并提出体育就是体质健康教育的新见解。林笑峰进一步发展了徐英超的思想，并基于现实反思态度与体育概念规范化要求提出真义体育的思想论断。真义体育的表述内部蕴含概念置换与推陈出新意图，旨在革新现行体育概念体系框架，进而唤起大众对体育健身功能的再思索。

社会指向是林笑峰体育教育观的一大要点。在林笑峰看来，青少年参与体育不仅有助于自身发展完善，也能为国家发展贡献力量，他在论述中屡次强调个人体质优化与国家民族发展的内在联系。他认为这是"有关家族、民族、国民身体完善和身体建设很有价值的一大工程"[1]，其理由在于"健身关乎子孙后代国民体质的优化，关乎事业发展，关乎中国人在人类社会中的地位"[2]。德国思想家贝克曾预言，未来社会将表现为"风险社会"，他认为来自不同国家与社会的风险会遍及全球，造成不受时空限制的全球性的后果[3]。此种认识与林笑峰的想法不谋而合，正是意识到未来社会的不确定性，林笑峰积极推动体质学术研究与全民健身举措，希望通过身体素质的全面提升来更好应对随时可能出现的全球风险。

二、提醒大众密切关注身体变化势态

对于身体状态的密切监测是林笑峰体育教育观的一大要点，他曾在论著中提及锻炼意识生成有赖于自我实时监控。他指出健康问题往往是缺乏控制身体变化势态意识的表现，若要避免身体衰弱并长期保持健康稳定状态，则对自我情况的每日观察必不可少，此为林笑峰体育思想内部蕴含的"健康关照"。

林笑峰的体育教育观源于对真义体育思想的深化探索，在其学术生涯早期，林笑峰虽已意识到身体锻炼对于身体健康的正向作用，并积极引介日本的运动处方与巡回锻炼方法加以实践，但由于当时林笑峰对体质的认识较为模糊，其健康实践思路也尚未明晰。在"健身教育论"中，林笑峰通过深化体质及相关概念研究，加深了对健康实现路径的认识，并在此基础上提出了关注身体变化的健康教育观。在林笑峰看来，人的体质时刻处于变动之中，此刻的身体状态是当时体质变化的外在体现，体质变化会导向健康态与疾化态两种结果[4]。个人要获得健康体魄不仅要积极开展锻炼，还须具备高度自觉与自我管控的意识与能力，其理由在于疾病的出现大多源于自我放任、缺乏管理。该观点旨在提示大众主动关注身体日常感觉，做好疾病预警。

---

[1] 林笑峰. 健身教育论[M]. 长春：东北师范大学出版社，2008：279.
[2] 林笑峰. 健身教育论[M]. 长春：东北师范大学出版社，2008：278.
[3] 安东尼·吉登斯. 社会学[M]. 李康，译. 北京：北京大学出版社，2009：796-797.
[4] 林笑峰. 健身教育论[M]. 长春：东北师范大学出版社，2008：151.

从源头而论，林笑峰的健康追求源于他对健康社会价值的深度理解，他认为国人应该具备身体教育素养，此素养要求人们掌握体质变化知识并加以运用。他认为如果"人们学会将其应用于生活，可以避免人们的身体弱化疾化，从而使个人安康、减轻负担并创造更多的价值"，如果能在中老年群体中普及体质变化知识，则有助于提升该群体健康水平，并增强家庭的幸福感[①]。反之，则会导致社会生产力与生活质量下降。为了获取更好的工作成效，人们需要在学习、工作、劳动、生活之中展现身体素养[②]。从"身体美学"视角出发，健康与美以某种方式联结，健康意味着更好的身体感知与身体体验，这有助于完善和提高个人的生活审美品质[③]。由此，在人民日益注重生活质量与工作效率的当下，林笑峰注重身体观察的体育教育观具备强烈的现实意义。

三、提出体育与健康教育融合新思路

体育与健康教育的融合是体育学界长期关注的话题，相关讨论始于20世纪90年代初期，相关讨论多见于学校健康教育、高校体育改革、中外体育比较等专题文献中。官方文本显示，1978年颁布的《中小学体育教学大纲》已可见融合雏形，体育课程中的健康教育内容以"三基"（基本知识、基本技术、基本技能）的"体育知识"为典型代表[④]。2003年推出的体育与健康课程标准重新整合原有大纲目标，在总目标与细化目标的表述上更凸显健康对体育课的重要意义。近年来提出的体育学科核心素养更是将健康行为纳入三位一体的目标体系中。另外还有众多官方文件为体育与健康教育的融合提供了政策保障。整体而言，在体育课中凸显健康意义乃是大势所趋。

然而，从现实情况来看，学校体育与健康教育的结合在基础教育中始终存在阻碍和困难，其效果也不尽如人意。于素梅指出了我国学校健康教育推行的主要问题：健康教育课程开设不足、缺乏专用教材、校医配备比例不达标等[⑤]。孔冲和平杰进一步解释了健康教育与学校体育融合发展的现实困难：开课率低、师资缺乏、配套资源匮乏、管理不统一等[⑥]。

---

① 林笑峰. 健身教育论[M]. 长春：东北师范大学出版社，2008：167.
② 林笑峰. 健身教育论[M]. 长春：东北师范大学出版社，2008：102.
③ 徐黎，亓校盛，席格. 艺术界定与身体美学——对理查德·舒斯特曼教授的访谈[J]. 美与时代（下），2014（10）：11-15.
④ 课程教材研究所. 20世纪中国中小学课程标准·教学大纲汇编（体育卷）[M]. 北京：人民教育出版社，2001：91.
⑤ 于素梅. 我国学校体育与健康教育发展状况与分析[J]. 中国学校体育，2018（12）：35-37.
⑥ 孔冲，平杰. 健康教育与学校体育融合发展策略探讨[J]. 中国学校卫生，2019，40（1）：7-11.

出现这些问题的原因在于：①健康教育与学校体育虽有共同的价值取向，但两者课程与实现方式性质不同，难以在同一维度上无缝结合；②当前基层体育教师大多缺少健康卫生理论知识储备，对于健康教育实施方法缺乏深度体会，而经过专业培训的校医较少参与对学生的健康干预。以上两点导致体育与健康教育长期处于脱钩状态。从本质而论，要真正在体育教学中落实健康教育，应将体育置于大健康的社会导向下，积极开发体育教学中的健康内容，并重构以健康为中心的教学体系。这恰是林笑峰设计健身课教材的思路，此教材包含了林笑峰设想的通过卫生、生活、饮食、运动等多种方式实现健身教育的基本思路，并贯彻了适量负荷与长期坚持的健身原则。

林笑峰坚持教材内容架构的多样性，强调要按照不同对象、环境与空间灵活搭配，并建议在基础教育的中、高学段注意卫生、养生理论知识传授[1]。他设计的教材以终身体育为目标，其内容精准对接体质增强的现实需要，构成了体育与健康教育有机融合的最佳范本。需强调的是，在健身课教材体系设计之初，相关的试验研究已经开展，且取得一定成效。以广州增城中学邓若锋的尝试最为典型，他率先提出以健身法则为主线的教学方式，以增城小学为试点开展实验，取得了不错的效果，也得到了林笑峰的肯定[2]，之后他又围绕健身知识重新设计高中体育教材的基本内容与学习目标，为高中体育课程改革提供参照[3]。在实验进程中，邓若锋将增强体质的健身方法和法则既作为方法，又作为知识传授的心得体会，创造性发挥了林笑峰健身课教材的功效。总体而言，林笑峰构想的健身课教材体系及思路具有创新意义，至今仍值得研究与开发。

---

[1] 林笑峰. 健身教育论[M]. 长春：东北师范大学出版社，2008：49.
[2] 林笑峰. 健身教育论[M]. 长春：东北师范大学出版社，2008：167.
[3] 邓若锋. 高中健身知识技能教材内容的构建[J]. 体育学刊，2008（9）：71-74.

第二十四章

近现代我国体育教育家学校体育观的总体审视

尽管本书所涉及的 21 位近现代我国体育教育家并不存在必然的关联性,他们所提出的体育教育观也各有特点,具有较大的差异性,但他们对学校体育的认识存在一定的共性。此特征为本书总结近现代我国体育教育家学校体育观的共性要点与总体特征提供了可能性。基于此,本章在重点归纳近现代我国体育教育家学校体育观的核心要点、总体特征的基础上,提出了未来研究的基本方向。

第一节　近现代我国体育教育家群体学校体育观要点阐析

近现代我国体育教育家在理解与把握时代环境与教育动态的基础上,从多种角度切入考察与分析学校体育发展状况,重点阐述了对体育本质属性、体育教育价值、体育与卫生关系、体育教学思路、体育保障条件等内容的见解,其核心要点可概括为教育、育人、教学、卫生、资源五个维度。

一、主张教育为先,凸显体育根本属性

强调教育的优先性是我国体育家倡导体育的前提,对于他们而言,教育始终是体育的根本属性,体育的价值与作用需由其本身的教育要素来呈现,脱离教育立场将无法彰显体育之本质。

董守义曾屡次撰文阐述对体育功能的认识,他认为运动竞赛与娱乐表演仅是体育的表象,其真实意义和价值在于人生教育、社会教育和国民教育方面,并指出青年的体育问题实为青年的教育与训练问题[①]。郝更生亦提出体育为教育之一的

---

① 董守义. 对于今后改进体育之观察[J]. 时代教育, 1933, 1 (1): 49-51.

论调，他认为体育教学目的不仅是技术传习，更是知识获取与行为习惯养成[1]。俞子箴也在其著作中多次强调体育的教育功能，他站在"身心一元"的立场，基于对体育一词由来与演变的考察，认为体育是贯穿于人们整个机体的教育，其与普通教育的差别仅表现在身体活动的行为层面。马启伟也认同"身、心、环境不可分割"的观点，强调体育并非单纯的身体教育，而是以身体为媒介的全面教育的手段[2]。章辑五也时常提及体育与教育之关系，并主张在解释体育含义之前，须先厘清教育是什么，以及体育在教育中的地位[3]。

近代体育家对体育教育属性的强调，主要基于对体育事业及大众认知发展概况的观察与反思，如章辑五所言，"中国的体育，因过去缺乏宣传工作，一般对体育，都怀着一种不正确的认识"[4]。其中最为普遍的是将体育视为运动的比赛，即使是一般教育家，也认为体育作用仅是发达肌肉与发展身体，很少看到体育其他方面的功用[5]。事实上，将体育视为身体教育乃是"身心二元"论支配的结果。自有人类以来，体育与教育便有密切关系，在未开化的原始时期人类教育几乎都为体育，但随着教育学科发展，教育属于"心"范畴与体育属"身"范畴的定位日益明显，导致体育的作用弱化，仅被视为专注身体的教育，此观点造成了如今体育与教育的认知区隔。此外，受军国民教育思潮与锦标主义思潮影响，一般民众多关注体育的负面影响，对体育失去好感，导致体育在学校教育中有名无实，体育教师也遭受歧视。

针对这一状况，不少体育家提出了整改思路。宋君复曾发出"使体育复归教育"的呼唤，明确提出体育为普通教育之一部分，不能将体育排除在教育这个大圈子之外[6]。同时他建议实施体育必须合乎教育原则，使体育具备如教育一切活动一般的教育意义。方万邦则积极推崇教育化体育，在他看来，教育化体育是现代中国急切需要的体育，旧的体育仅注重身体训练，难以兼顾对儿童个性、品格与精神的培育，而教育化体育则以全身大肌肉活动为工具，能够有效达到教育的目的[7]。方万邦主张将体育视为方法而非目的，他致力于利用身体活动来实现身心的协同发展。

---

[1] 第十届世界运动会——郝更生序[M]. 上海：勤奋体育书局，1933：1-2.
[2] 马启伟. 中小学体育教学中的身心教育——体育教育的迁移价值[J]. 北京体育大学学报，1998（4）：1-5.
[3] 梁吉生，张兰普. 章辑五体育文集[M]. 天津：南开大学出版社，2016：315.
[4] 同[3].
[5] 梁吉生，张兰普. 章辑五体育文集[M]. 天津：南开大学出版社，2016：343.
[6] 宋君复. 本校过去体育实施之检讨及将来之展望[J]. 国立山东大学校刊. 1946（7-8）：16-17.
[7] 方万邦. 体育原理[M]. 上海：商务印书馆，1933：227.

二、强调多维价值，彰显体育育人追求

体育教育价值是我国体育学界的重要议题，对此话题的讨论广泛地渗透在体育理论研究中，构成了近现代我国体育教育家学校体育观的一大要点。近代以来，体育家群体大多从育人角度出发，论述体育与身体、智力、道德、精神等的关系及影响，揭示了体育的多元教育价值，并拓宽了原有体育教育的目标维度。

促进健康无疑是体育教育价值中最基础和最重要的部分。通过经常性的体育锻炼，学生的身体素质与机能得到提升，从而更好地适应教学节奏与学习生活。这是近现代体育教育家对体育的基本要求。王学政认为，"体育活动为健康发达的主要源泉，不仅有直接促进健康之效，更能启发健康之动机，训练自动遵守健康规律的能力"[①]。许民辉认为，体育的真义应包括"获得康健的身体"，基本要求是使身体强健、足以抵抗各种疾病侵害，实现手段包括充分的身体活动、自然力锻炼、健康的生活方式、体格检查与体能测验等[②]。章辑五认为体育可以满足生理方面的需要，他指出人的一切活动都需要精力，但当时中国人大多缺乏此种力量，为此需要提倡体育锻炼肌体生活力，使胸腔健康，保护这个精力之源[③]。舒鸿曾在其理论与实践探索过程中形成"人人参与、健康第一"的体育活动观，他主张体育教学的目的是让学生掌握体育知识、技能和增强体质。他指出如果学生不参与体育锻炼，则健康的身心将无从得到保障，因而他对于课程教学纪律与秩序有着严苛的要求[④]。吴邦伟强调个人的身体不活动、不健康，将会影响人的生命。他指出刻苦耐劳的体能是事业成就的前提，若不在求学阶段把体魄训练好，那么纵然满腹经纶，也可能面临"壮志未酬身先死"的危险[⑤]。徐英超则以体质为框架构建体育之内涵，提出体育是体质健康教育的个人见解，并将健康思维与意识贯彻到日常生活中，不断践行。

其次重要的是体育的德育价值。近现代体育教育家大多认为体育的价值绝不仅仅局限于身体的发展，更在于其对个人品格与道德的塑造。俞子箴认为，"体育的目的"之一在于谋"社会及道德标准的发达"，不同类型体育运动蕴含着不同的体育品德，积极参与体育，有助于深切体会其中的高尚美德并内化为受益终身的

---

① 王学政. 体育概论[M]. 上海：商务印书馆. 1947：261.
② 许民辉. 体育的目的[J]. 勤奋体育月报，1937，4（6）：10-11.
③ 梁吉生，张兰普. 章辑五体育文集[M]. 天津：南开大学出版社，2016：317.
④ 毛庆根. 舒鸿体育思想研究[M]. 杭州：浙江大学出版社，2017：101-102.
⑤ 吴邦伟. 向江苏学生说几句"平常"话[J]. 江苏学生，1934，5（3）：74.

道德价值观。宋君复认为学校教育的核心目标是培养人才，而人才培养的关键在于人格和道德的训练，体育便是学生道德培养的有效工具。在他看来，体育德育具有迁移作用，其所培育的各种美德对于学生将来立身社会大有裨益[①]。提倡女子体育的高梓也有同样想法，她认为现代体育可以供给女子社会道德之训练与陶冶性灵发抒情感，可帮助女子培育"合作、坚持、交际、奋斗、互助、牺牲"等多种品质，进而增强女子在社会竞争中的实力[②]。王怀琪从体育游戏价值出发，指出竞争类游戏可使儿童身体强健、精神焕发，并有助于培育儿童争强好胜之心、百折不挠的精神与友爱谦让的美德[③]。马启伟也认同体育的品德培育价值，并认为体育教学改革应当着重考虑体育对提高道德水平的辅助作用[④]。王学政则从体育品德的形成机制切入，指出学生优良的思想品德、高尚的道德情操及顽强不屈的拼搏精神的生成，离不开共同规约之下的竞争环境。

体育的智育价值也有论及。王怀琪认为游戏可以激发脑部发育，使大脑各个神经相互联络，从而更有效地获取相关知识与能力。蒋湘青通过对比身体健康与虚弱之人的思维状况，认识到身体锻炼对于大脑反应能力有积极的影响，得出若体育发展好，则德智二育也能有所提高的结论[⑤]。宋君复则论述了体育知识本身的价值，指出体育可以增进人们对运动、卫生、保健方面的认知，进而扩大国民的知识面[⑥]。另外，还有一些体育教育家论述了体育对于个体社会化及个性生成的影响，进一步深化了体育教育价值的研究。

三、改进教学思路，优化体育教学过程

我国体育家体育论著的主体内容显示，对于体育教学方法改进的思考与探讨，是探索我国体育教育家学校体育观核心内涵的一条重要线索。近代以来，体育教育家的研究主要聚焦于体育教学的不足之处，从教学思路和方法层面提出优化策略，相关建议不仅有助于改善过去的教学问题，而且对当代我国体育教学实施亦有启发。

徐民辉曾提出体育教学各要素协同化观点。他认为教师、学生、教材、教学管理、体育分组编制、作业等要素之间，应当协同配合、互相促进、目标统一，

---

① 宋君复. 体育原理[M]. 上海：商务印书馆，1929：28.
② 高梓，张汇兰. 中国女子体育问题[J]. 科学的中国，1933，2（8）：20-24.
③ 王怀琪. 小学游戏科教学法[M]. 上海：商务印书馆，1929：16.
④ 许青. 继承父业的体育教育家——访北京体育学院院长马启伟[J]. 体育博览，1986（6）：10.
⑤ 蒋湘青. 学校体育之谬误亟宜纠正[J]. 东方杂志，1933（30）：13-17.
⑥ 宋君复. 体育原理[M]. 上海：商务印书馆，1929：14.

增强体育教学的合理性，从而更好实现全面发展的目标[①]。章辑五主张将教育心理学原理运用于教学中，他强调教师应在充分了解学生身心状况、性格、行为特点、兴趣倾向等的基础上选取教材，尝试在教学过程中把握学生的学习心理，力求达到良好的教育效果[②]。舒鸿倡导采用基于"以生为本"理念的形成性教学评价手段，具体而言，他主张破除绝对统一的考核评价体系，采用根据学生的个体差异和努力程度设计的灵活化评价手段，充分尊重学生间个体差异性，展现学生的进步轨迹与势态。高梓秉持因材施教的教学原则，提议在遵循儿童身心发展规律的基础上进行合理分组，营造适合儿童身心发展的体育教育环境。王学政首次提出"心向学习"概念，认为教师在开展工作前应做好充分的准备，明确目标、内心行动与满足效果后再采取行动，以此避免各种不利之活动，并提升克服困难的能力[③]。宋君复认为，教学过程中的体育教师不仅是教学活动组织者，也应以参与者的身份帮助与支持学生，为学生树立榜样，引导他们形成良好的体育道德[④]。马启伟将创新精神融入体育教学中，提出教师要在教学过程中发挥主观能动作用，运用个人对世界的认知指导学生形成创造思维，进而开发学生的智力和创造能力[⑤]。徐英超则以实证精神与量化思维探索体育教学方法，他认为，评价增强体质的效果离不开对学生体质指标的监测，为此他曾将统计学方法引入教学中，以分时数据展示学生体质变化情况，引导体育教师发现体质变化走势，并以此调整教学安排。

通过考察近现代各类体育教学观的要点，发现体育教育家群体对体育教学思路与方法的探索，意在规避传统教学方法的弊端，丰富体育教学的理论依据，调动学生参与课堂教学的兴趣与热情，提升学生对各类运动项目及个人情绪的感知力，加深他们对体育运动本质的理解，进而更有效地促进学生掌握体育知识和技术，并为学生终身参与运动、形成体育品德做好准备。

四、倡导体卫结合，提升体育养护效果

从体育卫生结合的角度来思索体育教育发展，是我国体育教育家学校体育观的一条主线，其在多数体育教育家的论著中均有体现。

---

① 许民辉. 筹委会提中小学体育实施方案[J]. 广东教育厅旬刊，1936（2）：48-95.
② 梁吉生，张兰普. 章辑五体育文集[M]. 天津：南开大学出版社，2016：353-357.
③ 王学政. 体育概论[M]. 上海：商务印书馆，1947：149-150.
④ 宋君复. 体育原理[M]. 上海：商务印书馆，1929：46.
⑤ 马启伟，陈小蓉，李安格，等. 竞技体育创新原理[M]. 北京：北京体育大学出版社，1994：176.

章辑五曾将卫生教育纳入其体育教育观范畴中，他认为人的身体是一个整体，体育、卫生、医药均与人的身体健康有直接而密切的关系，他批评过去学校的体育教员、斋务员与校医缺乏联络与衔接，无法保证学生的整体健康，为此章辑五联合体育同人积极推动三方紧密联系，每年测验学生身体实况，最大限度地保证了学生健康成长[①]。宋君复也提倡体育与卫生相结合，他指出，"体育知识见于卫生，生物，公民学等科者颇多"，强调"体育家不论是否教授卫生学，要须合力使此等知识广播，而后始能更有功效"[②]。宋君复在各高校执教期间十分注重卫生教学，不仅亲自负责学生基本卫生理论和知识的传授，还建议学校设立体育卫生专门课程。此外，他强调学校卫生教育对于公共卫生的迁移作用，指出学生如果在学校注意卫生，则将来亦不至忽略公共卫生重大问题。张汇兰从性别差异角度出发，认为若要更好地发展女子体育教育，则须在关注男女的生理特征区别的同时，适时教授学生必要的卫生保健知识。她强调，体育教师应当充分发挥其对学生体育卫生方面的指导作用，从而显著影响学生身体健康与生活质量。在此基础上，张汇兰还撰写了约170字的"健康箴言"，内容涵盖睡眠、饮食、沐浴、排泄等多方面。高梓的想法与张汇兰类似，她也认为体育教师应具备丰富的卫生常识，不仅要引导儿童参与户外运动，也要培养儿童良好卫生习惯，如此才能维持身体健康。林笑峰亦有阐述卫生教育重要性之论述，在他设想的健身课教材体系中，卫生措施是必不可少的健身手段与方法，其与身体活动、生活制度、优生措施、养生措施、自然力等协同配合，共同构成终身健身的知识与技能要素。在增强体质手段相关内容中，林笑峰进一步详述了预防疾病、饮食、姿势、更衣、日晒、呼吸、睡眠等增强体质的具体卫生措施及注意事项，强调这些均是增强国民体质教育中不可忽略的部分[③]。

不难看出，近现代体育教育家之所以积极提倡体育与卫生的结合，是因为希望增强学校健康教育的有效性。在他们看来，体育与卫生教育虽然都指向个体健康，但都有其不足之处，唯有将卫生教育中的卫生与保健知识与体育教育的身体锻炼方法互相联结、优势互补，方能提升体育健康教育实效。

---

① 章辑五. 学校对于"卫生"与"医药"两方面的责任[J]. 南中周刊，1927，1（2）：27-32.
② 宋君复. 体育原理[M]. 上海：商务印书馆，1929：17.
③ 林笑峰. 健身教育论[M]. 长春：东北师范大学出版社，2008：243-247.

五、注重资源开发，保障体育稳固发展

资源开发与利用对于学校体育工作有着极为重要的意义，它不仅能完善场地设施，激发学生投身体育活动的热情，也能提升业务水平，有效提升课堂教学质量，还能拓展教学空间，更好实现提高身体素质的教育目标，因此得到了近现代体育家的关注与重视。近现代体育教育家的论著显示，人力资源与场地设施是资源保障议题的主要内容，其相关论述主要围绕这两个方面的优化举措展开。

人力资源方面的论述集中于体育师资培养及提升教师的业务能力。方万邦认为高质量体育人才关乎未来国家体育的发展，并指明师资训练是体育走上正轨及日趋进步的关键。结合对我国学校体育师资状况的调查，方万邦发现当时存在师资训练机构匮乏、体育教师专业能力不足、体育人才培养方案偏狭等具体问题，并有针对地提出改进方案[1]。张汇兰认为培养体育师资应坚持技能与知识并重原则，积极培养术科与理论并重的综合型体育人才。具体而言，体育教师不仅应在专项术科上有所建树，也应在理论课业修习方面有所拓展，以其他学科知识来补足自身理论储备的不足。陈咏声基于性别差异视角，提出女子体育教学应由女性体育指导员担任，理由是男性指导员缺乏切身感受及女子生理问题不便公开讨论，至于指导员的资质，主要从体育行政和体育训练两个方面加以评判。

场地设施方面的论述围绕体育场地建设展开。舒鸿在任职期间曾亲自参与场地建设事业，积极开发室外运动空间，尽管资金预算有所不足，但他仍坚持采购或自制运动器材，保证了课内外体育活动的正常进行。蒋湘青提出要健全体育设施，他认为提倡体育首先要考虑体育场地与器材问题，必要设备的缺失会影响学生体育活动的开展，使体育教学无法真正落实。尚树梅也十分重视体育基础设施，他认为可以在经济充足的前提下建造设备完善、功能多样的大型运动场，以吸引不同阶层人士参与其中[2]。王怀琪针对儿童身心发展特点，指出学校可以多安排有利于儿童天性发展的设备器材，鉴于儿童安全意识淡薄，在器材选择与设施处理上要注意安全，尽可能排除安全隐患。

从资源开发角度来论述体育教学，体现了近现代体育教育家群体的整体思维。就学理而言，体育有别于其他教育形式，是一门学习与应用并重的学科，体育教育的目标是个体身心的持续发展，因此体育学习过程应具有连续性，而场地设备

---

[1] 方万邦. 体育师资的训练与修养[J]. 教育杂志, 1936, 26 (2): 9-14.
[2] 尚树梅. 现代体育上批评之一斑[J]. 体育杂志, 1927, 1 (2): 112.

的完善在拓展活动空间的同时也为课内外体育教学过程的衔接创造了条件，更好实现了体育教学的系统思维，因而得到了近现代体育教育家的积极推崇。

第二节　近现代我国体育教育家学校体育观的特征述论

特征即标志性特点，指人或事物所拥有的独特之处。特征与特点含义相近，是特点进一步抽象化的结果。一般而言，人或事物具有多重特点，根据人或事物共有的特性进行抽象，便可形成能够准确描述特征的相关概念。近现代体育教育家虽然从不同的角度诠释对体育内涵、价值与功能的理解，并形成了主张各异的学校体育观，但在价值立场与逻辑思路方面有高度一致性，由此显现出鲜明的思维特征。

一、体现以教育审视体育的思维方式

体育是教育的下位概念，其学科发展及知识体系的完善离不开对教育学科的借鉴。近代，社会大众对于体育的认识较为模糊，为凸显体育学科特性、加深人们对体育本质属性的理解，学界专家多以教育为参照，围绕"体育与教育的关系""体育在教育中的定位""体育的教育价值"等议题展开论述，由此形成了近现代体育教育观的独特思维方式。

首先是体育与教育的关系，厘清体育与教育关系的是近现代体育研究者的基本工作，此项工作有助于促进体育地位在学校中的提升[①]。近现代体育家多站在"身心一元"的立场，对体育与教育的内涵和作用进行比较，认为体育与教育本为一物，两者具有内在统一性，同时指出体育对于实现教育目标有独特之效。其次是体育在教育中的定位，明晰体育定位关系到体育学科未来发展走向。对此学界主要从"三育并重"的立场出发，指出作为学校教育组成部分的体育与其他教育同等重要，其所发挥的作用是其他教育形式不可替代的。部分学者在承认"三育并重"合理性的同时，进一步论述了体育在"三育"中的独特定位，指出体育实为学校"三育"之基础，其理论依据为体魄的强健对智育、德育等有促进作用，因此他们建议必须保证身体发展在学校教育中的优先性。最后是体育的教育价值。体育作为诸般教育方法中的一种方式，主要利用身体活动来改变整个机体状态，其教育价值除体质发展外，还包括思想、感情和行为层面。鉴于体育健康价值在学

---

① 王学政. 体育与教育[M]. 上海：商务印书馆，1945：2.

界已成共识，近现代体育教育家多从育人角度思考体育价值，侧重探讨贯穿于知识学习过程中的精神品质教育。宋君复、张汇兰、王怀琪、俞子箴等均对体育德育价值进行了详细分析与深入探讨，指出体育在知识扩展与品德塑造方面的作用机制与实际影响。

二、呈现从现象提取问题的逻辑思路

现象是问题的源泉，问题是基于现象的反思，学校体育观是人们对体育现象的总体看法与根本认识，它脱胎于体育家的思维活动，其价值取决于体育教育家群体对体育现象及其问题的认知与判断。近代以来，我国体育教育家对体育现状及问题的考察往往细致入微，不仅准确指出当时存在的困境与挑战，也分析了困境背后的主导因素，并尝试构思方案着力解决，由此形成了独具特色的思想论断。通观 21 位体育教育家的核心观点，可将其中蕴含的问题概括为体育概念归属、体育发展路径和体育资源配置三大类。

体育概念归属为体育学术研究的元问题，它涉及学术规范与学科发展，对此话题的探讨贯穿于多数体育家体育教育观之中。例如，董守义、袁敦礼、俞子箴、马启伟等人针对体育归属不清的状况，均强调教育是体育的本质属性，主张对体育的认知不能脱离其教育的价值立场。在此基础上，蒋湘青、宋君复、方万邦等人进一步提出体育是学校教育的基础，要推进体育教育化，让体育回归教育，他们致力于凸显体育的固有价值与应有定位。此外，作为体质教育学派代表人物的徐英超针对体育与运动混淆的问题，尝试重新为体育释义，最终将体育定性为增强体质的教育。

体育发展路径是体育研究的中心问题，路径的选择至关重要，它决定了学校体育未来发展的走向与高度，因而为体育教育家群体所热议。例如，许民辉、章辑五、董守义、沈嗣良、王健吾、袁敦礼等从"应否过度追求体育竞赛成绩"的话题切入，纷纷表达了反对选手制体育（锦标主义）的意愿，指出当时学校中普遍存在的选手制体育是体育教育异化的表现，不仅过度消耗时间与财物，还有违教育公平基本理念，实不宜提倡。

体育资源配置也备受体育家关注，为提升体育教学工作质量、保证教学各个环节稳定，体育家群体充分考虑了人、财、物等影响因素，提出了培训师资、借鉴国外、强化管理、增加场地设施等多种改进思路。另外，也有部分体育教育家从教学结构优化的角度出发，提出了尊重儿童心理、注重科学实证、创新方法手段等教学改进思路。

三、展现与时代需要呼应的价值追求

思想是历史的产物，思想的形成与发展离不开特定时期的文化背景与社会需求，对于思想内容与特质的分析，自然也不能脱离特定阶段的时代主题。近代以来，体育教育家们均坚持时代要求为先立场，从国家、社会、学科等视角出发审视体育，结合个人理解与思考，提出对于体育目标的独特看法。

纵观中国历史发展概况，近代以来的中国史几乎就是对外抗争史。近代在西方列强不断侵略之下，我国国力日趋衰微，中华民族危在旦夕。受此触动，当时体育家群体多将体育与国家命运相连，意图通过锻炼体魄来增强国家实力，以达国家富强与民族复兴之目的。章辑五通过分析体育对"教、养、卫"的贡献，指明体育之于国家的独特意义[①]。王健吾与程登科积极倡导民族体育，以求强健国民体质。陈咏声则力主推动女子体育发展，以实现强种强国目标。更多学者通过宣传体育全民普及来实现体育救国诉求。性别问题作为近现代历史中的重要政治议题，不仅为教育界人士所关注，也为体育界人士所探讨。受男女平权观念影响，近现代著名女性体育家张汇兰、高梓、陈咏声等多倡导两性平等体育教育，主张女性与男性一样享有参加体育运动的资格，认为女性亦能够适应比赛强度，其表现甚至不输男性。与此同时，考虑到男女的身体素质差异，上述体育家也指出在实施体育教育过程中宜注重遴选适宜女性的体育项目，并根据女子身心特点开展教学。作为学科内部话题的体育普及与概念规范问题也不容忽视。为促进体育教育事业良性发展，体育教育家群体不遗余力地宣传与推动体育普及与体育大众化，力求使社会大众深切感受到体育的独特价值与深远意义，并使之融入日常生活之中。与此同时，也有不少体育教育家意识到民众对体育的粗浅认知阻碍了体育普及，为此他们积极探索体育概念的由来并阐析体育之真义，尝试为学界确立标准的体育定义。

第三节 我国体育教育家学校体育观研究的未来展望

一、拓展体育教育家学校体育观研究的已有范畴

本书以近现代我国体育教育家学校体育观为研究对象，着重探索体育教育家学校体育观的内容与价值，对我国21位体育教育家学校体育观展开研究，在详细整理与仔细学习这些体育教育家生平与代表论著的基础上，提炼与分析了各体育教育

---

① 梁吉生，张兰普. 章辑五体育文集[M]. 天津：南开大学出版社，2016：214.

家对体育理论与实践的独特认知,并结合当前学校体育发展概况,提出了基于体育教育家观点的建议。现有研究成果既充实了我国学校体育理论研究宝库,也对改进我国学校体育发展状况有一定的推进作用。值得强调的是,已有研究难以完全覆盖我国重要体育教育家群体,尤其是对于活跃在改革开放之后的体育教育家群体研究不足,故未来研究将拓宽研究对象范畴,聚焦当代体育教育家学校体育观,在挖掘其思想核心内涵的基础上探索其时代价值,以期为当前学校体育理论与实践研究服务。

二、开发不同学校体育观之间的差异比较

学校体育观的比较研究是体育思想研究的延伸部分,对于不同观点的差异与区别的揭示,不仅有利于深化对单一思想观点的要旨探索,也能较好地呈现不同体育教育家的思维差异。纵观前人研究文献,体育教育家之间的比较研究十分匮乏,尤其是对部分身处同一时期的体育家、海外一起就读的体育家、具有师承关系的体育家、属于同一流派的体育家的学校体育观的比较研究更为缺乏。因此,后续研究在完善体育教育家学校体育观内容研究的基础上,研究重心将转向对我国近现代各类学校体育观的比较研究,通过比较不同类型体育家的不同观点、形成动因、理论基础、核心主张、实践逻辑、操作模式等,阐述不同类型学校体育观的共性及差异之处,揭示各类学校体育观的独特价值,从而为填补空缺、借鉴互补与思维启迪提供参照。

三、探索各类学校体育观的历史影响

思想是实践的先导与指南,开展学校体育观研究的意义在于改变大众固有认知,为体育实践出谋划策。因此学校体育观的影响研究也是体育思想研究的重要部分。对思想观点历史影响的考察是思想深化研究的必经之路,其结果将影响业界学者对思想理论与应用价值的评估。但这部分内容研究属于历史研究,其研究难度很大,特别是关于体育家观点对当时学界产生了多大范围与多大程度的影响,以及影响的内容、影响的路径、影响的机制等问题,历史资料十分有限。因受体育教育家学校体育观分类研究的篇幅与难度限制,本书未能详尽论述学校体育观的传播路径与影响效果,未来研究将聚焦于重要学校体育观的历史定位,重点考察各类学校体育观在当时及当代的精神传递,以及不同学校体育观对基层体育教师观念与行为的影响。

参 考 文 献

[1] 许民辉. 军队体育[J]. 民众体育季刊, 1933, 1 (2): 6-7.

[2] 许民辉. 体育的目的[J]. 勤奋体育月报, 1937, 4 (6): 416.

[3] 金光辉. 思考体育 关于百多年来中国体育思想演化的梳理和反思[M]. 上海: 世界图书出版上海有限公司, 2013.

[4] 梁吉生, 张兰普. 章辑五体育文集[M]. 天津: 南开大学出版社, 2016.

[5] 章辑五. 学校对于"卫生"与"医药"两方面的责任[J]. 南中周刊, 1927, 1 (2): 27-32.

[6] 章辑五. 怎样养成一个优良的体育导师[J]. 体育季刊, 1936, 2 (4): 491-498.

[7] 章辑五. 为提倡学校体育事忠告各校校长[J]. 体育杂志, 1927 (1): 15-78.

[8] 章辑五. 南开学校半年来取消选手制后的新试验[J]. 天津体育周报（周年纪念特刊）, 1933, 1 (21): 9-11.

[9] 章辑五. 体育专家章辑五谈出国考察感想[J]. 浙江体育月刊, 1935, 2 (12): 18-21.

[10] 章辑五. 如何促进中国体育[J]. 天津体育协进会年刊, 1936: 3-5.

[11] 章辑五. 游欧美之感想[J]. 南开校友, 1935, 1 (1): 10-12.

[12] 方万邦. 体育原理[M]. 上海: 商务印书馆, 1933.

[13] 方万邦. 我国现行体育之十大问题及其解决途径[J]. 教育杂志, 1935, 25 (3): 29-38.

[14] 方万邦. 我主张普及体育的几个理由[J]. 勤奋体育月报, 1934, 2 (1): 51-52.

[15] 方万邦. 全国运动会的使命[J]. 新中华, 1935 (19): 130-133.

[16] 方万邦. 小学体育[J]. 新体育, 1930, 1 (1): 22-25.

[17] 方万邦. 体育师资的训练与修养[J]. 教育杂志, 1936, 26 (2): 9-14.

[18] 董守义. 奥林匹克与中国[M]. 北京: 文史资料出版社, 1985.

[19] 董守义. 我国体育的初步改进——为胜利年"体育节"而作[J]. 中华全国体育协进会体育通讯, 1945 (26): 1-3.

[20] 董守义. 我对于中国体育的几个问题[J]. 体育, 1927, 1 (1): 27-28.

[21] 董守义. 提倡学校体育方案[J]. 体育周报, 1932, 1 (7): 1-3.

[22] 董守义. 体育与青年训练[J]. 中国青年, 1944, 11 (1): 51-54.

[23] 董守义. 体育与我国之抗建前途[J]. 大公报, 1941, 1 (6): 3.

[24] 尚树梅. 对于体育上的认识[J]. 勤奋体育月报, 1933, 1 (1): 15-16.

[25] 华智. 夙愿——董守义传[M]. 北京: 人民体育出版社, 1993.

[26] 天健. 董守义先生[J]. 中国青年体育季刊, 1945, 1 (1): 228.

[27] 肖景龄. 怀念老师董守义[J]. 西安体育学院学报, 1984, 4 (1): 20-22.

[28] 袁敦礼. 近代奥林匹克理想与组织及其与我国体育之关系[C]//董守义. 国际奥林匹克. 上海: 世界书局, 1947.

[29] 董守义. 我底第八届远东运动会观[J]. 体育，1927，1（3）：50-57.

[30] 董守义. 对于今后改进体育之观察[J]. 时代教育，1933，1（1）：49-51.

[31] 董守义. 最新篮球术[M]. 上海：商务印书馆，1947.

[32] 袁敦礼，吴蕴瑞. 体育原理[M]. 上海：勤奋书局，1933.

[33] 袁敦礼. 体育之功能[J]. 中国青年体育季刊，1945（2）：3-7.

[34] 袁敦礼. 近代体育理论之基础[J]. 勤奋体育月报，1937（8）：16-17.

[35] 袁敦礼. 竞技体育与全体学生[J]. 体育杂志，1929（2）：8-13.

[36] 徐元民. 中国近代知识分子对体育思想之传播[M]. 台北：师大书苑有限公司，1999.

[37] 袁敦礼. 世界欧（奥）林匹克运动会的价值及对于我国体育的影响[C]//林淑英，张天白. 中国近代体育文选（体育史料第17辑）. 北京：人民体育出版社，1992.

[38] 袁敦礼. 竞技运动与全体学生[J]. 体育杂志，1929，1（2）：65-70.

[39] 课程教材研究所. 20世纪中国中小学课程标准·教学大纲汇编：体育卷[M]. 北京：人民教育出版社，2001.

[40] 宋君复. 我的体育经历[C]//体育文史资料编审委员会. 体育史料第三辑. 北京：人民体育出版社，1981.

[41] 宋君复. 本校过去体育实施之检讨及将来之展望[J]. 国立山东大学校刊，1946（7-8）：16-17.

[42] 宋君复. 体育原理[M]. 上海：商务印书馆，1929.

[43] 苏竞存. 中国近代学校体育史[M]. 北京：人民教育出版社，1994.

[44] 韩君生. 她同体育结伴一生——记中国女子体育的创始人张汇兰[J]. 辽宁体育科技. 1989，11（7）：15-16.

[45] 张汇兰. 我和金陵女大体育系[J]. 体育文史. 1983（1）：36-37.

[46] 高梓，张汇兰. 中国女子体育问题[J]. 科学的中国，1933，2（8）：20-24.

[47] 张汇兰. 女子体育普及之我见[J]. 体育杂志，1929（1）：22-27.

[48] 张汇兰，孙征和. 和缓运动[M]. 上海：勤奋书局. 1935.

[49] 张汇兰. 舞蹈之改善[J]. 女师学院期刊，1936，4（1-2）：1-4.

[50] 张汇兰. 体格检验及体育分组问题[J]. 勤奋体育月报，1935（2）：44.

[51] 张汇兰. 大学校女子体育专科之设施概要[J]. 体育杂志，1929（2）：17-20.

[52] 陈咏声. 如何推动妇女体育[J]. 中国妇女，1939，1（8）：5-6.

[53] 陈咏声. 中国女子体育的过去与将来[J]. 体育周报，1932（17）：4.

[54] 陈咏声. 纪念"三八"节的意义[J]. "三八"国际妇女节纪念特刊，1935：17.

[55] 陈咏声. 从事体育的经验[J]. 女声，1946，4（3-4）：26-28.

[56] 陈咏声. 小先生与我的体育教学[C]//陈秀云. 我所知道的陈鹤琴. 北京：金城出版社，2012.

[57] 陈咏声. 体育概论[M]. 上海：商务印书馆，1933.

[58] 陈咏声. 今日妇女急须努力推行的几件事[J]. 女声（三八特刊），1935（22）：10-11.

[59] 吴邦伟. 三育并重与体育之新认识[J]. 教与学月刊社, 1940, 5（3）: 12-13.

[60] 吴邦伟. 向江苏学生说几句"平常"话[J]. 江苏学生, 1934, 5（3）: 73.

[61] 吴邦伟. 参加中校体育会议以后[J]. 体育研究与通讯, 1934（2）: 21-87.

[62] 吴邦伟. 小学体育实施方案草案（一）[J]. 体育研究与通讯, 1932（1）: 19-38.

[63] 吴邦伟. 体育场[M]. 上海: 正中书局, 1941.

[64] 吴邦伟. 国民学校运动场之设计[M]. 上海: 正中书局, 1948.

[65] 吴邦伟. 实施《中等学校体育实施方案》之具体意见（一）[J]. 国民体育季刊, 1941（1）: 37-103.

[66] 吴邦伟. 体育师范课程之探讨[J]. 勤奋体育月报, 1934（1）: 19-28.

[67] 吴邦伟, 吉嘉, 章钜林, 等. 体育理论基本知识[M]. 北京: 人民体育出版社, 1957.

[68] 吴邦伟. 小学教师的体育责任[J]. 勤奋体育月报, 1937（5）: 347-404.

[69] 吴邦伟. 小学体育实施方案草案（三）[J]. 体育研究与通讯, 1933（3）: 51-173.

[70] 吴邦伟. 看了美国田径四选手在沪表演以后[J]. 体育研究与通讯, 1934（3）: 17-86.

[71] 尚树梅. 对于体育上的认识[J]. 勤奋体育月报, 1933, 1（1）: 15-16.

[72] 尚树梅. 民众体育教材之商榷[J]. 勤奋体育月报, 1935, 2（12）: 804-805.

[73] 尚树梅. 现代体育上批评之一斑[J]. 体育杂志, 1927, 1（2）: 110.

[74] 王学政. 体育概论[M]. 上海: 商务印书馆, 1947.

[75] 王学政. 体育与教育[M]. 上海: 商务印书馆, 1945.

[76] 徐元民. 尚树梅的体育思想[J]. 体育学报, 1999（27）: 14.

[77] 尚树梅. 民众体育[J]. 科学的中国, 1933, 2（8）: 32.

[78] 尚树梅. 从体育的本旨谈到全国运动会的意义[J]. 东方杂志, 1933（20）: 23-25.

[79] 尚树梅. 民众体育理论方面的研究[J]. 勤奋体育月报, 1934（6）: 11-14.

[80] 尚树梅. 从体育之观点来研究毕业会考[J]. 体育季刊, 1936, 2（1）: 34.

[81] 俞子箴. 最新小学体育教材教法[M]. 上海: 康健书局, 1953.

[82] 俞子箴. 体育概论[M]. 出版社不详, 1948.

[83] 俞子箴. 安庆市第二实小体育教学法[J]. 安徽教育, 1929（2）: 91-100.

[84] 俞子箴. 发展我国小学体育之我见[J]. 勤奋体育月报, 1934, 1（4）: 5-7.

[85] 俞子箴. 怎样做一个小学体育教师[M]. 上海: 勤奋书局, 1937.

[86] 俞子箴. 小学课外运动指导法[J]. 勤奋体育月报, 1933, 1（3）: 17-21.

[87] 俞子箴. 安徽省立安庆天柱阁小学体育科一个新校舍落成大单元设计操的教程[J]. 体育杂志, 1935（2）: 155-157.

[88] 俞子箴. 新小学徒手体操教材教法[M]. 上海: 康健书局, 1952.

[89] 王学政. 体育之基本原理与实际[M]. 上海: 商务印书馆, 1943.

[90] 王学政. 体育与生活[J]. 健与力, 1943（8）: 1-18.

[91] 王学政. 体育之意义及其目的[J]. 健与力, 1943, 4 (9): 16-35.
[92] 王学政. 体育生活化[J]. 健与力, 1943 (4): 1-4.
[93] 卢元镇. 体育的本质属于生活[J]. 体育科研, 2006 (4): 1-3.
[94] 王学政. 运动练习之南针[J]. 健与力, 1943, 4 (5): 19-39.
[95] 林笑峰. 自然体育和现代体育科学化[J]. 武汉体育学院学报, 1983 (1): 54-60.
[96] 宋继新. 林笑峰体育文集[M]. 长春: 东北师范大学出版社, 2014.
[97] 林笑峰. 健身教育论[M]. 长春: 东北师范大学出版社, 2008.
[98] 李寿荣. 倡行真义体育——林笑峰先生访谈录[J]. 体育学刊, 2007 (5): 1-3.
[99] 林笑峰. 健身与体育[J]. 体育学刊, 1995 (2): 15-20, 103.
[100] 毛庆根. 舒鸿体育思想研究[M]. 杭州: 浙江大学出版社, 2017.
[101] 沈嗣良. 学生时代之体育[J]. 大声, 1933 (1): 16.
[102] 沈嗣良. 第十届世界运动会[M]. 上海: 勤奋书局, 1933.
[103] 沈嗣良. 打开中国奥运之门[N]. 钱江晚报, 2008-03-27 (14).
[104] 王正廷, 沈嗣良, 郝更生, 等. 出席远东运动会代表谈话[J]. 勤奋体育月报, 1934 (9): 8-11.
[105] 沈嗣良. 中华全国体育协进会史略[J]. 体育季刊, 1935 (2): 178.
[106] 王健吾. 二十年来之体育生活[J]. 勤奋体育月报, 1936 (4): 71-73.
[107] 程登科. 我们应否提倡中国的民族体育[J]. 勤奋体育月报, 1936 (1): 3.
[108] 王健吾. 复兴民族与提倡民族体育[J]. 勤奋体育月刊, 1937 (4): 275-277.
[109] 王健吾. 华北之体育[J]. 体育季刊, 1935 (2): 232.
[110] 王健吾. 从实验中与郝督学商讨我国大学体育问题[J]. 体育季刊, 1935 (3): 373-382.
[111] 王健吾. 中学体育（一）[J]. 勤奋体育月报, 1934 (1): 46-47.
[112] 王健吾. 我国应如何举行运动会[J]. 勤奋体育月报, 1935 (3): 241-244.
[113] 张天白. 蒋湘青[J]. 体育文史, 1992 (1): 60-61, 65.
[114] 蒋湘青. 体育究竟是什么？[J]. 教育与人生, 1923 (1): 5.
[115] 蒋湘青. 提倡体育要从士大夫做起[J]. 贵州教育, 1943 (5): 3-9.
[116] 蒋湘青. 体育主张[J]. 勤奋体育月报. 1935 (3): 228-259.
[117] 蒋湘青. 学校体育之谬误趋势亟宜纠正[J]. 东方杂志, 1933, 30 (20): 13-17.
[118] 蒋湘青. 远东运动会之组织及胜负计算法[J]. 体育, 1927 (3): 161-163.
[119] 蒋湘青. 本届运动会各种竞赛锦标之预测[J]. 新中华, 1933 (3): 77-81.
[120] 蒋湘青. 远东运动之痛定思痛[J]. 生活周刊, 1929 (5): 1-3.
[121] 蒋湘青. 行人不行[J]. 勤奋体育月报, 1933 (1): 5-6.
[122] 郝更生. 郝更生回忆录[M]. 台北: 传记文学出版社, 1969.
[123] 郝更生. 十年来我国之体育[C]//成都体育学院体育史研究所. 中国近代体育史资料. 成都: 四川教育出版社, 1988.

[124] 郝更生. 我国体育之回顾与前瞻[C]//重庆市体育运动委员会. 抗战时期陪都体育史料. 重庆：重庆出版社，1989.

[125] 郝更生. 今后学校体育亟应改进之点[C]//成都体育学院体育史研究所. 中国近代体育史资料. 成都：四川教育出版社，1988.

[126] 刘思祥. 高梓传略[J]. 江淮文史，2001（2）：143-152.

[127] 熊建设. 张汇兰"女性取向"女子体育教育历史的考察[J]. 兰台世界，2015（1）：57-58.

[128] 菁鸢. 高梓和张汇兰的"全人"身体教育——影响20世纪中国舞蹈的早期留学生研究系列之三[J]. 当代舞蹈艺术研究，2018，3（1）：62-68.

[129] 金光辉. 从体育教科书和专著的立论基础看体育思想的演化[D]. 上海：华东师范大学，2012.

[130] 高梓. 教育环境[C]//中华学术院. 教育学论集. 台北：华冈出版有限公司，1980.

[131] 王怀琪. 小学游戏科教学法[M]. 上海：商务印书馆，1929.

[132] 清华大学《马约翰纪念文集》编辑组. 马约翰纪念文集[M]. 北京：中国文史出版社，1998.

[133] 马启伟. 中小学体育教学中的身心教育——体育教育的迁移价值[J]. 北京体育大学学报，1998（4）：1-5.

[134] 李启迪，陈立剑，邵伟德. 学校体育思想相邻概念辨析[J]. 体育学刊，2024，31（4）：10-16.

[135] 李启迪，兰双，卢闻君，等. 王国维体育教育观及其启示研究[J]. 北京体育大学学报，2015，38（4）：98-104.

[136] 李启迪，姜小平，黄婷，等.《饮冰室合集》中梁启超"尚武"思想及其当代启示[J]. 体育与科学，2015，36（2）：63-67.